Die Erfolgskontrolle von Subventionen durch die Rechnungshöfe

Europäische Hochschulschriften
Publications Universitaires Européennes
European University Studies

Reihe II
Rechtswissenschaft

Série II Series II
Droit
Law

Bd./Vol. 3095

PETER LANG
Frankfurt am Main · Berlin · Bern · Bruxelles · New York · Oxford · Wien

Peter Mayer

Die Erfolgskontrolle von Subventionen durch die Rechnungshöfe

PETER LANG
Europäischer Verlag der Wissenschaften

Die Deutsche Bibliothek - CIP-Einheitsaufnahme

Mayer. Peter:

Die Erfolgskontrolle von Subventionen durch die Rechnungshöfe / Peter Mayer. - Frankfurt am Main ; Berlin ; Bern ; Bruxelles ; New York ; Oxford ; Wien : Lang, 2001
(Europäische Hochschulschriften : Reihe 2, Rechtswissenschaft ; Bd. 3095)
Zugl.: Heidelberg, Univ., Diss., 2000
ISBN 3-631-37479-8

D 16
ISSN 0531-7312
ISBN 3-631-37479-8

Vorwort

Diese Arbeit lag im Wintersemester 2000/01 der Ruprecht-Karls-Universität Heidelberg zur Annahme als Inauguraldissertation zur Erlangung der Doktorwürde der Juristischen Fakultät vor.

Dem allgemeinen und schönen Brauch folgend, den Menschen zu danken, die bei der Entstehung eines Werkes der vorliegenden Art besonderen Anteil genommen haben, schließe ich mich an dieser Stelle gerne an.

Ich danke Herrn Professor Dr. Görg Haverkate sehr herzlich für seine Aufgeschlossenheit, diese Dissertation zu betreuen sowie für seine hilfreichen und auch notwendigen Anregungen, die zur inhaltlichen Reife dieser Arbeit ohne jeden Zweifel beigetragen haben.

Herrn Professor Dr. Reinhard Mußgnug danke ich für die zügige Erstellung des Zweitgutachtens. Meinem Berliner Freund und Kollegen Herrn Rechtsanwalt Michael Klein danke ich recht herzlich für seine Hilfe bei Fragen und Problemen der elektronischen Datenverarbeitung während der Erstellung des Manuskriptes.

Danke sage ich auch den Mitgliedern und Mitarbeitern des Bundesrechnungshofes und der Landesrechnungshöfe Baden-Württemberg, Berlin, Brandenburg, Nordrhein-Westfalen und Rheinland-Pfalz sowie des Rechnungshofes der Freien und Hansestadt Hamburg, die mir bei meinen Fragen bereitwillig Rede und Antwort gestanden haben. Mein besonderes Dankeschön geht in diesem Zusammenhang nach Potsdam und Speyer. Gedankt sei auch denjenigen, die mir mit Verschlossenheit antworteten (Zitat: „An Privatpersonen erteilen wir keine Auskünfte"). Auch Schweigen kann mitunter sehr beredt sein.

Am meisten danke ich meinen lieben Eltern, die mir auf meinem Lebensweg stets Ansporn und Stütze zugleich waren. Ihnen widme ich diese Dissertation.

Peter Mayer
New York, im November 2000

Meinen lieben Eltern

Einführende Worte

In die Arbeit sind Gespräche eingeflossen, die der Verfasser mit Mitgliedern und Mitarbeitern des Bundesrechnungshofes und der Landesrechnungshöfe Baden-Württemberg, Berlin, Brandenburg, Nordrhein-Westfalen und Rheinland-Pfalz sowie des Rechnungshofes der Freien und Hansestadt Hamburg geführt hat.

Zitierweise

Der Titel eines Werkes wird beim ersten Zitat vollständig wie im Literaturverzeichnis angegeben. Bei jedem weiteren Zitat wird auf die erste Fußnote verwiesen.

Wenn im Text vom Bundesrechnungshof die Rede ist, gelten die dort getroffenen Aussagen für die Landesrechnungshöfe entsprechend. Sollte dies nicht der Fall sein, wird hierauf gesondert hingewiesen.

Der Widerspruch in der Numerierung der Artikel des Vertrages zur Gründung der Europäischen Gemeinschaft („EG-Vertrag") im Text und in den Fundstellennachweisen erklärt sich daraus, daß die Numerierung im Text auf der Amsterdamer Fassung des EG-Vertrages beruht, die in den Fußnoten zitierten Nachweise sich jedoch auf die Maastrichter Fassung des EG-Vertrages beziehen. Die Unterschiede bestehen nur in der Numerierung. Inhaltliche Unterschiede zwischen der Amsterdamer und der Maastrichter Fassung des EG-Vertrages bestehen bei den betreffenden Artikeln nicht.

„Man muß mit den Staatsgeldern haushälterisch umgehen, sie ordentlich und sparsam verwenden, weil das Geld Blut und Schweiß des Volkes ist".

König Friedrich II. von Preußen

Inhaltsverzeichnis

Teil A 1
Problemdarstellung und Begriffsbestimmungen

1. Das Problem 1
2. Die Begriffe 3
  a) Der Subventionsbegriff 3
    aa) § 12 Abs. 2 Stabilitätsgesetz 3
    bb) § 264 Abs. 7 StGB 4
    cc) Art. 87 Abs. 1 EGV 4
    dd) Zwischenergebnis 5
    ee) § 23 BHO/LHO 6
    ff) Ergebnis 7
  b) Der Begriff der Erfolgskontrolle 8

Teil B 13
Die verfassungsrechtliche Stellung der Rechnungshöfe und ihre Bedeutung für die Kontrolle von Subventionen

I. Die Entstehung und Entwicklung der Finanzkontrolle 13
  1. Finanzkontrolle im Absolutismus 13
  2. Finanzkontrolle in der konstitutionellen Monarchie 14
  3. Finanzkontrolle in der Weimarer Republik 15
  4. Finanzkontrolle in der Zeit des Nationalsozialismus 16
  5. Heutige Funktion der Finanzkontrolle 17

II. Die Einordnung der Rechnungshofkontrolle in das politisch-administrative System der Bundesrepublik Deutschland 18
  1. Die verfassungsrechtliche Gewährleistung des Bundesrechnungshofes 18
    a) Vorbemerkung 18
    b) Art. 114 Abs. 2 GG 19
  2. Das Verhältnis des Bundesrechnungshofes zu den drei Gewalten 20
  3. Der Bundesrechnungshof zwischen Regierung und Verwaltung 24
  4. Der Bundesrechnungshof als Sachwalter für das Volk 25
  5. Folgerungen für die Kontrolle von Subventionen 26

III. Die Aufgaben und Arbeitsweise des Bundesrechnungshofes 27
  1. Einführende Bemerkungen 27
  2. Das Verfahren und die Bedeutung der Rechnungsprüfung 27
  3. Die rechnungsunabhängige Prüfungs- und die Beratungstätigkeit 30
    a) Die rechnungsunabhängige Finanzkontrolle und die selbständige Beratung durch den Bundesrechnungshof 30

b) Die Verpflichtung der Rechnungshöfe zur Gutachtenerstellung aufgrund von Ersuchen von Parlament oder Regierung 34
c) Die beratende Tätigkeit durch die traditionelle Institution eines Bundesbeauftragten für die Wirtschaftlichkeit in der Verwaltung 36
d) Zusammenfassung 39

IV. Die Maßstäbe der Kontrolle 40
1. Rechnungstechnische Ordnungsmäßigkeit 40
2. Rechtmäßigkeit 40
3. Wirtschaftlichkeit und Sparsamkeit 42
a) Die Bestimmung des Wirtschaftlichkeitsprinzips 42
b) Der Grundsatz der Sparsamkeit und sein Verhältnis zum Wirtschaftlichkeitsprinzip 43
c) Die Anwendung des Wirtschaftlichkeitsprinzips im staatlichen Sektor 45
aa) Probleme im Zielbereich 45
bb) Informationsprobleme 45
cc) Bewertungsprobleme 45
dd) Folgerungen 46
d) Das Wirtschaftlichkeitsprinzip als Bindungsnorm und Kontrollmaßstab 47
aa) Ist unwirtschaftliches Handeln rechtswidrig? 47
bb) Ist rechtmäßiges Handeln wirtschaftlich? 47
e) Die Wirtschaftlichkeitskontrolle durch den Bundesrechnungshof 48

V. Die Erfolgskontrolle durch den Bundesrechnungshof 52
1. Die Erweiterung der Finanzkontrolle durch die Erfolgskontrolle 52
2. Die Bedeutung der Erfolgskontrolle 53
3. Methodische Schwierigkeiten der Erfolgskontrolle 54
4. Die Institutionalisierung der Erfolgskontrolle 55

VI. Die Subventionskontrolle durch die Rechnungshöfe und Politik 57
1. Die Kontrolle politischer Organe 59
2. Die Kontrolle politischer Entscheidungen 59
3. Folgerungen 60

VII. Organisation und Personal des Bundesrechnungshofes 61
1. Die Organisation 62
2. Die Unabhängigkeit der Rechnungshofmitglieder 64
3. Die Bestellung des (Vize-) Präsidenten und der Mitglieder 64
4. Die Gefahr der Auswahl nach parteipolitischen Gesichtspunkten 65
5. Das Personal der Rechnungshöfe 65

6. Einschränkungen im Haushaltsvollzug 67

VIII. Die Kontrolle autonomer Einrichtungen - Prüfungsfreie Räume? 68
1. Die Einbeziehung autonomer Einrichtungen in die Finanzkontrolle 68
2. Prüfungsfreiräume? 70
a) Selbstverwaltungsrecht 70
b) Grundrechte 71

IX. Rechtsschutz gegen Prüfungsfeststellungen der Rechnungshöfe 74
1. Rechtsschutz von Privatpersonen gegen Prüfungsfeststellungen 74
2. Rechtsschutz von Beamten gegen Prüfungsfeststellungen 77
3. Rechtsschutz von Behörden gegen Prüfungsfeststellungen 78
4. Recht auf Gehör im Prüfungsverfahren? 79

X. Die Finanzkontrolle in der EU 82
1. Der Europäische Rechnungshof 82
2. Gegenstand der Finanzkontrolle 84
a) Einnahmen und Ausgaben der EU 84
b) Einnahmen und Ausgaben der von der EU geschaffenen Einrichtungen 85
3. Zeitpunkt der Finanzkontrolle 86
4. Reichweite der Finanzkontrolle 86
5. Maßstäbe der Finanzkontrolle 87
6. Berichte und Stellungnahmen des Rechnungshofes 88
a) Jahresberichte 88
b) Sonderberichte und Stellungnahmen 89

Teil C 91
Die Kontrolle von Subventionen

I. Die Europäisierung des nationalen Subventionsrechts 91
1. Das Postulat des unverfälschten Wettbewerbs 91
2. Das gemeinschaftsrechtliche Beihilfeverbot 91
3. Die gemeinschaftsrechtliche Beihilfenaufsicht 94
4. Die Folgen der Gemeinschaftsrechtswidrigkeit nationaler Beihilfen 96
5. Die Durchführung der Rückforderung 98
6. Fazit 100

II. Die Notwendigkeit einer Subventionskontrolle 101

III. Die Schwierigkeiten eines Subventionsabbaus 103

IV. Vorschläge zur Reform des Subventionsrechts 104
1. Der Vorschlag des 55. Deutschen Juristentages im Jahre 1984 104

2. Gesetzesvorbehalt und Wesentlichkeit 105
3. Das Gebot der Zweckdeutlichkeit 106
4. Zweckpräzisierung durch die Rechnungshöfe? 108

V. Neben den Rechnungshöfen bestehende „Kontrollinstanzen“ 112
1. Erfolgskontrolle durch die Exekutive 112
a) Regierung 112
b) Verwaltung und Prüfungsämter 112
2. Erfolgskontrolle durch das Parlament 113
3. Erfolgskontrolle durch die Öffentlichkeit 114
4. Erfolgskontrolle durch die Gerichte 114
a) Kontrollzuständigkeit des EuGH 114
b) Kontrollzuständigkeit der deutschen Gerichte 116
c) Schwierigkeiten und Unzulänglichkeiten einer gerichtlichen Erfolgskontrolle 116
5. Fazit 118

VI. Prüfungsgegenstände und Prüfungsmaßstäbe 118
1. Die Prüfung staatlicher Zuwendungen nach § 91 Abs. 1 Nr. 3 BHO 118
a) Prüfungsgegenstände 119
b) Prüfungsadressaten 121
c) Prüfungsmaßstäbe 122
d) Prüfungsverfahren 123
2. Die Prüfung bei juristischen Personen des privaten Rechts nach § 91 Abs. 1 Satz 1 Nr. 4 BHO 129
Annex Landesrecht 131
3. Das Verfahren der Gemeinsamen Prüfung gemäß §§ 45 HGrG, 93 BHO/LHO 131
4. Die Prüfung nach Maßgabe der §§ 14 HGrG, 23 BHO 135
5. Weitere Prüfungsmaßstäbe 136
a) Grundrechte 137
aa) Grundrechtseingriff durch Subventionsauflagen? 137
bb) Grundrechtseingriff durch die Leistungsgewährung selbst? 138
b) Wettbewerbsfreiheit 139
aa) Wettbewerbsfreiheit im Gemeinschaftsrecht 139
bb) Wettbewerbsfreiheit im Grundgesetz 140
c) Die Rechte des Konkurrenten und der Gleichheitssatz 143
6. Das Verhältnismäßigkeitsgebot 143
a) Eignung 144
aa) Soll-Zustand 144
bb) Ist-Zustand 144
cc) Zielerreichung 144
b) Erforderlichkeit 147

c) Verhältnismäßigkeit im engeren Sinne / Angemessenheit 147
d) Erfolgskontrolle - Rechtskontrolle 148
e) Operationalisierbarkeit des Verhältnismäßigkeitsgebotes? 148
f) Grundrechte und Verhältnismäßigkeitsgebot 149
7. Sonderproblem: Die Prüfung indirekter Subventionen 151
a) Vorbemerkung 151
b) Progression der Einkommenssteuer 153
c) Eignung von Steuerverschonungen? 155
d) Folgerungen 155

VII. Kontrollpraxis 156
1. Kontrolle der Erfolgskontrolle 157
a) Voraussetzungen für Erfolgskontrollen 158
b) Empfehlungen zur Intensivierung und Verbesserung der Erfolgskontrolle in der Verwaltung 160
2. Stellenwert der Erfolgskontrolle 162
3. Beispiele für Erfolgskontrollen in den Bemerkungen des Bundesrechnungshofes der Jahre 1994-1999 163
(1) Bemerkungen des Bundesrechnungshofes 1994 164
(2) Bemerkungen des Bundesrechnungshofes 1995 164
(3) Bemerkungen des Bundesrechnungshofes 1996 166
(4) Bemerkungen des Bundesrechnungshofes 1997 167
(5) Bemerkungen des Bundesrechnungshofes 1998 169
(6) Bemerkungen des Bundesrechnungshofes 1999 171
4. Beispiele für Erfolgskontrollen in den Jahresberichten des Landesrechnungshofes Brandenburg der Jahre 1993-1998 173
(1) Jahresbericht des Landesrechnungshofes 1993 174
(2) Jahresbericht des Landesrechnungshofes 1994 176
(3) Jahresbericht des Landesrechnungshofes 1995 178
(4) Jahresbericht des Landesrechnungshofes 1996 180
(5) Jahresbericht des Landesrechnungshofes 1997 181
(6) Jahresbericht des Landesrechnungshofes 1998 182
5. Folgerungen 183
6. Entwicklung erfolgskontrollspezifischer Typologien 184
7. Finanzbeziehungen zwischen Bund und Ländern - Mischfinanzierte Subventionen 185
a) Gemeinschaftsaufgaben nach Artt. 91 a und 91 b GG 185
b) Finanzhilfen nach Art. 104 a Abs. 4 GG 186
c) Weitere Fälle der Gemeinsamen Prüfung im Sinne der §§ 45 HGrG, 93 BHO 187
d) Prüfungstätigkeit des Bundesrechnungshofes 188

VIII. Beispiele für Erfolgskontrollen in einzelnen Subventionsbereichen 192
1. Subventionen der EU 192

a) Die Gemeinsame Agrarpolitik 192
b) Die Finanzkontrolle im Agrarbereich der mittel- und osteuropäischen Reformstaaten am Beispiel Polens 194
c) Kohäsionsfonds 196
2. Regionale Strukturpolitik von Bund und Ländern 198
3. Subventionen im Bereich der Energiewirtschaft 201
a) Steinkohlebergbau 201
b) Kernenergie 203
4. Folgerungen 204

IX. Intensivierung der Erfolgskontrolle durch die Rechnungshöfe 206
1. Vorbemerkung 206
2. Reform der Subventionsvergabe 207
3. Intensivierung für die Empfänger der Prüfungsergebnisse 208
4. Interne Maßnahmen, insbesondere Personalplanung 210

X. Aktuelle Entwicklungen in der EU 211

Resümee und Ausblick 217

Literaturverzeichnis 219

Abkürzungsverzeichnis

a.A.	andere Ansicht
Abl. EG	Amtsblatt der Europäischen Gemeinschaften
Abs.	Absatz
Abschn.	Abschnitt
a.F.	alte Fassung
AG	Aktiengesellschaft
AktG	Aktiengesetz
AöR	Archiv des öffentlichen Rechts
Art.	Artikel
BaWü	Baden-Württemberg
bzw.	beziehungsweise
BGBl.	Bundesgesetzblatt
BGH	Bundesgerichtshof
BGHZ	Amtliche Entscheidungssammlung des Bundesgerichtshofes in Zivilsachen
BHO	Bundeshaushaltsordnung
BR-Drucks.	Bundesratsdrucksache
BRH	Bundesrechnungshof
BRHG	Gesetz über den Bundesrechnungshof
BRRG	Beamtenrechtsrahmengesetz
BSGE	Amtliche Entscheidungssammlung des Bundessozialgerichts
BT-Drucks.	Bundestagsdrucksache
BVerfG	Bundesverfassungsgericht
BVerfGE	Amtliche Entscheidungssammlung des Bundesverfassungsgerichts
BVerwG	Bundesverwaltungsgericht
BVerwGE	Amtliche Entscheidungssammlung des Bundesverwaltungsgerichts
BWV	Bundesbeauftragte(r) für die Wirtschaftlichkeit in der Verwaltung
BWV-RL	Richtlinien für den Bundesbeauftragten für die Wirtschaftlichkeit in der Verwaltung
bzw.	beziehungsweise
ders.	derselbe
d.h.	das heißt
DÖH	Der öffentliche Haushalt
DÖV	Die öffentliche Verwaltung
DVBl.	Deutsches Verwaltungsblatt
EAG	Europäische Atomgemeinschaft (Euratom)
ECU	European Currency Unit (Europäische Währungseinheit)
EG	Europäische Gemeinschaft

EG-Kommission	Kommission der Europäischen Gemeinschaften
EGKS	Europäische Gemeinschaft für Kohle und Stahl
EGKSV	Vertrag über die Gründung der Europäischen Gemeinschaft für Kohle und Stahl
EGV, EG-Vertrag	Vertrag zur Gründung der Europäischen Gemeinschaft
EStG	Einkommenssteuergesetz
EU	Europäische Union
EU-Kommission	Kommission der Europäischen Union
EuG	Gericht erster Instanz des Europäischen Gerichtshofes
EuGH	Europäischer Gerichtshof
EuGH, Slg.	Amtliche Entscheidungssammlung des Europäischen Gerichtshofes
EuZW	Zeitschrift für Europäisches Wirtschaftsrecht
e.V.	eingetragener Verein
EWG	Europäische Wirtschaftsgemeinschaft
EWGV	Vertrag über die Gründung der Europäischen Wirtschaftsgemeinschaft
f., ff.	folgende
FinArch	Finanzarchiv
Fn.	Fußnote
GemO	Gemeindeordnung
GG	Grundgesetz
GmbH	Gesellschaft mit beschränkter Haftung
GRW	Gesetz über die Gemeinschaftsaufgabe „Verbesserung der regionalen Wirtschaftsstruktur“
GVBl.	Gesetz und Verordnungsblatt
GVG	Gerichtsverfassungsgesetz
HGrG	Haushaltsgrundsätzegesetz
h.M.	herrschende Meinung
HO	Haushaltsordnung für den Gesamthaushaltsplan der Europäischen Gemeinschaften
Hrsg.	Herausgeber
i.d.F.	in der Fassung
i.V.m.	in Verbindung mit
JA	Juristische Arbeitsblätter
JZ	Juristenzeitung
LVerf	Landesverfassung
LVG	Landesverwaltungsgesetz
LHO	Landeshaushaltsordnung
lit.	littera (Buchstabe)
MinBlFin.	Ministerialblatt des Bundesministeriums für Finanzen
Mio.	Millionen
m.w.N.	mit weiteren Nachweisen
n.F.	neue Fassung

Nr.	Nummer
NJW	Neue Juristische Wochenschrift
NVwZ	Neue Zeitschrift für Verwaltungsrecht
NVwZ-RR	Neue Zeitschrift für Verwaltungsrecht - Rechtsprechungs-Report
OVG	Oberverwaltungsgericht
OVGE	Amtliche Entscheidungssammlung des Oberverwaltungsgerichts
RhPf.	Rheinland-Pfalz
RegE	Regierungsentwurf
RGBl.	Reichsgesetzblatt
RHG	Rechnungshofgesetz
RHO	Reichshaushaltsordnung
RiA	Recht im Amt
Rn.	Randnummer
S.	Seite(n)
sog.	sogenannte(n,r)
StGB	Strafgesetzbuch
JuS	Juristische Schulung
u.a.	und andere
UAbs.	Unterabsatz
u.ä.m.	und ähnliche mehr
u.U.	unter Umständen
VA	Verwaltungsakt
VerwArch	Verwaltungsarchiv
VG	Verwaltungsgericht
VGH	Verwaltungsgerichtshof
vgl.	vergleiche
VO	Verordnung
VOP	Verwaltungsführung, Organisation, Personalwesen
Vorl.-VV	Vorläufige Verwaltungsvorschriften
VV	Verwaltungsvorschriften
VVDStRL	Veröffentlichungen der Vereinigung Deutscher Staatsrechtslehrer
VwGO	Verwaltungsgerichtsordnung
VwVfG	Verwaltungsverfahrensgesetz
WRV	Weimarer Reichsverfassung
z.B.	zum Beispiel
ZDF	Zweites Deutsches Fernsehen
ZHR	Zeitschrift für das gesamte Handelsrecht und Wirtschaftsrecht
zit.	zitiert
ZParl	Zeitschrift für Parlamentsfragen
z.T.	zum Teil

Teil A

Problemdarstellung und Begriffsbestimmungen

1. Das Problem

Bei der Vorlage der „Bemerkungen des Bundesrechnungshofes 1996“ hat die Präsidentin des Bundesrechnungshofes, Frau Dr. Hedda von Wedel, deutliche Worte gefunden für die Vergabepraxis bei Subventionen. Häufig seien die Ministerien nicht in der Lage die *Wirksamkeit* von Subventionen einzuschätzen. Die Planung und die *Erfolgskontrolle* von Subventionen müßten daher unbedingt verbessert werden.[1]

Tatsächlich bestehen große Unsicherheiten über den Einsatz von Subventionen, deren Umfang in den letzten dreißig Jahren stark zugenommen hat. Im Jahre 1970 betrugen die Finanzhilfen und Steuervergünstigungen des Bundes rund 14 Milliarden DM, im Jahre 1980 rund 25 Milliarden DM und im Jahre 1990 bereits rund 30 Milliarden DM.[2] Aus dem 16. Subventionsbericht der Bundesregierung geht hervor, daß die Subventionen aller Gebietskörperschaften im Jahre 1997 eine Größenordnung von rund 115 Milliarden DM erreichten.[3] Auf den Bund entfielen davon rund 40 Milliarden DM. 90 % dieser Bundessubventionen umfaßten Maßnahmen für die Landwirtschaft, die gewerbliche Wirtschaft und den Wohnungsbau.[4] Der Subventionsbericht unterscheidet zwei Arten von Subventionen: Finanzhilfen und Steuervergünstigungen. Unter Finanzhilfen werden Geldleistungen an Stellen außerhalb der Verwaltung verstanden, während es sich bei Steuervergünstigungen um spezielle steuerliche Ausnahmeregelungen handelt, die für die öffentliche Hand zu Mindereinnahmen führen.[5] Subsumiert man darüber hinaus auch die Förderung staatlicher Einrichtungen unter den Subventionsbegriff, dann ergibt sich nach Angaben des Kieler Institutes für Weltwirtschaft für das Jahr 1995 ein Subventionsumfang von rund 298 Milliarden DM.[6] Dieser Betrag entspricht nahezu 40 % des Steueraufkommens der Bundesrepublik Deutschland.[7] Die Unsicherheiten über den Einsatz von Subventionen bestehen also schon darin, daß der tatsächliche Umfang staatlicher Fördermaßnahmen im Dunkeln bleibt, weil er abhängig ist von dem jeweils zugrundegelegten Subventionsbegriff.

---

[1] Bemerkungen des Bundesrechnungshofes 1996, BT-Drucks. 13/5700, S. 45; FRANKFURTER ALLGEMEINE ZEITUNG, 18. Oktober 1996, Nr. 243, S. 19

[2] Vgl. die Darstellung der Entwicklung im 16. Subventionsbericht der Bundesregierung, BT-Drucks. 13/8420, S. 12 f., Übersicht 2

[3] BT-Drucks. 13/8420, S. 21, Übersicht 7

[4] BT-Drucks. 13/8420, S. 6, Übersicht 1

[5] BT-Drucks. 13/8420, S. 10; der Begriff „Steuervergünstigung“ ist ein Oberbegriff, der Steuerbefreiungen, Steuerermäßigungen, Bewertungsfreiheiten, Sonderabschreibungen, Freibeträge und Freigrenzen sowie sonstige die Bemessungsgrundlage verändernde Abzüge zusammenfaßt, vgl. *Karl Alois Frick*, Einkommenssteuerliche Steuervergünstigungen und Beihilfeverbot nach dem EG-Vertrag, Sinzheim 1994, S. 27 ff.

[6] FRANKFURTER ALLGEMEINE ZEITUNG, 2. April 1997, Nr. 76, S. 17

[7] FRANKFURTER ALLGEMEINE ZEITUNG, 2. April 1997, Nr. 76, S. 17

Mit der Zunahme der Subventionen wuchs die Erkenntnis von der Schädlichkeit dieser „Droge". Subventionen machen süchtig. Wer sie einmal erhalten hat, möchte sie auch weiterhin gezahlt bekommen. Dieses Anspruchsdenken birgt die Gefahr in sich, dem Subventionsempfänger ein „business as usual" zu ermöglichen und den Blick auf notwendige Strukturveränderungen zu verbauen. Subventionen sind jedoch nicht per se etwas Schlechtes. Sie sollten grundsätzlich aber nur als Hilfe zur Selbsthilfe gewährt werden. Zeitlich befristete und degressiv ausgestaltete Hilfen können in bestimmten Fällen dazu beitragen, einen Strukturwandel zu erleichtern, zu fördern und unzumutbare soziale Härten vorübergehend abzufedern. Ein nützliches Instrument einer sozialen Marktwirtschaft zur Erreichung im öffentlichen Interesse liegender Ziele sind sie zudem nur dann, wenn sie beherrschbar sind, d.h. wenn sie im Rahmen der gesetzlichen Grenzen dem Willen des Trägers der Wirtschaftspolitik gehorchen. Sobald eine staatliche Maßnahme mit wirtschaftlichen Folgen sich mehr oder weniger nach eigenen Gesetzen entwickelt, eine Eigendynamik entfaltet, wird sie als wirtschaftspolitisches Instrument unbrauchbar. Dieser Gefahr sind Subventionen allzu leicht ausgesetzt. Ihre Beherrschbarkeit erfordert daher eine wirksame Kontrolle. Eine solche Kontrolle kann im wesentlichen an zwei Punkten ansetzen: zum einen als Voraussetzungs- und Verwendungskontrolle, zum anderen als Erfolgskontrolle.

Bei dem ersten Typ handelt es sich um eine Überprüfung der Förderungsvoraussetzungen und um eine Kontrolle, die sich auf die bestimmungsgemäße Verwendung der Subvention erstreckt. Bei der Erfolgskontrolle dagegen verläßt die Kontrolle die mikroökonomische Ebene und fragt makroökonomisch nach dem Erfolg staatlicher Fördermaßnahmen. Im Mittelpunkt steht die Wirksamkeit eines Programms. Ist eine Subvention zur Erreichung eines bestimmten Zieles unwirksam, dann ist sie wegen ihrer Erfolglosigkeit zu modifizieren oder abzubauen.

Eine differenzierende Kontrolle gelangt zu sachgerechteren Ergebnissen als pauschale Kürzungsvorschläge (sog. Rasenmäherprinzip). Es verwundert daher nicht, daß vielfach - auch aus dem parlamentarischen Raum - der Wunsch nach verstärkten Erfolgskontrollen geäußert wird. Angesichts eines zunehmenden Einflusses des Staates in gesellschaftliche und wirtschaftliche Lebensbereiche mit der Folge eines zunehmenden Finanzbedarfs, der kaum über zusätzliche Steuererhöhungen oder eine zunehmende Staatsverschuldung erreicht werden kann, muß der Engpaß der fiskalischen Mangellage durch subtile Spartechniken überwunden werden. Die benötigten haushaltswirtschaftlichen Spielräume können geschaffen werden aus

- Effizienzerhöhungen durch Verhinderung administrativer Mittelverschwendung (klassische Tätigkeit der Rechnungshöfe),
- Effektivitätsverbesserungen durch Reduzierung oder Einstellung obsolet gewordener Leistungen und Programme,

- der Rücknahme von Leistungen bei nicht (mehr) auf sie angewiesenen Gruppen.[8]

Die erste Fallgruppe wird zu wenig Mittel freisetzen, die letzte bei Politikern meist zu unbeliebt sein. Möglich bleiben Effektivitätsverbesserungen. Voraussetzung dafür sind rückkoppelnde Kontrollen der Wirksamkeit, also Erfolgskontrollen.

2. Die Begriffe

a) Der Subventionsbegriff

Zur politischen, ökonomischen und juristischen Problematik der Subventionen tritt hinzu, daß dieses Gebiet mit erheblichen definitorischen Unsicherheiten belastet ist. Es fehlen klare Definitionen, die allgemein akzeptiert sind und in gleicher Weise verwandt werden. Die Begriffe Subvention, Beihilfe, Zuwendung und Finanzhilfe werden von Politik, Rechtswissenschaft und Wirtschaftswissenschaft mit unterschiedlichen Inhalten benutzt.[9] [10] Dies führt zum einen zu Unklarheiten über den tatsächlichen Förderumfang, zum anderen erschwert es die Kontrolle. Eine Kontrolle von Subventionen kann sachgerecht nur dann erfolgen, wenn klar ist, was man unter Subventionen zu verstehen hat. Es ist daher zunächst eine Definition zu finden, die der folgenden Untersuchung zugrunde gelegt werden soll.

aa) § 12 Abs. 2 Stabilitätsgesetz

Seit dem Jahre 1967 legt die Bundesregierung dem Bundestag und dem Bundesrat alle zwei Jahre gemäß § 12 Abs. 2 Stabilitätsgesetz eine zahlenmäßige Übersicht über Bundesmittel vor, die für bestimmte Zwecke an Stellen außerhalb der Bundesverwaltung gegeben worden sind. Ziel dieses sog. Subventionsberichtes[11] soll es

---

[8] *Bernd Wintrich*, Rechtspflicht zu Erfolgskontrollen bei der Vergabe staatlicher Mittel, NVwZ 1988, 895, 896

[9] Einen Überblick gibt *Gerhard Joos*, Subventionsrecht - eine Bestandsaufnahme, RiA 1987, 73 ff.

[10] Vgl. zum Subventionsbegriff *Albert Bleckmann*, Ordnungsrahmen für das Recht der Subventionen, in: Verhandlungen des 55. Deutschen Juristentages, Band I, Gutachten, S. D 8 ff.

[11] Erster Subventionsbericht vom 21. Dezember 1967, BT-Drucks. V/2423;
Zweiter Subventionsbericht vom 16. Februar 1970, BT-Drucks. VI/391;
Dritter Subventionsbericht vom 23. Dezember 1971, BT-Drucks. VI/2994;
Vierter Subventionsbericht vom 29. Oktober 1973, BT-Drucks. 7/1144;
Fünfter Subventionsbericht vom 22. Oktober 1975, BT-Drucks. 7/4203;
Sechster Subventionsbericht vom 17. November 1977, BT-Drucks. 8/1195;
Siebter Subventionsbericht vom 1. August 1979, BT-Drucks. 8/3097;
Achter Subventionsbericht vom 6. November 1981, BT-Drucks. 9/986;
Neunter Subventionsbericht vom 6. September 1983, BT-Drucks. 10/352;
Zehnter Subventionsbericht vom 12. September 1985, BT-Drucks. 10/3821;
Elfter Subventionsbericht vom 25. November 1987, BT-Drucks. 11/1338;
Zwölfter Subventionsbericht vom 1. September 1989, BT-Drucks. 11/5116;
Dreizehnter Subventionsbericht vom 11. November 1991, BT-Drucks. 12/1525;
Vierzehnter Subventionsbericht vom 26. August 1993, BT-Drucks. 12/5580;
Fünfzehnter Subventionsbericht vom 1. September 1995, BT-Drucks. 13/2230;

sein, die Grundlagen für die politische Diskussion und Entscheidungen im Rahmen der Wirtschafts-, Haushalts- und Steuerpolitik zu schaffen. Ein formeller Subventionsbegriff könnte nun alle staatlichen Förderungsmaßnahmen umfassen, die in diesem Subventionsbericht aufgeführt sind. Umfaßt wären demnach Finanzhilfen und Steuervergünstigungen.[12] Dieser Versuch einer Abgrenzung krankt aber daran, daß die Erstellung eines solchen Subventionsberichts nur auf Bundesebene normativ festgelegt ist. Im Bereich der EU, der Bundesländer oder der Gemeinden gibt es keine derartigen Berichte.[13] Deren Finanzhilfen müßten also auf eine andere Weise definiert werden. In den Subventionsberichten selbst wird darauf hingewiesen, daß der Begriff der Subvention in § 12 Stabilitätsgesetz nicht abschließend definiert ist.[14] Da der Subventionsbericht mithin nur einen Teil der staatlichen Aktivitäten widerspiegelt, ist eine an ihm orientierte formelle Begriffsbestimmung wenig tauglich.

bb) § 264 Abs. 7 StGB

Eine Legaldefinition des Begriffs Subvention enthält § 264 Abs. 7 StGB:

> „Subvention im Sinne dieser Vorschrift ist eine Leistung aus öffentlichen Mitteln nach Bundes- oder Landesrecht oder nach dem Recht der Europäischen Gemeinschaften an Betriebe oder Unternehmen, die wenigstens zum Teil
>
> 1. ohne marktmäßige Gegenleistung gewährt wird und
>
> 2. der Förderung der Wirtschaft dienen soll.
>
> Betrieb oder Unternehmen im Sinne des Satzes 1 ist auch das öffentliche Unternehmen".

Dieser strafrechtliche Subventionsbegriff ist für diese Untersuchung zu eng, da er nur solche Subventionen umfaßt, die ihrer Art nach dazu bestimmt sind, ausschließlich und unmittelbar an Betriebe und Unternehmen vergeben zu werden.[15]

cc) Art. 87 Abs. 1 EGV

Auch der europarechtliche Begriff der Beihilfe im Sinne des Art. 87 Abs. 1 EGV, nach dem „staatliche oder aus staatlichen Mitteln gewährte Beihilfen gleich welcher Art, die durch die Begünstigung bestimmter Unternehmen oder Produktionszweige den Wettbewerb verfälschen oder zu verfälschen drohen, mit dem Gemeinsamen Markt unvereinbar" sind, umfaßt nur Begünstigungen an Unternehmen

---

Sechzehnter Subventionsbericht vom 29. August 1997, BT-Drucks. 13/8420;
Siebzehnter Subventionsbericht vom 13. August 1999, BT-Drucks. 14/1500

[12] Vgl. oben Teil A, 1

[13] *Görg Haverkate*, Subventionsrecht, in: Reiner Schmidt (Hrsg.), Öffentliches Wirtschaftsrecht, Band 1, Berlin u.a. 1995, S. 334 ff., 336 f.

[14] BT-Drucks. 13/2230, S. 9; BT-Drucks. 13/8420, S. 10

[15] *Theodor Lenckner*, in: Adolf Schönke / Horst Schröder (Hrsg.), Strafgesetzbuch - Kommentar, 25. Auflage, München 1997, § 264 Rn. 21

oder Produktionszweige.[16] Die Beschränkung auf Unternehmen erklärt sich daraus, daß es der gemeinschaftsrechtlichen Beihilfenaufsicht um den Schutz des freien Wettbewerbs innerhalb der EU geht; in einem Wettbewerbsverhältnis stehen aber nur die Unternehmen. Der Beihilfebegriff umfaßt sowohl Steuervergünstigungen (indirekte Subventionen) als auch positive Leistungsgewährungen (direkte Subventionen).[17] Der für den Anwendungsbereich der Montanunion geltende Art. 4 lit. c EGKSV spricht von „Subventionen oder Beihilfen", wobei unter Subventionen nur positive Leistungen verstanden werden.[18] Der Begriff der Beihilfe im Sinne des Art. 87 Abs. 1 EGV stellt sich daher als Oberbegriff für direkte und indirekte Subventionen an Unternehmen dar. Jede engere Auslegung würde dem Ziel des Art. 3 lit. g EGV, ein System zu schaffen, das den Wettbewerb innerhalb des Binnenmarktes vor Verfälschungen schützen soll, widersprechen.[19]

dd) Zwischenergebnis

Andererseits sind der strafrechtliche Subventionsbegriff und der europarechtliche Beihilfebegriff sehr weit, weil es bei ihnen nicht nur um Unternehmen in privater Hand geht.[20] Dagegen stellt sich das deutsche Subventionsrecht auf den Standpunkt, beim Empfänger müsse es sich um nicht dem staatlichen Bereich zuzuordnende Private handeln.[21]

Für die Einbeziehung von Verwaltungsträgern sprechen zwei Erwägungen: Zum einen steht es der öffentlichen Hand nach h.M. frei, sich auch in der Form des Privatrechts zu betätigen. Zudem gibt es vielfältige staatliche Beteiligungen am Privatrechtsverkehr. So hat die jüngere Entwicklung, öffentliche Aufgaben auf privatrechtlich organisierte Träger zu übertragen, den Gesetzgeber veranlaßt, dem § 91 Abs. 1 Satz 1 BHO den Tatbestand der Nr. 4 hinzuzufügen.[22] Danach kann der Bundesrechnungshof auch bei juristischen Personen des privaten Rechts Prüfungen vornehmen, wenn der Bund an ihnen mehrheitlich beteiligt ist, und wenn sie für die Erfüllung öffentlicher Aufgaben Haushaltsmittel erhalten. Man würde aber die freiheitsgefährdende Komponente staatlicher Fördermaßnahmen mißachten, spräche man nur bei staatlichen Zuweisungen an Private von Subventionen. Sieht man hingegen auch Verwaltungsträger als mögliche Subventionsempfänger an, dann verliert man das „Zentralproblem des Subventionsrechts, [nämlich] das Wettbewerbsproblem zwi-

---

[16] *Rudolf Geiger*, EG-Vertrag, Kommentar zu dem Vertrag zur Gründung der Europäischen Gemeinschaft, 2. Auflage, München 1995, Art. 92 Rn. 14

[17] *Geiger*, (Fn. 16), Art. 92 Rn. 9-12

[18] EuGH, Slg. 1961, 5, 43

[19] *Peter-Christian Müller-Graff*, Die Erscheinungsformen der Leistungssubventionstatbestände aus wirtschaftsrechtlicher Sicht, ZHR 152 (1988), S. 403 ff., 410

[20] Vgl. für den strafrechtlichen Subventionsbegriff: *Lenckner*, (Fn. 15), § 264 Rn. 23; für den europarechtlichen Beihilfebegriff: *Geiger*, (Fn. 16), Art. 92 Rn. 11

[21] Vgl. etwa *Hans Peter Ipsen*, Subventionen, in: Josef Isensee / Paul Kirchhof (Hrsg.), Handbuch des Staatsrechts der Bundesrepublik Deutschland, Band IV, Heidelberg 1990, § 92 Rn. 28, S. 366

[22] *Ernst Heuer*, in: Ernst Heuer (Hrsg.), Kommentar zum Haushaltsrecht, Loseblattsammlung, Neuwied, Stand: März 1996, § 91 BHO Rn. 6 a; vgl. oben Teil C, VI, 2

schen den Subventionsempfängern",[23] nicht aus den Augen. Der gemeinschaftsrechtliche Begriff der Beihilfe ermöglicht es, auch die wettbewerbsrelevanten Staatsleistungen zu berücksichtigen. Daher können - entgegen der deutschen h.M., aber in Übereinstimmung mit dem Gemeinschaftsrecht - auch Verwaltungsträger Empfänger von Subventionen sein. Nur mit dieser weiten Definition können alle für den Wettbewerb beachtlichen Staatsleistungen erfaßt werden.

ee) § 23 BHO/LHO

Der haushaltsrechtliche Zuwendungsbegriff des § 23 BHO/LHO umfaßt „Ausgaben und Verpflichtungsermächtigungen für Leistungen an Stellen außerhalb der Bundesverwaltung (Landesverwaltung) zur Erfüllung bestimmter Zwecke". Ob die Bezeichnung Zuwendung für diese Leistungen als Legaldefinition zu verstehen ist, wird im Schrifttum unterschiedlich beantwortet. Dies wird zum Teil mit der Begründung verneint, die Haushaltsordnungen würden Sonderregelungen auch für Tatbestände treffen, die vom Zuwendungsbegriff abzugrenzen seien.[24] Nach anderer Ansicht enthalte § 23 BHO/LHO eine auslegungsbedürftige Legaldefinition der Zuwendung.[25] So müsse der Zuwendungsbegriff des § 23 BHO/LHO nicht zwingend mit dem Zuwendungsbegriff des § 91 BHO/LHO, der die Prüfungsbefugnis der Rechnungshöfe betrifft, deckungsgleich sein.

Nach dem Wortlaut des § 23 BHO/LHO muß wohl davon ausgegangen werden, daß der Gesetzgeber hier eine Legaldefinition des Zuwendungsbegriffs vorgenommen hat. Würde man diese Begriffsbestimmung aber wörtlich nehmen, dann fielen unter den Zuwendungsbegriff alle Leistungen, die mit dem Ziel gewährt werden, daß die Leistungsempfänger bestimmte Zwecke erfüllen. Davon umfaßt wären aber auch zweckbestimmte Leistungen, auf die der Empfänger einen Rechtsanspruch hat, etwa nach dem Bundesausbildungsförderungsgesetz. Es besteht deshalb Einigkeit dahingehend, daß nicht alle derartigen Leistungen Zuwendungen im Sinne des Haushaltsrechts sein können. Letztere werden daher definiert als „zweckgebundene Geldleistungen öffentlich-rechtlicher Art, die der Bund zur Erfüllung öffentlicher Aufgaben an Stellen außerhalb der Bundesverwaltung erbringt, ohne daß der Empfänger vor der Bewilligung einen dem Grunde und der Höhe nach bestimmten Rechtsanspruch hat und ohne daß ein unmittelbarer Leistungsaustausch stattfindet".[26] Dieser Begriff

---

[23] *Haverkate*, (Fn. 13), S. 339

[24] *Erwin-Adolf Piduch*, Bundeshaushaltsrecht, Loseblattsammlung, Stuttgart / Berlin / Köln, Stand: Januar 1996, § 23 Rn. 4; *Sieghardt von Köckritz / Günter Ermisch / Norbert Dittrich / Christel Lamm*, Bundeshaushaltsordnung - Kommentar, Loseblattsammlung, München, Stand: Juni 1997, § 23 BHO Rn. 3

[25] *Klaus Lange*, Die Prüfung staatlicher Zuwendungen durch den Bundesrechnungshof, in: Heinz Günter Zavelberg (Hrsg.), Die Kontrolle der Staatsfinanzen, Festschrift zur 275. Wiederkehr der Errichtung der Preußischen General-Rechen-Kammer, Berlin 1989, S. 279 ff., 280 f.; *Heuer*, (Fn. 22), § 23 Rn. 1

[26] *von Köckritz / Ermisch / Dittrich / Lamm*, (Fn. 24), § 23 BHO Rn. 3; im Ergebnis ebenso *Erwin Krämer*, Die Abgrenzung des haushaltsrechtlichen Zuwendungsbegriffs und ihre Bedeutung, DÖV 1990, 546, 548

beinhaltet aber nur Geldleistungen. Sachleistungen oder Steuersubventionen (indirekte Subventionen, Verschonungssubventionen) umfaßt er nicht. Der Zuwendungsbegriff ist daher zu eng, um als umfassende Definition zu dienen.

ff) Ergebnis

Betrachtet man die dargestellten Begriffe der Subvention im Sinne des Strafgesetzbuches, der europarechtlichen Beihilfe und der haushaltsrechtlichen Zuwendung, so zeigen sich folgende grundlegende Gemeinsamkeiten:

Erstens beinhalten alle Begriffe als Typus eine *Wirkungsorientierung*. Es geht um die Verfolgung bestimmter Zwecke (§ 23 BHO/LHO: Erfüllung öffentlicher Aufgaben; § 264 Abs. 7 StGB: Förderung der Wirtschaft; Art. 87 EGV: Schutz des freien Wettbewerbs innerhalb der EU). Zweitens werden alle Leistungen jeweils von *Trägern öffentlicher Verwaltung* gewährt. Drittens werden die Leistungen *ohne unmittelbare Gegenleistung* erbracht. Ausgehend von diesen Gemeinsamkeiten und den erörterten Stärken und Schwächen der einzelnen Begriffe wird dieser Unteruchung folgender materieller Begriff der Subvention zugrundegelegt:

> Subventionen sind vermögenswerte Zuwendungen des Staates an Private oder Verwaltungsträger zur Förderung eines im öffentlichen Interesse liegenden Zwecks, ohne daß von dem Empfänger eine Gegenleistung erbracht wird.

Der Vorteil einer solchen Definition liegt darin, daß sie den europarechtlichen Beihilfebegriff und den strafrechtlichen Subventionsbegriff beinhaltet und noch darüber hinausgeht, als auch Zuwendungen nicht nur an Unternehmen umfaßt werden. Ziel soll es schließlich sein, eine Untersuchung über Erfolgskontrollen vorzunehmen; dafür ist der wettbewerbsrechtliche Aspekt des Art. 87 EGV allein aber zu eng. Mit dem haushaltsrechtlichen Zuwendungsbegriff stimmt die Definition insofern überein, als beide Begriffe staatliche Leistungen umfassen, die ohne marktmäßige Gegenleistung erbracht werden. Die Definition geht über den Zuwendungsbegriff aber noch hinaus, als sie auch Sachleistungen und indirekte Subventionen mit einbezieht. Zudem werden von ihr auch Verwaltungsträger als mögliche Empfänger umfaßt. Der dargestellte Begriff der Subvention ist so weit gefaßt, daß er weitgehend die Bereiche der staatlichen Zuwendungen abdeckt und zudem noch über die nötige Schärfe verfügt, um nicht zur Leerformel zu werden. Vor einer zu detaillierten und abschliessenden (Legal-) Definition des Subventionsbegriffes ist indessen zu warnen. Subventionsgeber und -empfänger würden bei ihrem Einfallsreichtum sicherlich Wege finden, Mittel so zu gewähren, daß sie von einer abschließenden Begrifflichkeit nicht mehr umfaßt wären. Der Subventionsbegriff muß daher einerseits möglichst konturenscharf, andererseits aber auch so weit sein, daß er an der Wirklichkeit nicht vorbeigeht. Diesem Anspruch wird der dargestellte Subventionsbegriff gerecht.

b) Der Begriff der Erfolgskontrolle

Alle Subventionen sollten immer wieder von neuem auf ihre Notwendigkeit überprüft werden. Dazu gehört die Kontrolle, ob die staatliche Zuwendung den gewünschten Erfolg auch tatsächlich zeitigt. Voraussetzung einer rationalen Auswahl staatlicher Programme ist vor allem deren Wirksamkeitsanalyse, welche eine Erfolgskontrolle zu leisten vermag. Es gibt keine einheitliche Bezeichnung für den Begriff der Erfolgskontrolle. Im Raum stehen Bezeichnungen wie Programmevaluation, Evaluierung, Effizienzkontrolle, Aufgabenkritik, Inspektion, Revision oder Nachschau.[27] Die Vielfalt der Begriffe deutet auf den noch nicht abgeschlossenen Klärungsprozeß hin.[28]

Versuche, sowohl die Aufgabenkritik als auch die Wirtschaftlichkeitsprüfung in die Erfolgskontrolle einzubeziehen, legen die Annahme nahe, dem Begriff der Erfolgskontrolle einen möglichst weiten Spielraum zu geben, der es zuläßt, Wirtschaftlichkeit und Sparsamkeit als Prüfungsmaßstäbe von Erfolgskontrollen zuzulassen. So sollen Erfolgskontrollen nach Nr. 2.2 der Vorl-VV zu § 7 BHO[29] Zielerreichungskontrollen, Wirkungskontrollen und Wirtschaftlichkeitskontrollen umfassen. Die Erfolgskontrolle soll danach ein systematisches Prüfungsverfahren sein, welches dazu dient, während und nach Abschluß einer Maßnahme ausgehend von der Planung festzustellen, ob und in welchem Ausmaß die angestrebten Ziele erreicht wurden (Zielerreichungskontrolle), die Maßnahme ursächlich für die Zielerreichung war (Wirkungskontrolle) und ob sie wirtschaftlich war (Wirtschaftlichkeitskontrolle). Die Zielerreichungskontrolle und die Wirkungskontrolle sollen Grundlagen für die Wirtschaftlichkeitskontrolle sein. Es wird auch unterschieden zwischen Erfolgskontrollen im engeren Sinne, welche Wirtschaftlichkeitsuntersuchungen sein sollen, und Erfolgskontrollen im weiteren Sinne, welche der Feststellung dienen sollen, ob die angestrebten Ziele erreicht wurden.[30]

Gegen die Subsumierung der Erfolgskontrolle unter die Wirtschaftlichkeitskontrolle gibt es sowohl im Bundesrechnungshof als auch in den Ressorts Gegenstimmen und Vorbehalte. Stellvertretend hierfür sei ein früherer Leiter der Haushaltsabteilung des Bundesfinanzministeriums zitiert, der die Durchführung von Erfolgskontrollen für unbedingt notwendig erachtet, sie jedoch von der Wirtschaftlichkeitsprüfung getrennt sehen will:

> „Damit könnte endlich eine empfindliche Lücke geschlossen werden, die im öffentlichen Finanzwesen besteht. Es gibt gegenwärtig keine Prüfung, ob mit dem veran-

---

[27] Vgl. *Wolfgang Sigg*, Die Stellung der Rechnungshöfe im politischen System der Bundesrepublik Deutschland, Berlin 1982, S. 65; *Herbert Rischer*, Finanzkontrolle staatlichen Handelns, Heidelberg 1995, S. 298 ff.; jeweils m.w.N.

[28] *Johann Eekhoff*, Ansatzpunkte für die Beurteilung öffentlicher Maßnahmen - Erfolgskontrolle von Strukturprogrammen, in: Peter Eichhorn / Gert von Kortzfleisch (Hrsg.), Erfolgskontrolle bei der Verausgabung öffentlicher Mittel, Baden-Baden 1986, S. 59 ff., 61

[29] Abgedruckt bei Piduch, (Fn. 24), § 7 S. 3

[30] *Piduch*, (Fn. 24), § 7 Rn. 7

schlagten Mittelaufwand das angestrebte Ziel erreicht worden ist. Die Rechnungsprüfung begnügt sich mit der Feststellung, ob die Mittel für den vorgesehenen Zweck verwendet und dabei die Grundsätze der Sparsamkeit und Wirtschaftlichkeit beachtet worden sind".[31]

Auch wenn diese Aussage sich heute so nicht mehr halten läßt - Erfolgskontrollen haben in den vergangenen 20 Jahren zunehmend an Bedeutung gewonnen -, so macht sie doch deutlich, daß Erfolgskontrollen von Wirtschaftlichkeitskontrollen zu unterscheiden sind: Der Begriff Effektivität beschreibt die Wirksamkeit der Verwaltung im Sinne einer Ziel-output-Relation, also das Verhältnis von Zielen und Erträgen. Der Begriff Effizienz dagegen dient der Kennzeichnung der Wirtschaftlichkeit als input-output-Relation und betrifft somit das Verhältnis von Aufwand und Ertrag. Effizienz stellt eine Zweck-Mittel-Relation zwischen Ertrag und Aufwand her.[32]

Die Erfolgskontrolle muß daher Wirksamkeitskontrolle sein. Eine Kontrolle nämlich, die sich auf politische Programme bezieht, kann nicht deren Wirtschaftlichkeit, sondern ausschließlich deren Wirksamkeit feststellen; ein Programm kann nicht per se wirtschaftlich sein, es kann nur wirtschaftlich umgesetzt werden. Deshalb sind Erfolgskontrollen keine Wirtschaftlichkeitsprüfungen,[33] sondern Kontrollen über die Wirksamkeit staatlicher Maßnahmen zur Erreichung eines bestimmten Zweckes. Erfolg kann eine Maßnahme oder ein Programm auch dann haben, wenn eine Wirtschaftlichkeitskontrolle ergibt, daß der Erfolg mit einem zu hohen Aufwand, also unwirtschaftlich erreicht worden ist.

Letzteres macht aber deutlich, daß Erfolgskontrolle und Wirtschaftlichkeitskontrolle sich gegenseitig ergänzen müssen und nur gemeinsam zu sinnvollen Ergebnissen gelangen können. So kann es vorkommen, daß zwei Programme zur Erreichung desselben Ziels gleich effektiv sind, also einen gleichen Zielerreichungsgrad haben, daß aber eines der Programme entscheidend effizienter ist, d.h. sein Verhältnis von Aufwand und Ertrag wesentlich besser ist als das des anderen. Eine Entscheidung zwischen diesen Programmen vermag eine Erfolgskontrolle sachgerecht nur zusammen mit dem Wirtschaftlichkeitsprinzip zu treffen. Davon geht wohl auch der Bundesrechnungshof aus, wenn er gleichzeitig mit der Erfolgskontrolle häufig auch Wirtschaftlichkeitsaspekte berücksichtigt.[34] Erfolgs- und Wirtschaftlichkeitskontrolle lassen sich begrifflich zwar voneinander trennen, tatsächlich aber müssen sie sich gegenseitig ergänzen. Denn Effizienz-Vergleiche verschiedener Programme sind nur sinnvoll, wenn die Effektivität der einzelnen Programme bereits bestätigt ist. Insofern sind Erfolgskontrollen Instrumente zur Durchsetzung des Wirtschaftlichkeitsgebotes: Unwirksame Maßnahmen sind unwirtschaftlich, unwirtschaftliche Maßnahmen aber nicht notwendigerweise auch unwirksam.

---

[31] *Hans Clausen Korff*, Haushaltspolitik, Stuttgart / Berlin / Köln / Mainz 1975, S. 171
[32] *Winfried Brohm*, Zur Einführung: Strukturprobleme der planenden Verwaltung, JuS 1977, 500
[33] *Rischer*, (Fn. 27), S. 305
[34] *Nils Diederich / Georg Cadel / Heidrun Dettmar / Ingeborg Haag*, Die diskreten Kontrolleure, Opladen 1990, S. 69

Erfolgskontrollen sind ex-post-Kontrollen.[35] Dies gilt für begleitende Erfolgskontrollen, die noch während der Projektrealisierung und für abschließende Erfolgskontrollen, die erst nach Beendigung der Maßnahme durchgeführt werden, gleichermaßen. Erfolgskontrollen sind daher von den Kosten-Nutzen-Untersuchungen im Sinne des § 7 Abs. 2 Satz 1 BHO/LHO zu unterscheiden. Diese werden grundsätzlich als eine Methode betrachtet, die ex ante einsetzt, also vor der Entscheidung über eine Maßnahme.[36] Bei der Kosten-Nutzen-Untersuchung wird geprüft, ob es sinnvoll ist, eine bestimmte Maßnahme zu ergreifen, ein laufendes Projekt abzubrechen oder zu modifizieren. Die Entscheidung hierüber erfolgt auf der Grundlage vorhandener Kenntnisse über Wirkungszusammenhänge. Bei einer Erfolgskontrolle wird dagegen geprüft, ob eine Maßnahme eine bestimmte Wirkung gehabt hat. Johann Eekhoff bezeichnet die Wirkungsanalyse im Rahmen der Kosten-Nutzen-Untersuchung daher auch als „Wirkungsprognose" und die Wirkungsanalyse im Rahmen der Erfolgskontrolle als „Wirkungskontrolle".[37] Im folgenden wird an der Bezeichnung Erfolgskontrolle hingegen festgehalten, da dieser Ausdruck den Begriff am anschaulichsten wiedergibt: Es geht um den Erfolg staatlicher Maßnahmen. „Schlagwortartig bedeutet die Erfolgskontrolle ein Prüfungsverfahren, das den Zielen die tatsächlichen Ergebnisse gegenüberstellt, um Fehlentwicklungen sichtbar zu machen und korrigieren zu können. Sie zeigt, ob die der Entscheidung zugrundeliegenden Prämissen und Prognosen durch die Praxis bestätigt werden".[38]

Soll eine Subventionsmaßnahme ihren Zweck, den angestrebten wirtschaftlichen Erfolg, durch eine Verhaltensänderung auf Seiten des Subventionsempfängers erreichen, dann ergibt sich die Notwendigkeit hinsichtlich einer Zweck-Mittel-Kontrolle zwei Arten von Subventionszwecken zu unterscheiden, die für die Durchführung einer Erfolgskontrolle von Bedeutung sind. Es gibt zum einen den Zweck, das Verhalten des Empfängers zu verändern, etwa ihn zu einer Anpassung an bestimmte vorgegebene staatliche Ziele zu veranlassen. Dieser Zweck läßt sich als „Verhaltenszweck" bezeichnen,[39] da er auf das mit der Subvention angestrebte Handeln oder Unterlassen des Subventionierten abzielt. Der letztendlich erstrebte volkswirtschaftliche Erfolg ergibt sich aus der Summe von Verhaltensänderungen der einzelnen Subventionsempfänger. Dieser mit der Subventionierung verfolgte Zweck läßt sich als „Erfolgszweck" kennzeichnen.[40] Bei diesem liegt der maßgebende Bezugspunkt für eine Erfolgskontrolle. Die Subventionierung fördert ein bestimmtes Verhalten des Empfängers, in dessen Folge der im öffentlichen Interesse der Subventionierung liegende Zweck erreicht werden soll. Das angestrebte Verhalten ist lediglich Mittel zur Erreichung des Zweckes.[41] Maßstab für die Zwecktauglichkeit ist demnach

---

[35] *Eekhoff*, (Fn. 28), S. 62; *Rudolf Dieckmann*, Auf dem Weg zu neuen Ufern? Zum Stand der Erfolgskontroll-Untersuchungen beim Hamburger Rechnungshof, VOP 1993, 63

[36] *Eekhoff*, (Fn. 28), S. 61 f.

[37] *Eekhoff*, (Fn. 28), S. 62

[38] *Rischer*, (Fn. 27), S. 306

[39] *Görg Haverkate*, Rechtsfragen des Leistungsstaates, Tübingen 1983, S. 176 f.

[40] *Haverkate*, (Fn. 39), S. 176 f.

[41] *Haverkate*, (Fn. 39), S. 177

nicht das angestrebte Verhalten des Subventionsempfängers, sondern der damit letztendlich erstrebte volkswirtschaftliche Erfolg. Das angestrebte Verhalten des Subventionierten ist dagegen für eine Zweck-Mittel-Kontrolle keinesfalls bedeutungslos, denn es muß im Rahmen der Erfolgskontrolle ja geprüft werden, ob das Mittel (= Verhaltenszweck) zum Ziel (= Erfolgszweck) geführt hat. Die Frage muß lauten, wie die Subvention das Verhalten ihres Empfängers so beeinflussen kann, daß der gewünschte wirtschaftspolitische Erfolg letztendlich auch erreicht wird. Also sind beide Zwecke, Verhaltens- und Erfolgszweck, für die Durchführung von Erfolgskontrollen notwendig.

Es ist festzuhalten: Erfolgskontrollen sind Wirksamkeitskontrollen. Sie untersuchen das Verhältnis von Zielen und Erträgen. Der Begriff der Wirtschaftlichkeit dagegen betrifft das Verhältnis von Aufwand und Ertrag.

Erfolgskontrollen sind demnach der Vergleich

- des tatsächlich erreichten Zieles mit dem geplanten (Soll-Ist-Vergleich),
- des Standes vor und nach der Durchführung eines Programms (Ist-Ist-Vergleich) und
- des tatsächlich Erreichten mit dem Zustand, der sich ohne die Durchführung des Programmes oder von Teilen desselben ergeben hätte (Ist-hypothetischer Status quo-Vergleich).[42]

Prüfungsgegenstand von Erfolgskontrollen ist die staatliche Maßnahme, Prüfungsmaßstab das Verhältnismäßigkeitsgebot.[43] Da eine Erfolgskontrolle sich an dem Maßstab der Verhältnismäßigkeit der staatlichen Tätigkeit orientiert, sind Erfolgskontrollen aber auch Rechtskontrollen. Darauf wird an anderer Stelle eingegangen werden.[44]

---

[42] *Dieckmann*, (Fn. 35), S. 63; Anmerkung zur Klarstellung des Begriffs „Ist-hypothetischer Status quo-Vergleich": Der Status quo kann nur ein hypothetischer sein, denn es läßt sich nur hypothetisch bestimmen, welcher Zustand sich *ohne* die Subventionsmaßnahme ergeben hätte. Im weiteren Verlauf des Textes wird aus allein sprachlichen Gründen der Begriff „Ist-Status quo-Vergleich" verwendet. Damit ist der Vergleich des „Ist" mit dem „hypothetischen Status quo" gemeint. Ein inhaltlicher Unterschied zwischen den Begriffen besteht nicht.

[43] Vgl. unten Teil C, VI, 6

[44] Vgl. unten Teil C, VI, 6 d

Teil B

Die verfassungsrechtliche Stellung der Rechnungshöfe und ihre Bedeutung für die Kontrolle von Subventionen

I. Die Entstehung und Entwicklung der Finanzkontrolle

„Wer forschend die Institutionen der Finanzkontrolle - ihr Wesen und ihre Aufgaben, ihren Aufbau und ihre Zusammenordnung, ihr Verfahren und ihre Wirkungskraft - untersucht, stößt immer wieder auf geschichtliches Erbgut, auf die 'Gegenwart der Geschichte' (*Droysen*), auf Tradition".[45] In der Tat lassen sich viele Strukturmerkmale der heutigen Finanzkontrolle nur historisch erklären. Allen Staatsformen gemeinsam, gleich ob ancien régime, konstitutionelle Monarchie oder parlamentarische Demokratie, war die Erkenntnis von der Notwendigkeit einer unabhängigen Finanzkontrolleinrichtung. Im Laufe der historischen Entwicklung hatten diese Einrichtungen indessen unterschiedliche Aufgaben und unterlagen verschiedenen Selbsteinschätzungen.

1. Finanzkontrolle im Absolutismus

Die Rechnungsprüfung ist entstanden als Instrument der Verwaltungsspitze, um untergeordnete Verwaltungsstellen zu kontrollieren. Die zentralen Rechnungsrevisionsbehörden wurden in Deutschland im 18. Jahrhundert geschaffen, vor allem in Sachsen,[46] Kurhessen und Preußen. Diese waren reine Hilfsorgane der Exekutive, die dem Monarchen direkt unterstellt waren und deren Berichte deshalb auch nur an ihn gingen.[47] Diese Stellung verlieh den Kontrolleinrichtungen aber auch Unabhängigkeit von der zu kontrollierenden Verwaltung. Ihre Aufgabe bestand im wesentlichen darin, das Pflichtbewußtsein der Beamten sicherzustellen und dem Verwaltungsschlendrian entgegenzusteuern. Somit war das erste Jahrhundert der neu geschaffenen Preußischen General-Rechenkammer gekennzeichnet durch eine wechselvolle Auseinandersetzung um Unabhängigkeit von der Verwaltung. Die bei ihrer Errichtung durch König Wilhelm I. im Jahre 1714 vorgesehene Unabhängigkeit ging in den Folgejahren durch Unterordnung unter das Generaldirektorium verloren, wurde 1786 wiederhergestellt und dann durch die Königliche „Instruction für die Oberrechnungskammer" vom 18. Dezember 1824[48] endgültig gesichert. Hintergrund für die Gründung war die Erfahrung des Königs, daß Preußen unter der Regentschaft seines Vaters, König Friedrich I., durch Verschwendungssucht und Korruption an den Rand des finanziellen Ruins gelangt war. Tatsächlich wird die Frage nach der Selbständigkeit oder der

[45] *Friedrich von Pfuhlstein*, Der Weg von der preußischen Generalrechenkammer zum Bundesrechnungshof, in: Bundesrechnungshof (Hrsg.), 250 Jahre Rechnungsprüfung, Frankfurt a.M. 1964, S. 1 ff., 7

[46] Im Jahre 1707 als erste in Deutschland von Kurfürst Friedrich August I. von Sachsen errichtet.

[47] *Klaus Grupp*, Die Stellung der Rechnungshöfe in der Bundesrepublik Deutschland, Berlin 1972, S. 14 ff.

[48] Zitiert nach *Heinz Günter Zavelberg*, Von der Rechnungsprüfung zur Finanzkontrolle, in: Hans Herbert von Arnim (Hrsg.), Finanzkontrolle im Wandel, Berlin 1989, S. 17 ff., 17 Fn. 2

Eingliederung der Kontrollbehörden in der Verwaltungshierarchie als „Zentralfrage" der Rechnungsprüfung bezeichnet.[49] Der Kampf um die Unabhängigkeit der Preußischen General-Rechenkammer von der zu kontrollierenden Verwaltung zeigt, daß die damalige Rechnungskontrolle ein bedeutendes und kräftiges Mittel war, um dem Monarchen eine wirksame Kontrolle über den Verwaltungsapparat zu sichern.

2. Finanzkontrolle in der konstitutionellen Monarchie

Hatte die Rechnungsprüfung in der absoluten Monarchie die Aufgabe, im Auftrag des Königs die Verwaltung zu kontrollieren, so trat in der konstitutionellen Monarchie eine weitere, als „Verfassungskontrolle"[50] bezeichnete Funktion hinzu. Der Anschaulichkeit wegen ist es besser, sie als „Regierungskontrolle"[51] zu benennen: Die Prüfung erfolgte nunmehr auch im Dienste der parlamentarischen Kontrolle der Exekutive. Art. 104 der Verfassungsurkunde für den Preußischen Staat vom 31. Januar 1850[52] brachte diese neue zusätzliche Stoßrichtung schön zum Ausdruck, indem er bestimmte:

> „Zu Etats-Ueberschreitungen ist die nachträgliche Genehmigung der Kammern erforderlich.
>
> Die Rechnungen über den Staatshaushalts-Etat werden von der Ober-Rechenkammer geprüft und festgestellt. Die allgemeine Rechnung über den Staatshaushalt jeden Jahres, einschließlich einer Uebersicht der Staatsschulden, wird mit den Bemerkungen der Ober-Rechenkammer zur Entlastung der Staatsregierung den Kammern vorgelegt.
>
> Ein besonderes Gesetz wird die Einrichtung und die Befugnisse der Ober-Rechnungskammer bestimmen".

Das vorgesehene „Gesetz betreffend die Einrichtung und die Befugnisse der Ober-Rechnungskammer" trat wegen innen- und außenpolitischer Kontroversen erst am 27. März 1872 in Kraft.[53] Dessen § 1 lautete:

> „Die Ober-Rechnungskammer ist eine dem König unmittelbar untergeordnete, den Ministerien gegenüber selbständige Behörde, welche die Kontrolle des gesamten Staatshaushaltes durch Prüfung und Feststellung der Rechnungen über Einnahmen und Ausgaben von Staatsgeldern, über Zugang und Abgang von Staatseigenthum und über die Verwaltung der Staatsschulden zu führen hat".

Die vorhandenen Gesetzes- und Verfassungsvorschriften indessen stellten die Stellung der Rechnungskammer zwischen Parlament und Regierung nicht hinreichend

---

[49] *Klaus Stern*, Das Staatsrecht der Bundesrepublik Deutschland, Band II, München 1980, § 34 I 2, S. 411

[50] *Stern*, (Fn. 49), § 34 III 4 a, S. 440

[51] *Hans Herbert von Arnim*, Grundprobleme der Finanzkontrolle, DVBl. 1983, 664, 665

[52] Gesetz-Sammlung für die Königlichen Preußischen Staaten, S. 17

[53] Gesetz-Sammlung für die Königlichen Preußischen Staaten, S. 278

klar. War seit 1824 das Verhältnis zur Exekutive als bereinigt anzusehen, so blieb das Verhältnis zum Parlament fraglich. Hilfsorgane der Parlamente waren die Rechnungskammern nie. Seit die Parlamente aber die Budgethoheit innehaben, wächst auch ihre Bedeutung als „unentbehrlicher Helfer bei der Budgetkontrolle“.[54]

Die Budgethoheit des Parlaments ist von konstitutiver Bedeutung für unser heutiges Parlamentsverständnis.[55] Jede staatliche Tätigkeit bedarf der Finanzierung; wer die Mittel bewilligt, hat den entscheidenden Einfluß auf die politische Entscheidung. Das Budgetrecht des Parlaments wurde von Max Weber als „das entscheidende parlamentarische Machtmittel“[56] bezeichnet.

Während dieser Entwicklung blieben die Berichte des Rechnungshofes zwar weiterhin Instrumente der Regierung zur Verwaltungskontrolle, sie wuchsen aber zunehmend in die Rolle hinein, dem Parlament bei der Regierungskontrolle zu helfen. Bei ihr wird gefragt, ob der Wille des Gesetzgebers, der im Haushaltsplan seinen Ausdruck gefunden hat, erfüllt worden ist. „Sie ist die eigentliche parlamentarisch-politische Kontrolle“.[57] Trotz dieser Doppelfunktion blieben die unmittelbaren Aufgaben der Rechnungshöfe aber die gleichen: „Zunächst sollte eine Übersicht über die Verwaltungstätigkeit geboten, sodann sollte jede Einzelausgabe einem bestimmten Beamten zugeordnet, damit die Verantwortlichkeit geklärt werden. Schließlich hatte die Rechnungsprüfung auch darzustellen, inwieweit die Maßstäbe zur Verteilung der Geldmittel beachtet worden waren. Diese Kontrolle diente der Regierung, insbesondere um die Einheitlichkeit der Verwaltung (Bindung an Weisungen, Richtlinien) zu festigen; sie diente dem Parlament, insbesondere um die Gesetzmäßigkeit, die Beachtung des Haushaltsplanes durch die Exekutive zu überprüfen“.[58]

3. Finanzkontrolle in der Weimarer Republik

Im Vergleich zu Art. 72 der Verfassung des Deutschen Reichs vom 16. April 1871[59] stellte es einen Fortschritt dar, daß Art. 86 Satz 2 der Verfassung des Deutschen Reichs vom 11. August 1919 die Rechnungsprüfung wenigstens formell in die Verfassung aufnahm:

---

[54] *Franz Haaser*, Die Rechnungshöfe und ihre Beziehungen zu Exekutive und Legislative, DÖH 1 (1954), S. 115 ff., 117

[55] *Sigg*, (Fn. 27), S. 18; vgl. zum parlamentarischen Budgetbewilligungsrecht: *Reinhard Mußgnug*, Der Staatshaushalt als Gesetz, Göttingen 1976, S. 113 ff., *Herbert Mandelartz*, Das Zusammenwirken von Parlament und Regierung beim Haushaltsvollzug, Frankfurt a.M. / Bern / Cirencester U.K. 1980, S. 90 ff.

[56] *Max Weber*, Parlament und Regierung im neugeordneten Deutschland, Mai 1918, in: Johannes Winckelmann (Hrsg.), Gesammelte politische Schriften, 5. Auflage, Tübingen 1988, S. 306 ff., 339

[57] *Sigg*, (Fn. 27), S. 19

[58] *Klaus Vogel / Paul Kirchhof*, in: Bonner Kommentar zum Grundgesetz, Zweitbearbeitung 1973, Art. 114 Rn. 8

[59] „Ueber die Verwendung aller Einnahmen des Reichs ist durch den Bundeskanzler dem Bundesrathe und dem Reichstage zur Entlastung jährlich Rechnung zu legen“. (Bundesgesetzblatt 1871, S. 64 ff., 83)

„Die Rechnungsprüfung wird durch Reichsgesetz geregelt". [60]

Das betreffende Reichsgesetz war die Reichshaushaltsordnung vom 31. Dezember 1922,[61] welche einstimmig verabschiedet wurde. Nach § 87 RHO hatte der Rechnungshof die gesamte Haushaltsführung zu überwachen. Er war „eine der Reichsregierung gegenüber selbständige, nur dem Gesetz unterworfene Reichsbehörde" (§ 118 RHO). Seine Beamten waren „unabhängig und nur dem Gesetz unterworfen" (§ 121 Abs. 1 RHO). Dem Reichstag durften sie nicht angehören (§ 123 RHO). § 96 RHO begründete die gesetzliche Verpflichtung zur Prüfung der Wirtschaftlichkeit, und zwar als gleichrangiger Prüfungsmaßstab mit der Ordnungsmäßigkeit. Damit übernahm die deutsche Rechnungsprüfung im internationalen Vergleich eine Vorreiterrolle.

Der Prüfungsmaßstab der Wirtschaftlichkeit eröffnete der Finanzkontrolle eine neue Dimension: Die Prüfungstätigkeit wurde nunmehr viel stärker handlungs- und entscheidungsbezogener im Hinblick auf zukünftige finanzrelevante Entscheidungen und beschränkte sich nicht mehr nur auf die Feststellung von Mängeln in der Vergangenheit.[62] In der Rechtswissenschaft lebte eine rege Diskussion auf hinsichtlich der Frage nach der staatsrechtlichen Stellung der Rechnungshöfe. Es wurde die Zuordnung zu jedweder Staatsfunktion vertreten.[63] Vorherrschend war aber die Auffassung, daß es sich beim Rechnungshof um eine Verwaltungsbehörde handele.[64]

4. Finanzkontrolle in der Zeit des Nationalsozialismus

Durch die zweite Novelle zur Reichshaushaltsordnung vom 13. Dezember 1933[65] wurde die Stellung des Präsidenten des Rechnungshofes - dem Führerprinzip gemäß - zu Lasten des Kollegialorgans deutlich gestärkt. § 119 Abs. 1 Satz 1 RHO[66] wurde gestrichen. Nach Art. II § 2 des Änderungsgesetzes wurden die Bemerkungen des Rechnungshofes im Reichstag zwar noch erörtert, die Reichsregierung erteilte sich die Entlastung aber selbst. Durch Gesetz vom 17. Juni 1936[67] wurde die Rechnungsprüfung zentralisiert: Die Rechnungshöfe der Länder wurden aufgelöst. Ihre Aufgaben übernahm der Rechnungshof des Deutschen Reiches. Insgesamt wurde die Prüfungsbehörde zu einem wirksamen Kontrollinstrument der Reichsregierung umgeformt.[68] Nachdem das Budget- und Entlastungsrecht vom Parlament auf die Regie-

---

[60] RGBl., S. 1383, 1399
[61] RGBl. 1923 II, S. 17
[62] *Zavelberg*, (Fn. 48), S. 19
[63] Vgl. die Nachweise bei *Grupp*, (Fn. 47), S. 71 ff.
[64] Vgl. die Nachweise bei *Stern*, (Fn. 49), § 34 I 4 b, S. 416
[65] RGBl. II, S. 1007
[66] „Der Rechnungshof bildet ein Kollegium".
[67] RGBl. II, S. 209
[68] Vgl. dazu insgesamt: *Grupp*, (Fn. 47), S. 79 ff.; *Hermann A. Dommach*, Der Funktionsverlust des Reichsrechnungshofes (RRH) in den Vorkriegsjahren, in: Theo Pirker (Hrsg.), Rechnungshöfe als Gegenstand zeitgeschichtlicher Forschung, Berlin 1987, S. 35 ff.; *Rainer Weinert*, Wie ein „Veilchen

rung übergegangen war, führte der Rechnungshof seine Tätigkeit nur noch in deren Interesse durch. Damit wurde die Kontrollbehörde - wie im Absolutismus - allein zu dem Zweck eingesetzt, der Staatsleitung einen umfassenden Überblick über das Finanzgebaren der ihr unterstellten Verwaltung zu gewährleisten. „Führerentscheidungen" waren der Nachprüfung schlechthin entzogen.

5. Heutige Funktion der Finanzkontrolle

Früher war der politische Prozeß bestimmt von einer handelnden Regierung, die durch ein kontrollierendes Parlament in Grenzen gehalten wurde. Soziale Umwälzungen und das parlamentarische Regierungssystem haben demgegenüber einschneidende Veränderungen bewirkt:[69]

- Der moderne Sozial- und Leistungsstaat bringt mit zunehmender staatlicher Vorsorge und Lenkung eine Flut von Gesetzgebung mit sich. Zeit und Kraft des Parlaments werden durch diese Aufgaben weitgehend in Anspruch genommen. Dabei tritt die Kontrollfunktion gegenüber der Exekutive zurück. Gleichzeitig gewinnt diese durch ihre Sachkunde Einfluß auf die Gesetzgebung.

- Angesichts der uferlos ausgedehnten und hochspezialisierten Regierungs- und Verwaltungstätigkeit ist eine effektive Kontrolle durch das Parlament faktisch nicht möglich. Eine Kontrolle kann allenfalls in Einzelfällen stattfinden, was ihr den Charakter des Zufälligen gibt.

- Zwar gewannen die Parlamente im 19. Jahrhundert die Budgethoheit, mittlerweile haben sie aber ihren kontrollierenden Einfluß selbst erheblich eingeschränkt. Mit Blick auf die Wählerschaft sind sie zunehmend bewilligungs- und ausgabenfreudiger geworden.[70] Die Deckung der Staatsfinanzen ist heute immer mehr die Aufgabe des Finanzministers.

- Der die konstitutionelle Monarchie bestimmende Gegensatz zwischen Regierung und Parlament besteht nicht mehr. Die Regierung wird von der Parlamentsmehrheit gestellt. Diese ziehen aber beide am selben Strang. Die Mehrheitsfraktion ist eher geneigt „ihre" Regierung gegen die Kritik der Opposition zu schützen. Die Polarität besteht daher nicht mehr zwischen Regierung und

---

im Verborgenen" - Der Rechnungshof des Deutschen Reiches im Zweiten Weltkrieg, in: Theo Pirker (Hrsg.), Rechnungshöfe als Gegenstand zeitgeschichtlicher Forschung, Berlin 1987, S. 51 ff.

[69] Vgl. *Ulrich Scheuner*, Verantwortung und Kontrolle in der demokratischen Verfassungsordnung, in: Festschrift für Gebhard Müller, Tübingen 1970, S. 398 ff.; vgl. *Hans-Peter Schneider*, Entscheidungsdefizite der Parlamente, AöR 105 (1980), S. 4 ff.

[70] *Scheuner*, (Fn. 69), S. 399; *Thilo Sarrazin*, Der Stellenwert des Wirtschaftlichkeitsprinzips in Staat und Verwaltung, VOP 1992, 141, 143

Parlament, sondern zwischen Regierung und Parlamentsmehrheit auf der einen und der Opposition auf der anderen Seite.[71]

- Mit Blick auf bevorstehende Wahlen konzentrieren sich die Politiker eher auf tagespolitische Fragen und lassen eine langzeitorientierte Planung vermissen:

„Die Überzeugungskraft schneller und sichtbarer Erfolge beim Wähler veranlaßt Politiker in vielen Fällen dazu, langfristige ... Maßnahmen immer wieder zurückzustellen ... Je kürzer der Abstand zwischen Wahlterminen ist, die zu wahltaktischen Verhalten verleiten, um so schwieriger ist es, langfristige Maßnahmen überhaupt zu verwirklichen".[72]

Die mangelnde Kraft allgemeiner Interessen rührt maßgeblich daher, daß das Kräftespiel in der pluralistischen Demokratie weitgehend von einflußreichen Verbänden und von auf Wiederwahl angewiesenen Politikern beherrscht wird. Komplexe Zusammenhänge sind schwer vermittelbar. Auch die Medien sind darauf aus, komplexe Probleme komprimiert in ein bis zwei Sätzen darzustellen.

Diese Fakten tragen alle dazu bei, daß die Parlamente insgesamt ihre ursprüngliche Kontrollfunktion nicht mehr ausreichend erfüllen. Der von der Gesamtheit der Parteien und Verbände ausgehende Druck stört die balance of powers. Die für die Bewahrung des Gleichgewichts notwendige Kontrolle muß daher verstärkt von anderen Kräften ausgeübt werden. Zu diesen lassen sich vor allem eine aktivierte Öffentlichkeit und eine schlagkräftige Opposition zählen, aber auch der Rechnungshof als das wichtigste unabhängige Finanzkontrollorgan, das unsere Verfassung vorsieht.

II. Die Einordnung der Rechnungshofkontrolle in das politisch-administrative System der Bundesrepublik Deutschland

1. Die verfassungsrechtliche Gewährleistung des Bundesrechnungshofes

a) Vorbemerkung

Die Theorie der Finanzkontrolle hat von dem Fundamentalprinzip des Grundgesetzes auszugehen, daß alle Staatsgewalt der demokratischen Legitimation bedarf, also auf den Willen des Volkes rückführbar sein muß. Man mag daran zweifeln, ob die Rechnungshöfe überhaupt Staatsgewalt in diesem Sinne ausüben, weil sie nur prüfen und berichten, selbst aber keine verbindlichen Entscheidungen treffen. Gleichwohl nehmen sie durch ihre Tätigkeit Einfluß auf die Entscheidungen anderer, so daß sich auch bei ihnen die Frage nach ihrer Legitimation stellt.

[71] *Hans Herbert von Arnim*, Wirtschaftlichkeit als Rechtsprinzip, Berlin 1988, S. 114

[72] Wirtschaftlicher und sozialer Wandel in der Bundesrepublik Deutschland, Gutachten der Kommission für wirtschaftlichen und sozialen Wandel, 1977, Kapitel I, Rn. 36 (zitiert nach *von Arnim*, (Fn. 71), S. 116); vgl. auch *Horst Siebert*, Odysseus am Mast der Ökonomie, in: FRANKFURTER ALLGEMEINE ZEITUNG, 19. April 1997, Nr. 91, S. 17

Während die Reichsverfassung von 1871 und die Weimarer Reichsverfassung das Schwergewicht der Finanzkontrolle in der jährlichen Entlastung der Reichsregierung durch das Parlament sahen, ging Art. 114 GG bereits in seiner ersten Fassung mit der Garantie richterlicher Unabhängigkeit weiter in Richtung institutionelle Sicherung der Rechnungsprüfung.[73] Wohl als erster hat Werner Weber die grundgesetzliche Regelung als „institutionelle Verfassungsgarantie der Rechnungsprüfung"[74] gekennzeichnet. Später war es vor allem Friedrich Klein, der sie zu einer Garantie auch der Institution Rechnungshof weiterentwickelt hat.[75]

b) Art. 114 Abs. 2 GG

Art. 114 Abs. 2 GG garantiert dem Bundesrechnungshof seinen Bestand, einen bestimmten Tätigkeitsbereich und die richterliche Unabhängigkeit seiner Mitglieder. Er bestätigt die dem Rechnungshof historisch zugewachsenen Aufgaben der Verwaltungs- und der Regierungskontrolle. Damit besitzt der Bundesrechnungshof institutionelle demokratische Legitimation. Die Verfassung begründet alle Staatsgewalt, überträgt sie auf bestimmte Institutionen und weist diesen bestimmte Funktionen zu. Die Verfassung ihrerseits ist legitimiert durch das Volk als unmittelbarer Verfassungsgeber (vgl. Art. 20 Abs. 2 Satz 1 GG und den Wortlaut der Präambel: „ ...*hat sich* das Deutsche Volk kraft seiner verfassungsgebenden Gewalt dieses Grundgesetz *gegeben*").[76] Da somit auch die Verfassung ihrerseits auf dem Willen des Volkes beruht,[77] enthalten alle Einrichtungen, die der Verfassungsgeber schafft und denen er Funktionen zuweist, verfassungsunmittelbare institutionelle und funktionelle demokratische Legitimation.[78]

---

[73] Vgl. zur Entstehung des Bundesrechnungshofes nach 1945 *Hermann A. Dommach*, Zur Gründungsgeschichte des Bundesrechnungshofes (BRH), in: Theo Pirker (Hrsg.), Rechnungshöfe als Gegenstand zeitgeschichtlicher Forschung, Berlin 1987, S. 77 ff.

[74] *Werner Weber*, Zur Frage der Rechnungsprüfung der juristischen Personen des öffentlichen Rechts, DÖH 1 (1954), S. 27 ff., 36

[75] *Friedrich Klein*, Die institutionelle Verfassungsgarantie der Rechnungsprüfung, in: Bundesrechnungshof (Hrsg.), 250 Jahre Rechnungsprüfung, Frankfurt a.M. 1964, S. 133 ff., 133 (unter Hinweis auf Ernst Rudolf Huber, Die insitutionelle Verfassungsgarantie, in: Festschrift für Arthur Nikisch, Tübingen 1958, S. 331 ff., 335)

[76] Zum Volk als Verfassungsgeber, als pouvoir constituant: *Ernst-Wolfgang Böckenförde*, Die verfassungsgebende Gewalt des Volkes - ein Grenzbegriff des Verfassungsrechts, Frankfurt a.M. 1986; *Klaus Stern*, Das Staatsrecht der Bundesrepublik Deutschland, Band I, 2. Auflage, München 1984, § 5 I, S. 147 ff.; *ders.*, (Fn. 49), § 25 II 2 , S. 17 ff.

[77] *Reinhard Mußgnug*, Zustandekommen des Grundgesetzes und Entstehen der Bundesrepublik Deutschland, in: Josef Isensee / Paul Kirchhof (Hrsg.), Handbuch des Staatsrechts der Bundesrepublik Deutschland, Band I, Heidelberg 1987, § 6 Rn. 96-103, S. 253 ff.

[78] *Fritz Ossenbühl*, Verwaltungsvorschriften und Grundgesetz, Bad Homburg v.d.H. / Berlin / Zürich 1968, 196 ff.; *Ernst-Wolfgang Böckenförde / Rolf Grawert*, Sonderverordnungen zur Regelung besonderer Gewaltverhältnisse, AöR 95 (1970), S. 1 ff., 26; *Rischer*, (Fn. 27), S. 337 f.; *von Arnim*, (Fn. 71), S. 110 f.

Darüber hinaus besitzt der Rechnungshof eine, wenn auch nur mittelbare, personelle demokratische Legitimation,[79] da sein Präsident und sein Vizepräsident durch den Bundestag und den Bundesrat, auf Vorschlag der Bundesregierung, gewählt und vom Bundespräsidenten ernannt werden (vgl. § 5 Abs. 1 BRHG). Das BRHG ist zwar eine nur einfach-gesetzliche Norm ohne Verfassungsrang, es formt aber über Art. 114 Abs. 2 Satz 3 GG die Verfassungsnorm aus. Dagegen gibt es beim Bundesrechnungshof keine inhaltlich-sachliche Rückbindung an den Willen des Volkes, wie sie etwa bei der Regierung durch ihre Verantwortlichkeit gegenüber dem Parlament besteht. Das führt aber nicht dazu, dem Bundesrechnungshof eine demokratische Legitimation überhaupt zu versagen. Der Verfassungsgeber Volk ist es ja selbst, der ihn unabhängig gestellt hat.

2. Das Verhältnis des Bundesrechnungshofes zu den drei Gewalten

Der Kampf zwischen Parlament und Exekutive um Einfluß auf den Rechnungshof wurde durch Art. 114 Abs. 2 GG entschieden. Dennoch ist die staatsrechtliche Stellung des Bundesrechnungshofes im Rahmen der Gewaltenteilung ein beliebtes Thema verfassungsrechtlicher Auseinandersetzungen geblieben. Es handelt sich bei dieser Auseinandersetzung nicht lediglich um ein rein akademisches Problem. Dahinter steht die politische Problematik, in wessen Interesse der Rechnungshof seine Prüfungsaufgabe wahrnimmt. Es sollen im folgenden nicht die einzelnen Meinungen dargestellt und jeweils auf ihre Haltbarkeit überprüft werden. Gesagt sei nur soviel, daß alle denkbaren Positionen vertreten werden: Zuordnung des Bundesrechnungshofes zur Legislative, zum Bereich der Exekutive, der Rechtsprechung, als auch eine Qualifizierung als „vierte Gewalt“ oder wenigstens als eine Einrichtung „sui generis“.[80]

Der Versuch einer klaren Einordnung in das Schema der Dreigewaltenteilung krankt an einem überholten dogmatischen Gewaltenteilungsverständnis, welches manche Autoren zu dem Glauben veranlaßt, die Rechnungshöfe in ein vorgefaßtes Schema pressen zu müssen.[81] Eine so starre Auffassung verkennt jedoch den eigentlich politischen Charakter des Prinzips der Gewaltenteilung. Dieses setzt zwar eine gewisse Gliederung und Hemmung staatlicher Gewalt voraus, legt hierfür aber weder ein festes Schema noch ganz bestimmte Organeinteilungen fest. „Der Sinn der Gewal-

---

[79] *Hans Herbert von Arnim*, Finanzkontrolle in der Demokratie. Einordnung der Rechnungshofkontrolle in das politisch-administrative System der Bundesrepublik Deutschland, in: Hans Herbert von Arnim (Hrsg.), Finanzkontrolle im Wandel, Berlin 1989, S. 39 ff., 43; *ders.*, (Fn. 71), S. 111

[80] Vgl. die Übersicht bei *Vogel / Kirchhof*, (Fn. 58), Art. 114 Rn 173; *Stern*, (Fn. 49), § 34 IV, S. 443 ff.; *Susanne Tiemann*, Die staatsrechtliche Stellung der Finanzkontrolle des Bundes, Berlin 1974, S. 298 ff.

[81] Sehr schön zum Ausdruck bringt dies *Theodor Maunz*, in: Theodor Maunz / Günter Dürig / Roman Herzog (Hrsg.), Grundgesetz, Loseblattkommentar, München, Stand: Oktober 1996, Art. 114 Rn. 24, indem er zunächst darlegt, daß die Rechnungshöfe weder dem Bereich der Legislative noch dem der Rechtsprechung zuzuordnen seien und dann schreibt: „Das Grundgesetz geht in Art. 1 Abs. 3 und Art. 20 Abs. 2 erkennbar vom Prinzip der Dreiteilung der Staatsgewalt aus. Es bleibt daher nur die Zuordnung des Bundesrechnungshofes zur Exekutive“.

tenteilung ist weniger die begrifflich saubere Abgrenzung der einzelnen Staatsfunktionen als vielmehr die Verhinderung der totalen Machtzusammenballung im Staat".[82] Das Grundgesetz führt den Gedanken der Gewaltenteilung auch nicht bei jedem Verfassungsorgan in Vollendung durch, wenn es etwa in Art. 57 anordnet, daß die Befugnisse des Bundespräsidenten im Falle seiner Verhinderung durch den Bundesratspräsidenten wahrgenommen werden. Bundestagsmitglieder sind auch Regierungsmitglieder. Gewaltenverschränkungen sind also nicht absolut vermieden. Zwar lassen die eben genannten Verfassungsorgane oder ihre Mitglieder sich jeweils einer bestimmten Gewalt zuordnen. Es wird aber deutlich, daß unserer Verfassung eine Auflockerung des Prinzips der Gewaltenteilung nicht fremd ist. Hält man sich zusätzlich vor Augen, daß der Grundsatz der Gewaltenteilung „kein Dogma von naturrechtlich-zeitloser Geltung, sondern ein geschichtliches Prinzip"[83] ist, dann kann daraus nicht zwingend ein Bekenntnis zu der überlieferten Form einer strikten Gewaltentrennung abgeleitet werden.

> „Das technische und theoretische Verständnis der Gewaltenteilung als Sonderung von Funktionen und Organen ist den realen Gegebenheiten inadäquat, weil es den politischen Zusammenhang nicht genügend berücksichtigt. Der Grundsatz der Gewaltenteilung ist ein Grundprinzip politischer Herrschaftsgestaltung. In den modernen demokratisch-parlamentarischen Verfassungen sind die Grundlagen des älteren Staatsaufbaus wesentlich verändert worden. Diesen Änderungen muß ein realitätsbezogenes Verständnis der Gewaltenteilung Rechnung tragen. Während ihre Grundintention, die Gliederung der Staatsmacht und die gegenseitige Begrenzung und Kontrolle oder - anders ausgedrückt - Gewaltentrennung und Gewaltbalancierung, aufrechterhalten bleibt, müssen die konkreten Funktionsveränderungen, die in der Ausgestaltung der staatlichen Organisation eingetreten sind, ebenso wie neue Formen des Machtausgleichs berücksichtigt werden".[84]

Erst dann, wenn man sich von der sklavischen Befolgung des traditionellen Dreier-Schemas löst, wird es möglich, die komplizierten Gewaltenverschränkungen, -vermischungen und -beschränkungen zu verstehen, die das politisch-administrative System der Bundesrepublik Deutschland kennzeichnen. Für unser politisches System muß die Gewaltenteilungslehre einen weiteren Bereich der organisatorischen und politischen Gliederung und Zusammenarbeit in ihre Analyse einbeziehen, zu dem über die herkömmlichen drei Gewalten hinaus auch andere Einrichtungen des politischen Systems wie auch gesellschaftliche Kräfte gehören. Zu weit ginge es aber, daraus die Schlußfolgerung zu ziehen, die trias politica sei in unserer Verfassung entweder gar nicht oder allenfalls rudimentär geregelt. Richtig ist es dagegen zu sagen, daß sie „nur nicht als Schema, wohl aber als Grundsatz niedergelegt" ist.[85] Erst wenn man diese

---

[82] *Sigg*, (Fn. 27), S. 23

[83] *Konrad Hesse*, Grundzüge des Verfassungsrechts der Bundesrepublik Deutschland, 20. Auflage, Heidelberg 1995, S. 208

[84] *Sigg*, (Fn. 27), S. 23, m.w.N.

[85] *Stern*, (Fn. 49), § 36 IV 3, S. 535

Erkenntnis gewonnen hat, läßt sich sachgerecht an den Versuch herantreten, dem Bundesrechnungshof seine Stellung im Staat zuzuweisen.

Ausgangspunkt dieses Versuchs ist die Feststellung, daß sich der Rechnungshof keiner der drei überkommenen Gewalten zuordnen läßt. Er kann nicht Teil der Legislative sein, denn er setzt keine Rechtsnormen. Ihn als Teil der Exekutive zu sehen, würde ihn entmachten, denn diese soll er ja hauptsächlich kontrollieren. Er kann auch nicht Teil der Rechtsprechung sein, denn er soll keine Rechtsstreite entscheiden. Zudem sind seine Bemerkungen lediglich Empfehlungen, die nicht in Rechtskraft erwachsen. Ist er dann vielleicht doch eine Einrichtung sui generis?[86] Die Auffassung, er sei eine Einrichtung „sui generis“ oder „vierte Gewalt“, gibt zwar zu verstehen, daß sich der Rechnungshof nicht in das „Prokrustesbett des Dreierschemas“[87] einordnen läßt. Es bedarf aber keiner neuen vierten Gewalt, um sich die Bedeutung des Bundesrechnungshofes bewußt zu machen. Ebensowenig ist es zu seiner Standortbestimmung notwendig, ihn einer der herkömmlichen drei Gewalten zuzuordnen:

„Der Bundesrechnungshof ist vielmehr ein Organ, das selbständig die gegenseitige Kontrolle zwischen den Gewalten - insbesondere zwischen Legislative und Exekutive - vermittelt und insoweit zwischen den Gewalten steht“.[88] Der Bundesrechnungshof selbst wird keiner Gewalt zugeordnet, weil er keine Entscheidungen mit verbindlichen Außenwirkungen treffen kann, sondern nur „berichtet“ und „prüft“ (Art. 114 Abs. 2 Satz 1 und 2 GG), „mitteilt“, „berät“ und „empfiehlt“ (§ 88 Abs. 2, § 96 Abs. 1 und 2, § 97 Abs. 2, §§ 98, 99 BHO). Vielmehr steht er im Dienst der Gewaltentrennung und -kontrolle. Damit schafft er einen gewissen Ausgleich für die vielfältigen Gewaltenvermengungen und -vermischungen, die das pluralistische System der Bundesrepublik prägen. „Durch die Existenz eines eigenständigen, mit einem Sonderstatus ausgestatteten Finanzkontrollorgans wird ein neutrales Gegengewicht zu dem parteienstaatlich durchdrungenen parlamentarischen Regierungssystem geschaffen, das für die Balance im Verfassungsgefüge von großer Wichtigkeit ist“.[89] Es wird deshalb auch vom Rechnungshof als „Funktionsorgan“[90] gesprochen, da er das optimale Funktionieren der Staatstätigkeit sicherstellt. Art. 114 Abs. 2 GG, der den Bundesrechnungshof verfassungsrechtlich institutionalisiert, durchbricht somit das überkommene und überholte Dreiteilungsschema der potestas politica. Gleichzeitig bestätigt er aber die Idee der Gewaltenteilung, „weil erst die Existenz eines sol-

---

[86] So *Tiemann*, (Fn. 80), S. 337

[87] *Walter Krebs*, Die rechtliche Stellung der Rechnungshöfe und der Vorbehalt des § 40 Abs. 1 VwGO zugunsten der verfassungsrechtlichen Streitigkeit, VerwArch 71 (1980), S. 77 ff., 83

[88] *Vogel / Kirchhof*, (Fn. 58), Art. 114 Rn. 174

[89] *Stern*, (Fn. 49), § 34 IV 4 c, S. 448 f.

[90] *Erich Sandl*, Kontrolle durch den Rechnungshof - Entwicklung, Stand, in: Heinrich Mäding (Hrsg.), Haushaltsplanung-Haushaltsvollzug-Haushaltskontrolle, Baden-Baden 1987, S. 207 ff., 214; weitere Funktionsorgane in diesem Sinne sind die politischen Parteien, die Medien und die Wissenschaft; *ders.*, ebda., S. 215

chen sachverständigen Prüfungsorgans eine wirksame Gewaltenbalance und -kontrolle im Verhältnis zwischen Exekutive und Legislative im Finanzbereich ermöglicht".[91]

Die Neufassung des Art. 114 GG im Jahre 1969 bestätigt diese Stellung des Bundesrechnungshofes zwischen Regierung und Parlament. Nach Art. 114 GG a.F. wurden die Bemerkungen des Bundesrechnungshofes zusammen mit der Haushaltsrechnung vom Bundesfinanzminister dem Parlament vorgelegt. Die Zuleitung des Prüfungsberichtes via Finanzminister ist nunmehr weggefallen. Nach Art. 114 Abs. 2 Satz 2 GG n.F. hat der Bundesrechnungshof „außer der Bundesregierung *unmittelbar* dem Bundestage und dem Bundesrate zu berichten". Damit hat der Bundesrechnungshof unmittelbaren Zugang zu den gesetzgebenden Körperschaften gefunden (sog. Immediatvorlage).[92] Gerade dieser unmittelbare Zugang zum Parlament ist immer ein Kernstück gewesen im Kampf der Rechnungshöfe um ihre Unabhängigkeit von der Regierung.[93] In der Regierungsvorlage zur Änderung des Art. 114 GG war dieser „direkte Draht" denn auch nicht vorgesehen. Zu verdanken ist er dem Rechtsausschuß des Deutschen Bundestages, der der Auffassung war, daß der Rechnungshof „mehr an das Parlament herangeführt werden sollte".[94]

Durch die unmittelbare Zuleitung des Jahresberichts an die Entlastungsorgane Bundestag und Bundesrat sollte deutlich gemacht werden, daß der Bundesrechnungshof „Hilfsorgan sowohl der Legislative als auch der Exekutive ist".[95] Fraglich ist aber, ob sich die These vom Hilfsorgan halten läßt. Sicher ist, daß im Rahmen der Haushaltsreform im Jahre 1969 der Bundesrechnungshof näher an das Parlament herangeführt wurde. Er sollte für Zwecke sowohl der Regierung als auch des Parlamentes tätig werden. Das Bestreben, den Bundesrechnungshof näher an das Parlament heranzuführen, tritt zwar deutlich hervor, aber deswegen allein ist er noch kein Hilfsorgan. Er ist ein eigenständiges, unabhängiges staatliches Kontrollorgan, dessen Aufgaben nur durch das Grundgesetz und durch Gesetze bestimmt sind. Nach § 1 BRHG ist er

> „eine oberste Bundesbehörde und als unabhängiges Organ der Finanzkontrolle nur dem Gesetz unterworfen. Im Rahmen seiner gesetzlichen Aufgaben unterstützt der Bundesrechnungshof den Deutschen Bundestag, den Bundesrat und die Bundesregierung bei ihren Entscheidungen".

Die Charakterisierung als unabhängiges Organ steht aber einer Deutung als Hilfsorgan entgegen. Sicherlich steht der Bundesrechnungshof Parlament und Regie-

---

[91] *Vogel / Kirchhof*, (Fn. 58), Art. 114 Rn. 174

[92] *Hans Reger*, Bemerkungen zur Finanzkontrolle. Theorie, allgemeine Sach- und Rechtsfragen, Reform, VerwArch 66 (1975), S. 195 ff.; S. 319 ff., 341.

[93] *Bernhard Bank*, Über die Eigenständigkeit des Rechnungshofes zwischen Parlament und Regierung, DÖV 1962, 526, 528; *Kurt Heinig*, Das Budget, Band 1, Die Budgetkontrolle, Tübingen 1949, S. 40 ff., 43

[94] BT-Drucks. V/3605, S. 13

[95] BT-Drucks. V/3605, S. 13

rung bei deren Entscheidungsfindung gleichermaßen „hilfreich zur Seite".[96] Das macht ihn aber nicht zu einem Hilfsorgan.[97] Das läßt sich im Umkehrschluß auch Art. 45 b Satz 1 GG entnehmen, der den Wehrbeauftragten als „Hilfsorgan des Bundestages" bezeichnet. So wird der Bundesrechnungshof in Art. 114 Abs. 2 GG aber gerade nicht charakterisiert.

3. Der Bundesrechnungshof zwischen Regierung und Verwaltung

Regierung und Verwaltung werden, zusammengefaßt unter dem Oberbegriff der Exekutive, gerne als Einheit gesehen. Tatsächlich ist hier aber eine Differenzierung angebracht, denn die Verwaltung droht aufgrund ihrer Sachkompetenz und ihrer zeitlichen Konstanz der Leitung der vom parlamentarischen Wechsel abhängigen Regierung zu entgleiten.[98] Die Verwaltung hat selbst eine Eigendynamik entfaltet, so daß von einer initiierenden und dirigierenden Regierung auf der einen Seite und einer unpolitischen Verwaltung auf der anderen Seite, die lediglich ausführende Tätigkeiten wahrnimmt, nicht mehr gesprochen werden kann. Hier kommt dem Bundesrechnungshof die Aufgabe zu, die Regierung bei ihrer Kontrolle der Verwaltung zu unterstützen.

Die Koordinationsinstanzen - Finanzminister, Regierung, Haushaltsausschüsse, Parlament - sind bei der Beschaffung der nötigen Informationen in großem Maße auf die Akteure vor Ort angewiesen, um zu erfahren, wo einerseits dringender Bedarf an Mitteln besteht und andererseits aber auch Ausgaben gespart werden können. Diese Informationen aber, die bei Erstellung des Haushaltsplanes von unten nach oben gegeben werden, sind durch verschiedene Interessen verfälscht. Gründe für benötigte Mehrausgaben werden ausführlich dargelegt, nicht aber die Gründe, die umgekehrt für Minderausgaben und eine entsprechende Verringerung der Haushaltsansätze sprechen. Das liegt zum einen daran, daß untere Verwaltungseinheiten meist gar nicht wissen können, ob ihre Mittel, falls sie woanders eingesetzt würden, dort von höherem Nutzen wären, weil sie die anderweitigen Möglichkeiten nicht überblicken. Andererseits rührt die Informationsschieflage sicherlich auch daher, daß Mittelkürzungen den Interessen der Betroffenen zuwiderlaufen. Deren Größe und Ansehen wächst mit der Zunahme der ihnen gewährten Mittel. Einsparungsmöglichkeiten werden deshalb nur widerwillig preisgegeben. Insoweit sind Verwaltungsfachleute nicht unbefangen, sondern selbst Partei.[99]

---

[96] *Hans Schäfer*, Wer kontrolliert unsere Steuergelder? Finanzprüfung durch den Bundesrechnungshof, Stuttgart 1977, S. 34

[97] *Klaus Stern*, Bundesrechnungshof und Finanzkontrolle aus verfassungsrechtlicher Sicht, DÖV 1990, 261, 264; Sigg, (Fn. 27), S. 26

[98] Vgl. dazu *Rudolf Steinberg*, Faktoren bürokratischer Macht, Die Verwaltung 11 (1978), S. 309 ff., m.w.N.

[99] *von Arnim*, (Fn. 79), S. 51

4. Der Bundesrechnungshof als Sachwalter für das Volk

In der Einrichtung Rechnungshof berühren sich Fragen demokratischer Selbstbestimmung und inhaltlicher Richtigkeit. Da das Verhältnis beider Begriffe für das Verständnis der Finanzkontrolle grundlegend ist, muß es untersucht werden. Ausgangspunkt dieser Untersuchung ist die Erkenntnis, daß es in der Demokratie des Grundgesetzes nicht nur darum geht, durch das Volk zu entscheiden, sondern auch für das Volk.[100] Das von den Staatsorganen Entschiedene muß als vom Volk gewollt vorgestellt werden können. Das Gemeinwohlgebot, das auch das Bundesverfassungsgericht immer wieder herausgestellt hat,[101] ergibt sich zudem ausdrücklich aus Vorschriften des Grundgesetzes und der Beamtengesetze.[102]

Es wurde bereits darauf hingewiesen, daß mit Parteien und Interessenverbänden neue politische Akteure herangewachsen sind, die die herkömmlichen Staatsorgane zu durchdringen und ihrem Einfluß zu unterwerfen versuchen. Dies hat Folgen für das Verständnis der Staatsorgane. Regierung und Parlament sind nur noch vor dem Hintergrund des Wirkens der Parteien und Verbände zu verstehen. Dieser Einfluß hat dazu geführt, daß der klassische Gegensatz zwischen Regierung und Parlament nicht mehr besteht. Die Parlamentsmehrheit versteht sich eher als Schild, um die Regierung vor Angriffen der Parlamentsminderheit zu schützen.[103] Die Parlamentsmehrheit wird versuchen Pannen der Regierung kleinzureden, die Opposition dagegen wird sie dankbar aufgreifen und als Gegenstand ihrer Kritik nehmen. Die Kritik der Opposition geschieht, so sie öffentlich erfolgt, vor den Augen der Wähler und Wählerinnen, die daraus bei der nächsten Wahl Konsequenzen ziehen können.

Dieser Kreislauf hängt ab von Information und Transparenz. Information kann der Rechnungshof liefern. Daher ist es wichtig, die beteiligten Akteure und Medien in Wirkung zu halten: die Rechnungshöfe und die parlamentarische Opposition als Akteure und die Öffentlichkeit als Medium. Nur so läßt sich - vor dem Hintergrund der durch Parteien und Lobbies geprägten politischen Landschaft - das klassische Demokratiemodell retten. Dieses sieht vor, daß das Volk mit Mehrheit diejenigen an die Macht bringt, von denen es glaubt, daß sie den Willen des Volkes verwirklichen; die Repräsentanten bemühen sich ihrerseits dieser Erwartung gerecht zu werden, schon um wiedergewählt zu werden. Treten Mißstände auf, so ist es Sache des Bürgers, mit dem Stimmzettel eine Korrektur herbeizuführen. Ein solcher „Richtigkeitsautomatismus“[104] ist aber nicht haltbar. Die Schwäche des offiziellen Demokratieprinzips

[100] *Konrad Hesse*, Die verfassungsrechtliche Stellung der Parteien im modernen Staat, VVDStRL 17 (1959), S. 11 ff., 19 f.; *Martin Kriele*, Das demokratische Prinzip im Grundgesetz, VVDStRL 29 (1971), S. 46 ff., 60; *Roman Herzog*, in: Theodor Maunz / Günter Dürig / Roman Herzog (Hrsg.), Grundgesetz, Loseblattkommentar, München, Stand: Oktober 1996, Art. 20 GG, Abschn. II, Die Verfassungsentscheidung für die Demokratie, Rn. 46

[101] Z.B. BVerfGE 12, 354, 364; 42, 312, 332; 44, 125, 143; 49, 89, 132; 50, 50, 51

[102] Vgl. z.B. für Bundespräsident, -kanzler und -minister deren Amtseid: Art. 56, 64 Abs. 2 GG; für Abgeordnete: Art. 38 Abs. 1 Satz 2 GG; für Beamte: Art. 33 Abs. 5 GG, § 35 BRRG

[103] Siehe oben Teil B, I, 5

[104] *von Arnim*, (Fn. 79), S. 44

liegt in der fast schon naiven Gleichsetzung von Entscheidungen der Repräsentanten mit solchen des Volkes. In Wahrheit bleibt den Repräsentanten ein weiter Gestaltungsspielraum.

Daher bedarf es wirksamer Gegengewichte gegen Pluralismusdefizite und mangelnde Transparenz staatlicher Entscheidungen. Ein solches Gegengewicht kann der Rechnungshof sein. Durch Öffentlichkeit wird der nötige Druck ausgeübt, die gegebenen Informationen zu berücksichtigen. Angesichts der engen Zusammengehörigkeit von Demokratie und Öffentlichkeit stellt sich dabei nicht die Frage, ob ein Staatsorgan Öffentlichkeit herstellen darf. Die Frage muß umgekehrt lauten, ob und unter welchen Umständen die Öffentlichkeit ausnahmsweise ausgeschlossen werden darf. Der Rechnungshof ist für eine solche Rolle und Aufgabe auch geradezu prädestiniert, denn als unabhängiges Kontrollorgan steht er ganz bewußt in Distanz zu Parteien und Verbänden. Diese Distanz wird er auch versucht sein nicht zu verlieren, denn in ihr liegt ein wesentlicher Punkt für den ihm gezollten Respekt.

Die Rechnungshöfe können das Interesse der Allgemeinheit an rechtmäßiger und wirtschaftlicher Mittelveranschlagung stärken, indem sie die staatlichen Entscheidungsprozesse transparent machen. So führte auch das Bundessozialgericht aus, daß die Prüfung deshalb geschieht, „weil die Allgemeinheit ein Interesse daran hat, zu erfahren, wie mit Mitteln der Allgemeinheit umgegangen wird. Diesem Interesse kann wirksam nur dadurch Rechnung getragen werden, daß auch der Ermessensbereich der Selbstverwaltungsträger überprüft wird, wenn diesem Selbstverwaltungsträger Mittel der Allgemeinheit zur Verfügung gestellt werden“.[105] Diese Feststellungen sind verallgemeinerungsfähig. Insoweit lassen sich die Rechnungshöfe als „Interessenvertreter der Allgemeinheit“ bezeichnen.[106] Hierin liegt die erforderliche grundlegende Neuorientierung des Verständnisses von Stellung und Funktion der Rechnungshöfe und nicht in dem Versuch, sie in das herkömmliche System der Dreigewaltenteilung einzuordnen.[107]

5. Folgerungen für die Kontrolle von Subventionen

Der Bundesrechnungshof steht im politisch-administrativen System der Bundesrepublik Deutschland außerhalb des traditionellen Dreigewaltenteilungsschemas. Er selbst ist keiner Gewalt zugeordnet, er steht aber im Dienst der Gewaltentrennung und -kontrolle. Er steht zwischen Parlament und Regierung und genießt eine unabhängige Position. Er nimmt eine eigenständige Kontrollfunktion im Rahmen der öffentlichen Finanzwirtschaft wahr. Vor dem Hintergrund einer zunehmenden Einflußnahme von Parteien und Interessenverbänden auf der politischen Entscheidungsebene dient er vor allem der Öffentlichkeit. Er soll ein Gegengewicht gegen bestehende Pluralismusdefizite schaffen.

---

[105] BSGE 52, 284, 298
[106] *Vogel / Kirchhof*, (Fn. 58), Art. 114 Rn. 19
[107] *von Arnim*, (Fn. 71), S. 117

Die Rechnungsprüfung durch den Bundesrechnungshof hat daher eine dreifache Zielrichtung. Sie dient erstens der Kontrolle aller wirtschaftlich relevanten Tätigkeiten der Exekutive durch das Parlament (sog. Verfassungskontrolle), zweitens der Selbstkontrolle der Exekutive (sog. Verwaltungskontrolle), drittens der Interessenwahrnehmung für das Volk.

Die Unabhängigkeit der Rechnungshöfe macht sie für die Durchführung von Erfolgskontrollen von Subventionen besonders geeignet. Losgelöst von zahlreichen politischen Entscheidungsfaktoren genießen sie Freiheit hinsichtlich der Auswahl der Prüfungsgegenstände. Ihre Sachwalterfunktion für das Volk verleit dieser Tätigkeit eine besondere Legitimation, da die Öffentlichkeit in einer Demokratie das Recht hat zu erfahren, wie der Staat mit den aus Steuergeldern gewonnen Haushaltsmitteln verfährt.

III. Die Aufgaben und Arbeitsweise des Bundesrechnungshofes

1. Einführende Bemerkungen

Nach Art. 114 Abs. 2 Satz 1 GG prüft der Bundesrechnungshof „die Rechnung sowie die Wirtschaftlichkeit und Ordnungsmäßigkeit der Haushalts- und Wirtschaftsführung". Die verfassungsmäßigen Aufgaben des Bundesrechnungshofes werden demnach eingeteilt in Rechnungsprüfung und rechnungsunabhängige Prüfung. Zudem können dem Bundesrechnungshof gemäß Art. 114 Abs. 1 Satz 3 GG auch durch einfaches Gesetz Befugnisse zugewiesen werden. Hierzu gehört vor allem das Beratungsrecht nach §§ 42 Abs. 5 HGrG, 88 Abs. 2 BHO. Insgesamt lassen sich die Aufgaben des Rechnungshöfe sonach einteilen in Rechnungsprüfung, rechnungsunabhängige Prüfung und Beratung.

2. Das Verfahren und die Bedeutung der Rechnungsprüfung

Gemäß § 88 Abs. 1 BHO hat der Bundesrechnungshof die gesamte Haushalts- und Wirtschaftsführung des Bundes einschließlich seiner Sondervermögen und Betriebe zu prüfen. Damit ist das gesamte staatliche Finanzgebaren Gegenstand der Rechnungsprüfung. Die Prüfung erstreckt sich nach § 90 BHO

„insbesondere darauf, ob

1. das Haushaltsgesetz und der Haushaltsplan eingehalten worden sind,
2. die Einnahmen und Ausgaben begründet und belegt sind und die Haushaltsrechnung und die Vermögensrechnung ordnungsgemäß aufgestellt sind,
3. wirtschaftlich und sparsam verfahren wird,
4. die Aufgabe mit geringerem Personal- oder Sachaufwand oder auf andere Weise wirksamer erfüllt werden kann".

Nur die Rechnungsprüfung ist Grundlage des parlamentarischen Prüfungs- und Entlastungsverfahrens.[108] Die Prüfung geht aus von der vom Bundesminister für Finanzen gemäß Art. 114 Abs. 1 GG gelegten Haushalts- und Vermögensrechnung und den beigefügten Rechnungsunterlagen. Der Bundesfinanzminister hat gegenüber dem Bundestag und dem Bundesrat die Pflicht der Rechnungslegung. Er muß „im Laufe des nächsten Rechnungsjahres", d.h. also im Jahr nach Ablauf des betreffenden Rechnungsjahres, über alle Einnahmen und Ausgaben des Bundes berichten und sie den im Haushaltsplan vorgesehenen Einnahmen und Ausgaben gegenüberstellen. In der Bundeshaushaltsrechnung wird das „Soll" des Haushaltsplanes dem „Ist" der Rechnung, den tatsächlichen Einnahmen und Ausgaben, gegenübergestellt. Über- und außerplanmäßige Einnahmen sind in der Rechnung nachzuweisen. Die näheren Regelungen über die Haushaltsrechnung sind in den §§ 80 ff. BHO enthalten.

Gemäß Art. 114 Abs. 2 Satz 1 GG wird die Rechnungslegung zunächst vom Bundesrechnungshof geprüft (sog. administrative Rechnungsprüfung). In ihren Grundzügen ist diese Prüfung der Haushaltsrechnung in der Bundeshaushaltsordnung geregelt, im übrigen in das pflichtgemäße Ermessen des Rechnungshofes gestellt. Er allein bestimmt Art und Ausmaß der Prüfung. Er ist nicht verpflichtet, Änderungs- und Ergänzungswünschen von Bundestag, Bundesrat oder Bundesregierung nachzukommen.[109] Die Hinzuziehung Dritter (z.B. von Sachverständigen, vgl. § 94 Abs. 2 BHO), der Umfang der eigenen Nachforschungen des Rechnungshofes (bei denen ihm ein umfassendes Auskunftsrecht zusteht, vgl. § 95 BHO) und das Ausmaß seiner Beanstandungen sind durch den Zweck des Prüfungsverfahrens, die Vorbereitung der parlamentarischen Entlastung, begrenzt. Das Prüfungsverfahren endet mit der Mitteilung der Prüfungsergebnisse an die zuständigen Dienststellen. Diese haben sich innerhalb einer bestimmten Frist zu äußern.

Die endgültigen Prüfungsergebnisse - soweit sie für die Entlastung der Bundesregierung von Bedeutung sein können - werden in einem Bericht, den sog. Bemerkungen, zusammengefaßt und gemäß § 97 BHO Bundestag, Bundesrat und Bundesregierung zugeleitet. Der Bericht des Bundesrechnungshofes soll ein abschließendes, aufgrund eingehender Prüfung erstattetes Votum über den zurückliegenden Rechnungszeitraum sein. Diese einmalige, abgeschlossene Stellungnahme ist das verfassungsrechtlich vorgesehene Mittel, durch das der Bundesrechnungshof auf das Verfahren zur Entlastung der Bundesregierung Einfluß nehmen kann. Gemäß § 97 Abs. 2 BHO ist in diesen Bemerkungen

> „insbesondere mitzuteilen,
>
> 1. ob die in der Haushaltsrechnung und der Vermögensrechnung und die in den Büchern aufgeführten Beträge übereinstimmen und die geprüften Einnahmen und Ausgaben ordnungsgemäß belegt sind,

---

[108] *Vogel / Kirchhof*, (Fn. 58), Art. 114 Rn. 81
[109] *Vogel / Kirchhof*, (Fn. 58), Art. 114 Rn. 75

2. in welchen Fällen von Bedeutung die für die Haushalts- und Wirtschaftsführung geltenden Vorschriften und Grundsätze nicht beachtet worden sind,

3. welche wesentlichen Beanstandungen sich aus der Prüfung der Betätigung bei Unternehmen mit eigener Rechtspersönlichkeit ergeben haben,

4. welche Maßnahmen für die Zukunft empfohlen werden".

Entsprechend der Stellung des Bundesrechnungshofes zwischen Parlament und Regierung erfüllt die Rechnungsprüfung zwei Funktionen. „Einmal soll der Bundesregierung als der Spitze der Exekutive mitgeteilt werden, in welchen exekutiven Bereichen Mängel oder Fehlverhalten im Hinblick auf ein ordnungsgemäßes und wirtschaftliches Finanzgebaren bestehen und wie diesen abgeholfen werden kann. Zum zweiten sollen die parlamentarischen Kontrollorgane zur Wahrnehmung der Entlastungsfunktion eine sachverständige Unterlage in die Hand bekommen. Die Finanzkontrolle des Bundesrechnungshofes steht mithin im Dienst der exekutiven Selbstkontrolle und der parlamentarischen Fremdkontrolle".[110]

Der Bericht soll nicht Einzelheiten dokumentieren, sondern das Wesentliche beinhalten. Durch die Mitteilung an die parlamentarischen Körperschaften Bundestag und Bundesrat erhalten die Berichte über die Parlamentsöffentlichkeit nach Art. 42 Abs. 1 Satz 1 GG Publizitätswirkung. Darüber hinaus hat der Bundesrechnungshof auch ein eigenständiges und unmittelbares Zugangsrecht zum Volk. Dieses ist (Mit-) Adressat der Berichte. Da der Rechnungshof auch Sachwalter des Volkes ist, muß ihm die Befugnis zustehen, sich unmittelbar an die Öffentlichkeit zu wenden. Die Öffentlichkeit der Finanzkontrolle bindet den Bürger in den Prozeß der politischen Willensbildung ein und versucht, ihm trotz der - auch für Involvierte - immer weniger überschaubaren Zusammenhänge den zentralen Platz zu erhalten.[111] Die Demokratie basiert, wie das Bundesverfassungsgericht betont hat, „auf dem Vertrauen des Volkes; Vertrauen ohne Transparenz, die erlaubt zu verfolgen was geschieht, [ist jedoch] nicht möglich".[112] Von einem selbständigen und unmittelbaren Zugangsrecht zur Öffentlichkeit geht auch der Bundesrechnungshof aus. Seit Jahren stellt er seine Bemerkungen anläßlich der Übergabe an Parlament und Regierung auf einer Pressekonferenz vor.[113] Dies geschieht unabhängig von der zusätzlichen Veröffenlichung der Bemerkungen als Parlamentsdrucksache.

Die Bemerkungen sind lediglich Bericht, d.h. sie besitzen keine rechtliche Bindungswirkung. Sie sind sanktionslos. Daraus kann aber keinesfalls ihre Bedeutungslosigkeit geschlossen werden. Ihre Sachlichkeit und die Öffentlichkeitswirkung verhindern es, daß Parlament und Regierung einfach zur Tagesordnung übergehen

---

[110] *Stern*, (Fn. 49), § 34 III 4 a, S. 441
[111] *von Arnim*, (Fn. 51), S. 674
[112] BVerfGE 40, 296, 327
[113] Vgl. etwa FRANKFURTER ALLGEMEINE ZEITUNG, 18. Oktober 1996, Nr. 243, S.19

und den Bericht des Rechnungshofes zu den Akten legen können. Insoweit trifft es nicht zu, die Bemerkungen als „stumpfe Waffe“ zu bezeichnen.[114]

3. Die rechnungsunabhängige Prüfungs- und die Beratungstätigkeit

a) Die rechnungsunabhängige Finanzkontrolle und die selbständige Beratung durch den Bundesrechnungshof

Im Rahmen der rechnungsunabhängigen Finanzkontrolle werden diejenigen finanzwirksamen Vorgänge geprüft, die in der Haushaltsrechnung des Bundesfinanzministers nicht enthalten sind. Setzt die Rechnungsprüfung notwendig die vom Bundesfinanzminister vorgelegte Rechnung voraus, so ermöglicht die rechnungsunabhängige Prüfung eine näher an der Gegenwart liegende Kontrolle. Der Bundesrechnungshof braucht daher nicht zu warten, bis der Finanzminister Rechnung gelegt hat. Diese gegenwartsnahe Prüfung ermöglicht Korrekturen zu einem Zeitpunkt, in dem „das Kind noch nicht im Brunnen liegt“.[115] Von einer solchen Aktualisierung der Arbeit des Rechnungshofes erhofft man sich eine konsequente Berücksichtigung seiner Tätigkeit durch Regierung und Parlament.

Die rechnungsunabhängige Prüfung soll sich erstrecken auf „Regierungsentscheidungen, die sich finanzwirtschaftlich auswirken, ohne daß sie selber in einer Rechnung auszuweisen wären, also insbesondere langfristige Finanzpläne, Investitionsprogramme, die - einmal ins Werk gesetzt - kaum noch abgebrochen werden können, konjunktur- und wachstumspolitische Maßnahmen unter Einsatz staatlicher Wirtschaftsgüter, vertragliche Finanzverpflichtungen und anderes“.[116] Nach diesen Feststellungen kann der Rechnungshof eine umfassende Finanzkontrolle betreiben. Dies könnte aber im Hinblick auf den Prüfungsmaßstab der Wirtschaftlichkeit problematisch sein, denn wer kann im Vorfeld schon beurteilen, welche Maßnahme wirtschaftlich und welche unwirtschaftlich ist. Etwas per se Wirtschaftliches oder Unwirtschaftliches gibt es nicht.

Fraglich ist zudem, ob durch diese umfassende Prüfung nicht in den Kernbereich exekutiver Eigenverantwortlichkeit eingegriffen wird. Dieser Kernbereich soll einen grundsätzlich nicht ausforschbaren Initiativ-, Beratungs- und Handlungsbereich der Regierung umfassen.[117] So wird vertreten, daß auch im Rahmen der rechnungsunabhängigen Prüfung lediglich abgeschlossene (d.h. abschließend entschiedene wenn auch nicht notwendig bereits vollzogene) Vorgänge einer Kontrolle unterliegen, denn eine vorgängige oder mitlaufende Prüfung und die daraus resultierende Einflußnahme würden „den Grundsatz der parlamentarischen Demokratie

---

[114] Vgl. die Nachweise bei *Reger*, (Fn. 92), S. 244 f.

[115] *Gunter Kisker*, Staatshaushalt, in: Josef Isensee / Paul Kirchhof (Hrsg.), Handbuch des Staatsrechts der Bundesrepublik Deutschland, Band IV, Heidelberg 1990, § 89 Rn. 108, S. 283

[116] *Vogel / Kirchhof*, (Fn. 58), Art. 114 Rn. 30

[117] BVerfGE 9, 268, 281; BVerfGE 67, 100, 139 = NJW 1984, 2271, 2275; *Rupert Scholz*, Parlamentarischer Untersuchungsausschuß und Steuergeheimnis, AöR 105 (1980), S. 564 ff., 598

verletzen, weil dadurch die parlamentarisch verantwortliche Regierung in ihrer Entscheidungsbefugnis eingeschränkt"[118] werde. Diese Befürchtungen greifen nicht.

Neben der Prüfungstätigkeit hat der Bundesrechnungshof nach §§ 42 Abs. 5 HGrG, 88 Abs. 2 BHO auch eine Beratungstätigkeit. Diese findet in Art. 114 Abs. 2 Satz 1 GG keine direkte Grundlage, stützt sich aber auf die Regelungsmöglichkeit des Art. 114 Abs. 2 Satz 3 GG. Demnach werden zwar nicht die Beratungsaufgaben in dieser konkreten Form, wohl aber die Möglichkeit einer weiteren Übertragung von Aufgaben vom Grundgesetz garantiert. Versteht man Beratung als Beratung zur Entscheidungsfindung, dann ist sie eine begleitende Tätigkeit. Beraten kann aber nur, wer prüft. Beratung wird demnach auch als das „Übermitteln von Feststellungen, von daraus gezogenen Folgerungen sowie von Erfahrungen, verbunden mit Vorschlägen für ein künftiges Verhalten"[119] verstanden. Insofern lassen sich Beratung und Prüfung nicht trennscharf auseinanderhalten. Daß Prüfung und Beratung ineinander übergehen, zeigt auch § 97 Abs. 2 Nr. 4 BHO, der zum Inhalt der Prüfungsbemerkungen des Bundesrechnungshofes auch Maßnahmen zählt, die „für die Zukunft empfohlen werden".

Die rechnungsunabhängige Prüfung muß sich deshalb auch auf noch nicht abgeschlossene Vorgänge erstrecken. Sie dient nicht der Vorbereitung des formellen Entlastungsverfahrens[120] - dies ist Aufgabe allein der Rechnungsprüfung - sondern dem allgemeinen Informationsanspruch der Staatsführung und der Öffentlichkeit. Sie kann daher nicht an bestimmte Prüfungsgegenstände und -zeiträume gebunden sein. Dem Informationsanspruch kann nur eine begleitende Prüfung gerecht werden, denn die Öffentlichkeit hat ein berechtigtes Interesse zu erfahren, wie die Staatsführung mit ihren Steuergeldern zu verfahren *beabsichtigt*. Auch die Ergebnisse der rechnungsunabhängigen Prüfung sind in die jährlichen Bemerkungen aufzunehmen. Dadurch werden diejenigen Stellen, die finanzwirksame Entscheidungen treffen, schon auf dem Weg ihrer Entscheidungsfindung zu verantwortungsvollem Handeln veranlaßt. In staatlichen Entscheidungsprozessen, an denen mehrere Funktionsträger beteiligt sind, bewirken deren Kontrollen nicht nur die Rationalität der eigenen Entscheidungen, sondern sie tragen zudem zur Rationalität der Entscheidungen der übrigen staatlichen Mitentscheider bei. „Funktionengegliederte staatliche Entscheidungsprozesse sind demnach regelmäßig dadurch gekennzeichnet, daß die Entscheidungen des einen Staatsorgans von den Kontrolleistungen eines anderen abhängig sind".[121]

In diesem Zusammenhang wird zur Unterscheidung von Beratung und Prüfung vertreten, daß bei der Beratung die Stellungnahmen des Bundesrechnungshofes erfolgen, bevor die finanzwirksamen Vorgänge abgeschlossen, eventuell noch gar nicht eingeleitet seien, wohingegen die Prüfung sich nur auf abgeschlossene Maß-

---

[118] *Maunz*, (Fn. 81), Art. 114 Rn. 29
[119] *Helmut Kahrenke*, Zur Abgrenzung der Begriffe Prüfung und Beratung, DVBl. 1975, 611, 612
[120] *Vogel / Kirchhof*, (Fn. 58), Art. 114 Rn. 81
[121] *Walter Krebs*, Kontrolle in staatlichen Entscheidungsprozessen, Heidelberg 1984, S. 175

nahmen erstrecke.[122] Dagegen ist zu sagen, daß der Bundesrechnungshof gemäß §§ 42 Abs. 5 HGrG, 88 Abs. 2 BHO *aufgrund von Prüfungserfahrungen* beraten kann, also aufgrund vorheriger Kontrolle. Die gesetzlichen Vorschriften gehen somit erkennbar davon aus, daß Beratung Prüfung voraussetzt.

Die Beratung ist nach Initiative, Gegenstand und Umfang in das Ermessen des Bundesrechnungshofes gestellt. Dieser hat die Möglichkeit der Beratung auch gegenüber Beratungsunwilligen. Zudem sehen eine Reihe weiterer Vorschriften eine Beteiligung des Bundesrechnungshofes vor, so z.B. bei der Aufstellung der Voranschläge zum Haushaltsplan (§ 27 Abs. 2 BHO) oder beim Erlaß von Verwaltungsvorschriften (§ 103 BHO). § 102 BHO sichert eine laufende Unterrichtung des Bundesrechnungshofes über wichtige Maßnahmen im haushaltswirtschaftlichen Bereich der Verwaltung, mit dem Recht, sich gutachtlich zu äußern. Durch diese Vorschriften wird der Bundesrechnungshof legitimiert, beratend bei Planung und Durchführung aller finanziell bedeutsamen Verwaltungsaufgaben mitzuwirken.

Gegen diese umfangreiche Beratungstätigkeit wird vorgebracht, sie verstoße gegen die notwendige Trennung von handelndem und kontrollierendem Organ. Schon die bloße Beratung beziehe den Bundesrechnungshof in den Verantwortungsbereich für die daraufhin getroffene Entscheidung ein.[123] Daher wird für die Beratungstätigkeit ein self-restraint des Bundesrechnungshofes gefordert.[124] Die Beratung solle auf „wichtige Angelegenheiten" beschränkt sein.[125]

Die umfangreiche Beratungstätigkeit des Bundesrechnungshofes wirkt sich unmittelbar auf den politischen Prozeß aus. Parlament, Regierung und Verwaltung beziehen in ihre Überlegungen die Gutachten und Stellungnahmen der Rechnungshöfe ein. Dadurch werden in vielen Fällen unrechtmäßige, insbesondere unwirtschaftliche Verwaltungsmaßnahmen verhindert. Die Sachkunde des Rechnungshofes geht im Planungsprozeß verloren, wenn er nicht beraten darf. Da Beratung und Prüfung sich ergänzen und einen einheitlichen Beitrag zur Verbesserung der Rationalität des Entscheidungsprozesses leisten, kann gegen die umfassende Beratungstätigkeit nicht angeführt werden, die vorherige Einschaltung des Rechnungshofes in noch laufende Verwaltungsvorgänge gefährde die den Mitgliedern durch Art. 114 Abs. 2 Satz 1 GG gewährleistete richterliche Unabhängigkeit. Zwar kann nicht bestritten werden, daß durch die vorherige Beratung zumindest die Unbefangenheit bei der späteren Prüfung beeinträchtigt werden kann.[126] Allein durch die eventuelle Beeinträchtigung der späteren Unbefangenheit sind die Mitglieder des Bundesrechnungshofes indessen nicht in ihrer richterlichen Unabhängigkeit beeinträchtigt. Die Garantie der richterlichen Unabhängigkeit verweist auf Art. 97 GG. Die danach gewährleistete sachliche und persönliche Unabhängigkeit dient - wenn man den Gedanken der richterlichen Unab-

[122] *Sigg*, (Fn. 27), S. 31; *Vogel / Kirchhof* (Fn. 58), Art. 114 Rn. 200
[123] *Stern*, (Fn. 49), § 34 III 3 b, S. 432
[124] *Vogel / Kirchhof*, (Fn. 58), Art. 114 Rn. 201
[125] BT-Drucks. V/3040, S. 55 f., 66
[126] *Sigg*, (Fn. 27), S. 34

hängigkeit auf den Rechnungshof überträgt - dazu, die Tätigkeit des Bundesrechnungshofes gegen Einflüsse anderer Staatsorgane abzuschirmen. Ein solcher Eingriff oder Einfluß liegt bei der Beratungstätigkeit aber nicht vor. Vielmehr bleibt der Bundesrechnungshof bei der Erfüllung seiner Aufgaben unabhängig.

Zudem ist dem Bundesrechnungshof die gesetzliche Befugnis zur Beratung gerade deshalb eingeräumt, um seine Erfahrungen bei den Entscheidungen der Organe Bundestag, Bundesrat und Bundesregierung fruchtbar zu machen.[127] Wenn der Bundesrechnungshof Maßnahmen zur Abhilfe vorschlägt oder Wege zur Beseitigung eines Mißstandes aufzeigt, dann erfüllt er nur seine gesetzlichen Aufgaben. Zwar handelt es sich dabei um eine Beeinflussung laufender Verwaltungsvorgänge, die zu einem späteren Zeitpunkt seiner Prüfung unterliegen. Darin liegt aber noch keine Mitverwaltung. Äußert sich der Bundesrechnungshof aus eigener Initiative, dann mögen die politischen Entscheidungsträger u.U. mit gutem Grund davon ausgehen, daß er auch im anschließenden Rechnungsprüfungsverfahren bei seiner Auffassung bleiben wird. In die Entscheidungsbefugnis von Bundestag, Bundesrat, Bundesregierung und einzelner Bundesminister greift der Rechnungshof dadurch aber nicht ein.[128] Deren rechtliche Entscheidungsfreiheit und Eigenverantwortlichkeit bleibt durch die Beratungstätigkeit unberührt.[129] Jeder Bundesminister trägt nach Art. 65 Satz 2 GG für seinen Geschäftsbereich die eigene Verantwortung. Diese Verantwortung setzt eine „selbständige politische Entscheidungsgewalt“[130] voraus, die durch eine Beratung des Bundesrechnungshofes nicht beeinträchtigt wird. Schon dessen Entscheidungen sind nicht verbindlich. Wenn aber die Entscheidungen nicht verbindlich sind, dann ist es die bloße Beratung erst recht nicht. Zwar sind Beratung und Entscheidung keine punktuellen Akte, die streng voneinander isoliert werden können.[131] Eine Entscheidung wird in einem oft langwierigen Prozeß schrittweise vorbereitet. Während dieses Prozesses stehen der Berater und die entscheidende staatliche Instanz miteinander in Kontakt und beeinflussen sich gegenseitig. Bei der schließlich getroffenen Entscheidung kann der Berater daher sicherlich einen Einfluß haben. Ob er ihn tatsächlich hat, hängt letztlich aber von dem Beratenen ab. Dieser entscheidet, ob er den Rat annimmt oder nicht. Insofern *kann* der Bundesrechnungshof einen Einfluß haben auf eine später zu treffende Entscheidung. Allein wegen dieser reinen Möglichkeit kann ihm das Beratungsrecht aber nicht abgesprochen werden. Daß die Beratung aufgrund sachlicher Erwägungen vorgenommen wird, ist auch dadurch gewährleistet, daß der Rechnungshof nicht „ins Blaue hinein“ berät, sondern nur aufgrund von Prüfungserfahrungen. Das Beratungsrecht basiert schließlich auch auf dem Ausgangspunkt, daß der Bundesrechnungshof eine besondere Fachkompetenz aufweisen kann. Interessenpolitik liegt ihm fern. Einen besseren Berater kann man sich nicht wünschen.

---

[127] *Piduch*, (Fn. 24), § 88 BHO Anm. 5
[128] *Sigg*, (Fn. 27), S. 35
[129] *Tiemann*, (Fn. 80), S. 148
[130] BVerfGE 9, 261, 281
[131] *Winfried Brohm*, Sachverständige und Politik, in: Festschrift für Ernst Forsthoff, München 1972, S. 35 ff., 44 ff.

Es gibt auch die Fallkonstellation, daß der Rechnungshof auf Ersuchen von Parlament, Regierung oder Verwaltung tätig wird. Diese werden dann von vorneherein bereit sein, sich die Feststellungen des Rechnungshofes zu eigen zu machen. Hierbei besteht die Gefahr, daß das Kontrollorgan nur eingeschaltet wird, um sich abzusichern. Gerhard Weisser hat auf die Gefahren einer solchen ersuchten Beratung aufmerksam gemacht.[132] Bei einer solchen darf es nicht sein Bewenden haben. Der Rechnungshof muß auch gegenüber Beratungsunwilligen beraten dürfen. Die Beratungstätigkeit des Rechnungshofes bildet ein notwendiges Gegengewicht gegen auftretende Pluralismusdefizite. Soll der Rechnungshof die Prüfung der Haushaltsführung so wirkungsvoll wie möglich gewährleisten, dann darf er nicht erst dann zu Wort kommen, wenn die maßgebenden Entscheidungen bereits getroffen oder sogar schon umgesetzt sind und nicht mehr ungeschehen gemacht werden können. Es ist vernünftiger allzu großzügige oder leichtfertige Ausgaben von vorneherein zu vermeiden, als sie erst dann zu beklagen, wenn der Schaden eingetreten und irreversibel ist.

Probleme, die bei der konkreten Prüfung aufgegriffen werden können, darf der Bundesrechnungshof daher auch zum Gegenstand seiner Beratung machen. Dagegen kann sich eine „Beratung außerhalb konkreter Prüfungsvorgänge ... - in Übereinstimmung mit der Kompetenz zur Prüfung der Wirtschaftlichkeit der gesamten Haushalts- und Wirtschaftsführung des Bundes - auf alle finanziell erheblichen Grundsatzfragen erstrecken, deren Klärung der Bundesrechnungshof im Interesse einer wirtschaftlichen Erfüllung der Bundesaufgaben und einer dementsprechenden Organisation der Bundesverwaltung ... für erforderlich hält".[133] Verfassungsrechtlich unzulässig ist dagegen eine verbindliche Mitwirkung des Bundesrechnungshofes an Verwaltungsentscheidungen, wie etwa durch gesetzlich vorgesehene Zustimmungs- oder Einverständnisvorbehalte.[134]

Als Zwischenergebnis bleibt an dieser Stelle festzuhalten, daß der Rechnungshof ein umfassendes gegenwartsbezogenes Recht hat, die gesamte Haushalts- und Wirtschaftsführung des Bundes zu prüfen und die betreffenden Staatsorgane zu beraten. Die rechnungsunabhängige Prüfungstätigkeit und die Befugnis zur Beratung gehen ineinander über und lassen sich nicht deutlich voneinander isolieren.

b) Die Verpflichtung der Rechnungshöfe zur Gutachtenerstellung aufgrund von Ersuchen von Parlament oder Regierung

Im Gegensatz zur Regelung in § 88 BHO sehen mehrere Landeshaushaltsordnungen verbindliche Gutachtenaufträge an die Rechnungshöfe vor, die von den Landtagen oder den Landesregierungen ausgehen können. Solche Vorschriften des Inhalts, daß sich der Rechnungshof auf Ersuchen von Parlament oder Regierung zu Wirtschaftlichkeitsfragen zu äußern hat, sehen die Haushaltsordnungen von

[132] *Gerhard Weisser*, Überrechnungshof?, DÖH 6 (1960-61), S. 65 ff.
[133] *Piduch*, (Fn. 24), § 88 BHO Anm. 5
[134] *Vogel / Kirchhof*, (Fn. 58), Art. 114 Rn. 204

Bayern, Baden-Württemberg, Hamburg, Hessen, Niedersachsen, Schleswig-Holstein, Mecklenburg-Vorpommern, Sachsen-Anhalt und Thüringen vor.

Fraglich ist, ob eine derartige Vorschrift mit § 42 Abs. 5 HGrG und/oder mit der Unabhängigkeit der Rechnungshöfe vereinbar ist.

- Grundgesetz, Länderverfassungen und Rechnungshof-Gesetze garantieren die Stellung der Rechnungshöfe als selbständige, nur dem Gesetz unterworfene Einrichtungen. „Um der rechtsstaatlichen Funktion einer unparteiischen und objektiven Finanzkontrolle willen muß die sachliche Unabhängigkeit auf die Rechnungshöfe als Institution ausgedehnt werden".[135] Deren Mitglieder genießen richterliche Unabhängigkeit. Ein besonderes Wesensmerkmal der sachlichen Unabhängigkeit der Rechnungshöfe und ihrer Mitglieder besteht nun darin, daß diese nicht nur in der Art und Weise der Erledigung ihres gesetzlichen Auftrages und bei ihren Entscheidungen frei sind, sondern daß sie von Amts wegen aufgrund eigener Initiative tätig werden. Insoweit besteht ein bedeutsamer Unterschied zur richterlichen Funktion. Wird der Richter lediglich reaktiv tätig, liegt es dagegen in der Entscheidung der Rechnungshöfe, ob, was und wie geprüft wird. Die Unabhängigkeit bei der Auswahl des Kontrollobjekts ist aber gefährdet, wenn der Rechnungshof auf Verlangen von Regierung oder Parlament Gutachten zu bestimmten Fragen erstellen muß.[136]

- Die Prüfungskapazität der Rechnungshöfe ist sehr begrenzt. Den Beamtenapparaten der von ihnen zu kontrollierenden Regierungen und Verwaltungen sind sie quantitativ hoffnungslos unterlegen.[137] Regierung und Parlament haben es daher in der Hand, durch Erteilung von Gutachtenaufträgen die Erledigung anderer beabsichtigter Aufgaben zu be- oder gar zu verhindern. Theoretisch eröffnet dies die Möglichkeit, das Kontrollorgan lahmzulegen. Jedenfalls würde die Kontinuität der Prüfungstätigkeit leiden, wenn ursprünglich geplante Untersuchungen zugunsten aktueller Anliegen verschoben werden müßten.[138] Nicht umsonst bestimmt der für Bund und Länder gleichermaßen verbindliche § 42 Abs. 5 HGrG, daß der Rechnungshof aufgrund von Prüfungserfahrungen beraten *kann*. Nur solange er und seine Mitglieder in sachgerechter Unabhängigkeit selbst entscheiden, kann er seinem verfassungsrechtlichen Prüfungsauftrag ausreichend nachkommen. Es ist daher außerordentlich zweifelhaft, ob die Haushaltsordnungen der genannten Bundesländer die Kann-

---

[135] *Dieter Keller*, Prüfungsaufträge und Unabhängigkeit der Rechnungshöfe, DÖV 1979, 705, 706; *Vogel / Kirchhof*, (Fn. 58), Art. 114 Rn. 185

[136] *Sigg*, (Fn. 27), S. 39; *Udo Müller*, Die institutionelle Unabhängigkeit der Rechnungshöfe, DVBl. 1994, 1276, 1279

[137] Dazu *Hans Blasius / Horst Kühne*, Stärken und Schwächen des Rechnungshofes, DÖV 1991, 393, 397 ff.

[138] *Müller*, (Fn. 136), S. 1279; *Keller*, (Fn. 135), S. 706

Vorschrift des § 42 Abs. 5 HGrG in eine Muß-Vorschrift umwandeln durften.[139]

- Zudem könnten die Rechnungshöfe in eine Schiedsrichterrolle bei politischen Kontroversen hineingezogen werden. Es besteht die Gefahr, daß sich Parlament und Regierung um ihre politische Verantwortung für umstrittene Maßnahmen drücken, indem sie ein Gutachten des Rechnungshofes einholen und dieses ihrer Entscheidung mit dem Argument zugrundelegen, der Rechnungshof als neutrales Organ werde schon das Richtige geraten haben. Durch absichtsvoll ausgewählte Aufträge der jeweiligen Mehrheitsparteien können die Tätigkeiten der Rechnungshöfe jederzeit in bestimmte politische Richtungen gelenkt werden. Klaus Vogel und Paul Kirchhof haben daher die Weisungsfreiheit des Bundesrechnungshof gerade auch gegenüber dem Bundestag besonders hervorgehoben:

> „Erst recht ist die Unabhängigkeit des BRH bei der generellen Auswahl und Festlegung des Prüfungsstoffes für das jeweilige Rechnungsjahr von der Legislative zu respektieren und parlamentarischen Einzelanregungen deshalb entzogen. ... Derartige verbindliche Einflußnahmen durch die Legislative verbieten sich schon deshalb, weil die Tätigkeit des BRH gerade auch der innerhalb der Legislative in der Minderheit befindlichen Opposition dienen soll".[140]

Insgesamt ist daher festzuhalten, daß eine Verpflichtung der Rechnungshöfe zur Gutachtenerstellung gegen die Unabhängigkeit der Rechnungshöfe und gegen § 42 Abs. 5 HGrG verstößt. Abgesehen von diesen rechtlichen Gründen, sind verbindliche Gutachtenaufträge auch aus politischen Erwägungen höchst bedenklich.

c) Die beratende Tätigkeit durch die traditionelle Institution eines Bundesbeauftragten für die Wirtschaftlichkeit in der Verwaltung

Die Einsetzung eines BWV ist auf eine Vorlage des Bundesministers der Finanzen hin am 8. Januar 1952 von der Bundesregierung beschlossen worden. Zur Begründung wurde das Erfordernis „größter Sparsamkeit und Wirtschaftlichkeit" angeführt, das nicht nur bei der Bewirtschaftung der Haushaltsmittel, sondern gerade auch bei „organisatorischen Maßnahmen [wirksam werden müsse. Es sei] notwendig, daß eine Stelle geschaffen wird, die ohne Verknüpfung mit der Rechnungslegung und schon vor der Leistung der Ausgaben von sich aus allgemeine Vorschläge für Sparsamkeit und Wirtschaftlichkeit machen kann".[141] Zurück geht die Institution des

---

[139] *Sigg*, (Fn. 27), S. 40; *Piduch*, (Fn. 24), § 88 BHO Anm. 5 und Anhang zu § 88 BHO b; *Reger*, (Fn. 92), S. 226

[140] *Vogel / Kirchhof*, (Fn. 58), Art. 114 Rn. 182 a.E.

[141] MinBlFin. 1952, S. 271

BWV auf das Amt des Reichssparkommissars, welches 1922 in Zeiten einer sich drastisch verschlechternden Haushaltslage eingerichtet worden war.[142]

Auch nachdem im Rahmen der Haushaltsreform im Jahre 1969 durch § 88 Abs. 2 BHO dem Bundesrechnungshof insgesamt als Kollegium die Beratung als Aufgabe zugewiesen worden war, hat die Bundesregierung mit Beschluß vom 15. September 1971[143] den Präsidenten des Bundesrechnungshofes daneben zum BWV bestellt. Grund dafür war, daß vor allem in Fällen von besonderer Bedeutung oder Eilbedürftigkeit ein individueller Beamter zur Verfügung stehen sollte, der unabhängig von kollegialen Entscheidungen seine Stellungnahmen nach persönlichen Weisungen erarbeiten lassen konnte. So wurde zur Begründung unter anderem vorgetragen:

> „Die bisher dem BWV vorbehaltene Beratungsfunktion ist durch die BHO seit dem 1.1.1970 als gesetzlicher Auftrag auch dem BRH als Behörde erteilt (§ 88 Abs. 2 BHO). Trotzdem ist die Bestellung eines BWV noch sinnvoll. Denn der BRH kann seine beratende Tätigkeit nur im nicht weisungsgebundenen Kollegialverfahren ausüben. Der BWV dagegen kann unabhängig vom Kollegium seine Stellungnahmen nach persönlichen Weisungen erarbeiten lassen. Das kann in Fällen von besonderer Bedeutung oder Eilbedürftigkeit vorteilhaft sein. - Die Einsetzung eines BWV läßt sich indessen nur vertreten, wenn damit kein besonderer personeller Aufwand verbunden ist. Deshalb muß diese Aufgabe auch weiterhin dem Präsidenten des BRH in Personalunion übertragen werden. Nur er kann sich eines bereits vorhandenen Personalkörpers bedienen und zudem gleichzeitig die Kenntnisse und Erfahrungen des BRH aus dessen Prüfungstätigkeit nutzen".[144]

Durch das BRHG von 1985 ist festgelegt, daß der Bundesrechnungshof aus Prüfungsabteilungen, die nach Prüfungsgebieten gegliedert sind, und aus einer Präsidialabteilung für Verwaltungsangelegenheiten des Bundesrechnungshofes besteht. Eine besondere Organisationseinheit des Bundesrechnungshofes für BWV-Angelegenheiten ist im BRHG indessen nicht vorgesehen, so daß der Präsident bei der Erfüllung seiner Aufgaben als BWV auf die freiwillige Unterstützung durch die anderen Mitglieder des Bundesrechnungshofes angewiesen ist. Diese dürfen aber dadurch ihrer Haupttätigkeit nicht ohne ihre Zustimmung entzogen und in ihrer richterlichen Unabhängigkeit nicht beeinträchtigt werden (vgl. § 6 Abs. 3 BRHG). Schon aus diesem Grunde können dem BWV - unabhängig von dessen weisungsfreier Stellung als Mitglied des Bundesrechnungshofes - keine *verbindlichen* Beratungsaufträge erteilt werden.[145] In der Sache ist die Aufgabenstellung des BWV praktisch deckungsgleich mit der Beratungsbefugnis des Bundesrechnungshofes; Hauptaufgabe des BWV ist es, durch Vorschläge, Gutachten oder Stellungnahmen auf eine wirtschaftliche Erfüllung

---

[142] Vgl. zur Geschichte dieser Institution: *Friedrich von Pfuhlstein*, Über die Institution des Bundesbeauftragten für Wirtschaftlichkeit in der Verwaltung, in: Verfassung, Verwaltung, Finanzkontrolle, Fest-schrift für Hans Schäfer, Köln u.a. 1975, S. 375 ff.

[143] Zitiert nach *Sigg*, (Fn. 27), S. 40

[144] Zitiert nach *Piduch*, (Fn. 24), § 88 BHO Anm. 6

[145] *Piduch*, (Fn. 24), § 88 BHO Anm. 6

der Bundesaufgaben und eine dementsprechende Organisation der Bundesverwaltung hinzuwirken. Die Beratungstätigkeit erstreckt sich über die unmittelbare Bundesverwaltung hinaus auch auf die Sondervermögen und Betriebe des Bundes (vgl. Nr. 2 der Richtlinien über die Tätigkeit des Bundesbeauftragten für Wirtschaftlichkeit in der Verwaltung vom 26. August 1986[146]). Mit Zustimmung des zuständigen Bundesministers kann der Beratungsbereich auf die bundesunmittelbaren juristischen Personen des öffentlichen Rechts und die Zuwendungsempfänger des Bundes erstreckt werden, sofern die Betroffenen damit einverstanden sind (vgl. Nr. 2 der Richtlinie[147]). Der Auftrag des BWV zur Steigerung der Wirtschaftlichkeit der Bundesverwaltung bedeutet in erster Linie, die Verwaltung zu rationalisieren, zu vereinfachen und zu verbilligen.[148] Im Vergleich zur Tätigkeit des Bundesrechnungshofes sind jedoch folgende Verfahrensunterschiede auszumachen:

- Der Bundesrechnungshof wird nach § 88 Abs. 2 BHO aufgrund einer Kollegialentscheidung nach eigenem Ermessen tätig, während vom BWV ein persönlich aktives „Hinwirken" erwartet wird, gleichwohl ihm keine verbindlichen Aufträge erteilt werden können.

- Während eine Beratung durch den Bundesrechnungshof vorhandene Prüfungserfahrungen voraussetzt, wird dem BWV die Befugnis zugestanden, mit Einwilligung des zuständigen Bundesministers örtliche Erhebungen (ausgenommen personenbezogene Daten) vorzunehmen oder durch Beauftragte vornehmen zu lassen. Anders als dem Bundesrechnungshof sind dem BWV somit Befugnisse zu Erhebungen für Beratungszwecke eingeräumt.

Fraglich ist, ob für die Institution des BWV neben der Beratungsaufgabe des Organs Bundesrechnungshof überhaupt noch Raum besteht, oder ob sie nicht vielmehr obsolet geworden ist. So sollte durch Art. 114 Abs. 2 Satz 3 GG „ermöglicht werden, daß ohne verfassungsrechtliche Zweifel durch einfaches Bundesgesetz dem Rechnungshof Zuständigkeiten und Aufgaben übertragen werden, die er bisher durch seinen Präsidenten (z.B. Gutachten als Beauftragter für die Wirtschaftlichkeit in der Verwaltung - Sparkommissar) ausgeübt hat"[149], und durch § 88 Abs. 2 BHO „sollte die bisher auf die Person des Präsidenten beschränkte beratende Funktion des Bundesrechnungshofes gegenüber Parlament und Regierung ... ihre volle gesetzliche Legitimation erfahren".[150] Neben diesen aus Sinn und Zweck der Neuregelung des § 88 Abs. 2 BHO abgeleiteten Bedenken gegen eine Beibehaltung des Amtes könnten die Probleme des Amtes auch in der Heraushebung eines einzelnen Mitglieds des Bundesrechnungshofes unter Durchbrechung des Kollegialprinzips liegen. Da mit der

---

[146] MinBlFin. 1986, S. 198; die Tätigkeit des BWV richtet sich nach diesen von der Bundesregierung beschlossenen Richtlinien.
[147] MinBlFin. 1986, S. 198
[148] *Jens-Hermann Treuner*, Der Bundesbeauftragte für die Wirtschaftlichkeit in der Verwaltung, DVBl. 1992, 421, 423
[149] BT-Drucks. V/3605, S. 13
[150] Zitiert nach *Sigg*, (Fn. 27), S. 41

gutachtlichen Tätigkeit des Bundesrechnungshofes ein Schritt hin zur zukunftsorientierten Beratung gemacht worden ist, wünscht die Verwaltung in zunehmendem Maße, bereits während der Planungsphase durch den Bundesrechnungshof oder den BWV beraten zu werden. Von einer frühzeitigen Beratung erhofft man sich einen gewissen Schutz vor späteren Beanstandungen. Dabei sieht man in der Verwaltung, wegen der personellen Identität der sachbearbeitenden Mitarbeiter, kaum einen Unterschied zwischen Bundesrechnungshof und BWV.[151] Die Tätigkeit des Rechnungshofes wird dadurch in ihrer Unabhängigkeit, verursacht durch eine eventuell eingetretene „Selbstbindung" infolge der vorangegangen Beratungstätigkeit, aber nicht beeinträchtigt. Initiative, Gegenstand und Umfang von Beratung und Prüfung bleiben schließlich auch weiterhin in das Ermessen der unabhängigen Mitglieder des Bundesrechnungshofes gestellt.

Die Tätigkeit des BWV hat gegenüber dem Bundesrechnungshof den Vorteil, daß er nicht nur aufgrund von Prüfungserfahrungen beraten und Gutachten erstellen kann. Nach Ansicht eines ehemaligen Präsidenten des Bundesrechnungshofes, Hans Schäfer, ist „die Tätigkeit des Bundesbeauftragten als wichtige, aber auch notwendige Ergänzung der Prüfung der Haushalts- und Wirtschaftsführung des Bundes durch den Bundesrechnungshof anzusehen".[152] Wirft man einen Blick auf die zahlreich erstellten Gutachten, die im Jahre 1987 begonnene Publikationsreihe des BWV[153] und die in den Bemerkungen des Bundesrechnungshofes veröffentlichten Jahresergebnisse des BWV,[154] dann bestehen keine durchgreifenden Bedenken,[155] „den traditionell gewachsenen Leistungswert und good will des BWV zu nutzen".[156]

d) Zusammenfassung

Die verfassungsrechtlichen Aufgaben des Bundesrechnungshofes lassen sich einteilen in Rechnungsprüfung und rechnungsunabhängige Prüfung. Gegenstand der Rechnungsprüfung ist das gesamte staatliche Finanzgebaren. Art und Ausmaß der Prüfung werden allein durch den Bundesrechnungshof bestimmt. Dessen Bemerkungen erlangen Publizität zum einen über den Grundsatz der Parlamentsöffentlichkeit, zum anderen steht dem Bundesrechnungshof aber auch ein eigenständiges und unmittelbares Zugangsrecht zum Volk zu.

---

[151] *Treuner*, (Fn. 148), S. 425

[152] *Schäfer*, (Fn. 96), S. 51

[153] Vgl. *Treuner*, (Fn. 148), S. 424

[154] Vgl. z.B. Bemerkungen 1987, BT-Drucks. 11/872, S. 167 f.; Bemerkungen 1991, BT-Drucks. 12/1150, S. 119 ff.

[155] Vgl. etwa *Reger*, (Fn. 92), S. 231, der das durch einen bloßen Kabinettsbeschluß geschaffene verfassungsrechtliche Zwielicht beseitigt sehen will, in dem die Institution des BWV im Hinblick auf die Personalunion mit dem Präsidenten des Bundesrechnungshofes steht. In diesem Zusammenhang wurde auch von „verdunkelter Rechtslage" und dem „etwas dubiosen Weg einer bloßen Vereinbarung zwischen Regierung und Rechnungshof-Präsident" gesprochen, vgl. *ders.*, (Fn. 92), S. 231 Fn. 111.

[156] *Heuer*, (Fn. 22), VI/3, BWV-RL, S. 2

Die rechnungsunabhängige Prüfung setzt keine Rechnungslegung durch den Bundesfinanzminister voraus. Das ermöglicht eine gegenwartsnahe Kontrolle. Die Beratungstätigkeit wirkt ergänzend zur rechnungsunabhängigen Prüfung und läßt sich von dieser nicht isoliert sehen. Dadurch greift der Bundesrechnungshof nicht in den Kernbereich exekutiver Eigenverantwortung ein. Eine Mitverwaltung seinerseits ist dadurch ebenfalls nicht gegeben.

Die Verpflichtung einiger Landesrechnungshöfe zur Gutachtenerstellung auf Ersuchen von Parlament oder Regierung verletzt die Unabhängigkeit der Rechnungshöfe und ihrer Mitglieder, verstößt gegen § 42 Abs. 5 HGrG und ist auch aus politischen Gründen höchst bedenklich. Die Institution des BWV hat sich bewährt.[157]

IV. Die Maßstäbe der Kontrolle

Nach Art. 114 Abs. 2 Satz 1 GG hat der Bundesrechnungshof die Rechnung sowie die Wirtschaftlichkeit und Ordnungsmäßigkeit der Haushalts- und Wirtschaftsführung zu prüfen. Ergänzend tritt dieser Vorschrift § 90 BHO hinzu, der Schwerpunkte der Prüfung kennzeichnet. Daraus ergeben sich drei Prüfungsmaßstäbe:

1. rechnungstechnische Ordnungsmäßigkeit,

2. Rechtmäßigkeit,

3. Wirtschaftlichkeit und Sparsamkeit.

1. Rechnungstechnische Ordnungsmäßigkeit

Bei der rechnungstechnischen Ordnungsmäßigkeit geht es gemäß § 90 Nr. 2 BHO in erster Linie um die Überprüfung, ob eine nach den Regeln von Bilanz- und Buchungstechnik korrekte, vollständige und übersichtliche Buchung und Belegung der einzelnen finanzwirksamen Entscheidungen und Maßnahmen vorgenommen worden ist. „Auch der Staat muß sich des Gebarens eines ordentlichen Kaufmanns befleißigen".[158] Maßstab der Prüfung sind allein die der Bilanz- und Buchungstechnik entlehnten Regeln der Rechnungslegungstechnik. Demnach prüft der Bundesrechnungshof, ob die Rechnung in sich folgerichtig, vollständig, übersichtlich und im einzelnen belegt ist. Maßgebend dafür sind die in den §§ 19-41 HGrG und §§ 34-87 BHO enthaltenen Gebote.

2. Rechtmäßigkeit

Im Gegensatz zu den Begriffen der Ordnungsmäßigkeit, Sparsamkeit und Wirtschaftlichkeit nennen weder Art. 114 Abs. 2 GG noch § 90 BHO den Begriff der Rechtmäßigkeit. Stattdessen spricht § 90 Nr. 1 BHO davon, daß sich die Prüfung „auf die Einhaltung der für die Haushalts- und Wirtschaftsführung geltenden Vorschriften

---

[157] Vgl. z.B. unten Teil C, VII, 1

[158] *Stern*, (Fn. 49), § 34 III 3 c, S. 434

und Grundsätze, insbesondere darauf [erstreckt], ob das Haushaltsgesetz und der Haushaltsplan eingehalten worden sind". Mit der Nennung von Haushaltsgesetz und Haushaltsplan zeigt diese Vorschrift, daß auch Innenrechtsnormen für die Rechnungshöfe prüfungsrelevant sind. Der Rechnungshof überprüft bei der Kontrolle der Rechtmäßigkeit aber nicht nur die Übereinstimmung des finanzwirksamen Verwaltungshandelns mit dem Haushaltsgesetz und dem Haushaltsplan, sondern er mißt das staatliche Handeln an allen Rechtsvorschriften, auch an der Verfassung. Auch Haushaltsplan und Haushaltsgesetz hat er am verfassungsrechtlichen Maßstab zu prüfen. Der Bundesrechnungshof kann daher Haushaltsansätze und ihre Verwendung als verfassungswidrig beanstanden.[159] Maßgebender Prüfungsmaßstab sind dabei die Art. 109-113 GG. Eine solche Beanstandung ist für die anderen Organe freilich nicht bindend. Eine Verwerfungskompetenz kommt allein den Gerichten zu, bei nachkonstitutionellen Gesetzen allein dem Bundesverfassungsgericht.

Es stellt sich aber die Frage, ob nicht die gesetzliche Nennung einer bestimmten Gruppe von Rechtsnormen auf eine eingeschränkte Rechtmäßigkeitskontrolle deutet, auf eine Beschränkung der Rechtmäßigkeitsprüfung lediglich auf einen Teilbereich. In diese Richtung geht Klaus Stern, wenn er schreibt, daß der Rechnungshof „keine umfassende Rechtskontrolle der Verwaltung, sondern die Finanzkontrolle nach Maßgabe der speziell finanzrechtlich einschlägigen Rechtsvorschriften durchführen"[160] solle. Er schließt dies daraus, daß § 90 BHO nur die „für die Einhaltung der für die Haushalts- und Wirtschaftsführung geltenden Vorschriften und Grundsätze" nennt. Da mit vollziehender Gewalt im Sinne des Art. 20 Abs. 3 GG indessen alle staatlichen Aktivitäten mit Ausnahme jener des förmlichen Gesetzgebers gemeint sind, ist auch der Rechnungshof an dieses Prinzip gebunden. Es kann ihm demnach nicht verwehrt werden, seine sachverständige Meinung über Recht- oder Unrechtmäßigkeit einer staatlichen Maßnahme kundzutun.[161] Im Bereich der Verwaltungstätigkeit mit Außenrechtswirkung unterliegt die staatliche Tätigkeit einer weitgehenden gerichtlichen Kontrolle. Dagegen betrifft die Finanzkontrolle keinen durch außenwirksame Gesetze gesteuerten Bereich. Eine Rechtmäßigkeitskontrolle der Rechnungshöfe vermag daher den einer gerichtlichen Kontrolle nicht unterliegenden Bereich der Verwaltung zu erschließen. „Deswegen muß die Finanzkontrolle in diesem Bereich auch die Rechtmäßigkeitskontrolle übernehmen".[162] So mag man den Verzicht der gesetzlichen Regelung darauf, Rechtmäßigkeit pauschal als Kontrollmaßstab der Rechnungshöfe zu nennen, allenfalls als Indiz dafür sehen, daß die umfassende Prüfung der Rechtmäßigkeit nicht die Hauptaufgabe der Rechnungshöfe sein soll. Da Art. 114 Abs. 2 GG den Maßstab der rechnungstechnischen Ordnungsmäßigkeit aber bereits mit den Worten „prüft die Rechnung" umschreibt, kann unter Ordnungs-

---

[159] BVerfGE 20, 56, 96

[160] *Stern*, (Fn. 49), § 34 III 3 c, S. 434; ebenso *Christoph Degenhart*, Kontrolle der Verwaltung durch Rechnungshöfe, VVDStRL 55 (1996), S. 190 ff., 207

[161] Für eine umfassende Rechtmäßigkeitsprüfung auch *Maunz*, (Fn. 81), Art. 114 Rn. 49; *Sigg*, (Fn. 27), S. 43; vgl. auch *Vogel / Kirchhof*, (Fn. 58), Art. 114 Rn. 93 ff.

[162] *Werner Heun*, Diskussionsbeitrag, VVDStRL 55 (1996), S. 322

mäßigkeit nur Rechtmäßigkeit verstanden werden. Ordnungsgemäß ist ein Finanzgebaren dann, wenn es der Rechtsordnung entspricht.

3. Wirtschaftlichkeit und Sparsamkeit

a) Die Bestimmung des Wirtschaftlichkeitsprinzips

§ 90 Nr. 3 und 4 BHO haben den Grundsatz der Wirtschaftlichkeit wie folgt konkretisiert: Die Prüfung hat sich darauf zu erstrecken, ob „wirtschaftlich und sparsam verfahren wird" und ob „die Aufgabe mit geringerem Personal- oder Sachaufwand oder auf andere Weise wirksamer erfüllt werden kann". Auf abstrakter Ebene besteht über den Begriff der Wirtschaftlichkeit[163] wohl noch Einigkeit. Er bezeichnet ein positives Werturteil über die Kausalbeziehung zwischen einer Handlung und den von dieser hervorgerufenen Wirkungen. Wirtschaftlich ist eine Handlung demnach dann, wenn deren günstige und ungünstige Wirkungen in einem optimalen Verhältnis zueinander stehen. Wenn die Relation von Nutzen bzw. Zwecken zu den Kosten bzw. Mitteln optimal ausfällt, läßt sich eine Maßnahme als wirtschaftlich ansehen.[164] Das Wirtschaftlichkeitsprinzip wird im allgemeinen als Minimal- und Maximalprinzip ausgeformt, also zum einen als Gebot, bei gegebenem Zweck so wenig Mittel wie möglich zu verbrauchen, und zum anderen als Gebot, Mittel in gegebener Höhe so einzusetzen, daß sie die größtmögliche Zweckerfüllung bewirken.[165] Gelegentlich wird auch darauf aufmerksam gemacht, daß diese Grundsätze das Wirtschaftlichkeitsprinzip nicht abschließend beschreiben. Es läßt sich zusätzlich als Gebot präzisieren, die Differenz zwischen Nutzen und Lasten zu maximieren (Differenzansatz), oder als Gebot, den Quotienten aus Nutzen und Lasten zu maximieren (Quotientenansatz).[166] Die Formel, Wirtschaftlichkeit bedeute, mit dem geringstmöglichen Aufwand den größtmöglichen Nutzen zu erzielen, ist dagegen eine nichtssagende Interpretation des ökonomischen Prinzips. Eine der beiden Größen muß festgelegt sein, sonst fehlt jede Bewertungsgrundlage.[167]

Niklas Luhmann hat die Anwendbarkeit des Wirtschaftlichkeitsprinzips auf die öffentliche Verwaltung insgesamt abgelehnt.[168] Die erforderliche vollständige, einheitliche, widerspruchsfreie und im Zeitablauf konstante Ordnung der Wertaspekte sei in der Verwaltung nicht gegeben, so daß sich eine Präferenzordnung nur durch

---

[163] Vgl. zum Wirtschaftlichkeitsprinzip insbesondere *von Arnim*, (Fn. 71), m.w.N.; *Andreas Greifeld*, Der Rechnungshof als Wirtschaftlichkeitsprüfer, München 1981; *Kurt Reding*, Die Effizienz staatlicher Aktivitäten, Baden-Baden 1981; *Peter Eichhorn*, Verwaltungshandeln und Verwaltungskosten, in: Peter Eichhorn / Peter Friedrich (Hrsg.), Möglichkeiten zur Verbesserung der Wirtschaftlichkeit in der Verwaltung, Baden-Baden 1979, S. 11 ff.

[164] *Walter Krebs*, Rechtmäßigkeit und Wirtschaftlichkeit als Kontrollmaßstäbe des Rechnungshofes, in: Hans Herbert von Arnim (Hrsg.), Finanzkontrolle im Wandel, Berlin 1989, S. 65 ff., 66; *Niklas Luhmann*, Kann die Verwaltung wirtschaftlich handeln?, VerwArch 51 (1960), S. 97 ff., 97 f.

[165] *Krebs*, (Fn. 164), S. 66; *von Arnim*, (Fn. 71), S. 20

[166] Dazu eingehend: *von Arnim*, (Fn. 71), S. 21 ff.

[167] *Stern*, (Fn. 49), § 34 III 3 c, S. 435 f.; *Sigg*, (Fn. 27), S. 46

[168] *Luhmann*, (Fn. 164), S. 105

eine rein quantitative Handlungsbewertung gewährleisten lasse. Eine solche Quantifizierung lasse sich jedoch wegen der Grenzen der Meßbarkeit nicht sinnvoll vornehmen.[169] Er plädiert daher für die Ersetzung des Wirtschaftlichkeitsprinzips durch eine Theorie der „brauchbaren Entscheidungen". Brauchbar seien solche Entscheidungen, „deren Folgen dem Fortbestand des organisierten Zusammenlebens, also dem Fortbestand der Organisation" dienten.[170] Maßgebend dafür sei der erste brauchbare Einfall als die einzig-richtige Entscheidung.

Sicherlich läßt sich die Richtigkeit letzter Werte mittels sozialwissenschaftlicher Methoden nicht nachweisen. Das bedeutet jedoch nicht zwangsläufig, daß sie überhaupt nicht nachweisbar sind. Das Grundgesetz hat eine objektive Wertordnung begründet, die auf bestimmten letzten Zwecken, namentlich Menschenwürde, Freiheit und Gerechtigkeit, beruht.[171] Die Bindung der Staatsgewalt an diese Wertordnung begrenzt auch die Zulässigkeit der wirtschaftlich zu verfolgenden Zwecke. Wirtschaftlichkeit läßt sich demnach nicht auf einzig-richtige Entscheidungen reduzieren, sondern verlangt lediglich, eindeutig unbrauchbare Entscheidungen, d.h. Entscheidungen auszuscheiden, die eindeutig schlechter sind als andere. Die h.M. wendet hierfür betriebswirtschaftliche Maßstäbe an.[172]

Das Wirtschaftlichkeitsprinzip darf aber nicht in rein ökonomischer Form übernommen werden. Um die spezifischen Besonderheiten der Staatswirtschaft berücksichtigen zu können, ist auf ein angemessenes Verhältnis zwischen öffentlichem Mitteleinsatz und sozialem Nutzen abzustellen.[173] Der Differenz- und der Kostenansatz erlauben es, Kosten und Nutzen zu variieren. Da sie auch auf eine Optimierung der Kosten-Nutzen-Relation zielen und eine rationale Beurteilung von Entscheidungen ermöglichen, können sie auch als Prüfungskriterien im Rahmen der Wirtschaftlichkeitsprüfung der staatlichen Haushalts- und Wirtschaftsführung herangezogen werden.[174]

b) Der Grundsatz der Sparsamkeit und sein Verhältnis zum Wirtschaftlichkeitsprinzip

Der Begriff der Sparsamkeit wird meist neben dem der Wirtschaftlichkeit genannt, z.B. in §§ 7 Abs. 1 und 90 Nr. 3 BHO. Die in der Literatur vertretenen Ansichten zum Sparsamkeitsbegriff lassen sich in drei Gruppen einteilen:[175] Zum einen wird versucht, die Sparsamkeit entweder als ein Synonym der Wirtschaftlichkeit zu

---

[169] *Luhmann*, (Fn. 164), S. 100
[170] *Luhmann*, (Fn. 164), S. 112
[171] BVerfGE 7, 198, 205; 42, 313, 332
[172] *Maunz*, (Fn. 81), Art. 114 Rn. 50; *Klaus Grupp*, Die „Grundsätze der Wirtschaftlichkeit und Sparsamkeit" im Haushaltsrecht, JZ 1982, 231, 233 ff.; *von Arnim*, (Fn. 51), S. 664
[173] *Stern*, (Fn. 49), § 34 III 3 c, S. 436, m.w.N.
[174] *Krebs*, (Fn. 164), S. 67
[175] Vgl. *Martin-Peter Büch*, Zur Bestimmung der Grundsätze der Wirtschaftlichkeit und der Sparsamkeit im öffentlichen Haushalt der Bundesrepublik Deutschland, Köln / Berlin / Bonn / München 1976, S. 82 ff.

sehen oder aber die Sparsamkeit mit einem Teilprinzip der Wirtschaftlichkeit, nämlich dem Minimalprinzip gleichzusetzen. Nach letzterem wäre der Sparsamkeitsgrundsatz das Kostenminimierungsprinzip des Wirtschaftlichkeitsgrundsatzes. Dieser Ansatz dürfte der herrschenden Lehre entsprechen.[176] Danach ist Sparsamkeit nicht gleichbedeutend mit Kostenminimierung um jeden Preis. Die zweite Gruppe sieht Sparsamkeit als eine Verpflichtung zu möglichst wenig Ausgaben und zur Geringhaltung der Verschuldung.[177] Die dritte Gruppe sieht in dem Sparsamkeitsprinzip eine Verpflichtung des Staates zur Enthaltsamkeit, eine Pflicht zur Schonung der Privatwirtschaft.[178]

Gegen die beiden letzten Auffassungen ist zu sagen, daß der Staat nicht, wie etwa ein privater Haushalt, konsumiert, sondern den Konsumenten und Unternehmen Güter und Dienste zur Verfügung stellt. Die Interpretation, die im Sparsamkeitsgrundsatz eine staatliche Zielfindungsregel sieht, die den Staat zur Enthaltsamkeit bei der Übernahme von Aufgaben verpflichtet, ist zu allgemein und konturenlos. Voraussetzung für ihre Anwendbarkeit wäre eine allgemein anerkannte normative Theorie staatlicher Aufgaben. Eine solche existiert aber nicht.[179]

Sparsamkeit bedeutet demnach die Verpflichtung, überflüssige Kosten zu vermeiden. Überflüssig sind solche Kosten, die zur Zielerreichnung nicht erforderlich sind. Das Prinzip der Sparsamkeit geht daher in vollem Umfang im Prinzip der Wirtschaftlichkeit auf. „Sparsamkeit enthält nichts Eigenständiges".[180] Deshalb ist es unerheblich, daß Art. 114 Abs. 2 GG nur von Wirtschaftlichkeit spricht. Der Umstand, daß in den einzelnen Rechtsvorschriften von Sparsamkeit und Wirtschaftlichkeit gesprochen wird, zeigt aber, daß mit Wirtschaftlichkeit mehr als nur die Forderung gemeint ist, den Aufwand zur Erreichung eines bestimmten Zieles zu minimieren. Diesen Aspekt enthält ja schon das Sparsamkeitsprinzip. Die zusätzliche Nennung des Wirtschaftlichkeitsprinzips macht deutlich, daß es darüber hinaus auch um die Maximierung des Erfolges geht. Insofern ist die Tatsache, daß der Sparsamkeitsgrundsatz in vielen Vorschriften zusätzlich zum Wirtschaftlichkeitsgebot genannt wird, nicht nur ein „historisches Relikt".[181] Sie macht vielmehr deutlich, daß Wirtschaftlichkeit mehr ist als nur Sparsamkeit.

---

[176] *Vogel / Kirchhof*, (Fn. 58), Art. 114 Rn. 101 ff.; *Eichhorn*, (Fn. 163), S. 14; *Greifeld*, (Fn. 163), S. 35 f.; *Krebs*, (Fn. 121), S. 185; *von Arnim*, (Fn. 71), S. 49

[177] Darstellung und Kritik bei *Büch*, (Fn. 175), S. 83 und 86 f.

[178] *Büch*, (Fn. 175), S. 83 ff.

[179] *Sigg*, (Fn. 27), S. 52; *Hannes Rehm*, Wirtschaftlichkeit und Sparsamkeit im öffentlichen Sektor, Die Verwaltung 13 (1980), S. 77 ff., 80

[180] *von Arnim*, (Fn. 71), S. 50; so auch *Stern*, (Fn. 49), § 34 III 3 c, S. 438; *Sigg*, (Fn. 27), S. 52

[181] *Sigg*, (Fn. 27), S. 52

c) Die Anwendung des Wirtschaftlichkeitsprinzips im staatlichen Sektor

Die eigentlichen Schwierigkeiten mit dem Wirtschaftlichkeitsprinzip beginnen mit seiner Anwendung.[182]

aa) Probleme im Zielbereich

Dieselbe staatliche Aktivität dient oft unterschiedlichen Zielen. Diese Vielzahl kann dazu führen, eine Tätigkeit der öffentlichen Hand gleichzeitig als wirtschaftlich und unwirtschaftlich zu qualifizieren. Einsparungen und Rationalisierungsmaßnahmen können u.U. mikroökonomisch zwar sinnvoll, makroökonomisch aber sinnlos sein. So mögen Personaleinsparungen bei der öffentlichen Hand für einen einzelnen Behördenzweig auf der einen Seite Kosten sparen, auf der anderen Seite werden aber bei andauernder Nichtbeschäftigung der betroffenen Personen gesamtwirtschaftliche Kosten verursacht, die die Einsparungen bei weitem übersteigen können.

bb) Informationsprobleme

Ein Handeln nach dem ökonomischen Prinzip setzt grundsätzlich die Kenntnis aller Zweck-Mittel-Relationen voraus. Diese umfassende Kenntnis ist aber praktisch nicht zu erreichen. Es muß daher von einer überschaubaren (und damit zwangsläufig reduzierten) Zahl von Zwecken und Mitteln ausgegangen werden. Dann fehlt es aber an Komponenten, mit deren Hilfe sich ex ante besser und genauer bestimmen läßt, ob gegebene Mittel optimal zur Zielerreichung eingesetzt oder ob ein vorgegebener Zweck optimal erreicht werden kann. Zudem können künftige Ereignisse bereits gewonnene Informationen hinfällig machen. „Bei jeder Wirtschaftlichkeitsanalyse stellt sich auch die Frage, ob und bejahendenfalls wie der Analysator der Maßnahme, z.B. der Rechnungshof-Prüfer, den Informationsstand des Handelnden, z.B. des zu prüfenden Verwaltungsbeamten, zu berücksichtigen hat. Diese Fragen zielen auf die Unterscheidung von subjektiver und objektiver Rationalität ab, wobei zur Beurteilung der subjektiven Rationalität der augenblickliche Informationsstand des Handelnden, zur Bestimmung der objektiven Rationalität jedoch alles verfügbare Wissen maßgebend sind".[183] Jede Informationserhebung kann demnach nur selektiv vorgenommen werden. Dadurch gelangt ein subjektives Element in jede Wirtschaftlichkeitsanalyse hinein.

cc) Bewertungsprobleme

Über staatliches Handeln entscheiden eine Vielzahl von Akteuren mit einer Vielzahl sich unterscheidender Wertvorstellungen. Eine allgemein anerkannte Skala für den Nutzen von Maßnahmen der öffentlichen Hand existiert nicht. Verwaltungsleistungen oder öffentliche Güter lassen sich nicht nach Marktpreisen berechnen. Auch auf der Kostenseite gibt es nicht meßbare oder kaum feststellbare Größen. Man

---

[182] Vgl. zum folgenden *Sigg*, (Fn. 27), S. 47 ff.; vgl. auch *Greifeld*, (Fn. 163), S. 7 ff.
[183] *Sigg*, (Fn. 27), S. 48 f.

unterscheidet die sog. intangiblen Kosten und die externen Effekte.[184] Intangible Kosten sind solche Auswirkungen von Projekten, die die subjektive Wertschätzung dieser Maßnahme beeinträchtigen, ohne quantifizierbar bzw. in Geld meßbar zu sein. Zur Verdeutlichung sei die Zerstörung eines Landschaftsbildes durch den Bau einer Autobahn genannt. Dagegen sind externe Kosten solche, die nicht beim Staat als Träger der Maßnahme selbst, sondern bei Dritten entstehen. So mag beim Bau eines Kanals der Grundwasserspiegel absinken, wodurch Grundstücke infolge des Wassermangels weniger Erträge abwerfen.

dd) Folgerungen

Die im Rahmen des Wirtschaftlichkeitsprinzips geforderte Gegenüberstellung von Nutzen und Kosten erfordert im Idealfall die Erfassung und Bewertung aller Handlungsfolgen. Das Wirtschaftlichkeitsprinzip ist in seinen Voraussetzungen sehr „anspruchsvoll".[185] Es überrascht daher nicht, daß mit seiner Hilfe häufig keine optimalen, sondern nur sub-optimale, d.h. teil-rationale, Entscheidungen getroffen werden können.[186]

Das Wirtschaftlichkeitsprinzip ist von Natur aus ein inhaltsarmes, wenn nicht gar inhaltsleeres Prinzip. Um es mit Inhalt zu füllen, verlangt es, die in Betracht kommenden Entscheidungsalternativen aufzulisten, ihre voraussichtlichen Folgen zu ermitteln, zu bewerten und die relativ beste Entscheidung auszuwählen.[187] Erforderlich sind somit Schätzurteile (Ermittlung der voraussichtlichen Folgen der möglichen Alternativen) und Werturteile (Bewertung der Alternativen). Das Wirtschaftlichkeitsprinzip besagt lediglich, *daß* derart vorzugehen ist. Es besagt aber nichts darüber, *wie* die Schätzurteile zu gewinnen und *welche* Werte der Bewertung zugrunde zu legen sind. Hierin zeigt sich die Offenheit des Prinzips. Es ist ein „*Formal*prinzip, dessen Anwendung je nach den gesetzten Zwecken zu ganz unterschiedlichen Ergebnissen führen kann".[188] Es werden daher Entscheidungskriterien erforderlich, die das Wirtschaftlichkeitsprinzip selbst nicht mitliefert.

„Erschwerend kommt hinzu, daß Zweck und Mittel keine absoluten, sondern relative Kategorien bezeichnen, da angesichts eines nahezu endlosen Zweckregresses der jeweils erreichte oder zu erreichende Zweck das Mittel zur Erreichung eines Zwecks auf höherem Abstraktionsniveau sein kann, so daß sich ein und dieselbe Handlung als wirtschaftlich und unwirtschaftlich zugleich darstellen kann".[189] So kann die Subventionierung eines Unternehmens, um diesem das wirtschaftliche Über-

---

[184] *Walter Wittmann*, Öffentliche Finanzen, Einführung in die Finanzwissenschaft, Reinbeck 1978, S. 60 ff.
[185] *Greifeld*, (Fn. 164), S. 10
[186] Dazu *Luhmann*, (Fn. 164), S. 99 ff.
[187] Vgl. dazu und zum folgenden: *von Arnim*, (Fn. 71), S. 33; vgl. auch *Gérard Gäfgen*, Theorie der wirtschaftlichen Entscheidung. Untersuchungen zur Logik und Bedeutung des rationalen Handelns, 3. Auflage, Tübingen 1974, S. 95 ff., 105 ff.
[188] *von Arnim*, (Fn. 71), S. 38 (Hervorhebung im Original)
[189] *Krebs*, (Fn. 164), S. 67 f.

leben zu sichern, auf der einen Seite durchaus wirtschaftlich sein, auf der anderen Seite, gehört das Unternehmen einem sterbenden Industriezweig an, kann die Subventionierung einen notwendigen Strukturwandel verhindern und damit gleichzeitig unwirtschaftlich sein. Die Anwendung des Wirtschaftlichkeitsprinzips verlangt daher nach Entscheidungskriterien, mit deren Hilfe die Betrachtungsebene zu bestimmen ist.

d) Das Wirtschaftlichkeitsprinzip als Bindungsnorm und Kontrollmaßstab

Trotz der dargestellten Schwierigkeiten besteht kein Grund, das Wirtschaftlichkeitsprinzip in seiner Anwendung zu verwerfen. Dies ist auch nicht zulässig, denn Wirtschaftlichkeit wird von zahlreichen Rechtsvorschriften als verbindlicher Entscheidungsmaßstab ausgewiesen (vgl. etwa Art. 114 Abs. 2 Satz 1 GG, §§ 6 Abs. 1 HGrG, 7 Abs. 1 BHO, 77 Abs. 2 GemO/BaWü). Es handelt sich bei dem Begriff der Wirtschaftlichkeit um einen anwendbaren Grundsatz, um eine rechtlich verbindliche Norm. Seit der Haushaltsrechtsreform 1969 genießt das Wirtschaftlichkeitsprinzip gar Verfassungsrang.[190] Daran knüpft die Fragestellung nach der Rechtmäßigkeit unwirtschaftlichen Handelns an.

aa) Ist unwirtschaftliches Handeln rechtswidrig?

Unwirtschaftliches Handeln beim Haushaltsvollzug und bei der Haushaltsaufstellung ist grundsätzlich rechtswidrig. Insofern besteht zwischen Wirtschaftlichkeit und Rechtmäßigkeit kein Gegensatz. Dieses Verständnis entspricht der heute wohl herrschenden Lehre.[191] Bereitet diese Aussage an sich wenig Schwierigkeiten, so sind doch Fragezeichen bei einer völligen Verrechtlichung des Wirtschaftlichkeitsprinzips anzubringen. Wirtschaftlichkeitsentscheidungen weisen je nach Abstraktionsstufe unterschiedliche Rationalitätsgrade auf. Einer Gemeinde, die ein neues Rathaus erhält, mag man vorrechnen, daß dasselbe Rathaus kostengünstiger hätte erbaut werden können. Soll daran aber der Vorwurf geknüpft werden der Bau sei, da unwirtschaftlich, auch rechtswidrig errichtet worden? Mit welchem Maß an Rechtsverbindlichkeit soll man dem Erbauer vorschreiben, wie repräsentativ das Rathaus sein darf? Es gibt also häufig übergeordnete Ziele, die einen Werteverzehr als wirtschaftlich erscheinen lassen.

bb) Ist rechtmäßiges Handeln wirtschaftlich?

Der genuine Anwendungsbereich des Wirtschaftlichkeitsprinzips liegt dort, wo der staatliche Entscheider befugt ist nach seinem Ermessen zu entscheiden.[192] Geht man weiter davon aus, daß alle Entscheidungen innerhalb des Ermessenspiel-

---

[190] *Hans Dommach*, in: Ernst Heuer (Hrsg.), Kommentar zum Haushaltsrecht, Loseblattsammlung, Neuwied, Stand: März 1996, § 7 BHO Rn. 1

[191] *von Arnim*, (Fn. 71), S. 60, m.w.N.

[192] *Greifeld*, (Fn. 163), S. 37; *Klaus Grupp*, Steuerung des Verwaltungshandelns durch Wirtschaftlichkeitskontrolle?, DÖV 1983, 661, 663

raums rechtmäßig sind,[193] dann sind unwirtschaftliche Maßnahmen zwar denkbar, zu einer Kollision von Rechtmäßigkeit und Wirtschaftlichkeit kann es aber nicht kommen, weil innerhalb des Ermessensspielraums die wirtschaftliche und die unwirtschaftliche Entscheidung rechtmäßig sind. Würde man das Wirtschaftlichkeitsprinzip dagegen durchgängig als bindendes Rechtsprinzip auffassen, dann wäre der Entscheider rechtlich verpflichtet, innerhalb seines Ermessensspielraums wirtschaftlich zu entscheiden. Die Ermessensausübung wäre auf Null reduziert und die unwirtschaftliche Entscheidung wäre eine rechtswidrige.

Daraus folgt: Sind für den Entscheider die getroffenen Mittel- und Zweckfestsetzungen rechtlich disponibel, dann hat er selbst ein Wirtschaftlichkeitsurteil zu fällen. Dem rechtsgebundenen Entscheider dagegen bleibt keine selbständige Verhältnisbestimmung von Nutzen und Kosten. *Für ihn* sind rechtmäßige Entscheidungen immer wirtschaftlich.[194] Von einer *anderen Perspektive* aus betrachtet, können seine Entscheidungen aber dennoch unwirtschaftlich sein. Bei rechtsgebundenen Entscheidungen sind Wirtschaftlichkeitsurteile auf die jeweilige Beurteilungsebene zu beziehen; nur innerhalb dieser Ebene sind sie dann u.U. richtig.

e) Die Wirtschaftlichkeitskontrolle durch den Bundesrechnungshof

Wenn Art. 114 Abs. 2 Satz 1 GG den Rechnungshof beauftragt, die Wirtschaftlichkeit der Haushalts- und Wirtschaftsführung zu prüfen, so macht sich bei der Erfüllung dieser Aufgabe insbesondere das Fehlen eines konsistenten Zielsystems bemerkbar. Die Wirtschaftlichkeitsprüfung braucht, weil sie schwerlich einen Wert antasten kann, klare Zweckvorgaben. Mittelmodifikationen für Verwaltung und Rechnungsprüfung sind nur bei Zweckintegration diskutierbar.[195] Die im Haushaltsplan ausgewiesenen Ausgaben sind aber nicht auf ein zu realisierendes Ziel gerichtete Programmkosten, sondern isolierte Ausgabenansätze. Der Haushaltsplan ist überwiegend ausgabenorientiert, ohne Ziel und Leistungsvorgaben genau zu umschreiben.[196] Nach § 13 Abs. 2 BHO führen die Einzelpläne Einnahmen, Ausgaben und Verpflichtungsermächtigungen der einzelnen Verwaltungszweige auf, gliedern also nach dem Ressortprinzip (Ministerialprinzip) und nicht nach dem Funktionenprinzip (Realprinzip). So wird zwar ersichtlich, wer über bestimmte Gelder verfügt, nicht aber wofür die Gelder verwandt werden.[197] Diesem Manko hilft auch nicht die dem Haushaltsplan nach § 14 Abs. 1 Nr. 1 lit. b BHO hinzuzufügende Funktionenübersicht ab. Diese taugt nämlich nur bedingt zur Verdeutlichung des programmatischen Willens, da sie nur die bereitgestellten Mittel für bestimmte Aufgaben, nicht aber eine Zielbeschreibung enthält, also in-put und nicht out-put orientiert ist.[198] Wie aber soll der Rech-

---

[193] *Fritz Ossenbühl*, Rechtsquellen und Rechtsbindungen der Verwaltung, in: Hans-Uwe Erichsen (Hrsg.), Allgemeines Verwaltungsrecht, 10. Auflage, Berlin / New York 1995,§ 10 II 3, S. 187 Rn. 15
[194] Vgl. *Krebs*, (Fn. 164), S. 73 f.
[195] *Greifeld*, (Fn. 163), S. 39
[196] *Sigg*, (Fn. 27), S. 53, m.w.N. und Hinweisen auf Reformvorschläge
[197] *Greifeld*, (Fn. 163), S. 39 f.
[198] *Greifeld*, (Fn. 163), S. 40

nungshof prüfen, ob die bereitgestellten Mittel zur Erfüllung bestimmter Zwecke wirtschaftlich eingesetzt werden, wenn die Ziele nicht hinreichend umschrieben sind? Das Fehlen klarer Zielvorgaben ist ein Problem, welches gerade auch im Bereich des Subventionswesens deutlich wird.

Subventionen werden nicht nur gewährt aus wirtschaftlichen Erwägungen; mit ihnen werden auch machtpolitische Interessen verfolgt. Der Abbau von Subventionen gilt als politisch äußerst undankbares Geschäft. Diejenigen Gruppen, die von einem Abbau „ihrer" Subventionen betroffen wären, verfügen häufig über eine schlagkräftige und argumentationsstarke Verbandsorganistion, die es versteht, Sturm zu laufen gegen eine geplante Kürzung der ihnen gewährten Mittel. Eine solche Gegenwehr reicht bis zur Vorenthaltung finanzieller Unterstützung und dem Abspenstigmachen von Wählern. Von Wählerstimmen und Geld aber leben die politischen Parteien.

Diese Verflechtungen machen Subventionen zu einem „Lieblingskind der Politik".[199] Mit Subventionen können sich Politiker die Unterstützung von Partikularinteressen erkaufen, ohne politische Gegenwehr erwarten zu müssen. Das ist ein Grund dafür, warum in aller Regel der Zweck einer Subvention nicht deutlich genannt wird, sondern verborgen bleibt. Widersprechen sich nämlich ökonomische Rationalität und machtpolitische Rationalität, dann würde sich bei offener Nennung der machtpolitischen Interessen die Subventionsgewährung nicht mehr vor der Öffentlichkeit rechtfertigen lassen. Bleibt der Zweck der Subvention aber im Vagen, dann ist die Subvention nicht überprüfbar und damit auch nicht angreifbar. Dadurch entsteht ein regelrechter Subventionsdschungel, den zu durchschauen niemand mehr in der Lage ist. Auch der budgetpolitische Willensbildungsprozeß stellt die Eignung des Haushaltes als verläßlichen Zwecksetzer in Frage. Den weitaus größten Einfluß auf die Gestaltung des Haushaltes übt die Exekutive und im Rahmen dieser die Verwaltung aus. Die Aufstellung des Budgets erfolgt also von unten nach oben.[200]

Welche Auswirkungen haben diese Unsicherheiten auf die Wirtschaftlichkeitsprüfung des Rechnungshofes? Das Bundesverfassungsgericht hält sich bei einer Normenkontrolle grundsätzlich zurück (judicial self-restraint).[201] Es ist umstritten, ob sich der Rechnungshof bei der Wirtschaftlichkeitskontrolle in ähnlicher Weise verhalten soll.

Wohl überwiegend wird ein solcher self-restraint des Rechnungshofes angenommen: Angesichts der Unbestimmtheit des Wirtschaftlichkeitsprinzips habe der Rechnungshof von einer Beanstandung abzusehen, wenn das kontrollierte Finanzge-

---

[199] *Hans Herbert von Arnim*, Subventionen. Von den Schwierigkeiten der Subventionskontrolle, in: Speyerer Arbeitshefte, Nr. 70, 1986, S. 10 = FinArch 44 (1986), S. 81 ff., 86

[200] Vgl. dazu oben Teil B, II, 3

[201] Das BVerfG unterscheidet - jedenfalls bei der Kontrolle von Prognosen des Gesetzgebers - zwischen Evidenzkontrolle, Vertretbarkeitskontrolle und einer intensivierten Inhaltskontrolle; vgl. BVerfGE 50, 290, 332 f.

baren noch vertretbar sei,[202] so daß er nur im Falle einer offensichtlichen Verletzung von Wirtschaftlichkeitsgrundsätzen die Maßnahmen von Regierung oder Verwaltung beanstanden dürfe. Im Rahmen der Wirtschaftlichkeitsprüfung komme dem Bundesrechnungshof nur eine „Evidenzkontrolle"[203] zu.

Eine neuere Auffassung hebt dagegen hervor, eine solche Zurückhaltung sei bei der Finanzkontrolle nicht geboten.[204] Hierfür werden insbesondere die folgenden Gesichtspunkte geltend gemacht:

- Im Gegensatz zur Rechtsprechung hätten die Rechnungshöfe keine Entscheidungsbefugnisse. Bei ihnen ginge es nur um Überprüfung und gutachtliche Stellungnahme, nur um Information und nicht um Dezession.[205] Da sie die kontrollierte Entscheidung nicht durch eine eigene ersetzen, lägen bei ihnen die Gründe, die für eine Zurückhaltung der gerichtlichen Kontrolle sprechen, nicht vor.

- Das durch die Anerkennung von Beurteilungsprärogativen der Verwaltung verursachte Kontrolldefizit bei der Verwaltungsgerichtsbarkeit müsse durch die uneingeschränkte Prüfungsbefugnis der Rechnungshöfe kompensiert werden.[206]

- Schließlich wird auf die Personalausstattung der Rechnungshöfe mit ihrer Zusammenfassung von spezifischer Sachkunde und besonderem Erfahrungspotential verwiesen, die eine den Verwaltungsgerichten vergleichbare Prüfungseingrenzung als fernliegend erscheinen lasse. Insofern hätten sie Ähnlichkeit mit Sachverständigengremien.[207] Zwar begründeten Sachverstand allein keine Kompetenz. Gesetzgeber und Verfassung wiesen Kompetenzen aber demjenigen zu, bei dem sie Sachverstand vermuteten.[208]

Zum letzten Argument ist zu sagen, daß es nur schwerlich für die Beantwortung der hier in Rede stehenden Frage ins Gewicht fallen kann. Denn die Fach-

---

[202] *Klaus Vogel*, Verfassungsrechtliche Grenzen der öffentlichen Finanzkontrolle, DVBl. 1970, 193, 196; *Vogel / Kirchhof*, (Fn. 58), Art. 114 Rn. 105; *Tiemann*, (Fn. 80), S. 136; *Stern*, (Fn. 49), § 34 III 3 c, S. 439; *Hans Herbert von Arnim*, Staatslehre der Bundesrepublik Deutschland, München 1984, S. 402 f., (differenzierter aber *ders.*, (Fn. 71), S. 104 f.); *Sigg*, (Fn. 27), S. 54 f.

[203] *Sigg*, (Fn. 27), S. 54 f.

[204] *Grupp*, (Fn. 192), S. 663 f.; *Gunter Kisker*, Sicherung von „Wirtschaftlichkeit und Sparsamkeit" durch den Rechnungshof, NJW 1983, 2167, 2168 f.; *Gunnar Folke Schuppert*, Die Steuerung des Verwaltungshandelns durch Haushaltsrecht und Haushaltskontrolle, VVDStRL 42 (1984), 216, 261; *Krebs*, (Fn. 121), S. 200 f.; *Herbert Fischer-Menshausen*, in: Ingo von Münch / Philip Kunig (Hrsg.), Grundgesetz - Kommentar, Band 3, 3. Auflage, München 1996, Art. 114 Rn. 18; siehe auch *von Arnim*, (Fn. 71), S. 104 f.

[205] *Kisker*, (Fn. 204), S. 2169

[206] *Hans Blasius*, Recht und Finanzkontrolle in den Gestaltungsräumen von Politik und Verwaltung, DÖV 1988, 819, 827 f.

[207] *Kisker*, (Fn. 204), S. 2169

[208] *Blasius*, (Fn. 206), S. 827

kunde und die Prüfungserfahrung der Rechnungshofmitglieder wäre auch bei einer bloßen Vertretbarkeitsprüfung unentbehrlich.[209] Allein daraus, daß Wirtschaftlichkeitskontrolle auch Rechtskontrolle ist,[210] läßt sich eine Pflicht zur Zurückhaltung nicht entnehmen. Wirtschaftlichkeitskontrolle ist auch Sachkontrolle, die die Gerichte mangels Sachkunde ohne Sachverständige nicht leisten können. Der juristisch ausgebildete Richter kann Subventionen ohne Sachverständige schwerlich auf ihre wirtschaftliche Rationalität hin prüfen. Dagegen bestehen mit den Rechnungshöfen Einrichtungen, die über das nötige Fachwissen verfügen. Das versetzt sie in der Lage, das verwaltungsgerichtliche Kontrolldefizit zu kompensieren. Diese Möglichkeit scheitert nicht an vordergründig bestehenden unterschiedlichen Aufgabenstellungen beider Einrichtungen, nämlich Wirtschaftlichkeitskontrolle auf der einen und Rechtskontrolle auf der anderen Seite.[211] Vielmehr lassen sich beide Begriffe nicht trennscharf voneinander abheben. Die Feststellung, bei der verwaltungsgerichtlichen Kontrolle handele es sich um ein Instrument des subjektiven Rechtsschutzes, bei der Wirtschaftlichkeitsprüfung des Rechnungshofes dagegen um ein Instrument „objektiver Gemeinwohlinteressenwahrnehmung",[212] beachtet nicht hinreichend, daß es sich auch bei dem Prinzip der Wirtschaftlichkeit um ein rechtlich verbindliches Gebot handelt. Insoweit läßt sich die Rechnungshofkontrolle in eine Parallele zur verwaltungsgerichtlichen Kontrolle setzen.

Es bestehen daher keine Bedenken, von einer rechtlich unbeschränkten Kontrolldichte im Rahmen der Wirtschaftlichkeitsprüfung auszugehen. Im Verhältnis zur Judikative gebührt der Exekutive bei der Ausfüllung wertungsoffener Gesetzesbegriffe eine vertretbare eigene Einschätzungsprärogative. Verwaltungstätigkeit ist Aufgabe der Verwaltung und nicht der Rechtsprechung. An dieser Stelle gewinnt nun die bereits getroffene Feststellung Bedeutung, daß der Rechnungshof außerhalb des klassischen Dreigewaltenteilungsschemas steht.[213] Diese Sonderstellung „schließt es aus, Ausschnittsbereiche der Wirtschaftlichkeitsprüfung unter Hinweis auf den verfassungskräftigen Verwaltungsauftrag der Exekutive zu eliminieren. Das findet auf seiten der letzteren seine Entsprechung: Mit der Befolgung des Wirtschaftlichkeitsgebotes genügt die Exekutive einer durchgängigen Forderung an die gesamte Haushalts- und Wirtschaftsführung, nicht aber einer kompetenziell allein ihr obliegenden genuinen Verwaltungs-Funktion, die als solche an sich zu ziehen dem Rechnungshof versagt wäre".[214] Demnach kann die Exekutive im Rahmen der Wirtschaftlichkeitskontrolle gegenüber dem Rechnungshof keinen Bewertungsvorrang beanspruchen. Gleiches gilt im Prinzip auch für das Verhältnis von Legislative und Rechnungs-

[209] *Peter Selmer*, Zur Intensivierung der Wirtschaftlichkeitskontrolle durch die Rechnungshöfe: Rechtliche Bemerkungen unter Einbeziehung der Finanzkontrolle öffentlich-rechtlicher Rundfunkanstalten, in: Gunther Engelhardt / Harald Schulze / Werner Thieme (Hrsg.), Stellung und Funktion der Rechnungshöfe im Wandel, Baden-Baden 1993, S. 67 ff., 72

[210] Vgl. oben Teil B, IV, 3 d

[211] So aber *Selmer*, (Fn. 209), S. 72

[212] *Selmer*, (Fn. 209), S. 72

[213] Siehe oben Teil B, II, 2

[214] *Selmer*, (Fn. 209), S. 74

prüfung. Ein self-restraint des Rechnungshofes läßt sich nicht rechtfertigen. Er muß sich nicht, und er soll sich auch nicht der Zurückhaltung befleißigen. Würde man die Kontrolle der Rechnungshöfe auf eine Evidenzkontrolle beschränken, dann wäre sie stark eingeschränkt. Denn Evidenz bedeutet, daß jeder vernünftige Mensch die Unsinnigkeit der streitigen Maßnahme einsehen müßte. Sehen die politischen Entscheidungsträger ihre finanzwirksame Maßnahme aber nicht als evident unsinnig an, soll sich der Rechnungshof dann mit seiner Beanstandung zurückhalten?

Auf einer anderen Ebene liegt die Frage, ob und inwieweit der Rechnungshof über eine Vertretbarkeitskontrolle hinausgehen *sollte*, ihm also ein Rechnungshof-Aktivismus zu empfehlen ist. Hans Herbert von Arnim unterscheidet dabei zwischen der Beanstandung bereits erfolgter Handlungen und der Stellungnahme zu noch offenen Problemen. Nach seiner Meinung sollte bei Beanstandungen eher Zurückhaltung geübt werden als etwa bei Empfehlungen und Anregungen. Eine über eine Vertretbarkeitskontrolle hinausgehende intensivere Beanstandungspraxis könnte nämlich problematisch werden, wenn die Beanstandungen in Berichten stehen, die veröffentlicht werden. Sie würden von der Öffentlichkeit dann als Kritik verstanden.[215] Mir erscheint diese Konsequenz mit Blick auf die Stellung des Rechnungshofes als „Sachwalter für das Volk“[216] nicht vertretbar. Am ehesten wird man Zurückhaltung des Rechnungshofes da erwarten können, wo seine mangelnde Erfahrung und fehlenden Erkenntnisse dies nahelegen. Insofern muß man sich auf das Fingerspitzengefühl des Kontrollorgans verlassen.

V. Die Erfolgskontrolle durch den Bundesrechnungshof

1. Die Erweiterung der Finanzkontrolle durch die Erfolgskontrolle

Erfolgskontrollen sind Wirksamkeitskontrollen staatlicher Maßnahmen, die von Wirtschaftlichkeitsuntersuchungen zu trennen sind.[217] Prüfungsgegenstand der Erfolgskontrolle ist die staatliche Maßnahme, die Subventionierung, maßgebender Prüfungsmaßstab ist das Verhältnismäßigkeitsgebot.[218] In den vergangenen 20 Jahren haben Erfolgskontrollen im wissenschaftlichen und politischen Bereich einen zunehmenden Stellenwert erhalten. In den sechziger und siebziger Jahren des vorigen Jahrhunderts gingen Erfolgskontrollen von der Frage aus, wie Programme effektiver gemacht werden können. Erfolgskontrollen orientierten sich an der Programmentwicklung und waren auf die Regierung konzentriert mit dem Ziel, Reformpolitik möglichst wirksam zu gestalten. Vermittelt über die Versuche einer Verwaltungsreform in den siebziger Jahren des vorigen Jahrhunderts sind Erfolgskontrollen zum Prüfungsbestandteil auch des Bundesrechnungshofes geworden. Seit den achtziger Jahren des vorigen Jahrhunderts gehen Erfolgskontrollen davon aus, laufende Programme zu überprüfen. Sie sind darauf ausgerichtet, ineffektive Programme zu korrigieren oder

---

[215] *von Arnim*, (Fn. 71), S. 105
[216] Siehe oben Teil B, II, 4
[217] Vgl. oben Teil A, 2 b
[218] Vgl. unten Teil C, VI, 6

zu beenden. Dabei erfolgt eine zunehmende Hinwendung von der Programmvollzugs- zur Ziel-Wirksamkeitskontrolle. War in der ersten Phase die Kontrolltätigkeit der Rechnungshöfe an die Verwaltung gerichtet, ist in der zweiten Phase die Erfolgskontrolltätigkeit der Rechnungshöfe erheblich stärker an dem Gesetzgeber orientiert. Parallel zu dieser Entwicklung verläuft in der Öffentlichkeit ein wachsendes Mißtrauen und zunehmendes Zweifeln an der Fähigkeit der Politik, ihrer gesellschaftlichen Gestaltungsaufgabe gerecht zu werden. Der Gesetzgebung werden vielfach Unwirksamkeit, schädliche Nebenwirkungen und ein durch Normenflut und Regelungsperfektionismus selbst verursachter Verlust der Folgebereitschaft der Bürger und Bürgerinnen und sogar der normgebundenen Verwaltung vorgeworfen.[219] Manche sehen den Staat generell überfordert[220] oder fragen nach den Grenzen des Regierens in der parlamentarischen Demokratie.[221] Diese Fragestellungen verdeutlichen den engen Zusammenhang zwischen der Wirksamkeit staatlicher Steuerungsmaßnahmen und der Grundvorstellung des Verhältnisses von Staat und Gesellschaft.[222] Es geht nicht nur um eine schlichte Erfolgsbewertung staatlicher Programme, dahinter steht vielmehr die wesentlich bedeutendere Frage nach der Fähigkeit des modernen sozialen Rechtsstaates, seiner Steuerungsfunktion gerecht zu werden.

Das Recht wie auch die Notwendigkeit, in die externe Finanzkontrolle Erfolgskontrollen einzubeziehen, ist beim Bundesrechnungshof mittlerweile unbestritten. Bei der Durchführung komplexer, eigener Erfolgskontrollen werden dagegen weitgehend ähnliche Vorbehalte geltend gemacht, wie für komplexe Wirtschaftlichkeitsuntersuchungen.[223]

2. Die Bedeutung der Erfolgskontrolle

Die den Rechnungshöfen zukommende Erfolgskontrolle, die Kontrolle der Zielerreichung und der Wirksamkeit staatlicher Maßnahmen, gewinnt für die Kontrolltätigkeit zunehmend an Bedeutung. Der Staat übernimmt mit der Ausweitung seiner leistenden Tätigkeit Aufgaben, die früher entweder gar nicht existierten oder vom privaten Sektor geleistet wurden. Diese Wandlung vom Hoheitsstaat zum Leistungsstaat hat eine zunehmende Verschiebung staatlicher Aktivitäten von den Konditionalprogrammen hin zu Finalprogrammen zur Folge. Hat der Gesetzgeber den erstrebten Erfolg eines Programms bereits verwaltungsextern vorgegeben, dann hat er den Maßstab der Wirtschaftlichkeit unter Abwägung der verschiedenen Gesichts-

---

[219] Vgl. *Thomas Fleiner*, Norm und Wirklichkeit, Zeitschrift für Schweizerisches Recht, Band II, 1974, S. 279 ff.; *Erhard Blankenburg*, Über die Unwirksamkeit von Gesetzen, Archiv für Rechts- und Sozialphilosophie, 63 (1977), S. 44 ff.

[220] Vgl. *Niklas Luhmann*, Die Organisationsmittel des Wohlfahrtsstaates und ihre Grenzen, in: Heiner Geißler (Hrsg.), Verwaltete Bürger - Gesellschaft in Fesseln, Berlin 1978, S. 112 ff.; *Helmut Klages*, Überlasteter Staat, verdrossene Bürger?, Zu den Dissonanzen der Wohlfahrtsgesellschaft, Frankfurt a.M. 1981

[221] Vgl. *Franz Lehner*, Grenzen des Regierens, Königstein / Taunus 1979

[222] *Klaus König*, Zur Evaluation staatlicher Programme, in: Peter Eichhorn / Gert von Kortzfleisch (Hrsg.), Erfolgskontrolle bei der Verausgabung öffentlicher Mittel, Baden-Baden 1986, S. 19 ff., 19

[223] Vgl. oben Teil B, IV, 3 c

punkte schon festgelegt. Daher verbindet sich bei solchen Konditionalprogrammen die materielle Kontrolle durch die Rechnungshöfe faktisch mit einer Erfolgskontrolle. Die Prüfung der Wirtschaftlichkeit und/oder Wirksamkeit fällt dann mit der Prüfung der Ordnungsmäßigkeit zusammen.[224] Eine zusätzliche Erfolgskontrolle ist nur bei Regelwerken in der Form von Finalprogrammen erforderlich. Diese Regelwerke lassen sich dadurch kennzeichnen, daß die Norm lediglich das zu erreichende Ziel vorgibt, die Verwaltung hingegen den Weg, den sie zur Zielerreichung einschlägt, selbst bestimmen kann.[225] Die Verwaltung kann dabei nach ihrem freien pflichtgemäßen Ermessen verfahren, mit der Konsequenz, daß die Verantwortung für die Beziehung zwischen Verwaltungsakt und Verwaltungsleistung vom Gesetzgeber auf die Verwaltung übergeht. Für die externe Finanzkontrolle bedeutet diese Entwicklung, daß sie die damit entstandenen Entscheidungsfreiräume für die Verwaltung überprüfen muß. Jedenfalls muß eine Erfolgskontrolle Aufschluß darüber geben, ob die Verwaltungstätigkeit mit den in den Gesetzen beschriebenen Aufgaben übereinstimmt. Darüber hinausgehend unterliegt jedoch nicht nur der Programmvollzug, sondern auch das Programm selbst der Prüfung des Rechnungshofes: Grundlage der Erfolgskontrolle sind die in der Planung festgelegten Ziele der zu prüfenden Maßnahme. Zu den finanzwirksamen Maßnahmen im Sinne der Vorl-VV zu § 7 BHO gehören auch Gesetze.[226] Nehmen die Rechnungshöfe eine Erfolgskontrolle vor, dann können sie auch Gesetze als besondere Ausprägung einer politischen Zielsetzung kontrollieren.[227] Viele Probleme der leistenden Staatstätigkeit sind schließlich nicht allein in dem Vollzug der Programme, sondern schon in der mangelhaften Ausgestaltung von Gesetzen und Programmen selbst angelegt.[228]

3. Methodische Schwierigkeiten der Erfolgskontrolle

Wenn Prüfungsmaßstab der Erfolgskontrolle die Frage ist, ob eine Handlung zur Erreichung eines bestimmten Zieles geeignet ist, Erfolg also eine Relation zwischen dem erreichten und dem gewünschten Zustand, zwischen Ist und Soll darstellt, dann kann der Erfolg ohne Beziehung zu einem Ziel nicht fixiert werden. Eine Zielbestimmung ist also immer notwendige Voraussetzung einer Erfolgskontrolle. Hierin liegen die vornehmlichen methodischen Schwierigkeiten der Erfolgskontrolle, nämlich daß

> „aufgrund fehlender oder nicht hinreichend operational definierter Zielprogramme nachträglich Wirkungsindikatoren entwickelt werden müssen, die möglicherweise die Intentionen nur partiell abdecken, die bei der Programmentwicklung ausschlaggebend waren, oder die unvorhergesehene positive und negative Nebenfolgen eines Vorhabens nur unvollständig erfassen,

[224] Siehe oben Teil B, IV, 3 d

[225] *Rischer*, (Fn. 27), S. 303

[226] *Rischer*, (Fn. 27), S. 303, m.w.N.

[227] *Rischer*, (Fn. 27), S. 303; *Krebs*, (Fn. 121), S. 196

[228] *Dieckmann*, (Fn. 35), S. 64

... die so spezifizierten Wirkungen nicht immer gemessen werden können, weil die dafür erforderlichen Daten in Form amtlicher Statistiken oder beim Programmvollzug erhebbarer Daten nicht verfügbar und mit nachträglichen Befragungen nur schwer beschaffbar sind,

... drittens, selbst wenn es gelingt, Programmeffekte zu messen, eine kausale Zurechnung dieser Wirkungen auf das betreffende Programm häufig nicht eindeutig möglich ist, weil experimentelle Programmanordnungen fehlen, so daß nicht auszuschließen ist, daß z.B. externe Faktoren positive Effekte neutralisiert oder negative Effekte erzeugt haben".[229]

Auf das Phänomen mangelnder oder undeutlicher Zielvorgaben wurde bereits im Rahmen der Wirtschaftlichkeitsprüfung hingewiesen.[230] Das Fehlen klarer Zielformulierungen kann in einigen Fällen auf eine schlichte Untätigkeit der politischen Entscheidungsträger zurückgeführt werden. Teilweise handelt es sich bei vagen Zielformulierungen um politische Strategien mit dem Ziel, eine Erfolgskontrolle zu verhindern. Fachpolitiker und Führungskräfte gelten nach allgemeiner Einschätzung als erfolgreich, wenn sie einen Zuwachs an monetären oder personellen Haushaltsmitteln erreichen. Erfolgskontrollen würden dabei die Gefahr heraufbeschwören, möglichen Konkurrenten im Verteilungskampf um die knappen Ressourcen Munition zu liefern und dabei die eigene Zielerreichung zu gefährden. Unklare Zielformulierungen können somit darauf abzielen, Erfolgskontrollen überhaupt nicht durchführbar zu machen, weil die mit der Maßnahme verfolgten Ziele sich nicht rechtfertigen lassen. Weitere Gründe für unklare Zielformulierungen sind politische und zeitliche Unwägbarkeiten. So lassen sich etwa bei der Förderung von Wissenschaft, Forschung und Technik zum jetzigen Zeitpunkt vielfach nur Entscheidungen treffen, deren Bedeutung und Auswirkungen sich erst in vielen Jahren zeigen können. Bei Projekten, deren Erfolge erst in der Zukunft eintreten sollen oder können und bei denen noch keine ausreichenden Erfahrungswerte vorliegen, sind präzise Zielformulierungen oft gar nicht möglich. Darüber hinausgehend kann auch der zur Erfüllung staatlicher Aufgaben sofortige Handlungsbedarf der Verwaltung eine vorherige präzise Zielformulierung verhindern. Stehen dringende Entscheidungen an, bleibt oftmals gar nicht die Zeit festzulegen, anhand welcher Kriterien die Maßnahme präzisiert werden soll.

Diese Schwierigkeiten sollten den Ruf nach Erfolgskontrollen aber nicht ungehört verhallen lassen. Trotz der aufgeführten Fehlerquellen liefert eine Erfolgskontrolle wissenschaftlich abgesichertere Ergebnisse als eine lediglich subjektive und intuitive Programmbewertung.

4. Die Institutionalisierung der Erfolgskontrolle

In der Praxis ist die Erfolgskontrolle in erster Linie eine kontinuierlich begleitende Tätigkeit der Verwaltung, die selbst zur Durchführung von Erfolgskontrollen

[229] *Hans Ulrich Derlien*, Organisatorische Aspekte der Programmevaluation, Verwaltung und Fortbildung 1978, S. 51 ff., 52 f.

[230] Vgl. oben Teil B, IV, 3 e

verpflichtet ist, während die Rechnungshöfe vorrangig nur eine Kontrolle der Erfolgskontrolle ausüben. Sie prüfen, ob von der Verwaltung Erfolgskontrollen in geeigneten Fällen als Grundlage für haushaltswirksame Entscheidungen angestellt worden sind und die vorliegenden Untersuchungen der Verwaltung einer kritischen Prüfung standhalten.[231] Die Mitglieder der Rechnungshöfe tendieren mehrheitlich zu der Auffassung, daß es in erster Linie Aufgabe der Ressorts selbst sei, komplexe Erfolgskontrollen durchzuführen.[232] Zwar könne der Rechnungshof aufgrund seiner Prüfungserfahrungen vor Entscheidungen beratend tätig werden, es sei jedoch zu beachten, daß „eine flächendeckende Hilfe bei der Entscheidungsfindung ... letztlich die Verantwortlichkeit zwischen dem Kontrollorgan Bundesrechnungshof einerseits und den geprüften Stellen andererseits verwischen" würde.[233]

Zwar mag eine extern durchgeführte Erfolgskontrolle u.U. dazu führen, daß die Facheinheiten der Verwaltung sich von den Rechnungsprüfern „distanzieren" und in eine gewisse Abwehrstellung gehen, da sie der Überzeugung sind, „die Arbeit müsse man pragmatisch erledigen, alles übrige höre sich gut an, bringe aber nichts ein".[234] Diese möglicherweise eintretende Konkurrenzsituation zwischen Rechnungshof und Exekutive, deren Auswirkungen sich zudem durch eine vertrauensvolle, das gegenseitige Gespräch suchende Zusammenarbeit entschärfen läßt, vermag jedoch die Zuständigkeit des Bundesrechnungshofes zur Durchführung von eigenen Erfolgskontrollen nicht auszuschließen.[235] Denn wirksame Kontrolle setzt Neutralität voraus und hängt wesentlich von der Unabhängigkeit der prüfenden Stelle ab. Eine Kontrolle durch die zu kontrollierende Verwaltung selbst macht eine verläßliche Erfolgskontrolle daher wenig wahrscheinlich. Schließlich ist der Rechnungshof durch seine Fachkunde für die Durchführung von Erfolgskontrollen besonders prädestiniert.

Mit der Erfolgskontrolle wird die Tätigkeit der Rechnungshöfe qualitativ erweitert. Erfolgskontrolle ist etwas anderes als lediglich die Prüfung der Wirtschaftlichkeit. Es geht um Effektivitätskontrolle, um einen Vergleich von politischem Ziel und erreichtem Ergebnis. Die Wirtschaftlichkeitskontrolle spielt sich lediglich auf einer mikroökonomischen Ebene ab, während die Erfolgskontrolle auf der makroökonomischen Ebene durchgeführt wird. Erfolgskontrolle ist ein politisches Geschäft. Mit der Befürchtung, die Rechnungshöfe könnten bei der Erfolgskontrolle „in ein politisches Spannungsfeld geraten, daß sich mit ihrer 'neutralen' Stellung zwischen Exe-

---

[231] *Heinz-Günter Zavelberg*, Staatliche Rechnungsprüfung und Erfolgskontrolle - Möglichkeiten und Grenzen, in: Peter Eichhorn / Gert von Kortzfleisch (Hrsg.), Erfolgskontrolle bei der Verausgabung öffentlicher Mittel, Baden-Baden 1986, S. 103 ff., 109

[232] *Diederich / Cadel / Dettmar / Haag*, (Fn. 34), S. 69

[233] *Zavelberg*, (Fn. 231), S. 108

[234] *Rudolf Dieckmann*, Schwierigkeiten bei der Erfolgskontrolle staatlicher Planung, DÖV 1980, 737, 742

[235] *Rischer*, (Fn. 27), S. 300

kutive und Legislative nicht vereinbaren" ließe,[236] wird denn auch erwogen, die Erfolgskontrolle solle den Rechnungshöfen nicht zukommen.[237]

Es wurde auch vorgeschlagen, für die Institutionalisierung der Erfolgskontrolle sei das Statistische Bundesamt besonders geeignet.[238] Diese Auffassung berücksichtigt jedoch nicht hinreichend, daß das Statistische Bundesamt eine dem Bundesminister des Innern nachgeordnete obere Bundesbehörde ist. Im Hinblick auf das Erfordernis der Neutralität und Unabhängigkeit der prüfenden Stelle, kommen für die Durchführung von Erfolgskontrollen vielmehr die Rechnungshöfe in Betracht.[239] Daran knüpft die Frage nach der politischen Neutralität der Rechnungshöfe an.

VI. Die Subventionskontrolle durch die Rechnungshöfe und Politik

Es wurde gezeigt, daß den Rechnungshöfen im Rahmen ihrer rechnungsunabhängigen Prüfungstätigkeit und im Rahmen ihrer Beratungstätigkeit - zu Unrecht - vorgeworfen wird, sie würden in den „Kernbereich exekutiver Eigenverantwortung" eingreifen oder zum „Mitverwalter" werden.[240] Je mehr die Rechnungshöfe sich von der bloßen Rechnungsprüfung entfernen und sich der des Kontrolleurs und Beraters zuwenden, desto mehr sehen sie sich dem Vorwurf ausgesetzt, sie würden sich ohne Legitimation in politische Entscheidungen hineindrängen. Dieser Vorwurf wird gerade auch im Bereich der Wirtschaftlichkeits- und Wirksamkeitskontrolle von Subventionen erhoben.

Die These, der Rechnungshof dürfe politische Entscheidungen nicht zum Gegenstand seiner Kontrolle machen, ist weit verbreitet. Politische Entscheidungen dürfe er nicht auf ihre Wirtschaftlichkeit überprüfen.[241] Er dürfe „keine politischen Wertungen"[242] vornehmen und habe „das Gebot der politischen Enthaltsamkeit"[243] zu beachten. Ausgangspunkt dieses Gedankens ist die Feststellung, daß die Rechnungshöfe lediglich die Ordnungsmäßigkeit, Rechtmäßigkeit, Wirtschaftlichkeit und Sparsamkeit staatlichen Handelns zu prüfen haben, wohingegen politische Wertungen nicht Sache der Rechnungshöfe, sondern der dafür demokratisch legitimierten Organe Regierung und Parlament sei.[244]

---

[236] *Sigg*, (Fn. 27), S. 71

[237] *Sigg*, (Fn. 27), S. 71

[238] *Bert Rürup*, Die Programmfunktion des Haushaltsplanes, Berlin 1971, S. 147 f.; anders, nun mit dezidierter Forderung nach dem Kontrollorgan „Rechnungshof", *ders.*, Erfolgskontrollen im Dienst der Budgetrationalität, VOP 1990, 238, 239

[239] *Rischer*, (Fn. 27), S. 301

[240] Vgl. oben Teil B, III, 3 a; IV, 3 e

[241] So z.B. *Maunz*, (Fn. 81), Art. 114 Rn. 30, 48, 51; *Tiemann*, (Fn. 80), S. 112; *Sigg*, (Fn. 27), S. 54, 75; *Vogel / Kirchhof*, (Fn. 58), Art. 114 Rn. 105

[242] *Maunz*, (Fn. 81), Art. 114 Rn. 51

[243] *Maunz*, (Fn. 81), Art. 114 Rn. 48

[244] So z.B. die grundsätzliche Kritik der brandenburgischen Staatskanzlei an dem Jahresbericht 1997 des Landesrechnungshofes Brandenburg: „Wir verwahren uns gegen die politischen Gewichtungen des Landesrechnungshofes"; und weiter: „Die politische Verantwortung für die Prioritätensetzung bei

Würde man diesen Gedanken auf die Kontrolle von Subventionen übertragen, dann könnten die Rechnungshöfe eine Wirtschaftlichkeits- und eine Erfolgskontrolle von Subventionen überhaupt nicht durchführen. Die Vergabe von Subventionen ist keine wirtschaftliche oder unwirtschaftliche Entscheidung, sie ist auch keine wirksame oder unwirksame Maßnahme zur Erreichung eines Zwecks. Die Vergabe ist auch keine Frage von Rechtmäßigkeit oder Sparsamkeit staatlichen Handelns, sondern sie ist in erster Linie eine politische Entscheidung. Welche Betriebe, welche Wirtschaftszweige oder welche Regionen subventioniert werden sollen, ist eine Wertung der politischen Entscheidungsträger. Auch die Zielfestsetzung einer Subventionierung ist eine politische Entscheidung. Da Zielvorgaben bei der Subventionsvergabe - aus überwiegend politischen Gründen - in aller Regel nicht offen genannt werden, Wirtschaftlichkeitsprüfung und Erfolgskontrolle aber nur bei klaren Zielvorgaben wirksam vorgenommen werden können, würde aus der geforderten politischen Neutralität der Rechnungshöfe folgen, daß diese die Vergabe von Subventionen gar nicht kontrollieren können. Eine solche Kontrolle wäre nämlich immer eine politische Wertung, weil die Ausfüllung der Begriffe Wirtschaftlichkeit und Wirksamkeit eine politische Zielvorgabe verlangt.

Wenn sich die Rechnungshöfe mit Parlament und Regierung anlegen, geraten sie in eine höchst prekäre Situation. Sie haben niemanden, der ihnen in der Auseinandersetzung den Rücken stärkt, und ihre Respektierung hängt vor allem davon ab, ob es ihnen gelingt, deutlich zu machen, daß ihre Tätigkeit letztlich im wohlverstandenen Interesse aller Beteiligten und des Systems liegt. Auch der Bundesrechnungshof sieht es demnach nicht als seine Aufgabe an, politisch zu bewerten, ob bestimmte Subventionen gezahlt werden sollten oder nicht. Er bedient sich traditionell einer sehr vorsichtig gefaßten Formel zur Abgrenzung des Gegenstandes seiner Bemerkungen:

> „Politische Bewertungen und entsprechende Entscheidungen unterliegen nicht der Beurteilung durch den Bundesrechnungshof. Prüfungserkenntnisse, die die Voraussetzungen oder Auswirkungen derartiger Entscheidungen betreffen, können aber eine Überprüfung durch die zuständigen Stellen gerechtfertigt erscheinen lassen; insoweit hält es der Bundesrechnungshof für geboten, hierüber zu berichten“.[245]

Sowohl die Kritik an angeblich politischem Agieren des Rechnungshofes als auch die Zurückweisung dieser Kritik klingen mehr diplomatisch als wissenschaftlich. Der begrifflichen Klarheit wegen ist daher in diesem Bereich zu unterscheiden.[246] Die Begriffe „politische Entscheidung“ und „politische Kontrolle“ sind mehrdeutig und ungenau. Politische Entscheidung kann eine solche meinen, die von poli-

---

Haushaltsmitteln trägt der Landtag und die Landesregierung“, vgl. BERLINER ZEITUNG, 29. Mai 1997, Nr. 122, S. 24.

[245] Z.B. BT-Drucks. 8/3238, S. 3; 9/38, S. 4; 10/4367, S. 8; 10/6138, S. 7; 11/872, S. 7; 12/8490, S.7; 13/5700, S. 6; 13/8550, S. 7

[246] *von Arnim*, (Fn. 71), S. 107, unter Hinweis auf *Krebs*, (Fn. 121), S. 202 f.

tischen Organen getroffen oder eine solche, die aufgrund politischer Maßstäbe gefällt wird.

1. Die Kontrolle politischer Organe

Die Wirtschaftlichkeitskontrolle der Exekutive gehört zu den traditionellen Aufgabenbereichen der Rechnungshöfe. Wenn ein Rechnungshof hier im Rahmen einer Erfolgskontrolle feststellt, daß der Programm*vollzug* unwirtschaftlich erfolgt, dann ist es nicht einsichtig, wo hierin eine unzulässige Beeinträchtigung des politischen Entscheidungsträgers Exekutive liegen soll. Wenn ein Rechnungshof bei einer Erfolgskontrolluntersuchung feststellt, daß für die Wahrnehmung der Verwaltungsaufgabe keine oder ungenaue Zielvorgaben gesetzt worden sind, mithin der Ausgangspunkt für eine Erfolgskontrolle fehlt, dann ist ebenfalls nicht erkennbar, inwiefern in der Aufforderung, die Voraussetzungen für eine zukünftige Kontrolle zu schaffen, ein unzulässiger Eingriff in die politische Sphäre liegen soll. Dies gilt auch in den Fällen, in denen Prüfungsgegenstand ein politisch abgesegnetes Programm oder Gesetz ist, also der Gesetzgeber sich als Adressat der Aufforderung betrachten kann,[247] die Veranschlagung von Subventionen im Haushaltsgesetz einer klaren Zielbestimmung zuzuführen. Das Wirtschaftlichkeitsprinzip ist nämlich verfassungsrechtliche Kontrollnorm auch für den parlamentarischen Gesetzgeber.[248]

2. Die Kontrolle politischer Entscheidungen

Entscheidungen, die aufgrund politischer Maßstäbe getroffen worden sind, können von einer Erfolgs- und Wirtschaftlichkeitskontrolle der Rechnungshöfe nicht ausgenommen werden. Dies gilt besonders für die Fälle der Anpassung politisch gesetzter Ziele an neuere Entwicklungen oder des Fortfalls ursprünglicher Ziele. Dies sind Konstellationen, die auch im Bereich des Subventionswesens von großer Bedeutung sind. Die Neigung, einmal gewährte Subventionen auch weiterhin zu zahlen, ist gefährlich, wenn die Subventionsgewährung einen notwendigen Strukturwandel verhindert, weil den Subventionsempfängern durch die Mittelgewährung ein „Weiterwursteln“ ermöglicht wird.

Das Recht, auf solche Mißstände *hinzuweisen*, kann dem Rechnungshof aber nicht ernsthaft verweigert werden. Denn „worin soll die Grenzüberschreitung zur Politik liegen, wenn der Rechnungshof Hinweise gibt, die ursprünglich gesetzten Ziele sollten aus dem Gesichtspunkt der Wirtschaftlichkeit heraus politisch neu überdacht werden? Wer bei einer solchen Fallgestaltung den Rechnungshöfen den self-restraint analog der Rechtsprechung des Bundesverfassungsgerichts empfiehlt, verkennt, daß die Rechnungshöfe keine eigene Entscheidungskompetenz - wie die Gerichte - sondern nur die Funktion haben, Kontroll- und Entscheidungsmaßstäbe zu bilden, mit de-

[247] *von Arnim*, (Fn. 71), S. 107 f.
[248] *von Arnim*, (Fn. 71), S. 82 ff., m.w.N.

ren Hilfe andere Funktionsträger ihre Entscheidungsalternativen reduzieren".[249] Der Rechnungshof darf eine Maßnahme aufgreifen, wenn sich herausstellt, daß die Prämissen einer politischen Entscheidung sich als irrig erwiesen haben. Er kann überprüfen, ob Kosten und Nutzen einer Maßnahme bzw. Ertrag und Aufwand in einem angemessenen Verhältnis zueinander stehen.[250] Damit unterliegt die Zielsetzung, die politische Bewertung einer Subventionsvergabe, selbst der Kritik.

3. Folgerungen

Die Rechnungshöfe haben politische Zielvorgaben nicht unbesehen zu *respektieren*, sie müssen sie aber *akzeptieren*. Akzeptieren müssen sie sie deshalb, weil ihnen die Kompetenz fehlt, eigene bindende Entscheidungen zu fällen. Sie müssen sie aber nicht respektieren, vielmehr sollten die Rechnungshöfe Organisation und Verfahren einer Entscheidungsfindung kontrollieren, von denen der Inhalt der Entscheidung, also die Zielfestsetzung, abhängt.[251]

Die Kriterien für eine angemessene Ausgestaltung der Verfahrensordnung bzw. die Nichteinhaltung dieser Kriterien sind zudem in aller Regel leichter feststellbar (und damit auch leichter kontrollierbar) als die inhaltliche Richtigkeit einer Entscheidung selbst. So ist es bei der Kontrolle von Subventionen auch Aufgabe der Rechnungshöfe, das Verfahren der Entscheidungsfindung zu überprüfen. Die Rechnungshöfe haben zu kontrollieren, ob die Ziele der Subventionierung konkretisiert, Zweck-Mittel-Analysen und Erfolgskontrollen angestellt worden sind. Fehlt es daran, müssen sie darauf drängen, die Subvention entweder umzugestalten oder aufzuheben.

Fehlende Zielvorgaben, die Veränderung der Ziele, die Überprüfung der einer Entscheidung zugrundeliegenden Ausgangsposition und auch die Empfehlung, ein politisches Programm aus dem Gesichtspunkt der Wirtschaftlichkeit neu zu überdenken, sind somit keine Grenzüberschreitung der Rechnungshöfe, sondern notwendiger Bestandteil einer effektiven Erfolgskontrolle. Der Rechnungshof berät, er trifft keine verbindlichen Entscheidungen. Im Haushaltsplan veranschlagte Ziele kann er nicht kassieren und durch andere ersetzen. Er muß aber die Möglichkeit haben, seine Bedenken an der Richtigkeit dieser Ziele zu äußern. Schließlich soll Beratung den Beratenen Anregungen und Möglichkeiten in die Hand geben, die es möglich machen, den zu beurteilenden Sachverhalt auch aus neuen und bislang verborgenen Blickwinkeln zu sehen und dadurch als Stimulanz wirken, neue Strategien zu entwickeln. Beratung, die dieses Erfordernis nicht erfüllt, weil sie Angst hat, sich an den politischen Entscheidungsträgern zu stoßen, wird der ihr zugedachten Rolle nicht gerecht.

---

[249] *Rudolf Dieckmann*, Auf dem Weg zu neuen Ufern? Zum Stand der Erfolgskontrolluntersuchungen bei Rechnungshöfen, in: Gunther Engelhardt / Harald Schulze / Werner Thieme (Hrsg.), Stellung und Funktion der Rechnungshöfe im Wandel?, Baden-Baden 1993, S. 43 ff., 51

[250] *Karl Wittrok*, Diskussionsbeitrag, in: ZParl 1982, 223

[251] *von Arnim*, (Fn. 79), S. 52 f.; *Wintrich*, (Fn. 8), S. 895

Wenn kritische Bemerkungen der Rechnungshöfe Schlagzeilen machen,[252] dann handelt es sich nicht um eine politische Tätigkeit, sondern um konsequent rechtsnormorientierte Feststellungen und Empfehlungen. Diese mögen zwar für bestimmte Personen, Amtswalter oder Behörden im Einzelfall wenig erfreulich sein. Derjenige, der den Fehler gemacht hat, wird es kaum als willkommen ansehen, hierauf aufmerksam gemacht zu werden. Die Stelle jedoch, die zu entscheiden hat, etwa der Vorgesetzte oder das Parlament, wird den Hinweis für die Zukunft dankbar aufnehmen. Die Feststellungen und Empfehlungen der Rechnungshöfe sind in diesen Fällen ebensowenig politisch, wie ein strikt rechtsnormorientiertes, aber lästiges Gerichtsurteil. Die Sachbezogenheit der Tätigkeit muß nur so evident sein, daß niemand das Empfinden hat, es werde in parteipolitische Wertvorstellungen eingegriffen.

Die Rechnungshöfe haben demnach keinen Grund sich bei politisch brisanten Themen zurückzuhalten. Es ist notwendig, daß sie ihre „Politikfurcht“ überwinden.[253] Es gibt keine prüfungs- und beratungsfreie Räume. Die Rechnungshöfe müssen dabei nur deutlich machen, daß es ihnen ausschließlich um den sorgfältigen Umgang mit den staatlichen Ressourcen geht. Dann besteht auch nicht die Gefahr, daß die Rechnungshöfe sich in die Rolle eines allgemeinen Politikberaters hineindrängen. Den ihnen gezollten Respekt und ihre Akzeptanz haben sie nämlich gerade ihrer Unabhängigkeit, ihrer Neutralität und ihrer Sachlichkeit zu verdanken. Sie werden sich daher hüten, den Eindruck zu erwecken, im politischen Tagesgeschäft Partei zu ergreifen. Das liegt in ihrem eigenen wohlverstandenen Interesse. Wirksame Beratung setzt voraus, daß der Beratene für die ihm erteilten Ratschläge ein offenes Ohr hat. Um dieses Ziel zu erreichen, weiß ein kluger Berater sich zurückzuhalten. Würden sich die Rechnungshöfe politisch übernehmen, dann würden sie sich ihres größten Kapitals entäußern. Sie würden sich nur selbst schaden. Eine wirksamere Sanktion gegen Amtsmißbrauch gibt es nicht.

VII. Organisation und Personal des Bundesrechnungshofes

Leistung und Effizienz eines Betriebes hängen wesentlich von seiner Organisation und der Qualifikation seiner Mitarbeiter ab. Eine Untersuchung über die Erfolgskontrolle durch die Rechnungshöfe verlangt daher auch ein Eingehen auf ihre Organisation und das bei ihnen eingesetzte Personal. Die Arbeit der Rechnungshöfe besteht nur zu einem geringen Teil aus Routinearbeit. Das gilt gerade auch für die Erfolgskontrolle, die qualtitativ höhere Anforderungen an die Kontrollbehörde stellt als Wirtschaftlichkeits- und Sparsamkeitskontrollen. Es geht bei ihr um etwas anderes als um eine reine Überwachung budgetärer Korrektheit und einer input-output-Prüfung.

---

[252] So hat z.B. der Jahresbericht 1997 des Landesrechnungshofes Brandenburg zu kontroversen politischen Auseinandersetzungen zwischen Regierung und Opposition geführt, in deren Verlauf der Rücktritt politischer Entscheidungsträger wegen Verschwendung öffentlicher Gelder gefordert wurde, vgl. z.B. BERLINER ZEITUNG, 29. Mai 1997, Nr. 122, S. 24.

[253] *Greifeld*, (Fn. 163), S. 98; vgl. auch *Otto Rudolf Pulch*, Kontrolle und/oder Beratung: Chancen und Probleme der Leistungssteigerung eines Rechnungshofes, in: Heinrich Mäding (Hrsg.), Haushaltsplanung - Haushaltsvollzug - Haushaltskontrolle, Baden-Baden 1987, S. 230 ff., 236 ff.

Ihre Durchführung verlangt von den Mitarbeitern der Rechnungshöfe auch die Stärke und Bereitschaft, politisch „heiße Eisen“ anzufassen. Die Prüfungstätigkeit erfordert es, sich auf ständig wechselnde Prüfungsthemen und Sachverhalte einzustellen, und sie verlangt die Fähigkeit, neue Prüfungsmethoden und Prüfungsmaßstäbe entsprechend den sich laufend wandelnden Prüfungsgegenständen und -aufgaben entwickeln zu können.

1. Die Organisation

Den organisatorischen Aufbau des Bundesrechnungshofes regelt das „Gesetz über den Bundesrechnungshof“ vom 11. Juli 1985.[254] Dieses Gesetz brachte für die Finanzkontrolle des Bundes den Abschluß der Haushaltsrechtsreform von 1969. Es ersetzte das Organisationsrecht der RHO und des ersten Bundesrechnungshofgesetzes vom 27. November 1950. Zurück geht es auf eine Initiative des Deutschen Bundestages, insbesondere des Haushaltsausschusses und seines Rechnungsprüfungsausschusses.

Nach § 2 Abs. 2 BRHG gliedert sich der Bundesrechnungshof in Prüfungsabteilungen und Prüfungsgebiete. Die Prüfungsabteilungen werden von Abteilungsleitern geleitet und sind in Prüfungsgebiete untergliedert. Der Bundesrechnungshof besteht zur Zeit aus neun Prüfungsabteilungen, welche 55 Prüfungsgebiete betreuen. Alle Fachaufgaben müssen den Prüfungsabteilungen und ihren Prüfungsgebieten zugeordnet sein.[255] Auf diese Weise wird gewährleistet, daß alle Entscheidungen kollegial getroffen werden. Das Kollegialprinzip ist wegen der in Art. 114 Abs. 2 Satz 1 GG garantierten richterlichen Unabhängigkeit der einzelnen Mitglieder verfassungsrechtlich vorgesehen.[256] Eine Sonderstellung nimmt die Präsidialabteilung des Bundesrechnungshofes ein, in welcher die Verwaltungsaufgaben wahrgenommen werden. Sie untersteht dem Präsidenten, der seine Befugnisse delegieren darf. Hier gilt also das sog. monokratische Prinzip. Die Bildung von Prüfungsgruppen, eine neue Organisationsform, die nicht abstrakt auf Aufgaben, sondern auf konkrete Vorhaben abstellt, ist in § 2 Abs. 2 Satz 2 BRHG verankert. Damit wird systemgerecht eine kollegiale Arbeits- und Entscheidungsgrundlage geschaffen, die es abteilungs- und prüfungsgebietsübergreifend ermöglicht, Prüfungsvorhaben durchzuführen, die im Rahmen der abstrakten Geschäftsverteilung und der entsprechenden Personalverteilung auf Schwierigkeiten stoßen würde. Indessen wird durch die Bildung einer Prüfungsgruppe auch in die abstrakte Geschäftsverteilung nach § 7 Abs. 1 BRHG eingegriffen. Deshalb bedarf es zur Bildung solcher Prüfungsgruppen des Einvernehmens des Stän-

---

[254] BGBl. I, S. 1445

[255] Ein grafischer Überblick über die Organisationsstruktur des Bundesrechnungshofes findet sich bei *Hans-Josef Brink*, Organisationstheoretische Überlegungen zur Prüfungstätigkeit, dargestellt am Beispiel des Bundesrechnungshofes, in: Bernhard Friedmann (Hrsg.), Der Europäische Rechnungshof und die Wirtschafts- und Finanzhilfen der EU für Mittel- und Osteuropa, Luxemburg / Köln 1994, S. 77 ff., 90 f.

[256] *Heuer*, (Fn. 22), § 2 BRHG Rn. 1; *Peter Eickenboom / Ernst Heuer*, Das neue Bundesrechnungshofgesetz, DÖV 1985, 997, 999; *Sigg*, (Fn. 27), S. 56

digen Ausschusses des Großen Senats. Für jede Prüfungsabteilung wird ein Senat gebildet (vgl. § 11 BRHG). Der Große Senat besteht aus dem Präsidenten, dem Vizepräsidenten, den Leitern der Prüfungsabteilungen und drei Prüfungsgebietsleitern (vgl. § 13 BRHG). Entscheidungen des Rechnungshofes werden also durch Gremien getroffen, denen mindestens zwei Amtsträgern angehören (§§ 9-13 BRHG). Eine Ausnahme besteht bei Entscheidungen in bestimmten geheimhaltungsbedürftigen Angelegenheiten, die durch den Präsidenten getroffen werden (§ 19 Satz 1 Nr. 2 BRHG). Die Prüfungsbeamten nach § 4 BRHG ermitteln durch Erhebungen die für eine Entscheidung erforderlichen Sachverhalte und bereiten durch Entwürfe die Entscheidungen der von den Mitgliedern besetzten Kollegien vor.

Der Präsident vertritt den Rechnungshof nach außen. Er leitet dessen Verwaltung und übt die Dienstaufsicht aus. Vertreten wird er bei seinen gesetzmäßigen Aufgaben vom Vizepräsidenten. Im Einvernehmen mit dem Ständigen Ausschuß des Großen Senats verteilt der Präsident vor Beginn des Geschäftsjahres die Geschäfte auf die einzelnen Abteilungen und Prüfungsgebiete und bestimmt, welche Mitglieder die Abteilungen und Prüfungsgebiete leiten (§ 7 Abs. 1 BRHG). Der Präsident kann den Prüfungsgruppen und Senaten aber auch selbst hinzutreten (§§ 9 Abs. 1 Satz 2, 10, 11 Abs. 2 BRHG) und auf diese Weise nicht nur an der Beratung und Beschlußfassung teilnehmen, sondern mit seiner Stimme faktisch oder rechtlich den Ausschlag geben (§ 15 Abs. 2 BRHG). Für den Präsidenten und den Vizepräsidenten hat das Gesetz in Anlehnung an die Regelung für die Bundesverfassungsrichter eine zeitlich begrenzte Amtsdauer eingeführt und ihnen damit den Status eines Beamten auf Zeit zugeordnet (vgl. §§ 3 Abs. 2 Satz 1 BRHG, 134 Satz 2 BRRG). Der Präsident übt daher zwei verschiedene Funktionen aus. Er ist auf der einen Seite als Behördenchef mit Leitungs- und Dienstaufsichtsaufgaben betraut, nimmt aber andererseits auch eine eigene Stellung im Prüfungsverfahren wahr.

Im einzelnen wird die Organisation des Bundesrechnungshofes im Rahmen der gesetzlichen Vorgaben durch die „Geschäftsordnung des Bundesrechnungshofes" vom 21. Dezember 1987[257] geregelt. Die Zuständigkeit für den Erlaß der Geschäftsordnung ist beim Großen Senat verblieben (§ 20 BRHG). Hierin dokumentiert sich die Befugnis des Bundesrechnungshofes, im Rahmen seiner gesetzlichen Befugnis autonomes Recht zu setzen:

> „Mit Hilfe der Geschäftsordnung soll der Bundesrechnungshof im Rahmen der gesetzlichen Regelungen seine Organisation und seine Verfahrensweisen autonom beweglich auf die Erfordernisse der Praxis einstellen können. Die Entscheidungszuständigkeit des Großen Senats stellt sicher, daß die richterliche Unabhängigkeit der Mitglieder des Bundesrechnungshofes gewahrt bleibt".[258]

[257] Abgedruckt bei Heuer, (Fn. 22), unter VI/2
[258] RegE zu § 20 BRHG, BR-Drucks. 134/85, S. 34

2. Die Unabhängigkeit der Rechnungshofmitglieder

Mitglieder des Bundesrechnungshofes sind nach § 3 Abs. 1 BRHG der Präsident, der Vizepräsident, die Leiter der Prüfungsabteilungen und die Prüfungsgebietsleiter. Auch die beauftragten Prüfungsgebietsleiter im Sinne des § 16 BRHG gelten als Mitglieder.[259] Sie sind nach Art. 114 Abs. 2 Satz 1 GG, § 3 Abs. 4 Satz 1 BRHG mit richterlicher Unabhängigkeit ausgestattet. Die damit gewährleistete sachliche und persönliche Unabhängigkeit soll die Objektivität ihrer Arbeit sicherstellen.

Richterliche Unabhängigkeit bedeutet zunächst einmal, daß die Mitglieder des Bundesrechnungshofes sowohl intern als auch nach außen hin unabhängig und weisungsungebunden sind. Weder ein Bundesminister oder der Bundeskanzler, noch Bundestag oder Bundesrat können den Mitgliedern Weisungen erteilen. Mit der Unabhängigkeit der Mitglieder hängt konsequenterweise auch die Unabhängigkeit der Institution Rechnungshof nach außen zusammen.[260] Die persönliche Unabhängigkeit der Mitglieder schützt sie vor Entlassung, dauernder oder zeitweiliger Amtsenthebung oder Versetzung und vorzeitiger Pensionierung (vgl. Art. 97 Abs. 2 GG). Folge dieser Unabhängigkeit ist die kollegiale Organisation des Bundesrechnungshofes. Da die Mitglieder des Rechnungshofes frei von Weisungen arbeiten, ist ihre Behörde nicht monokratisch organisiert. Zwar würden monokratische Entscheidungsbefugnisse *für jedes einzelne* Rechnungshofmitglied dem Unabhängigkeitspostulat am besten entsprechen. Bedenken dagegen ergeben sich aber dann, wenn monokratische Strukturen in Zusammenhang mit einer hierarchischen Stufung auftreten; wenn also eine Einzelperson Entscheidungen mit Bindungswirkung für alle anderen Mitglieder fällen kann. Deshalb ist die kollegiale Organisationsstruktur vorzuziehen.[261] Bei kollegial getroffenen Entscheidungen ist die Gefahr eines unzulässigen Eingriffs geringer als bei monokratisch getroffenen. Da die richterliche Unabhängigkeit der Mitglieder auch die Unabhängigkeit der Institution Rechnungshof bei der Erfüllung seiner Aufgaben sichern soll, können die Mitglieder auf ihren Unabhängigkeitsstatus nicht verzichten. Ein Rechnungshofmitglied kann daher nicht Mitglied der Regierung oder des Parlaments sein.

3. Die Bestellung des (Vize-) Präsidenten und der Mitglieder

Der Präsident und der Vizepräsident des Bundesrechnungshofes werden nach § 5 Abs. 1 Satz 1 BRHG von Bundestag und Bundesrat auf Vorschlag der Bundesregierung gewählt und vom Bundespräsidenten ernannt. Die Mitglieder des Rechnungshofes werden auf Vorschlag des Rechnungshofpräsidenten vom Bundespräsidenten gemäß § 5 Abs. 2 Nr. 1 BRHG ernannt. Die Beteiligung der Legislative bei

---

[259] *Heuer*, (Fn. 22), § 3 BRHG Rn. 5

[260] Siehe oben Teil B, II, 1 b

[261] *Klaus Stern*, Die staatsrechtliche Stellung des Bundesrechnungshofes und seine Bedeutung im System der Finanzkontrolle, in: Heinz Günter Zavelberg (Hrsg.), Die Kontrolle der Staatsfinanzen, Festschrift zur 275. Wiederkehr der Errichtung der Preußischen General-Rechen-Kammer, Berlin 1989, S. 11 ff., 39

der Bestellung von Präsident und Vizepräsident macht deutlich, daß der Bundesrechnungshof seine Aufgaben sowohl für die Exekutive als auch für die Legislative wahrnimmt. Nach der alten Rechtslage wurden Präsident und Vizepräsident unter Gegenzeichnung des Bundesfinanzministers, der für seinen Vorschlag einen Kabinettsbeschluß einholte, vom Bundespräsidenten ernannt (§ 119 Abs. 2 RHO). Diesen Weg galt es für die Zukunft zu vermeiden. Es liegt auf der Hand, daß die Kontrolle in ihrer Wirksamkeit leiden kann, wenn der Kontrollierte den Kontrolleur vorschlägt. Zudem wird durch die Mitwirkung der Legislative - was nicht hoch genug einzuschätzen ist - die demokratische Legitimation des Bundesrechnungshofes verstärkt.

Der nun geltende Auswahlmodus dürfte der Stellung des Bundesrechnungshofes am ehesten gerecht werden, das Wahlverfahren scheint mir aber in einem Punkt verbesserungswürdig zu sein. Wegen der Frontstellung zwischen Regierung und Parlamentsmehrheit auf der einen und der Opposition auf der anderen Seite, was faktisch dazu führt, daß die Regierung keine große Besorgnis haben muß, ihr Kandidat würde im Parlament nicht bestätigt werden, sollte die Wahl von einer Zweidrittelmehrheit abhängig gemacht werden. Bislang obsiegt, wer die einfache Mehrheit auf sich vereinigen kann (vgl. § 5 Abs. 1 Satz 2 BRHG).

4. Die Gefahr der Auswahl nach parteipolitischen Gesichtspunkten

Günter Mann hat in einer Untersuchung[262] festgestellt, daß die Rechnungshofpräsidenten ganz überwiegend Mitglieder der an der Regierung beteiligten Parteien sind. Bei solch einer Feststellung liegt der Verdacht nahe, daß die jeweiligen Regierungsparteien die Personalentscheidung bei der Besetzung der Rechnungshofspitze dazu benutzen wollen, die Kontrollwirkung zu entschärfen. Die Einführung einer Zweidrittelmehrheit bei der Wahl des (Vize-) Präsidenten würde hier sicher versachlichend wirken, da einer Auswahl nach primär parteipolitischen Gesichtspunkten entgegengewirkt werden könnte.

5. Das Personal der Rechnungshöfe

Die Qualität der Tätigkeit der Rechnungshöfe hängt entscheidend von der Qualifikation ihres Personals ab.[263] Die Mitglieder treffen die Entscheidungen des Rechnungshofes aufgrund der Erhebungen und Feststellungen der Prüfungsbeamten. Gelingt es diesen nicht, die zu beanstandenden Sachverhalte beweiskräftig ausfindig zu machen und darzustellen, dann fehlt den Mitgliedern der Stoff über den sie entscheiden sollen. Beide Funktionen ergänzen sich daher und sind gleich bedeutungsvoll; keine kann sinnvoll ohne die andere wahrgenommen werden.

---

[262] *Günter Mann*, Unabhängige Kontrolleure?, ZParl 1981, S. 353 ff., 359

[263] Vgl. zum folgenden: *Otto Rundel*, Das Personal des Rechnungshofes - Voraussetzungen für seine Wirksamkeit, in: Hans Herbert von Arnim (Hrsg.), Finanzkontrolle im Wandel, Berlin 1989, S. 151 ff., 153 ff.

Die Prüfungsbeamten kommen bei allen Rechnungshöfen zum größten Teil aus dem gehobenen Dienst der Verwaltung. Früher wurden vor allem Beamte der Finanzverwaltung bevorzugt übernommen. Sinnvollerweise hing dies damit zusammen, daß die Kenntnis von Haushalts- und Rechnungswesen für die Prüfungstätigkeit von erheblicher Bedeutung war und ist. In neuerer Zeit haben die Rechnungshöfe auch aus anderen Ressorts Prüfungsbeamte gewonnen. Diese Beamten stammen im wesentlichen aus den einschlägigen Verwaltungen. Sie werden fast ausschließlich nach einer mehrjährigen Verwaltungspraxis eingestellt und dann meist zu Prüfungen derjenigen Behördenzweige eingesetzt, denen sie früher angehört haben. Diese Rekrutierungspraxis birgt auf den ersten Blick die Besorgnis in sich, daß sie die nötige Unabhängigkeit gegenüber ihren alten Arbeitsbereichen vermissen lassen. Jedoch ist es faktisch so, daß häufig eine Prüfung erst dann zu wichtigen Erkenntnissen führt, wenn mit der Prüfung ein mit der Materie vertrauter Beamter befaßt ist, der die Methoden und die Taktik kennt, mit denen in den jeweiligen Behördenzweigen gearbeitet wird. Insidererfahrungen dürfen daher bei der Auswahl und beim Einsatz von Prüfungsbeamten nicht unterschätzt werden.

Es fragt sich aber, ob die nahezu vollständige Rekrutierung der Prüfungsbeamten aus dem gehobenen Dienst der Fachverwaltungen nicht überdacht werden sollte, mit Blick auf die zunehmende Bedeutung der heute im Vordergrund stehenden Prüfungsgegenstände und die komplexen Zusammenhänge im sich rasch verändernden wirtschaftlichen, sozialen und gesellschaftspolitischen Gesamtgefüge. Gerade die Durchführung von Erfolgskontrollen geht über Ordnungsmäßigkeitskontrollen und Rechnungsprüfungen hinaus. Sie erfordert ein Eingehen auf die makroökonomische Frage der Wirksamkeit der Staatstätigkeit. Es wird daher verlangt, in verstärktem Maße Prüfungsbeamte mit wissenschaftlicher Vorbildung einzusetzen.[264] Sicherlich erfordert das vergleichsweise neue Aufgabenfeld der Erfolgskontrolle ein besonders qualifiziertes Personal. Es dürfte aber zu weit gehen, dem „herkömmlichen" Personal der Rechnungshöfe allgemein zu unterstellen, es hätte kein Gespür für große Zusammenhänge und grundsätzliche Fragestellungen. Die Erfahrung lehrt etwas anderes.[265] Dies schließt es freilich nicht aus, für bestimmte Aufgabenbereiche auch Akademiker zu beschäftigen. So könnten neben den am meisten vertretenen Berufen des Juristen verstärkt Vertreter der Fachrichtungen Volkswirtschaft und Betriebswirtschaft eingesetzt werden.

Selbstredend bedürfen auch die Mitglieder der Rechnungshöfe einer besonderen Qualifikation. Den Mitgliedern obliegt zunächst die Aufgabe, das Prüfungsprogramm vor Beginn des Jahres festzulegen, eine Aufgabe, die von erheblicher Bedeutung ist. Mit Blick auf den ständig wachsenden Umfang des Prüfungsstoffes, dem eine konstant bleibende Personalstärke gegenübersteht, kann die Prüfung des öffentlichen Finanzgebarens nur stichprobenartig erfolgen. Um so wichtiger ist es, die

---

[264] *Sigg*, (Fn. 27), S. 61; *Heinz Dorn*, Personalplanung in Rechnungshöfen (I), VOP 1983, 295, 298; Personalplanung in Rechnungshöfen (II), VOP 1984, 32

[265] Für den Landesrechnungshof Baden-Württemberg: *Rundel*, (Fn. 263), S. 155

Stichproben in den richtigen Bereichen anzusetzen. Das erfordert einen scharfen Blick für die Repräsentanzwirkung einer finanzrelevanten Entscheidung. Die zu prüfenden Gebiete müssen so ausgewählt werden, daß sie Signalwirkung auch für nicht geprüfte haben und sich auf diese übertragen lassen. Eine weitere wichtige Aufgabe der Mitglieder besteht darin, die Durchführung der Prüfungen durch die Prüfungsbeamten zu leiten und zu überwachen. Beide Aufgaben verlangen eingehende Berufserfahrung und dabei erworbene Führungsqualitäten. Dementsprechend kommen die Mitglieder auch überwiegend aus dem gehobenen Verwaltungsdienst. Juristen werden dabei bevorzugt.

Die Erfolgskontrolle ist ein politisch hochbrisantes Geschäft. Es gilt Wertungen zu hinterfragen und zu überprüfen. Ein Rechnungshofmitglied muß auch die Fähigkeit und den Willen haben, von sich aus aktiv zu werden. Es reagiert nicht nur, wie etwa ein Richter, der über den ihm vorgelegten Streitgegenstand entscheidet, sondern es hat die gestaltende Aufgabe, den Prüfungsstoff selbst festzulegen und auf den Gang der Prüfung Einfluß zu nehmen. Die sachgerechte Erfüllung dieser Aufgabe erfordert zum einen Fingerspitzengefühl hinsichtlich der Art und Weise der Kontrolltätigkeit, zum anderen auch Standfestigkeit und Selbstvertrauen, wenn es darum geht, finanzrelevante Entscheidungen zu hinterfragen. Bei dieser Tätigkeit gilt es aber immer sachlich zu bleiben und nicht in einen ungebremsten Prüfungsaktivismus zu verfallen. Erfolgreich ist die Prüfungstätigkeit der Rechnungshöfe nämlich nur dann, wenn ihre Feststellungen über die besseren Argumente verfügen. Sie sind auf Überzeugung durch Begründung angewiesen. Dies wird ihnen nur gelingen, wenn sie es verstehen, sachbezogen und im wesentlichen unbeeinflußt von den jeweiligen parteipolitischen Gegebenheiten zu arbeiten.

6. Einschränkungen im Haushaltsvollzug

Die von Verfassungs wegen garantierte Unabhängigkeit der Institution Rechnungshof wäre nutzlos, stünde den Rechnungshöfen nicht das zur Erfüllung ihrer Aufgaben notwendige Personal zur Verfügung. Das Erfordernis der angemessenen Personal- und Sachausstattung bedeutet, daß Mitglieder und Prüfungsbeamte sowohl der Zahl als auch der Fähigkeit nach in der Lage sein müssen, die Haushalts- und Wirtschaftsführung des Staates im ganzen zu überblicken und sie beispielhaft im Detail zu prüfen.[266] Kapazitätsprobleme beschränken die Rechnungshöfe in ihrer Freiheit, Prüfungsgegenstände und Prüfungsmethoden selbständig zu bestimmen. Dies führt zu Lücken und Zufälligkeiten im Kontrollsystem, wodurch die Wirksamkeit der Finanzkontrolle insgesamt in Frage gestellt wird. Allein aus der Tatsache, daß die Haushalte der Rechnungshöfe in das Budgetrecht der Parlamente fallen, dürfte sich aber kein verfassungsrechtlicher Zwiespalt ergeben.

Schwerwiegende Bedenken und eine Verletzung der institutionellen Unabhängigkeit sind aber dann anzunehmen, wenn die Entscheidung über die Gewährung

[266] *Müller*, (Fn. 136), S. 1280

oder das Vorenthalten von Mitteln als Disziplinierungsmittel oder Knebelungsversuch gegenüber den Rechnungshöfen eingesetzt wird. Allgemein können verfassungsrechtlich fragwürdige Situationen dann entstehen, wenn Parlamente, Regierungen und/oder Finanzminister Haushaltsrestriktionen beschließen und die Rechnungshöfe davon in einem solchen Maße betroffen wären, daß ihnen notwendige Mittel zur sachgemäßen Erfüllung ihres Kontrollauftrages genommen würden. Das heißt nicht, daß in Zeiten finanzieller Knappheit nicht auch die Rechnungshöfe zum Sparen angehalten wären. Sie müssen aber ihrem gesetzlichen Auftrag auch weiterhin sachgerecht nachkommen können.

Bei Haushaltssperren durch die Finanzminister nach § 41 BHO/LHO dürfte den Rechnungshöfen „ein Recht zustehen, den Vollzug dieser Anordnungen an den konkreten Notwendigkeiten ihrer verfassungsrechtlichen Aufgaben zu messen und gegebenenfalls zumindest Teile der verfügten Anordnungen nicht umzusetzen".[267] Bei anderer Betrachtungsweise hätte die Regierung via einfacher administrativer Exekutivmaßnahmen die Möglichkeit, in den Kernbereich der öffentlichen Finanzkontrolle einzugreifen. Dabei handelt es sich nicht lediglich um ein nur theoretisches Problem. In den letzten Jahren sahen sich nahezu alle Rechnungshöfe, auch der Bundesrechnungshof, mit gesetzlichen Bewirtschaftungsregelungen konfrontiert, die von gesetzlichen Beförderungssperren hin zu globalen Minderausgaben reichen.[268] Die dargestellten Gefährdungstendenzen sind also durchaus vorhanden.

VIII. Die Kontrolle autonomer Einrichtungen - Prüfungsfreie Räume?

1. Die Einbeziehung autonomer Einrichtungen in die Finanzkontrolle

Das geltende Gesetzesrecht des Bundes wie der Länder über die Kontrolle des Finanzgebarens der juristischen Personen des öffentlichen Rechts findet seine bundesverfassungsrechtliche Fundierung in Art. 109 Abs. 3 GG i.V.m. Art. 114 Abs. 2 GG. Diese Verfassungsnormen geben dem Bund die Befugnis, durch Bundesgesetz, welches der Zustimmung des Bundesrates bedarf, für Bund und Länder gemeinsam geltende Grundsätze für das Haushaltsrecht aufzustellen. Dieses Gesetz ist das „Haushaltsgrundsätzegesetz" vom 19. August 1969.[269] Das HGrG hat eine Vereinheitlichung des Haushaltsrechts im allgemeinen und der Finanzkontrolle durch die Rechnungshöfe im besonderen beim Bund und in den Ländern bewirkt.

Im Zuge der Erfüllung des Auftrages der §§ 1 und 48 Abs. 1 HGrG schreibt § 111 Abs. 1 BHO/LHO die Prüfung der Haushalts- und Wirtschaftsführung der bundes- und landesunmittelbaren juristischen Personen des öffentlichen Rechts durch die Rechnungshöfe vor. Gegen diese Prüfungen haben sich insbesondere die Handwerkskammern gewandt. Das Selbstverwaltungsrecht dieser landesunmittelbaren juristi-

---

[267] *Müller*, (Fn. 136), S. 1282; allein § 41 Abs. 4 LHO/Berlin bezeichnet den Rechnungshof als Betroffenen, dessen „Benehmen" bei einer haushaltswirtschaftlichen Sperre zu suchen ist.
[268] Vgl. *Müller*, (Fn. 136), S. 1282
[269] BGBl. I, S. 1273

schen Personen des öffentlichen Rechts sei verletzt, wenn Landeshaushaltsrecht ihre Überprüfung durch den Rechnungshof statuiere. Da die Handwerkskammern durch Bundesgesetz (Gesetz zur Ordnung des Handwerks - „Handwerksordnung") errichtet worden sind (vgl. §§ 90 ff. Handwerksordnung), sei eine Kontrolle durch den jeweiligen Landesrechnungshof gemäß Art. 31 GG nichtig.[270] Diese Auffassung ist aus staatsorganisationsrechtlichen und haushaltswirtschaftlichen Erwägungen nicht haltbar.

Der Status einer juristischen Person des öffentlichen Rechts kann - sieht man von den Religionsgesellschaften im Sinne des Art. 140 GG i.V.m. Art. 137 Abs. 5 WRV ab - nur durch einen Hoheitsakt des Staates erlangt werden. Den Handwerkskammern ist dieser Status einfachgesetzlich eingeräumt. Da der Staat den Status einer juristischen Person des öffentlichen Rechts aber nur verleiht, wenn er die von ihr wahrzunehmenden Aufgaben als im öffentlichen Interesse liegend erachtet, ist es gerechtfertigt, daß er auch nach ihrer Errichtung über die Rechtmäßigkeit und Gemeinverträglichkeit ihres Handelns wacht.[271] Dabei hat er auch auf ihr Finanzgebaren zu achten, denn soweit Haushaltsvorschriften einzuhalten sind, umfaßt die Rechtmäßigkeitskontrolle auch diese.[272]

Desweiteren gebieten die mit der Haushaltsrechtsreform im Jahre 1969 verbundenen finanz- und wirtschaftspolitischen Zielvorstellungen die Einbeziehung der juristischen Personen des öffentlichen Rechts in den Rahmen des staatlichen Haushalts- und Finanzkontrollrechts. Denn nur so läßt sich das mit Art. 109 Abs. 3 GG verfolgte Ziel, die Haushalts- und Finanzwirtschaft der gesamten öffentlichen Hand dauerhaft zu ordnen und zu vereinheitlichen, erreichen und verwirklichen.[273] Eines der Grundprinzipien der Haushaltsrechtsreform bestand schließlich auch in dem Postulat, keine prüfungsfreien Räume zu lassen.[274] Die Entscheidung für eine möglichst lückenlose Prüfung zieht auch das Bundesverwaltungsgericht bezüglich der Prüfung der Handwerkskammern in Bayern durch den bayerischen Landesrechnungshof heran:

> „Die durch die Haushaltsrechtsreform 1969 praktisch für den gesamten öffentlichen Bereich eingeführte Prüfung der Haushalts- und Wirtschaftsführung umfaßt zwar auch Elemente der herkömmlichen Rechnungsprüfung, geht aber darüber hinaus. Sie beruht auf der Erkenntnis, daß in den Haushaltsplänen und Haushaltsrechnungen des Bundes und der Länder deren gesamte finanzwirtschaftliche Betätigung nicht voll-

---

[270] *Ludwig Fröhler / Joachim Kormann*, Haushaltsaufsicht über die Handwerkskammern - eine erweiterte Rechtsaufsicht?, Handwerksrechtsinstitut München e.V. (Hrsg.), 1983, S. 17 ff.

[271] *Franz Knöpfle*, Kontrolle autonomer Einrichtungen (Universitäten, Rundfunkanstalten, Fraktionen, Kommunen), in: Hans Herbert von Arnim (Hrsg.), Finanzkontrolle im Wandel, Berlin 1989, S. 259 ff., 263

[272] BVerwGE 98, 163, 173 = BVerwG, NVwZ 1995, 889, 892

[273] *Knöpfle*, (Fn. 271), S. 264

[274] *Görg Haverkate*, Prüfungsfreie Räume. Welche Türen in der öffentlichen Verwaltung bleiben dem Rechnungshof verschlossen?, in: Heinz Günter Zavelberg (Hrsg.), Die Kontrolle der Staatsfinanzen, Festschrift zur 275. Wiederkehr der Errichtung der Preußischen General-Rechen-Kammer, Berlin 1989, S. 197 ff., 198

ständig zum Ausdruck kommt. Diese wird vielmehr, vor allem im Bereich der Vermögenswirtschaft, in erheblichem Umfange durch staatliche Willensakte außerhalb des Haushaltsplans, teilweise durch Gesetze, die nicht Haushaltsgesetze sind, durch Regierungs- und Verwaltungshandeln, z.T. durch Vertreter des Staates als Mitglieder von Organen der Unternehmungen des Privatrechts oder des öffentlichen Rechts, sowie durch Haushaltspläne oder Wirtschaftspläne der einzelnen Unternehmungen bestimmt. *Eines der Ziele der Haushaltsrechtsreform 1969 war es, auch diesen Bereich der Prüfung zu unterwerfen. Der Auftrag der Rechnungshöfe ist deshalb umfassend angelegt; nach § 88 Abs. 1 BHO und den gleichlautenden Bestimmungen der Landeshaushaltsordnungen soll es keine prüfungsfreien Räume geben.* Da die Prüfung der Haushalts- und Wirtschaftsführung somit weder begrifflich noch rechtlich das Vorhandensein eines Haushalts voraussetzt, sondern an jede Art finanzwirksamen Gebarens anknüpft, ist sie auch kein Bestandteil oder unselbständiger Annex des den Handwerkskammern im Rahmen ihrer Selbstverwaltung überlassenen Rechts zur Aufstellung des Haushaltsplans".[275]

Der Bundesgesetzgeber durfte also trotz der unpräzisen Fassung des Art. 109 Abs. 3 GG auch Regelungen für die juristischen Personen des öffentlichen Rechts erlassen. Haushaltsrechtsrechtliche Normen, durch deren Erlaß die Länder bundesrechtliche Gesetzgebungsaufträge erfüllt haben, verstoßen demnach nicht gegen Art. 31 GG. Das HGrG geht von der grundsätzlichen Prüfungsunterworfenheit aller juristischen Personen des öffentlichen Rechts einschließlich der Unternehmen des öffentlichen Rechts[276] aus.

2. Prüfungsfreiräume?

Erweist sich somit die Einbeziehung der nichtstaatlichen öffentlich-rechtlichen Institutionen in das Gefüge des staatlichen Haushaltsrechts als verfassungsgemäß, dann bleibt noch die Frage nach möglichen Prüfungsfreiräumen, die sich u.U. aus dem Recht auf Selbstverwaltung oder aus Grundrechten ergeben könnten.

a) Selbstverwaltungsrecht

Das einer Institution zugebilligte Recht auf Selbstverwaltung hat zum Inhalt, daß sie eigene Angelegenheiten eigenverantwortlich wahrnehmen darf und die Staatsaufsicht auf eine Rechtskontrolle beschränkt ist. Im Schrifttum findet sich nun die Auffassung, die Ausgestaltung der Rechtsaufsicht über eine juristische Person des öffentlichen Rechts bilde zugleich eine Schranke für die Rechnungsprüfung.[277] Es wurde jedoch bereits darauf hingewiesen, daß es sich bei der Wirtschaftlichkeitsprüfung nicht lediglich um eine Zweckmäßigkeitsprüfung nach genuin wirtschaftlichen

[275] BVerwGE 98, 163, 170 = BVerwG, NVwZ 1995, 889, 891 (Hervorhebung nicht im Original)

[276] Für Unternehmen des öffentlichen Rechts, vgl. *Haverkate*, (Fn. 274), S. 203, der unter Hinweis auf § 104 BHO zutreffend darauf hinweist, daß das Haushaltsrecht nicht strikt zwischen juristischen Personen und Unternehmen des öffentlichen Rechts unterscheidet.

[277] So mit besonderem Nachdruck in Bezug auf die Handwerkskammern: *Fröhler / Kormann*, (Fn. 270), S. 21

Maßstäben handelt, sondern daß es sich auch beim Wirtschaftlichkeitsgebot um ein Rechtsprinzip handelt.[278] Unwirtschaftliches Handeln ist danach auch rechtswidrig. Daher umfaßt die Rechtsaufsicht auch die Kontrolle über die Einhaltung von haushaltsrechtlichen Vorschriften. Darüber hinaus ist festzuhalten, daß die Rechnungshöfe nicht Hilfsorgane der Aufsichtsbehörden sind, sondern eine unabhängige, eigenen Regeln folgende Tätigkeit wahrnehmen. Die Grenzen ihrer Prüfungsbefugnis können somit nicht nach den der staatlichen Rechtsaufsicht gezogenen Grenzen bestimmt werden.[279] Zudem liegt es ausschließlich in der Sphäre des Gesetzgebers, Art und Maß der Selbstverwaltung der nichtkommunalen Körperschaften des öffentlichen Rechts, deren Selbstverwaltungsrecht nicht von Verfassungs wegen, sondern lediglich einfachgesetzlich verbrieft ist, von sich aus zu bestimmen. Das Selbstverwaltungsrecht wird aber nur „im Rahmen der Gesetze" gewährt. Soweit eine juristische Person des öffentlichen Rechts mit öffentlichen Mitteln kraft des ihr vom Staat verliehenen Status arbeitet, bildet die Prüfungspflicht das notwendige Korrelat ihrer Sonderstellung.[280]

Ist das Selbstverwaltungsrecht, wie etwa das der Gemeinden durch Art. 28 Abs. 2 GG, verfassungsrechtlich garantiert, so ist auch in einer streng normgebundenen Finanzkontrolle durch unabhängige Rechnungshöfe kein Eingriff in den Kernbereich des Selbstverwaltungsrechts zu erblicken. Die Selbstverwaltungsgarantie des Art. 28 Abs. 2 GG enthält die Garantien der kommunalen Selbstverwaltung als solche (Einrichtungsgarantie), des Aufgabenbereiches der Gemeinden (Garantie des Aufgabenbereichs) und der eigenverantwortlichen Wahrnehmung der kommunalen Aufgaben (Garantie der Eigenverantwortlichkeit). Durch eine Finanzkontrolle wird in die Einrichtungsgarantie und in das Recht sich aller Angelegenheiten der örtlichen Gemeinschaft selbst anzunehmen, soweit sie nicht durch Gesetz bereits anderen Trägern öffentlicher Verwaltung übertragen sind,[281] nicht eingegriffen. Auch die Garantie der Eigenverantwortlichkeit ist nicht verletzt. Schließlich wird man sich auf eine eigene kommunale Rechnungsprüfung nicht verlassen können, da die örtliche Prüfung unzureichend ist.[282] Erhalten Gemeinden staatliche Gelder zur Erfüllung kommunaler Aufgaben, dann ist die Überprüfung der ordnungsgemäßen und wirtschaftlichen Verwendung dieser Mittel ein notwendiges Pendant zu ihrer Gewährung.

b) Grundrechte

Öffentlich-rechtliche Institutionen, soweit sie öffentliche Aufgaben wahrnehmen, können nach allgemeiner Ansicht nicht Träger von Grundrechten sein.[283] Dies soll auch für die Eigentumsgarantie des Art. 14 Abs. 1 GG gelten, selbst im Rahmen

---

[278] Siehe oben Teil B, IV, 3 d

[279] BVerwGE 98, 163, 174 = BVerwG, NVwZ 1995, 889, 892

[280] *Knöpfle*, (Fn. 271), S. 266 f., unter Hinweis auf Werner Weber

[281] Vgl. dazu BVerfGE 79, 127 ff.

[282] Vgl. *Zavelberg*, (Fn. 48), S. 25 ff.

[283] Exemplarisch aus der ständigen Rechtsprechung des Bundesverfassungsgerichts: BVerfGE 21, 362, 369; 31, 314, 322; 39, 302, 312 f.; 45, 63, 78 f.; 59, 231, 254 f.; 62, 354, 369; 68, 193, 206

einer nichthoheitlichen Teilnahme von Gemeinden am Rechtsverkehr.[284] Fraglich ist, ob die vom Bundesverfassungsgericht entwickelte Ausnahme von diesem Grundsatz „Prüfungsexklaven" schaffen kann. Diese Ausnahme betrifft Institutionen, die nach der ihnen von der Rechtsordnung übertragenen Aufgabe unmittelbar einem durch bestimmte Grundrechte geschützten Lebensbereich zugeordnet sind. Sichern danach einzelne Grundrechte die Autonomie bestimmter öffentlich-rechtlicher Einrichtungen gegenüber dem Staat, dann stehen sie diesen Einrichtungen auch als subjektives Recht zu. Solche Einrichtungen sind die öffentlich-rechtlichen Rundfunkanstalten im Hinblick auf Art. 5 Abs. 1 Satz 2 GG[285] und die Universitäten im Hinblick auf Art. 5 Abs. 3 GG.[286] Die Ausnahme gilt auch für Kunsteinrichtungen (Art. 5 Abs. 3 GG).[287]

Man könnte daran denken, die Rechnungsprüfung in diesen grundrechtlich geschützten Bereichen als „verlängerten Arm des Staates" anzusehen. Wo der Rechnungshof Einlaß begehre, dort begehre auch der Staat Einlaß. Insbesondere wenn man die Wirtschaftlichkeitskontrolle als einen Teilbereich der Zweckmäßigkeitskontrolle ansieht[288] und nicht als Rechtskontrolle, wird man geneigt sein, den Rechnungshöfen die Tür zu weisen. Die staatliche Finanzkontrolle soll danach einen Eingriff in grundrechtlich geschützte Lebensbereiche darstellen, weil sie geeignet sei, das Gebaren der Selbstverwaltungsorgane zu beeinflussen und zu lenken.[289] Über die Wirtschaftlichkeit einer Maßnahme in diesen Bereichen hätten nur die betreffenden Einrichtungen selbst zu entscheiden. Der Grundrechtsschutz würde eine unabhängige Rechnungsprüfung ausschließen.

Diese Ansicht verkennt jedoch, daß die Zubilligung der Grundrechte eine staatliche Einflußnahme auf den Inhalt eines Rundfunkprogramms oder - im Bereich des Art. 5 Abs. 3 GG - auf den Prozeß der Gewinnung und Vermittlung wissenschaftlicher Erkenntnisse verhindern soll, nicht aber einen unbeschwerten Umgang der jeweiligen Anstalt mit öffentlichen Mitteln gewähren will.[290] In den Schutzbereich von Grundrechten wird daher nicht eingegriffen, wenn die Rechnungshöfe bei einem Grundrechtsträger die Organisation des Handlungsablaufs sowie den Einsatz der gegebenen Ressourcen am Maßstab der Wirtschaftlichkeit und Sparsamkeit prüfen. Der Grundsatz der Wirtschaftlichkeit verkörpert ein allgemeines haushaltsrechtliches Postulat, das als solches keine thematische Berührung mit grundrechtssensiblen Bereichen aufweist. Die bloße Bindung an dieses Prinzip vermag deshalb keinen Eingriff in einen grundrechtlich geschützten Lebensbereich darzustellen. Jedes Grundrecht fügt sich an seinem Rande in die allgemeine Ordnung ein. Dadurch wird sein Schutzbereich aber nicht betroffen.[291]

---

[284] BVerfGE 61, 82, 104
[285] BVerfGE 31, 314, 322; 59, 231, 254 f.
[286] BVerfGE 15, 256, 262
[287] BVerwGE 62, 55, 59 f.
[288] So *Sigg*, (Fn. 27), S. 116
[289] *Fritz Ossenbühl*, Rundfunkfreiheit und Rechnungsprüfung, Frankfurt a.M. 1984, S. 24 ff., 64 ff.
[290] *Knöpfle*, (Fn. 271), S. 272; *Haverkate*, (Fn. 274), S. 213
[291] *Ulrich Scheuner*, Die Funktion der Grundrechte im Sozialstaat, DÖV 1971, 505, 571

Görg Haverkate hat in diesem Zusammenhang auch auf die Bedeutung der Rechnungsprüfung für die Organe der Selbstverwaltung selbst hingewiesen.[292] Danach sind demokratische Kontrollen innerhalb der selbstverwalteten Verwaltungseinheiten, zu denen „cum grano salis" auch die Rundfunkanstalten oder die Universitäten zählen, ebenso wie demokratische Kontrollen innerhalb der Staatsverwaltung auf eine unabhängige Rechnungsprüfung angewiesen. Betrachtet man die stark ausgeprägten Exekutivfunktionen innerhalb der genannten Einrichtungen, dann hat der Ansatzpunkt einer unabhängigen Rechnungsprüfung als Demokratieimpuls einiges für sich.

Demokratie verlangt aber auch Publizität. Erst durch Öffentlichkeit ist die politische Verantwortlichkeit der Regierenden und der Verwaltung herstellbar.[293] Das OVG Rheinland-Pfalz hat nun die Übermittlung der Prüfungsberichte des Landesrechnungshofes Rheinland-Pfalz betreffs der Haushalts- und Wirtschaftsführung des ZDF an den Landtag als Verstoß gegen Art. 5 Abs. 1 Satz 2 GG gewertet.[294] Es stützt sich dabei auf § 30 Abs. 3 Satz 2 ZDF-Staatsvertrag, in dem der Landtag als Berichtsadressat nicht aufgeführt wird. Die Öffentlichkeit komme daher erst recht nicht als Empfänger der Prüfungsergebnisse in Betracht. Als Eingriffsakt stelle sich die Übermittlung des Berichts deshalb dar, weil die vom Rechnungshof erhobenen „Beanstandungen in der Absicht, deren sachliches Gewicht durch die Einschaltung der Öffentlichkeit zu steigern, verbreitet" wurden.[295] Der Eingriff ergebe sich auch daraus, daß das ZDF mit der Preisgabe seiner „haushalts- und finanzwissenschaftlichen Belange an eine unbegrenzte Öffentlichkeit nicht einverstanden" sei.[296] Dieses Urteil vermag nicht zu überzeugen.

Erstens hat der Rechnungshof des Landes Rheinland-Pfalz nach der Landesverfassung unmittelbar dem Landtag zu berichten.[297] Von diesem Verfassungsauftrag kann er nicht durch einen Staatsvertrag der Länder entbunden werden. Zweitens ist fraglich, ob in der Veröffentlichung der Berichte überhaupt ein Eingriff zu sehen ist, da durch die Information des Landtages nicht in die Programmvielfalt des ZDF eingegriffen wird.[298] Beabsichtigt war allenfalls des Erreichen einer wirtschaftlichen Verwendung der Gelder, nicht aber eine Einflußnahme auf den Programminhalt. Drittens schließlich bildet die allgemeine Rundfunkgebühr die vorrangige Finanzierungsquelle für das öffentlich-rechtliche Fernsehen. Die diese Gebühren entrichtenden Bürger und Bürgerinnen haben aber einen Anspruch zu erfahren, wie die Gebühren verwandt werden. Sollte in der Information (nicht in der Prüfung als solche) durch den

---

[292] *Haverkate*, (Fn. 274), S. 215 f.
[293] Siehe oben Teil B, II, 4
[294] OVG Rheinland-Pfalz, DVBl. 1995, 1372 ff.
[295] OVG Rheinland-Pfalz, DVBl. 1995, 1372, 1373
[296] OVG Rheinland-Pfalz, DVBl. 1995, 1372, 1373
[297] Art. 120 Abs. 2 Satz 4 LVerf/RhPf: „Der Rechnungshof berichtet jährlich dem Landtag und der Landesregierung".
[298] Vgl. zum Grundrechtseingriff durch Information: BVerwGE 87, 37 ff.; 90, 112 ff.; *Udo Di Fabio*, Information als hoheitliches Gestaltungsmittel, JuS 1997, 1 ff.

Rechnungshof ein Eingriff in Art. 5 Abs. 1 Satz 2 GG zu sehen sein, so ist dieser durch die Interessen der zahlenden Allgemeinheit als gerechtfertigt anzusehen. Wer Mittel beansprucht, muß sich auch gefallen lassen, daß die Zahlenden über deren bestimmungsgemäße Verwendung informiert werden. Der spezielle verfassungsrechtliche Schutzbereich der Rundfunkfreiheit wird dadurch nicht betroffen. Dagegen kommt es nicht darauf an, ob die Rundfunkanstalt mit der Veröffentlichung „einverstanden“ ist oder nicht.

IX. Rechtsschutz gegen Prüfungsfeststellungen der Rechnungshöfe

Feststellungen eines Rechnungshofes können vor allem in drei Konstellationen Gegenstand von Rechtsstreitigkeiten sein:

- Ein außerhalb der Verwaltung stehender Privater fühlt sich in einem Prüfungsbericht zu Unrecht persönlich angegriffen.
- Ein Beamter meint, ein Prüfungsbericht verletze ihn in seinen persönlichen Rechten.
- Eine geprüfte Behörde hält die Prüfungsfeststellungen sachlich für unzutreffend.

Bei der Frage des Rechtsschutzes gegen Bemerkungen der Rechnungshöfe handelt es sich um einen Problemkreis, der auch für die Wirksamkeit der Erfolgskontrolle von Subventionen von Bedeutung sein kann. Die gerichtliche Geltendmachung einer Verletzung des eventuell bestehenden Rechts auf Anhörung im Prüfungsverfahren könnte nämlich Auswirkungen auf die Prüfungstätigkeit der Rechnungshöfe haben. Bei der Überprüfung von Subventionsgewährungen sind u.U. Hunderte von Bedachten zu überprüfen. Die Gewährung rechtlichen Gehörs würde das Prüfungsverfahren somit unsagbar verzögern. Mit der gerichtlichen Geltendmachung des verletzten Verfahrensrechts auf Anhörung könnte die Tätigkeit der Rechnungshöfe nahezu lahmgelegt werden. Die Frage nach dem Rechtsschutz gegen Prüfungsfeststellungen der Rechnungshöfe ist daher auch an dieser Stelle zu behandeln.

1. Rechtsschutz von Privatpersonen gegen Prüfungsfeststellungen

Geht ein Privater gerichtlich gegen eine Prüfungsfeststellung eines Rechnungshofes vor, dann ist zunächst der Rechtsweg zu prüfen. Bei Maßnahmen der Rechnungshöfe liegt der Verwaltungsrechtsweg gemäß § 40 Abs. 1 Satz 1 VwGO nahe. Dieser ist eröffnet bei allen öffentlich-rechtlichen Streitigkeiten nichtverfassungsrechtlicher Art. Unstreitig ist, daß es sich bei Klagen gegen einen Rechnungshof aufgrund seiner Prüfungstätigkeit um eine dem öffentlichen Recht zugehörige Streitigkeit handelt. Denn mit derartigen Klagen werden Handlungen oder Feststellungen begehrt, „die sich unmittelbar auf die Ausübung von Kompetenzen und Befugnissen beziehen, die ihren Grund ... im öffentlichen Recht haben".[299] Umstritten ist aber, ob es sich dabei um Streitigkeiten nichtverfassungsrechtlicher Art handelt. Für die Praxis steht die Charakterisierung als nichtverfassungsrechtliche Streitigkeit fest.[300] Es ist indessen fraglich, ob sich diese Auffassung halten läßt. Das Vorliegen einer verfassungsrechtlichen Streitigkeit - jedenfalls bei bestimmten Klagebegehren Dritter - findet auch Fürsprecher.[301]

Eine öffentlich-rechtliche Streitigkeit soll dann verfassungsrechtlicher Natur sein, wenn „das streitige Rechtsverhältnis entscheidend vom Verfassungsrecht geformt ist".[302] Im Rahmen der Anwendung des § 40 Abs. 1 VwGO seien dem Verfassungsrecht „nur die Rechtsbeziehungen von Verfassungsorganen zuzurechnen, nicht aber diejenigen zwischen dem Bürger ... und dem Staat, selbst wenn ein Verfassungsorgan daran beteiligt ist".[303] Danach - so könnte man versucht sein zu glauben - wären Klagen Privater gegen einen Rechnungshof niemals verfassungsrechtlicher Art, unabhängig von der Frage nach der Verfassungsorganqualität der Rechnungshöfe.[304] Diese Ansicht ist aber als zu formal abzulehnen. Wenn eine Privatperson durch seine Klage in ein vom Verfassungsrecht geprägtes Rechtsverhältnis einwirken will, soll dieses Rechtsverhältnis dadurch zu einem verwaltungsrechtlichen werden? Die Frage stellen, heißt sie zu verneinen. Richtigerweise wird man nach dem Streitgegenstand unterscheiden müssen.[305]

Der Streitgegenstand bestimmt sich nach dem Klageantrag und durch den zu seiner Begründung dienenden Sachverhalt.[306] Danach kommt es entscheidend darauf an, was der Kläger mit seiner Klage erreichen will und in welche Rechtsbeziehungen das Klagebegehren einwirkt. Durch das einer Entscheidung des VG Düsseldorf [307] zugrundeliegende Klagebegehren wollte der Kläger (die Westdeutsche Landesbank) die Rücknahme eines vom Finanzminister erbetenen Berichts des Landesrechnungshofes Nordrhein-Westfalen betreffs die Gewährung einer Landesbürgschaft erreichen, hilfsweise die Feststellung, daß der Bericht rechtswidrig zustande gekommen sei. Der Landesrechnungshof hatte seinen Bericht unmittelbar dem Landtag und dem Finanz-

---

[299] Vgl. *Gerd Dieter Belemann*, Rechtsschutzprobleme im Bereich der Finanzkontrolle, DÖV 1990, 58, m.w.N.

[300] Vgl. etwa OVG Münster, NJW 1980, 137; VGH Kassel, NVwZ-RR 1994, 511, 512; 515, 516; OVG Lüneburg, DVBl. 1984, 837; BVerwGE 82, 56; BVerfGE 74, 69, 75 f.; ebenso aus der Literatur: *Ferdinand Kopp*, Rechtsschutz des Bürgers gegen Inhalt und Verbreitung von Prüfungsberichten eines Rechnungshofes, JuS 1981, 419, 424; *Ferdinand Kopp / Wolf-Rüdiger Schenke*, Verwaltungsgerichtsordnung, 11. Auflage, München 1998, § 40 Rn. 34; *Krebs*, (Fn. 87), S. 85

[301] VG Düsseldorf, NJW 1981, 1396; *Tiemann*, (Fn. 80), S. 411; *Görg Haverkate*, Der Schutz subjektiv-öffentlicher Rechte in der Rechnungsprüfung, AöR 107 (1982), S. 539 ff., 556 ff.; *Belemann*, (Fn. 299), S. 59

[302] BVerwGE 24, 272, 279

[303] BVerwGE 36, 218, 228

[304] So *Krebs*, (Fn. 87), S. 79

[305] VG Düsseldorf, NJW 1981, 1396, 1397; *Haverkate*, (Fn. 301), S. 557; *Belemann*, (Fn. 299), S. 59

[306] *Kopp / Schenke*, (Fn. 300), § 90 Rn. 12

[307] VG Düsseldorf, NJW 1981, 1396

minister zugeleitet. Die Rechtsbeziehungen zwischen Parlament, Regierung und Rechnungshof sind sicherlich vom Verfassungsrecht geprägt. Auch wenn der Rechnungshof kein Verfassungsorgan ist, da er keine gestaltende Funktion im Verfassungsleben hat,[308] so kommt ihm aufgrund seiner verfassungsrechtlichen Garantie dennoch eine verfassungsorganähnliche Stellung zu.[309] Will der Kläger die Rücknahme eines vom Rechnungshof erstellten und den Adressaten Landtag und Finanzminister zugeleiteten Prüfbericht erreichen, dann greift er mit seiner Klage in eine dem verfassungsrechtlichen Bereich zugeordnete Rechtsbeziehung ein. Die Klage eines Dritten aber macht aus einem verfassungsrechtlichen Rechtsverhältnis kein verwaltungsrechtliches. Denn das streitige Rechtsverhältnis bleibt auch weiterhin „entscheidend vom Verfassungsrecht geformt".[310] Bei einer derartigen Fallkonstellation, wenn also ein Dritter in eine vom Verfassungsrecht geprägte Rechtsbeziehung eingreifen will, ist nicht der Verwaltungs- sondern der Verfassungsrechtsweg eröffnet. Eine Verfassungsbeschwerde ist dann möglich.

Dagegen ist nach § 40 Abs. 1 Satz 1 VwGO der Weg zu den Verwaltungsgerichten gegeben, wenn durch das Klagebegehren die Rechtsbeziehung zwischen Parlament, Regierung und Rechnungshof nicht tangiert wird. Bei ehrverletzenden oder geschäftsschädigenden Äußerungen eines Rechnungshofes ist die allgemeine Leistungsklage die richtige Klageart. Da den Prüfungs*feststellungen* des Rechnungshofes keine verbindliche Außenwirkung zukommt, sind sie nicht als Verwaltungsakte anzusehen. Eine Anfechtungsklage scheidet daher aus. Etwas anderes kann aber für einzelne Prüfungs*handlungen* im Verlauf des gesamten Prüfungsverfahrens gelten. Einzelne Prüfungsanordnungen eines Rechnungshofes können ihrem Inhalt nach durchaus als Verwaltungsakte zu qualifizieren sein,[311] mit der Folge der Zulässigkeit einer Anfechtungsklage.

Die Klagebefugnis nach § 42 Abs. 2 VwGO ist gegeben, wenn eine Verletzung der Rechte des Klägers durch Bemerkungen in dem Bericht des Rechnungshofes „nicht offensichtlich und eindeutig nach jeder denkbaren Betrachtungsweise unmöglich erscheint".[312] Diesem Punkt ist im Einzelfall besondere Aufmerksamkeit zu widmen, da die unmittelbare Betroffenheit eines Dritten durch Prüfungsberichte eines Rechnungshofes im Regelfall nicht erreicht wird, weil keine rechtsverbindlichen Feststellungen getroffen werden. Ausnahmsweise wird die Betroffenheit Dritter gegeben sein, wenn Prüfungsfeststellungen ehrverletzende Äußerungen beinhalten, die unrichtig sind. Ehrverletzende unwahre Behauptungen bleiben kein staatsorganisationsinterner Vorgang, sondern können rechtliche Außenwirkung entfalten, wodurch der Dritte in seinem durch Art. 2 Abs. 1 GG i.V.m. Art. 1 Abs. 1 GG geschützten Persönlichkeitsrecht verletzt werden kann. In Betracht kommen auch durch geschäftsschädigende Äußerungen verursachte Eingriffe in den Schutzbereich des Art.

[308] *Grupp*, (Fn. 47), S. 94; *Vogel / Kirchhof*, (Fn. 58), Art. 114 Rn. 177
[309] *Vogel / Kirchhof*, (Fn. 58), Art. 114 Rn. 177 ff.; *Stern*, (Fn. 49), § 34 IV 5 b, S. 449
[310] BVerwGE 24, 272, 279; ebenso *Haverkate*, (Fn. 301), S. 560; *Belemann*, (Fn. 299), S. 59
[311] Vgl. etwa BVerwG, NVwZ 1995, 889
[312] *Kopp / Schenke*, (Fn. 300), § 42 Rn. 65, m.w.N.

12 Abs. 1 GG oder in den durch Art. 14 Abs. 1 GG geschützten eingerichteten und ausgeübten Gewerbebetrieb. Ein Eingriff wird aber nur dann zu bejahen sein, wenn dieser durch die Bemerkung intendiert war, oder aber die Einwirkung auf den Grundrechtsträger ein solches Gewicht erlangt, daß es schlechterdings unerträglich wäre, einen Grundrechtseingriff zu verneinen.[313]

2. Rechtsschutz von Beamten gegen Prüfungsfeststellungen

Die Überprüfung der Haushalts- und Wirtschaftsführung des Bundes oder eines Landes ist letztlich immer die Überprüfung eines Handelns oder Unterlassens, welches ein bestimmter Amtswalter zu verantworten hat. Stellt ein Rechnungshof in seinen Bemerkungen beispielsweise fest, die Kassenführung des Beamten X im Ministerium Y sei nachlässig, so drohen diesem Beamten Vorwürfe seitens seiner Behörde. Die Feststellungen des Rechnungshofes verbleiben also nicht unbedingt im staatsinternen Bereich, sondern sie können auch rechtliche Außenwirkung insofern entfalten, als der Amtswalter durch sie persönlich betroffen wird. Die Lehre vom „besonderen Gewaltverhältnis" kann heute keine Geltung mehr beanspruchen.

Das Institut des besonderen Gewaltverhältnisses geht zurück auf die konstitutionelle Staats- und Verwaltungslehre des ausgehenden 19. Jahrhunderts (Paul Laband, Otto Mayer, Georg Jellinek). Bestimmte Beziehungen zwischen Staat und Bürger, die durch die Einordnung in bestimmte Verwaltungsbereiche begründet wurden (z.B. Schule, Strafvollzug, Wehrdienstverhältnis), sollten dem verwaltungsinternen und damit dem rechtsfreien Raum zugeordnet werden. Die Exekutive bekam dadurch die Möglichkeit, kraft eigenen Rechts die zur Ausgestaltung dieser Sonderrechtsverhältnisse erforderlich erscheinenden Regelungen selbst zu erlassen. Diese Regelungen waren gerichtlich nicht angreifbar. Nach Erlaß des Grundgesetzes, mit dessen Anspruch auf rechtsstaatliche Durchdringung aller staatlichen Bereiche, wurde diese Lehre zunehmend in Frage gestellt. Aber erst im Jahre 1972 stellte das Bundesverfassungsgericht in der sog. „Strafgefangenen-Entscheidung"[314] fest, daß die Grundrechte auch im Strafvollzug Geltung beanspruchen. Dadurch ist die durch das besondere Gewaltverhältnis geschaffene Theorie des rechtsfreien Raumes aufgegeben worden. Die rechtsstaatliche Entwicklung führte zu einer Reduktion des verwaltungsinternen Bereichs zugunsten eines umfassenden Rechtsschutzes. Auch im Innenbereich vorgenommene intrapersonale Maßnahmen unterliegen damit nach heute h.M. einer rechtlichen Bewertung.[315] Damit ist in unserem Fall auch dem Beamten X der Rechtsweg eröffnet. Je nach dem, ob er durch sein Klagebegehren in ein vom Verfassungsrecht oder vom Verwaltungsrecht geprägtes Rechtsverhältnis eingreift, ist die Verfassungsbeschwerde oder die verwaltungsrechtliche allgemeine Leistungsklage

---

[313] *Di Fabio*, (Fn. 298), S. 4

[314] BVerfGE 33, 1 ff.

[315] Vgl. etwa BVerwG, DVBl. 1980, 882, 883 (sog. Umsetzungs-Entscheidung)

zulässig.[316] Als verletztes subjektives Recht des Beamten kommt vor allem seine persönliche Ehre in Betracht.

3. Rechtsschutz von Behörden gegen Prüfungsfeststellungen

Greift eine Behörde die Prüfungsfeststellungen eines Rechnungshofes gerichtlich an, etwa weil sie diese für inhaltlich nicht zutreffend hält, dann klagt ein staatliches Organ gegen ein anderes, der Staat gleichsam gegen sich selbst. Diese Klage betrifft ausschließlich den Innenbereich des Staates, individuelle private Rechtspositionen werden nicht berührt. Ein solcher In-sich-Prozeß ist ein Verwaltungsstreitverfahren, das eine Behörde führt, um die Rechtmäßigkeit der Entscheidung einer anderen Behörde desselben Rechtsträgers in zuständigkeitsrechtlicher oder sachlichrechtlicher Hinsicht überprüfen zu lassen. Abzugrenzen ist der In-sich-Prozeß vom Organstreitverfahren, bei dem es um die Rechtmäßigkeit des organschaftlichen Funktionsablaufs, nicht aber um die materielle Richtigkeit einer getroffenen Entscheidung geht.[317] Zum Teil werden solche In-sich-Prozesse für unzulässig gehalten, da durch sie die Einheit der Verwaltung gestört werde.[318] Überwiegend wird der In-sich-Prozeß unter bestimmten Voraussetzungen indessen für zulässig erachtet.[319]

Der Jurist ist daran gewöhnt, die juristische Person als eine Einheit und deren Organe als unselbständige Momente zu betrachten, die allein auf das Interesse der juristischen Person bedacht sind. Es stellt sich aber die Frage, ob die den Organen zugewiesenen Kompetenzen u.U. nicht auch wehrfähig sein müssen. Denn die Zuweisung von Kompetenzen an verschiedene Organe dient auch der Vorbeugung einer mißliebigen Machtkumulation. So stellt das Bundesverwaltungsgericht zutreffend fest, daß Körperschaften des öffentlichen Rechts zwar rechtsbegrifflich als Einheit anzusehen sind, daß aber „mit Rücksicht auf ihre Gliederung in verschiedene Organe und auf den horizontalen und vertikalen Behördenaufbau sowie infolge der in der öffentlichen Verwaltung bestehenden Weisungsbefugnis und Weisungsfreiheiten ... der Einheitlichkeit der Willensbildung in der Körperschaft Grenzen gesetzt" sind.[320] Auch zwischen verschiedenen Organen derselben juristischen Person des öffentlichen Rechts können sich daher öffentlich-*rechtliche* Streitigkeiten im Sinne des § 40 Abs. 1 Satz 1 GG ergeben. Die Streitigkeit zwischen einer Behörde und einem Rechnungshof ist dann nichtverfassungsrechtlicher Art, wenn das streitige Rechtsverhältnis dem Verwaltungsrecht zuzuordnen ist.[321] Handelt es sich dagegen um eine verfassungsrechtliche Streitigkeit, etwa um eine zwischen Regierung und Rechnungs-

---

[316] Siehe oben Teil B, IX, 1

[317] *Konrad Redeker / Hans-Joachim von Oertzen*, Verwaltungsgerichtsordnung: Kommentar, 12. Auflage, Stuttgart / Berlin / Köln 1997, § 63 Rn. 8

[318] OVG Münster OVGE 6, 224, 227

[319] *Albert von Mutius*, Die Beteiligten im Verwaltungsprozeß, Jura 1988, 469, 475; *Redeker / von Oertzen*, (Fn. 317), § 63 Rn. 8; *Kopp / Schenke*, (Fn. 300), § 63 Rn. 7.; *Gunnar Folke Schuppert*, Die Einheit der Verwaltung als Rechtsproblem, DÖV 1987, 757, 767 f.; *Gunter Kisker*, Organe als Inhaber subjektiver Rechte - BVerwGE 45, 207, JuS 1975, 704, 709; BSGE 52, 294, 295

[320] BVerwGE 45, 207, 210

[321] Siehe oben Teil B, IX, 1

hof, dann ist das verfassungsrechtliche Organstreitverfahren die richtige Klageart. Der Bundesrechnungshof ist zwar kein Verfassungsorgan, er ist aber oberste Bundesbehörde im Sinne des Art. 93 Abs. 1 Nr. 1 GG, da er durch das Grundgesetz mit eigenen Rechten ausgestattet ist. Er kann daher auch Beteiligter in einem verfassungsrechtlichen Organstreitverfahren sein.

Besonderes Augenmerk im verwaltungsrechtlichen In-sich-Prozeß ist der Klagebefugnis nach § 42 Abs. 2 VwGO zu widmen. Bislang wurde nur festgestellt, daß auch den einzelnen Organen derselben juristischen Person subjektive Rechte gegeneinnander zustehen können. Nunmehr gilt es genauer zu prüfen, wie sich solche Rechte im Falle einer Klage gegen einen Rechnungshof im Einzelfall herleiten lassen. Die Grundrechtsfähigkeit der öffentlich-rechtlichen Rundfunkanstalten, der Universitäten und bestimmter Kunsteinrichtungen wurde bereits erwähnt.[322] Diese Institutionen werden in diesem Zusammenhang cum grano salis zum Begriff der Behörde gerechnet. Zwar sind den einzelnen Organen einer juristischen Person des öffentlichen Rechts in erster Linie nur Kompetenzen zugewiesen, aus denen sich keine subjektiven Rechte ergeben, anderes wird aber dann zu gelten haben, wenn die Rechtsordnung die einzelnen Organe in ein Spannungsverhältnis stellt, in dem Interessenkonflikte als Möglichkeit akzeptiert werden.[323] Diese etwas allgemeine Formulierung läßt sich dahingehend präzisieren, daß Organe, die repräsentativen Charakter haben und in einem gesetzlich ausbalancierten Verhältnis zu anderen Organen stehen, eigene Vorstellungen entwickeln und zur Geltung bringen, auch die Befugnis haben sollen, ihre Zuständigkeiten gegen Übergriffe anderer Organe zu verteidigen. Dies trifft neben denjenigen juristischen Personen des öffentlichen Rechts, die sich unmittelbar auf Grundrechte berufen können, jedenfalls auch auf die juristischen Personen im Sinne des § 55 Abs. 1 HGrG zu, da diese in einem gesetzlich ausbalancierten Verhältnis zum Rechnungshof stehen. Ihnen ist die Möglichkeit eingeräumt, gegen die nach ihrer Vorstellung fehlerhaften Prüfungsfeststellungen eines Rechnungshofes gerichtlich vorzugehen.

4. Recht auf Gehör im Prüfungsverfahren?

Abschließend zu dem Komplex „Rechtsschutz gegen Prüfungsfeststellungen der Rechnungshöfe“ soll nun der Frage nachgegangen werden, ob dem von einem Prüfungsverfahren Betroffenen ein Recht auf Gehör zusteht. Besteht ein solches und wird es im Laufe der Prüfungstätigkeit verletzt, dann kann der Einzelne seine Klage- bzw. Beschwerdebefugnis auch auf die Verletzung dieses Verfahrensrechts stützen. In Art. 103 Abs. 1 GG ist das Recht auf Gehör für das Gerichtsverfahren ausdrücklich normiert. Es ist wesentliche Konsequenz des Rechtsstaatsprinzips und letztlich eine Ausformung des Art. 1 Abs. 1 GG, nach dem der Einzelne nicht zum Objekt staatlicher Gewalt degradiert werden darf. Dies schließt für den von der staatlichen Gewalt Betroffenen die Befugnis ein, seinen Standpunkt geltend zu machen.

---

[322] Siehe oben Teil B, VIII, 2 b

[323] *Kisker*, (Fn. 319), S. 708

Das Haushaltsrecht des Bundes und der Länder enthält keine ausdrücklichen Regelungen eines rechtlichen Gehörs. Nach § 96 Abs. 1 Satz 1 BHO/LHO teilt der Rechnungshof das Prüfungsergebnis den zuständigen Dienststellen zur Äußerung zwar mit, betroffen davon ist aber das *Ergebnis* der Prüfung. Die Mitteilung nach § 96 BHO/LHO steht am Ende des Prüfungsverfahrens. Für die Dienststelle ergibt sich daraus kein Recht bereits im Verfahren gehört zu werden und daher auch keine Möglichkeit auf dieses Einfluß zu nehmen. Auch aus einem anderen Grund ist die Vorschrift des § 96 BHO/LHO zur Statuierung eines Rechts auf Gehör untauglich. Adressat der Mitteilung ist nach dieser Vorschrift die zuständige Dienststelle. Wir haben aber bereits gesehen, daß hinter jedem Handeln oder Unterlassen einer bestimmten Stelle stets ein Verhalten eines bestimmten Amtswalters zu sehen ist.[324] Für diesen besteht die Gefahr, daß Verstöße gegen die Prinzipien Ordnungsmäßigkeit und Wirtschaftlichkeit ihm als persönliches Fehlverhalten angelastet werden. Der Amtswalter ist dann der eigentlich Betroffene. Da jedoch nicht ihm, sondern seiner Dienststelle die Möglichkeit der (nachträglichen) Stellungnahme eingeräumt wird, ergibt sich, „daß § 96 BHO/LHO gar nicht den Grundsatz des rechtlichen Gehörs im Auge hat".[325]

Abgesehen davon, daß die Haushaltsordnungen des Bundes und der Länder nicht nur keine Regelung des rechtlichen Gehörs enthalten, gehen diese Gesetze sogar davon aus, daß ein Recht auf Gehör im Prüfungsverfahren überhaupt nicht besteht.[326] Das ergibt sich aus der Freiheit der Rechnungshöfe, die Prüfung nach Ort, Gegenstand und Zeitpunkt nach ihrem Ermessen zu bestimmen. Eine Formalisierung des Prüfungsverfahrens hat der Gesetzgeber nicht vorgesehen.

Es drängt sich die Frage auf, ob diese vom Haushaltsgesetzgeber ausgestaltete Rechtslage einer rechtsstaatlichen Modifizierung bedarf. So ist nach der ständigen Rechtsprechung des Bundesverfassungsgerichts „Grundrechtsschutz weitgehend auch durch die Gestaltung von Verfahren zu bewirken".[327] Auch der VGH Kassel meint, daß „dann, wenn Dritte, außerhalb staatlicher Institutionen stehende Personen in nicht nur für den internen Dienstgebrauch des Rechnungshofes bestimmten Äußerungen kritisiert werden ... es nach dem Rechtsstaatsprinzip, aber auch zum Schutz der Grundrechte des Betroffenen (z.B. Art. 2 Abs. 1, 5 Abs. 1 und Abs. 3, 12 Abs. 1 und 14 Abs. 1 GG) geboten [sei], die getroffenen Feststellungen verfahrensrechtlich durch eine Anhörung des Betroffenen zu sichern".[328] Für den in rechtsstaatlichen Kategorien denkenden und empfindenden Juristen ist diese Aussage auf den ersten Blick nachvollziehbar. Dagegen muß jedoch deutlich betont werden, daß es sich bei der Ab-

---

[324] Siehe oben Teil B, IX, 2

[325] *Haverkate*, (Fn. 301), S. 546

[326] *Haverkate*, (Fn. 301), S. 547

[327] BVerfG, NJW 1980, 759, 763

[328] VGH Kassel, NVwZ-RR 1994, 511, 513; ebenso *Kopp*, (Fn. 300), S. 426; *Walter Leisner*, Staatliche Rechnungsprüfung Privater, Berlin 1990, S. 151

lehnung eines rechtlichen Gehörs nicht um ein Relikt handelt, welches mit dem heutigen Rechtsstaatsverständnis unvereinbar wäre.[329]

Vielmehr gibt es im Prüfungsverfahren kein Recht auf Gehör, weil es ein staatsorganisationsinternes Verfahren ist. Daß die Feststellungen der Rechnungshöfe im Einzelfall Rechtswirkungen nach außen entfalten können, ändert daran nichts. Die Prüfungsfeststellungen sollen für Parlament und Regierung lediglich Entscheidungsgrundlage sein, sie haben dagegen keinen verbindlichen Charakter und entfalten daher in aller Regel keine rechtliche Außenwirkung. Dieses Regel-Ausnahme-Verhältnis läßt sich nicht umkehren mit der Folge, daß den Feststellungen grundsätzlich Außenwirkung und damit auch ein Eingriffscharakter zugesprochen werden muß. Wenn dem so wäre, dann müßte das Recht auf Gehör zugebilligt werden.

Noch ein weiteres Argument spricht gegen die Annahme des Rechts auf Gehör: Wären die Rechnungshöfe an diese Verfahrensvorschrift gebunden, dann würde ihre Prüfungstätigkeit nahezu lahmgelegt sein. Bei der Prüfung einer einzigen Zuwendung werden u.U. Hunderte von Zuwendungsempfängern überprüft.[330] Solche umfassenden Überprüfungen sind gerade bei Erfolgskontrollen notwendig, bei denen es ja um die makroökonomische Wirksamkeit einer Subventionierung geht. Würde man jedem Empfänger einer Subvention rechtliches Gehör zubilligen, dann wäre die Effizienz der Finanzkontrolle in schwerwiegender Weise beeinträchtigt. Rein faktisch wird der Betroffene aber sehr wohl die Möglichkeit einer Stellungnahme haben. Die Rechnungshöfe stehen nämlich in der Pflicht, genau und objektiv zu prüfen.[331] Das beinhaltet das Erfordernis, Dritte zur Aufklärung prüfungsrelevanter Sachverhalte zu hören. Eine Verletzung dieser Pflicht kann auch die verwaltungsgerichtliche Feststellung begründen, daß der Rechnungshof seiner Tätigkeit einen unzutreffenden Sachverhalt zugrundegelegt hat.[332] Der Pflicht zur Sachverhaltsaufklärung unter Mitwirkung der geprüften Stellen kommt der Bundesrechnungshof auch nach. So heißt es in der Vorbemerkung zu seinen jährlichen Bemerkungen:

> „Die Bundesministerien und die betroffenen juristischen Personen des öffentlichen Rechts hatten Gelegenheit, zu den ihre Geschäftsbereiche berührenden Sachverhalten Stellung zu nehmen. Im übrigen sind die Prüfungsfeststellungen in der Regel schon vorher mit den geprüften Stellen erörtert worden. Falls anderes nicht ausdrücklich erwähnt ist, kann davon ausgegangen werden, daß über die dargestellten Sachverhalte Meinungsverschiedenheiten nicht bestehen. Soweit die betroffenen Stellen abweichende Auffassungen hinsichtlich der Würdigung vorgebracht haben, kommt dies in den Bemerkungen zum Ausdruck“.[333]

---

[329] *Belemann*, (Fn. 299), S. 61
[330] *Haverkate*, (Fn. 301), S. 551
[331] *Haverkate*, (Fn. 301), S. 550
[332] *Belemann*, (Fn. 299), S. 61
[333] Vgl. etwa BT-Drucks. 13/5700, S. 6; 13/8550, S. 7

X. Die Finanzkontrolle in der EU

1. Der Europäische Rechnungshof

Es wurde gezeigt, daß die Entwicklung der Rechnungshöfe in engem Zusammenhang steht mit der Entwicklung der politischen Institutionen.[334] Rechnungskontrolleinrichtungen mit einer Tendenz zur Unabhängigkeit sind für moderne Verfassungsstaaten typisch geworden.[335] In dieses Bild fügt sich ein, daß auch der EG-Vertrag dem Europäischen Rechnungshof den Rang eines Hauptorgans der EU zugesprochen hat, vgl. Art. 7 Abs. 1, 232, 246-248 EGV. Die EU ist zwar kein Verfassungsstaat sondern eine internationale Organisation, im Vergleich zu anderen internationalen Organisationen weist sie aber hinsichtlich ihrer Finanzverfassung erhebliche Ähnlichkeiten mit staatlichen Strukturen auf. Sie verfügt über eigene Einnahmequellen, insbesondere aus Zöllen, Agrarabschöpfungen, aus einem Anteil an der Mehrwertsteuer wie auch aus einem Anteil an dem Bruttosozialprodukt der Mitgliedsstaaten.[336] Diese Eigenmittel fallen kontinuierlich an und ermöglichen eine eigenständige Haushaltsführung, die in ihren Grundzügen dem in den Mitgliedsstaaten bekannten Haushalts- und Budgetkreislauf entspricht.[337] Der Haushalt wird aufgestellt durch Kommission, Rat und Parlament, ausgeführt durch die Kommission, geprüft durch den Rechnungshof, den Rat und das Parlament und schließlich erfolgt die Entlastung durch Rat und Parlament.

Nach Art. 246 EGV nimmt der Rechnungshof die Rechnungsprüfung wahr. Die Rechnungsprüfung schließt sich an die Ausführung des Haushaltsplanes und die Rechnungslegung durch die Kommission an und dient als Grundlage für deren Entlastung durch das Europäische Parlament (Art. 274-276 EGV). Geschaffen wurde der Europäische Rechnungshof durch den „Vertrag zur Änderung bestimmter Finanzvorschriften der Verträge zur Gründung der EG und des Vertrages zur Einsetzung eines gemeinsamen Rates und einer gemeinsamen Kommission der EG“ vom 22. Juli 1975.[338] Er wurde gemäß Art. 206 Abs. 1 EWGV errichtet und nahm seine Tätigkeit mit der Ernennung seiner Mitglieder im Oktober 1977 in Luxemburg auf.[339] Ursprünglich war der Rechnungshof kein Hauptorgan der EG, wie Parlament, Rat, Kommission und Gerichtshof, er war diesen jedoch von Anfang an in mancher Hinsicht gleichgestellt. So verfügt er etwa über einen eigenen Einzelplan im Haushalt, über Eigenständigkeit im Personalbereich sowie über Geschäftsordnungsautonomie.[340]

---

[334] Siehe oben Teil B, I

[335] Dazu mit erschöpfenden weiteren Nachweisen: *Helmuth Schulze-Fielitz*, Kontrolle der Verwaltung durch Rechnungshöfe, VVDStRL 55 (1996), S. 230 ff., 235

[336] *Siegried Magiera*, in: Eberhard Grabitz / Meinhard Hilf (Hrsg.), Kommentar zur Europäischen Union, Loseblattsammlung, München, Stand: Oktober 1997, Art. 201 EGV Rn. 14 ff.

[337] *Siegfried Magiera*, Finanzkontrolle in der Europäischen Gemeinschaft, in: Hans Herbert von Arnim, (Hrsg.), Finanzkontrolle im Wandel, Berlin 1989, S. 221 ff., 222

[338] ABl. EG 1977 L 359/1

[339] *Magiera*, (Fn. 336), Art. 188 b EGV Rn. 2

[340] *Magiera*, (Fn. 336), Art. 188 b EGV Rn. 3; (Fn. 337), S. 231

Seine fünfzehn Mitglieder üben „ihre Tätigkeit in voller Unabhängigkeit zum allgemeinen Wohl der Gemeinschaft aus“ (Art. 247 Abs. 4 UAbs. 1 EGV). Zu Mitgliedern des Europäischen Rechnungshofes sind Persönlichkeiten auszuwählen, die in ihren Ländern Rechnungsprüfungsorganen angehören oder angehört haben. Sie werden vom Rat nach Anhörung des Parlaments einstimmig auf sechs Jahre - mit der Möglichkeit der Wiederbestellung - ernannt (Art. 247 Abs. 2, 3 EGV). Während ihrer Amtszeit dürfen die Mitglieder keine andere entgeltliche oder unentgeltliche Berufstätigkeit ausüben. Sie dürfen auch keine Anweisungen von einer Regierung entgegennehmen oder anfordern. Sie genießen ebenso Immunität wie die Richter des EuGH.[341] Eine Amtsenthebung ist nur durch den EuGH auf Antrag des Rechnungshofes zulässig, wenn festgestellt wird, daß das Mitglied „nicht mehr die erforderlichen Voraussetzungen erfüllt oder den sich aus seinem Amt ergebenden Verpflichtungen nicht mehr nachkommt“ (vgl. zum Ganzen Art. 247 Abs. 5-7 EGV). Damit wird auch auf der europarechtlichen Ebene zum Ausdruck gebracht, daß zu einer wirksamen Finanzkontrolle jedenfalls die Unabhängigkeit der Kontrolleure gehört. Die Mitglieder des Rechnungshofes wählen aus ihrer Mitte den Präsidenten des Rechnungshofes für drei Jahre. Eine Wiederwahl ist zulässig (Art. 247 Abs. 3 UAbs. 4 EGV). Der Präsident ist primus inter pares und besitzt kein Weisungsrecht gegenüber den übrigen Mitgliedern.

Der Bundesrechnungshof arbeitet mit dem Europäischen Rechnungshof und den Rechnungshöfen der Mitgliedstaaten im sog. Kontaktausschuß der Präsidenten zusammen.[342] Dabei geht es vor allem um eine Angleichung der Prüfungsverfahren und -methoden und um eine Festlegung der Modalitäten einer koordinierten Zusammenarbeit unter den Prüfungsorganen der Mitgliedstaaten. Die Bundesregierung hat bei der Revision des EG-Vertrages in Amsterdam im Juni 1997 die verfassungsrechtlich garantierte Unabhängigkeit des Bundesrechnungshofes verdeutlicht. Dadurch hat sie zum einen eine Klarstellung von Art. 247 Abs. 3 EGV erreicht, dessen UAbs. 1 Satz 3 nun ausdrücklich regelt, daß der Europäische Rechnungshof und die einzelstaatlichen Rechnungshöfe „unter Wahrung ihrer Unabhängigkeit vertrauensvoll“ zusammenarbeiten. Zum anderen hat sie Vorschlägen nicht zugestimmt, nach denen sich Klagerechte des Europäischen Rechnungshofes gegen die nationalen Rechnungshöfe hätten ergeben können.

In der Praxis geschieht die Zusammenarbeit des Europäischen Rechnungshofes mit den Rechnungshöfen der Mitgliedstaaten durch den Austausch von Prüfungsbeamten und Arbeitsprogrammen, durch die Übermittlung des Programms der an Ort und Stelle durchzuführenden Prüfbesuche sowie durch die Ernennung von Verbindungsbeamten, die einen ständigen Kontakt zum Europäischen Rechnungshof

---

[341] Art. 188 b Abs. 9 EGV i.V.m. Art. 21 des Protokolls über die Vorrechte und Befreiungen der Europäischen Gemeinschaften vom 8. April 1965, ABl. EG 1967 152/13

[342] Bemerkungen des Bundesrechnungshofes 1997, BT-Drucks. 13/8550, S. 8 f.

halten.[343] In den gemeinsamen Konferenzen der Präsidenten der Mitgliedstaaten wird gegenwärtig versucht, gemeinsame Prüfungsstandards festzulegen, die bei der Kontrolle von Gemeinschaftsmitteln zum Tragen kommen sollen.

2. Gegenstand der Finanzkontrolle

Der Europäische Rechnungshof prüft gemäß Art. 248 Abs. 1 EGV die Rechnung über alle Einnahmen und Ausgaben der EU und jeder von der EU geschaffenen Einrichtung, soweit deren Gründungsakt dies nicht ausschließt. Bei der ersten Alternative muß es sich um „Einnahmen und Ausgaben der Gemeinschaft" handeln, nicht notwendig um solche des „Haushalts" (so noch Art. 206 Abs. 1 Satz 1 EWGV a.F.). Die zweite Alternative betrifft die von der EU geschaffenen zusätzlichen Einrichtungen.

a) Einnahmen und Ausgaben der EU

Nach Art. 248 Abs. 1 Satz 1 EGV unterliegen der Rechnungsprüfung auch Unionsmittel, die entweder - wie etwa diejenigen des Funktionshaushalts der Europäischen Gemeinschaft für Kohle und Stahl oder der Versorgungsagentur und der gemeinsamen Unternehmen der Europäischen Atomgemeinschaft - ausdrücklich oder aber - wie diejenigen des Europäischen Entwicklungsfonds oder aus der Anleihe- und Darlehenstätigkeit - stillschweigend außerhalb des Unionshaushalts stehen. Der Rechnungshof ist auch für die Prüfung seiner eigenen Haushaltsführung zuständig. Dabei bedient er sich privater Revisionsgesellschaften.[344]

Die Ausgaben der EU ergeben sich aus der Gesamtheit der von den Unionsorganen wahrzunehmenden Aufgaben (Programmkosten) und den zu ihrer Erfüllung erforderlichen Mitteln (Verwaltungskosten). Es bedarf insoweit keiner besonderen Finanzierungszuständigkeit, da die Ausgabenkompetenz notwendige Folge der Finanzierungskompetenz ist.[345] Die Höhe der Ausgaben wird im Haushaltsverfahren (Art. 272 EGV) festgelegt. Sie ist weitgehend durch finanzwirksame Gemeinschaftsrechtsakte sowie die verfügbaren Einnahmen festgelegt. Nach Art. 268 Abs. 3 EGV nämlich ist der Haushaltsplan in Einnahmen und Ausgaben auszugleichen. Dieser Grundsatz verlangt zunächst rein formal, daß die Summe der Einnahmen rechnerisch auch der Summe der Ausgaben entspricht. Da es sich dabei jedoch um eine haushaltsrechtliche Selbstverständlichkeit handeln dürfte, läßt die Hervorhebung dieses Grundsatzes darauf schließen, daß „materiell ein Haushaltsgleichgewicht im Sinne einer realisierbaren Gleichwertigkeit der Einnahmen und Ausgaben anzustreben ist".[346] Trotz dieses klaren Rechtsgebotes haben die Ausgabenverpflichtungen der EU in den

---

[343] *Bernhard Friedmann*, Organisation und Koordination von Prüfungsmethoden des Europäischen Rechnungshofes, in: Bernhard Friedmann (Hrsg.), Der Europäische Rechnungshof und die Wirtschafts- und Finanzhilfen der EU für Mittel- und Osteuropa, Luxemburg / Köln 1994, S. 47 ff., 74

[344] *Marcel Mart*, Diskussionsbeitrag, in: Hans Herbert von Arnim (Hrsg.), Finanzkontrolle im Wandel, Berlin 1989, S. 254

[345] *Magiera*, (Fn. 336), Art. 199 EGV Rn. 10

[346] *Magiera*, (Fn. 336), Art. 199 EGV Rn. 30

vergangenen Jahren die verfügbaren Einnahmen zunehmend überstiegen. Im Verhältnis der Ausgabenarten zueinander fällt der größte Anteil in den Agrarbereich, wenn auch im Laufe der Gemeinschaftsentwicklung eine relative Verringerung zugunsten anderer Politikbereiche zu verzeichnen ist.

Hinsichtlich der Einnahmen der EU enthält Art. 269 EGV besondere Bestimmungen. Nach Art. 269 Abs. 1 EGV besteht eine Verpflichtung zur Finanzierung des Haushalts aus Eigenmitteln. Es wurde bereits erwähnt,[347] daß zu den Eigenmitteln der EU insbesondere die Einnahmen aus Agrarabschöpfungen und aus Zöllen gehören (diese beiden Einnahmequellen bezwecken indessen in erster Linie einen Binnenmarktschutz und nicht die Haushaltsfinanzierung). Desweiteren ermöglichen Einnahmen aus der Mehrwertsteuer und aufgrund des Bruttosozialproduktes der Mitgliedstaaten berechnete Einnahmen eine eigenständige Haushaltsführung. Mangels eines eigenen Verwaltungsunterbaus ist die EU bei der Haushaltsausführung auf die Unterstützung der Mitgliedstaaten angewiesen, die nach Art. 10 EGV alle geeigneten Maßnahmen zur Erfüllung ihrer Verpflichtungen aus dem Gemeinschaftsrecht zu treffen und der EU die Erfüllung ihrer Aufgabe zu erleichtern haben. Für die Einnahmeseite bedeutet dies konkret, daß die Unionsmittel von den Mitgliedstaaten zu erheben und der Kommission zur Verfügung zu stellen sind.[348] Bei der Einnahmenerhebung handeln die Mitgliedstaaten also grundsätzlich in eigener Verantwortung. Die Kommission hat aber die Möglichkeit einer begleitenden Kontrolle bereits bei der Feststellung der Eigenmittel durch die Mitgliedstaaten.[349]

b) Einnahmen und Ausgaben der von der EU geschaffenen Einrichtungen

Unter Einrichtungen im Sinne des Art. 248 Abs. 1 Satz 2 EGV sind insbesondere juristische Personen zu verstehen, wie etwa das Europäische Zentrum für die Förderung der Berufsbildung oder die Europäische Stiftung zur Verbesserung der Lebens- und Arbeitsbedingungen. Diese sind mit einer gewissen Finanzautonomie ausgestattet[350] und verfügen über eigene von den jeweiligen Verwaltungsräten festgestellte Einnahmen- und Ausgabenpläne. Insoweit ist der haushaltsrechtliche Grundsatz der Vollständigkeit, wonach *alle* Einnahmen und Ausgaben in den Haushalt aufzunehmen sind, durchbrochen. Nicht zu den von der EU geschaffenen Einrichtungen gehören die Unionsorgane im Sinne des Art. 7 EGV.[351] Deren Einnahmen und Ausgaben gehören zu denen der EU selbst, werden also von Art. 248 Abs. 1 Satz 1 EGV erfaßt.

---

[347] Siehe oben Teil B, X, 1

[348] *Magiera*, (Fn. 337), S. 229

[349] EuGH, Slg. 1980, 31, 55

[350] Vgl. VO Nr. 337/75/EWG des Rates vom 10. Februar 1975, ABl. EG 1975 L 39/1; VO Nr. 1365/75/EWG des Rates vom 26. Mai 1975, ABl. EG 1975 L 139/1

[351] *Magiera*, (Fn. 336), Art. 188 c EGV Rn. 4; (Fn. 337), S. 232

3. Zeitpunkt der Finanzkontrolle

Die Prüfung des Rechnungshofes bezieht sich auf die von der Kommission nach Art. 275 EGV dem Rat und dem Europäischen Parlament vorgelegte Rechnung. Sie ist daher grundsätzlich ex-post-Kontrolle. Nach Art. 248 Abs. 2 UAbs. 4 EGV können Prüfungen indessen auch schon vor Abschluß der Rechnung des betreffenden Haushaltsjahres durchgeführt werden. So muß insbesondere nicht der einzelne Zahlungsvorgang abgewartet werden. Vielmehr darf die Prüfung der Einnahmen schon anhand der betreffenden Feststellungen und die Prüfung der Ausgaben schon anhand der betreffenden Mittelbindungen vorgenommen werden (Art. 248 Abs. 2 UAbs. 2 und 3 EGV). Damit besteht praktisch die Möglichkeit einer begleitenden Kontrolle, wodurch drohenden Fehlentwicklungen bei der Verwaltung und Verwendung der Unionsmittel rechtzeitig vorgebeugt werden soll.

4. Reichweite der Finanzkontrolle

Die Prüfung durch den Europäischen Rechnungshof wird nach Art. 248 Abs. 3 EGV bei den Organen der EU und in den Mitgliedstaaten anhand der Rechnungsunterlagen, erforderlichenfalls auch an Ort und Stelle durchgeführt. In den Mitgliedstaaten erfolgt die Prüfung in Zusammenarbeit mit den dortigen Rechnungsprüfungsorganen oder mit den sonstigen zuständigen Dienststellen der Einzelstaaten, die dem Rechnungshof laut Ratserklärung im Anhang zum Änderungsvertrag vom 22. Juli 1975[352] von den Mitgliedstaaten bezeichnet werden. Diese Stellen teilen dem Rechnungshof mit, ob sie an der Prüfung teilnehmen wollen. Der Rechnungshof kann auch selbständig in den Mitgliedstaaten prüfen. Die national zuständigen Organe sind zu einer Mitwirkung zwar nicht verpflichtet, müssen dem Rechnungshof aber auf Antrag jede für die Erfüllung seiner Aufgabe erforderliche Unterlage oder Information übermitteln (Art. 248 Abs. 3 UAbs. 2 EGV). Bei Prüfungen in Deutschland ist der Bundesrechnungshof der richtige Ansprechpartner. Ein ständiger Kontakt auch zu den Rechnungshöfen der einzelnen Bundesländer würde sich für den Europäischen Rechnungshof als zu große Belastung darstellen. Allerdings zeigt sich in der Praxis immer häufiger, daß auch zahlreiche Berührungspunkte mit den Landesrechnungshöfen bestehen. Im Rahmen der europäischen Regionalpolitik etwa werden sowohl Unionsmittel als auch Bundes- und Landesmittel eingesetzt. Bei den Prüfungen des Europäischen Rechnungshofes in Deutschland hat sich folgende Vorgehensweise als zweckmäßig erwiesen:[353]

Der Bundesrechnungshof wird zunächst darüber informiert, daß eine Prüfung in Deutschland stattfinden soll. Ihm wird der Prüfungsplan zugeleitet und um Mitteilung gebeten, ob und in welcher Weise er an der Prüfung teilzunehmen beabsichtigt. Gleichzeitig wird der jeweils zuständige Landesrechnungshof über das Prüfungsvorhaben unterrichtet und ebenfalls gebeten, dem Europäischen Rechnungshof kund zu geben, ob und wenn ja, wie er sich an der Kontrolle beteiligen möchte. In ei-

---

[352] Ziffer 3, abgedruckt in BGBl. 1976 II, S. 1338

[353] Vgl. *Friedmann*, (Fn. 343), S. 73

nem zweiten Schritt werden die Stellen, die vor Ort geprüft werden sollen, darüber informiert, daß eine Kontrolle stattfindet, welche Bereiche von ihr betroffen sind und wie die Prüfungsdelegation sich zusammensetzt. Diese Aufgabe wird in aller Regel vom Bundes- oder Landesrechnungshof übernommen.

Die Prüfung „an Ort und Stelle" schließt eine Prüfung auch bei Privatpersonen ein. Dies gilt jedenfalls für die Ausgabenkontrolle, zu deren Sicherstellung sich Empfänger von Subventionen einer Verwendungsprüfung durch den Rechnungshof unterwerfen müssen[354] (Art. 87 Abs. 6 HO[355]). Bei der Einnahmeprüfung besteht jedoch eine Einschränkung aufgrund der Ratserklärung im Anhang zum Änderungsvertrag vom 22. Juli 1975 bezüglich der Erhebung der Eigenmittel.[356] Danach darf sich die Prüfung der von den Mitgliedstaaten festgestellten Ansprüchen „nicht auf die eigentlichen materiellen Geschäfte ... , die sich aus den Belegen über die Feststellung ersehen lassen" beziehen. Die Prüfung an Ort und Stelle erfolgt auf der Einnahmeseite also nicht beim Zahlungspflichtigen. Danach darf der Rechnungshof nicht nachprüfen, ob etwa eine sich aus den Unterlagen eines Mitgliedstaates ergebende Einfuhr tatsächlich auch stattgefunden hat, er darf aber prüfen, ob sie gemeinschaftsrechtlich, etwa hinsichtlich der Verzollung, zutreffend bewertet worden ist.[357]

5. Maßstäbe der Finanzkontrolle

Die Rechnungsprüfung erfolgt anhand der Maßstäbe der Rechtmäßigkeit und Ordnungsmäßigkeit. Maßgebend dafür, was recht- und ordnungsmäßig ist, ist das primäre Gemeinschaftsrecht, der Haushaltsplan, die Haushaltsordnung und alle zur Durchführung der Verträge erlassenen Vorschriften (Art. 85 Abs. 1 HO). Darüber hinaus überzeugt sich der Rechnungshof auch von der Wirtschaftlichkeit der Haushaltsführung (Art. 248 Abs. 2 UAbs. 1 EGV, Art. 85 Abs. 1 HO). So sind gemäß Art. 274 Abs. 1 EGV i.V.m. Art. 2 Abs. 1 Satz 1 HO die Haushaltsmittel im Rahmen der zugewiesenen Mittel nach den Grundsätzen der Wirtschaftlichkeit, insbesondere der Sparsamkeit und der Kosten-Nutzen-Relation, zu verwenden.[358] Der Begriff der Sparsamkeit ist in den Vertragstext zwar nicht aufgenommen worden, er ist aber in Art. 2 HO enthalten. Daß auch die Sparsamkeit Prüfungsmaßstab ist, ergibt sich schon daraus, daß zu einer wirtschaftlichen Haushaltsführung auch eine sparsame gehört.[359] Schließlich ist auch nicht einzusehen, warum für die Mittelverwendung andere Maßstäbe gelten sollten als für ihre Überprüfung. Grundsätzlich bleibt jedoch zu beachten,

---

[354] *Magiera*, (Fn. 336), Art. 188 c EGV Rn. 7; *ders.*, (Fn. 337), S. 233

[355] Haushaltsordnung vom 21. Dezember 1977 für den Gesamthaushaltsplan der Europäischen Gemeinschaften, ABl. EG 1977 L 356/02; zuletzt geändert durch die Verordnung (EG, EGKS, Euratom) Nr. 2673/1999 (ABl. EG 1999 L 326)

[356] Ziffer 2, abgedruckt in BGBl. 1976 II, S. 1338

[357] *Magiera*, (Fn. 336), Art. 188 c EGV Rn. 7; *ders.*, (Fn. 337), S. 233; zu den damit verbundenen praktischen Schwierigkeiten vgl. etwa Europäischer Rechnungshof, Jahresbericht zum Haushaltsjahr 1986, ABl. EG 1987 C 336/39 und zum Haushaltsjahr 1987, ABl. EG 1988 C 316/17

[358] *Magiera*, (Fn. 336), Art. 188 c EGV Rn. 8

[359] Vgl. *Werner Brück / Horst A. Kühne*, Die Neuregelung der Finanzkontrolle der Europäischen Gemeinschaften, DÖV 1977, 23, 26

daß die Maßstäbe der Wirtschaftlichkeit und Sparsamkeit den Rechnungshof nur dazu ermächtigen, die Haushaltsführung im Rahmen der gemeinschaftlichen Zielsetzungen zu überprüfen, nicht hingegen diese Zielsetzungen selbst zu bewerten.[360] Angesichts der Weite der gemeinschaftlichen Zielsetzungen verbleibt dem Rechnungshof dabei allerdings ein erheblicher Spielraum. Das bedeutet für die Praxis konkret, daß der Rechnungshof selbst den Begriff der Wirtschaftlichkeit näher umgrenzen muß. Schließlich führt der Rechnungshof auch Erfolgskontrollen durch. Er prüft damit selbst den Zielerreichungsgrad staatlicher Maßnahmen.[361] Im Jahresbericht zum Haushaltsjahr 1998 forderte er, den Erfolg der Tätigkeit der Gemeinschaftsorgane, insbesondere der Kommission, daran zu messen, inwieweit die politischen Vorgaben mit möglichst geringen Kosten verwirklicht werden. Die mittelbewirtschafteten Stellen haben sich Leistungsziele hinsichtlich der Ergebnisse und des erforderlichen Kostenaufwands zu setzen. Voraussetzung hierfür ist, daß möglichst klare, genaue und meßbare Zielgrößen festgelegt sowie geeignete Hilfsmittel für die Messung ihrer Erreichung eingerichtet werden.[362]

6. Berichte und Stellungnahmen des Rechnungshofes

a) Jahresberichte

Nach Abschluß eines jeden Haushaltsjahres erstattet der Europäische Rechnungshof bis zum 30. November des auf das Haushaltsjahr folgenden Jahres einen Jahresbericht, den er mit der Mehrheit der Stimmen seiner Mitglieder - also acht Stimmen - angenommen haben muß (Art. 248 Abs. 4 UAbs. 1 Satz 1 und UAbs. 3 EGV, Art. 88 Ziffer 4 HO). Diesem Bericht ist eine Beurteilung der Wirtschaftlichkeit der Haushaltsführung beigefügt (Art. 88 Ziffer 2 HO). Er wird den anderen Organen der EU vorgelegt und im Amtsblatt zusammen mit den Antworten dieser Organe auf die Bemerkungen des Rechnungshofes veröffentlicht (Art. 248 Abs. 4 UAbs. 1 Satz 2 EGV). Dabei kann der Rechnungshof wiederum seine Einschätzung zu den Antworten der Organe mitteilen (Art. 248 Abs. 4 UAbs. 2 EGV). Letzteres ist von der Kommission indessen bestritten worden.[363] Das Anfügen der eigenen Einschätzung ist aber durchaus sachgerecht und sinnvoll, da dadurch der Dialog zwischen den Unionsorganen verstärkt und die Öffentlichkeitswirkung des Jahresberichts erhöht wird.

Neben den allgemeinen erstellt der Europäische Rechnungshof auch besondere Jahresberichte über die Haushaltsrechnung betreffend u.a. die Europäischen

---

[360] *Magiera*, (Fn. 337), S. 233, m.w.N.; *Norman Price*, The Court of Auditors of the European Communities, Yearbook of European Law 2 (1982), 239, 245 f.
[361] *Friedmann*, (Fn. 343), S. 56; vgl. unten Teil C, VIII, 1
[362] ABl. EG 1999 C 349/5
[363] EG-Gesamtbericht 12/1978, Ziffer 66

Schulen, das Europäische Zentrum für die Förderung der Berufsbildung und die Europäische Stiftung zur Verbesserung der Lebens- und Arbeitsbedingungen.[364]

b) Sonderberichte und Stellungnahmen

Ferner kann der Rechnungshof jederzeit, also auch schon während des laufenden Haushaltsjahres, von sich aus Bemerkungen zu besonderen Fragen vorlegen und auf Antrag eines der anderen Unionsorgane Stellungnahmen abgeben (Art. 248 Abs. 4 UAbs. 2 EGV). Damit sind dem Rechnungshof Möglichkeiten einer begleitenden Kontrolle eröffnet.[365]

Eine Pflicht zur Stellungnahme auf Antrag eines Unionsorgans besteht nicht ausdrücklich; Art. 248 Abs. 4 UAbs. 2 EGV ist lediglich als Kann-Vorschrift ausgestaltet. Dieses Ermessen ist aber dadurch beschränkt, daß der Rechnungshof das Europäische Parlament und den Rat bei der Kontrolle der Ausführung des Haushaltsplanes gemäß Art. 248 Abs. 4 UAbs. 4 EGV zu unterstützen hat.[366] Den Anfragen dieser Organe im Rahmen der Haushaltskontrolle wird er demnach nachkommen müssen. Er hat jedoch darauf zu achten, daß eine sachgerechte Erledigung seiner Aufgaben nicht durch zu zahlreiche Anfragen übermäßig beeinträchtigt wird. Droht die Vielzahl der Anfragen seine Tätigkeit lahmzulegen, dann muß er die Möglichkeit haben, selbst zu entscheiden, ob und in welchem Umfang er dem Ersuchen nachkommt.[367] Für den Erlaß der Haushaltsordnung und weiterer Haushaltsvorschriften ist seine Stellungnahme dagegen in Art. 279 EGV zwingend vorgesehen.

Die Themen der Sonderberichte und Stellungnahmen sind vertraglich nicht näher umschrieben. Erstere beziehen sich vorwiegend auf die eigentliche Haushaltsführung, letztere auf beabsichtigte Vorhaben.[368] Anders als für den Jahresbericht ist eine Veröffentlichung nicht zwingend vorgesehen; sie liegt daher im pflichtgemäßen Ermessen des Rechnungshofes, der einer Veröffentlichung im Amtsblatt auch verschiedentlich nachkommt (Art. 90 HO).[369] Soweit die Sonderberichte im Amtsblatt veröffentlicht werden, sind die Antworten der betroffenen Institutionen beizufügen (Art. 90 Abs. 3 Satz 2 HO).

---

[364] Vgl. dazu die im Anhang zum (allgemeinen) Jahresbericht zusammengestellten Angaben über die jeweils letzten fünf Haushaltsjahre, z.B. Europäischer Rechnungshof, Jahresbericht zum Haushaltsjahr 1992, ABl. EG 1993 C 309/393 ff.

[365] Vgl. oben Teil B, X, 3

[366] *Magiera*, (Fn. 337), S. 234

[367] Vgl. oben Teil B, III, 3 b

[368] *Magiera*, (Fn. 336), Art. 188 c EGV Rn. 11

[369] Vgl. exemplarisch die Zusammenstellung im Jahresbericht des Rechnungshofes zum Haushaltsjahr 1986, ABl. EG 1987 C 336/147 ff.; zum Haushaltsjahr 1992, ABl. EG 1993 C 309/393 ff.; vgl. unten Teil C, VIII, 1 c

Teil C

Die Kontrolle von Subventionen

I. Die Europäisierung des nationalen Subventionsrechts

1. Das Postulat des unverfälschten Wettbewerbs

Im Gegensatz zur wirtschaftspolitischen Neutralität des Grundgesetzes[370] liegt dem EG-Vertrag das Konzept einer liberal-marktwirtschaftlichen Wirtschaftsverfassung zugrunde.[371] Nach Art. 2 EGV ist es Aufgabe der EU, durch die Errichtung eines Gemeinsamen Marktes und einer Wirtschafts- und Währungsunion eine harmonische und ausgewogene Entwicklung des Wirtschaftslebens innerhalb der EU zu fördern. Dementsprechend zielt die Tätigkeit der EU nach Art. 3 lit. g EGV auf die Errichtung eines Systems ab, das den Wettbewerb innerhalb des Binnenmarktes vor Verfälschungen schützt. Unverfälschter Wettbewerb ist ein grundlegendes Vertragsziel von zwingender Geltung.[372] Staatliche Beihilfen erhalten daher im Gemeinsamen Markt eine besondere Dimension, wenn die Wirtschaftsteilnehmer der einzelnen Mitgliedstaaten in grenzüberschreitenden Wettbewerb miteinander treten, der ja nach möglichst gleichen Bedingungen für alle erfolgen soll. Staatliche Beihilfen können diesen Wettbewerb beeinträchtigen, zu einem Subventionswettlauf führen und schließlich die freiheitliche Wirtschaftsverfassung insgesamt untergraben.

Das Vertragsziel des unverfälschten Wettbewerbs soll verwirklicht werden durch die Wettbewerbsvorschriften des EG-Vertrages, die neben Vorschriften über Unternehmen (Art. 81-86 EGV) auch restriktive Regelungen über die Zulässigkeit nationaler Beihilfen im Gemeinsamen Markt enthalten (Art. 87-89 EGV). Bei der Anwendung des Wettbewerbsrechts des EG-Vertrages räumt die EU-Kommission derzeit den Verfahren gegen gemeinschaftswidrig gewährte staatliche Beihilfen hohe Priorität ein.[373] Die Verfahren und Entscheidungen in diesem Bereich häufen sich.[374]

2. Das gemeinschaftsrechtliche Beihilfeverbot

Art. 87 Abs. 1 EGV verbietet grundsätzlich alle staatlichen sowie aus staatlichen Mitteln gewährte Beihilfen, die mit dem Gemeinsamen Markt unvereinbar sind,

---

[370] BVerfGE 4, 7, 17 f.; 7, 377, 400; 39, 210, 225; 50, 290, 337; *Adolf Baumbach / Wolfgang Hefermehl*, Wettbewerbsrecht, 19. Auflage, München 1996, Allg Rn. 42; vgl. auch *Rolf Stober*, Wirtschaftsverwaltungsrecht, 9. Auflage, Stuttgart / Berlin / Köln 1994, § 5 II, S. 52 ff.

[371] *Ernst-Ulrich Petersmann*, Thesen zur Wirtschaftsverfassung der EG, EuZW 1993, 593 ff.; *Stober*, (Fn. 370), § 5 IV 1, S. 57

[372] EuGH, Slg. 1973, 215, 244 ff.

[373] *Thomas Jestaedt*, Das Rückzahlungsrisiko bei „formell rechtswidrigen" Beihilfen, EuZW 1993, 49

[374] Vgl. zu den Beihilfezahlungen des Freistaates Sachsen an die Volkswagen AG z.B. *Ulrich Everling*, Steht Deutschland noch zur Rechtsgemeinschaft?, in: FRANKFURTER ALLGEMEINE ZEITUNG, 3. September 1996, Nr. 205, S. 11; *Klaus-Peter Schmid*, Im deutschen Interesse, in: DIE ZEIT, 13. September 1996, Nr. 38, S. 24; *Thomas Falkenkötter*, Der Streit um die sächsischen VW-Beihilfen - Anlaß für grundsätzliche Klärung?, NJW 1996, 2689 ff.; EuG, EuZW 2000, 115 ff.

weil sie den Handel zwischen den Mitgliedstaaten beeinträchtigen. Eine Wettbewerbsverfälschung liegt vor, wenn die Beihilfe den Ablauf des Wettbewerbs verändert, wenn sie die Gleichheit im Wettbewerb beeinträchtigt, oder wenn sie die Wettbewerbsfähigkeit des Begünstigten verbessert.[375] Das Subventionsverbot ist somit eine Variante des gemeinschaftsrechtlichen Diskriminierungsverbotes.[376] Eine Wettbewerbsverfälschung ist in zwei Formen möglich: zum einen bezogen auf die Beziehungen der nationalen Unternehmen untereinander und zum anderen auf die Beziehungen der nationalen Unternehmen zu ihren Konkurrenten in den anderen Mitgliedstaaten.[377] Nicht erforderlich ist dabei eine tatsächliche Verfälschung des Wettbewerbs; die bloße Möglichkeit reicht aus. Sie muß aber konkret und gegenwärtig sein und nicht außerhalb aller Wahrscheinlichkeit liegen.[378] Kritisch beurteilt werden insbesondere sog. Betriebs- und Rettungsbeihilfen, die nur einen Beitrag zu den laufenden Kosten eines Unternehmens leisten oder der Erhaltung gefährdeter Unternehmen ohne Aussicht auf deren Sanierung dienen. Der Begriff der Beihilfe im Sinne des Art. 87 Abs. 1 EGV ist extensiv zu verstehen. Er umfaßt jegliche Art staatlicher Zuwendungen, insbesondere steuervergünstigende Bedingungen, staatliche Bürgschaften oder Einräumung von besonders günstigen Bedingungen für staatliche Leistungen.[379] Art. 87 Abs. 2 EGV umfaßt auch Beihilfen innerstaatlich autonomer Hoheitsträger. Dem Zweck der Norm wird allein ein Verständnis gerecht, das Beihilfen auch von Bundesländern, Gemeinden, Gemeindeverbänden, Départements u.ä.m. umfaßt.[380] Schließlich spricht Art. 87 Abs. 1 EGV von „staatlichen" und nicht von „mitgliedstaatlichen" Beihilfen. Art. 87 Abs. 2 EGV führt bestimmte Arten von Beihilfen auf, die von vorneherein mit dem Gemeinsamen Markt vereinbar sind. Dazu gehören nach Art. 87 Abs. 2 lit. c EGV auch „Beihilfen für die Wirtschaft bestimmter durch die Teilung Deutschlands betroffener Gebiete der Bundesrepublik Deutschland, soweit sie zum Ausgleich der durch die Teilung verursachten wirtschaftlichen Nachteile erforderlich sind". Art. 87 Abs. 3 EGV enthält dagegen bestimmte Beihilfearten, die mit dem Gemeinsamen Markt als vereinbar angesehen werden können. Zu solchen gehören nach Art. 87 Abs. 3 lit. c Satz 1 EGV „Beihilfen zur Förderung der Entwicklung gewisser Wirtschaftszweige oder Wirtschaftsgebiete, soweit sie die Handelsbedingungen nicht in einer Weise verändern, die dem gemeinsamen Interesse zuwiderläuft". Hierunter fallen die mehrjährigen Rahmenpläne der Gemeinschaftsaufgabe von Bund und Ländern zur „Verbesserung der regionalen Wirtschaftsstruktur" nach Art. 91 a Abs. 1 Nr. 2 GG.

Die nationale Regionalpolitik muß mit der Regionalpolitik der EU koordiniert werden. Die nationale Regionalpolitik hat zum Ziel, den Abstand zwischen verschie-

---

[375] *Karl Stefan Eisermann*, Gemeinschaftsrechtliche Beihilfenkontrolle bei staatlich unterstützten Forschungs- und Entwicklungsvorhaben, EuZW 1996, 683

[376] *Hans Peter Ipsen*, Europäisches Gemeinschaftsrecht, Tübingen 1972, S. 669 f.

[377] *Gabriela von Wallenberg*, in: Eberhard Grabitz / Meinhard Hilf (Hrsg.), Kommentar zur Europäischen Union, Loseblattsammlung, München, Stand: Oktober 1997, Art. 92 Rn. 24

[378] *von Wallenberg*, (Fn. 377), Art. 92 Rn. 25

[379] *von Wallenberg*, (Fn. 377), Art. 92 Rn. 3

[380] *Müller-Graff*, (Fn. 19), S. 415; EuGH, Slg. 1987, 4013, 4041

denen Regionen zu verringern und zur Einheitlichkeit der Lebensverhältnisse innerhalb des Staatsgebietes beizutragen. Die Regionalpolitik der EU stellt auf den wirtschaftlichen und sozialen Zusammenhalt und die harmonische Entwicklung der EU als Ganzes ab (vgl. Art. 158 EGV). Nach Art. 159 EGV haben die Mitgliedstaaten ihre Wirtschaftspolitik in der Weise zu führen, „daß auch die in Art. 158 genannten Ziele erreicht werden". Damit sind die Mitgliedstaaten explizit dazu verpflichtet, bei ihrer nationalen Regional- und Beihilfepolitik die genannten Ziele der EU mitzuverfolgen.

Die Regionalpolitik der Mitgliedstaaten wird vom Europäischen Fonds für regionale Entwicklung unterstützt. Hierbei handelt es sich um Mittel der EU, die durch die Mitgliedstaaten verwaltet werden. Der Fonds kann sich unter bestimmten Voraussetzungen an der Finanzierung von Investitionen in den sog. Fördergebieten der Mitgliedstaaten beteiligen. Zur Koordinierung der regionalen Beihilfen hat die EG-Kommission Grundsätze aufgestellt,[381] die sich auf fünf Aspekte beziehen, die insgesamt ein Ganzes bilden: unterschiedliche Intensitätshöchstgrenzen der Beihilfen je nach Art und Schwierigkeitsgrad der regionalen Probleme, Transparenz der Beihilfen zur Beurteilung ihrer regionalen und sektoralen Auswirkungen, regionale Spezifität zur angemessenen Bekämpfung der bestehenden regionalen Entwicklungsprobleme, sektorale Auswirkungen der Beihilfe auf innergemeinschaftlichen Wettbewerb und Handel sowie ein Überwachungssystem. Anhand der sozialen und wirtschaftlichen Lage der betreffenden Region legt die EU-Kommission Höchstsätze für Beihilfen fest (sog. Intensitätshöchstgrenzen). Beihilfen - auch solche des Europäischen Fonds für regionale Entwicklung - dürfen die Wettbewerbsbedingungen nicht derartig verfälschen, daß sie mit den Koordinierungsgrundsätzen der Kommission unvereinbar sind.

Erfüllt ein Regionalbeihilfeprogramm die Tatbestandsmerkmale des Art. 87 Abs. 1 EGV, so ist zu prüfen, ob es unter eine der Ausnahmebestimmungen des Art. 87 Abs. 3 lit. a oder c EGV fällt. Art. 87 Abs. 3 lit. c EGV erfaßt auch Beihilfen zur Förderung von Gebieten eines Mitgliedstaates, die im Vergleich zur durchschnittlichen Lage dieses Mitgliedstaates benachteiligt sind.[382] Die Ausnahmebestimmungen des lit. a betrifft dagegen nur Beihilfen an solche Gebiete, in denen die wirtschaftliche Lage im Vergleich zur gesamten EU äußerst ungünstig ist.[383] Die zu fördernde Entwicklung im Sinne des Art. 87 Abs. 3 lit. c EGV kann alle Formen wirtschaftlicher Tätigkeit umfassen. Voraussetzung ist aber, daß die begünstigten Unternehmen in die Lage versetzt werden, sich auf Dauer ohne Beihilfen im Wettbewerb zu behaupten. Die Notwendigkeit einer Förderung liegt nicht vor, wenn die Marktkräfte ohnehin das begünstigte Unternehmen zu der geförderten Maßnahme gezwungen hätten. Eine Entwicklung wird auch nicht gefördert, wenn die Beihilfe lediglich der Erhaltung des status quo dient.[384] Zugunsten dieser europarechtlichen Vorgaben besteht mit § 2 Abs. 1

---

[381] ABl. EG 1971 C 111/7; ABl. EG 1979 C 31/9

[382] EuGH, Slg. 1987, 4013, 4042

[383] EuGH, Slg. 1987, 4013, 4042

[384] Vgl. *Fritz-Harald Wenig*, in: Hans von der Groeben / Jochen Thiesing / Claus-Dieter Ehlermann (Hrsg.), Kommentar zum EWG-Vertrag, 4. Auflage, Baden-Baden 1991, Art. 92 Rn. 64

Satz 2 GRW[385] eine nationale Kompetenzschranke. Danach haben nationale Förderungsmaßnahmen auf gemeinschaftsrechtliche Belange Rücksicht zu nehmen.

Da der Kommission nach Art. 88 Abs. 3 EGV ein weiter Ermessensspielraum zugestanden wird, Beihilfen unter Abweichung von Art. 87 Abs. 1 EGV zuzulassen, ist das gemeinschaftsrechtliche Beihilfeverbot kein absolutes. Es entfaltet deshalb auch keine unmittelbare Rechtswirkung.[386] Auf das Beihilfeverbot kann der Einzelne sich erst dann berufen, wenn die Bestimmungen des Art. 87 Abs. 1 EGV entweder durch allgemeine Vorschriften gemäß Art. 89 EGV oder durch Einzelfallentscheidungen der Unionsorgane nach Art. 88 Abs. 3 EGV konkretisiert worden sind.

3. Die gemeinschaftsrechtliche Beihilfenaufsicht[387]

Bei der gemeinschaftsrechtlichen Beihilfenaufsicht über staatliche Beihilfen ist zu unterscheiden zwischen der (repressiven) Überprüfung bereits bestehender Beihilfen und der (präventiven) Überwachung neuer Beihilfen.

Gemäß Art. 88 Abs. 1 EGV überprüft die Kommission fortlaufend in Zusammenarbeit mit den Mitgliedstaaten die in diesen bestehenden Beihilferegelungen. Zu den bestehenden Beihilferegelungen gehören diejenigen, die bereits bei Inkrafttreten des EWGV bestanden oder die nach Inkrafttreten vertragskonform, d.h. unter Einhaltung des Überwachungsverfahrens für neue Beihilfen, eingeführt wurden.[388] Die Mitgliedstaaten haben dabei der Kommission die zur Überwachung erforderlichen Auskünfte zu erteilen. Die Kommission kann sich darauf beschränken, den Mitgliedstaaten die zweckdienlichen Maßnahmen vorzuschlagen, welche die fortlaufende Entwicklung und das Funktionieren des Gemeinsamen Marktes erfordern (Art. 88 Abs. 1 Satz 2 EGV). Stellt die Kommission indessen bei ihrer Überprüfung fest, daß eine staatliche Beihilfe mit dem Gemeinsamen Markt nach Art. 87 EGV unvereinbar ist oder daß sie mißbräuchlich angewandt wird, so entscheidet sie, daß der betreffende Staat sie binnen einer von ihr zu bestimmenden Frist aufzuheben oder umzugestalten hat (Art. 88 Abs. 2 UAbs. 1 EGV). Diese Kommissionsentscheidung muß hinreichend konkretisiert sein und dem betreffenden Mitgliedstaat eine bestimmte Verpflichtung

---

[385] Gesetz über die Gemeinschaftsaufgabe „Verbesserung der regionalen Wirtschaftsstruktur" vom 6. Oktober 1969 (BGBl. I, S. 1861); zuletzt geändert durch Anlage I zum Einigungsvertrag vom 31. August 1990 (BGBl. II, S. 885)

[386] *Siegfried Magiera*, Rückforderung gemeinschaftsrechtswidriger staatlicher Beihilfen, in: Jürgen F. Baur, Peter-Christian Müller-Graff, Manfred Zuleeg (Hrsg.), Europarecht-Energierecht-Wirtschaftsrecht, Festschrift für Bodo Börner, Köln / Berlin / Bonn / München 1992, S. 213 ff., 215; *Geiger*, (Fn. 16), Art. 92 Rn. 2

[387] vgl. den Entwurf der Association Européenne des Avocats (AEA) für eine Verordnung zur Kontrolle staatlicher Beihilfen (Beihilfenkontroll-Verordnung); abgedruckt in EuZW 1996, 688 ff.; *Adinda Sinnaeve*, Die neue Verfahrensverordnung in Beihilfesachen, EuZW 1999, 270 ff.

[388] *Geiger*, (Fn. 16), Art. 93 Rn. 2

auferlegen,[389] wobei ihm bei der Durchführung ein gewisser Entscheidungsspielraum belassen werden soll.[390]

Neue staatliche Beihilfen oder Beihilferegelungen unterliegen einem in Art. 88 Abs. 3 EGV näher geregelten Überwachungsverfahren. Danach ist die Kommission von jeder beabsichtigten Einführung oder Umgestaltung staatlicher Beihilfen so rechtzeitig zu unterrichten, daß sie sich dazu äußern kann (Art. 88 Abs. 3 Satz 1 EGV). Die „EG-Verordnung Nr. 994/98 über die Anwendung der Art. 92 und 93 EGV"[391] ermächtigt die Kommission nunmehr dazu, durch Gruppenfreistellungsverordnungen bestimmte Kategorien von Beihilfen von der vorherigen Anmeldepflicht auszunehmen. Danach werden Beihilfen, die den in den einzelnen Freistellungsverordnungen festzulegenden Kriterien entsprechen, nicht länger dem Notifizierungsverfahren unterworfen sein. Beabsichtigt sind solche Freistellungen für solche Beihilfen, für die schon jetzt präzise Vereinbarkeitskriterien definiert sind, an welche sich die Mitgliedstaaten in der Regel auch halten. Deshalb entspricht es dem allgemeinen Ziel einer größeren Verfahrenseffizienz, die vorherige Anmeldung hier durch eine ex-post-Überwachung zu ersetzen. Für die von den Gruppenfreistellungsverordnungen nicht betroffenen Beihilfen gilt folgendes: Durch die rechtzeitige Unterrichtung nach Art. 88 Abs. 3 Satz 1 EGV soll der Kommission eine ausreichende Bedenk- und Untersuchungsfrist eingeräumt werden, damit sie sich eine erste Meinung über die Rechtmäßigkeit der geplanten Maßnahme bilden kann. Art. 4 Abs. 5 der „EG-Verordnung Nr. 659/1999 über besondere Vorschriften über die Anwendung von Art. 93 EGV"[392] schreibt für dieses Vorprüfungsverfahren einen Zeitraum von zwei Monaten vor. Implizite Genehmigungen durch reinen Fristablauf werden dadurch verhindert, daß der Mitgliedstaat nach Ablauf der zwei Monate die Beihilfe erst dann durchführen darf, wenn er dies vorher bei der Kommission angezeigt hat und diese nicht innerhalb von 15 Arbeitstagen eine Entscheidung trifft, d.h. normalerweise das Verfahren eröffnet (vgl. Art. 4 Abs. 6 der EG-Verordnung Nr. 659/1999). Diese Zusatzfrist soll sicherstellen, daß eine möglicherweise mit dem Gemeinsamen Markt unvereinbare Beihilfe nicht etwa durch einen Verwaltungsfehler oder nicht von der Kommission zu vertretene Vorfälle als genehmigt gilt.[393] Während des Überprüfungszeitraumes darf der Mitgliedstaat nach Art. 88 Abs. 3 Satz 3 EGV die beabsichtigte Maßnahme nicht durchführen.[394] Diese Sperrwirkung entfällt erst dann, wenn die Kommission nicht innerhalb der genannten Fristen die Entscheidung getroffen hat, ein förmliches Prüfungsverfahren nach Art. 87 Abs. 2 EGV einzuleiten, oder das Beihilfevorhaben für mit dem Gemeinsamen Markt vereinbar erklärt hat,[395] wovon sie den betreffenden Mitgliedstaat in Kenntnis zu setzen hat. Die Einhaltung der Meldepflicht liegt somit

---

[389] EuGH, Slg. 1973, 813, 831
[390] EuGH, Slg. 1985, 809, 826
[391] ABl. EG 1998 L 142/1
[392] ABl. EG 1999 L 83/1
[393] *Sinnaeve*, (Fn. 387), S. 271
[394] EuGH, Slg. 1973, 1471, 1481 f.
[395] EuGH, Slg. 1973, 1471, 1482

auch im Interesse des Mitgliedstaates und der Begünstigten, um innerhalb angemessener Fristen Rechtssicherheit zu erlangen.

Ein förmliches Prüfungsverfahren nach Art. 87 Abs. 2 EGV hat die Kommission unverzüglich einzuleiten, wenn sie zu der Auffassung gelangt, daß die geplante Beihilfe mit dem Gemeinsamen Markt nicht zu vereinbaren ist (Art. 88 Abs. 3 Satz 2 EGV). Die danach erforderliche Prüfungsphase unterscheidet sich wesentlich von der Vorprüfungsphase dadurch, daß die Kommission nunmehr verpflichtet ist, den anderen Mitgliedstaaten und den betroffenen Unternehmen als Beteiligten Gelegenheit zur Stellungnahme zu geben, um sich vor Erlaß einer Entscheidung umfassend zu unterrichten.[396] Bis zur abschließenden Entscheidung der Kommission gilt weiterhin die Sperrwirkung des Art. 88 Abs. 3 Satz 3 EGV.[397] Kommt die Kommission zu dem Ergebnis, daß die Beihilfe nach Art. 87 EGV mit dem Gemeinsamen Markt unvereinbar ist, dann hat der betreffende Staat die Maßnahme aufzuheben oder umzugestalten (Art. 88 Abs. 2 UAbs. 1 EGV).

Für die Zulässigkeit mitgliedstaatlicher Beihilfen im Gemeinsamen Markt bedeutet dies zusammengefaßt: Nationale staatliche Beihilfen sind nach dem EG-Vertrag nur zulässig, wenn sie nach Art. 87 EGV mit dem Gemeinsamen Markt vereinbar sind *und* wenn die Kommission dies im Verfahren nach Art. 88 EGV festgestellt hat, bzw. wenn die Kommission binnen zwei Monaten nach Anzeige einer neuen Beihilfe und innerhalb der Zusatzfrist von 15 Arbeitstagen kein Prüfungsverfahren nach Art. 88 Abs. 2 EGV eingeleitet hat. Beihilfen, die ohne vorherige Durchführung des gemeinschaftsrechtlichen Beihilfeaufsichtsverfahrens gewährt werden, sind wegen dieses Verfahrensfehlers formell gemeinschaftsrechtswidrig. Sind sie zusätzlich nach Art. 87 EGV mit dem Gemeinsamen Markt unvereinbar, so ergibt sich hieraus auch ihre materielle Gemeinschaftsrechtswidrigkeit.

4. Die Folgen der Gemeinschaftsrechtswidrigkeit nationaler Beihilfen

Liegen die gemeinschaftsrechtlichen Voraussetzungen vor, so kann die Kommission den betreffenden Mitgliedstaat verpflichten, die gemeinschaftsrechtswidrig gewährte Beihilfe von dem Empfänger zurückzufordern.[398] Damit verfügt die Kommission über einen Ermessensspielraum, der es ihr erlaubt, den Besonderheiten des Einzelfalles gerecht zu werden.[399] Die Rückforderung setzt voraus, daß die staatliche Beihilfe nach Art. 87 EGV mit dem Gemeinsamen Markt materiell unvereinbar und dies gemäß Art. 88 EGV durch die Kommission förmlich festgestellt worden ist. Der betreffende Mitgliedstaat ist dann verpflichtet, die Entscheidung der Kommission durchzuführen, indem er die geeigneten Maßnahmen trifft, um die Rückzahlung der Beihilfe von dem gemeinschaftsrechtswidrig Begünstigten zu erreichen.[400] Diese Ver-

---

[396] EuGH, Slg. 1984, 1451, 1488

[397] EuGH, Slg. 1973, 1471, 1483; Slg. 1983, 2621, 2628; Slg. 1984, 1451, 1488

[398] EuGH, Slg. 1973, 813, 829; Slg. 1987, 901, 927

[399] *Magiera*, (Fn. 386), S. 222

[400] EuGH, Slg. 1989, 175, 191; Slg. 1990 I, 3437, 3456

pflichtung des Mitgliedstaates ergibt sich zum einen als Folgenbeseitigungspflicht aus dem vorangegangen Vertragsverstoß und zum anderen aus der in Art. 10 EGV verankerten mitgliedstaatlichen Verpflichtung zur Gemeinschaftstreue.[401]

Sind nun unter den gemeinschaftsrechtlichen Voraussetzungen, die eine Verpflichtung zur Rückforderung bereits gezahlter Beihilfen ermöglichen, formell und/ oder materiell gemeinschaftsrechtswidrige Beihilfezahlungen zu verstehen?

Für eine Rückforderung auch ausschließlich formell rechtswidriger Beihilfezahlungen spricht, daß ohne die Rückforderung die Mißachtung des vorgeschriebenen Beihilfeaufsichtsverfahrens im wesentlichen sanktionslos bliebe.[402] Sicherlich würde bei einem etwa geltenden Grundsatz, daß die materielle Rechtmäßigkeit einer Beihilfe deren formelle Rechtswidrigkeit heilt, eine Rechtslage geschaffen werden, die gerade einen Anreiz für die gezielte Umgehung des Beihilfeaufsichtsverfahrens schaffen würde. Andererseits kann die Rückforderung einer Beihilfe, deren Vergabe allein gegen das Überwachungsverfahren verstößt, bei materieller Gemeinschaftsrechtskonformität im Einzelfall gegen das auch im Gemeinschaftsrecht anerkannte Verhältnismäßigkeitsgebot[403] und zusätzlich auch gegen das materielle Wettbewerbsrecht des EG-Vertrages, nach dessen Maßstäben die Beihilfe materiell ja durchaus zulässig sein kann, verstoßen.[404] Vor diesem Hintergrund wäre eine Rückforderung nur wegen der Mißachtung der Notifikationspflicht unverhältnismäßig.[405] Zwar mag ein Verstoß gegen die Sperrwirkung des Art. 88 Abs. 3 Satz 1 EGV die Beihilfemaßnahme per se rechtswidrig machen, und dieser Fehler mag auch nachträglich nicht dadurch geheilt werden, daß die Kommission im Prüfungsverfahren nach Art. 87 Abs. 2 EGV die Vereinbarkeit der Beihilfe mit dem Gemeinsamen Markt feststellt.[406] Es ist aber ein unbefriedigendes, weil zu schablonenhaftes Resultat, daß alle Beihilfen des nationalen Rechts, die aufgrund eines Verstoßes gegen das Anmeldeerfordernis und die Sperrwirkung erfolgen, deshalb zurückzufordern wären.

Daher wird man, will man zu sachgerechten Ergebnissen gelangen, zu differenzieren haben.[407] Stellt die Kommission fest, daß eine staatliche Beihilfe neu eingeführt oder umgestaltet worden ist, ohne daß sie hiervon unterrichtet wurde, so kann sie dem Mitgliedstaat aufgeben, nachdem sie ihm Gelegenheit zur Anhörung gegeben hat, die Zahlung der Beihilfe bis zum Ende des Prüfungsverfahrens einzustellen und ihr alle für die Feststellung der Vereinbarkeit der Beihilfe mit dem Gemeinsamen Markt erforderlichen Informationen zuzuleiten. Gleiches gilt, wenn ein Mitgliedstaat

---

[401] *Eckhard Pache*, Rechtsfragen der Aufhebung gemeinschaftsrechtswidriger nationaler Beihilfebescheide, NVwZ 1994, 318, 320; *Wenig*, (Fn. 384), Art. 93 Rn. 51

[402] *Jestaedt*, (Fn. 373), S. 51

[403] *Thomas Oppermann*, Europarecht, München 1991, S. 92 Rn. 210

[404] *Dimitris Triantafyllou*, Zur Europäisierung des Vertrauensschutzes (insbesondere § 48 VwVfG) - am Beispiel der Rückforderung staatlicher Beihilfen, NVwZ 1993, 436, 439; *Pache*, (Fn. 401), S. 320; *Magiera*, (Fn. 386), S. 221

[405] *Rolf Stober*, Anm. (zu OVG Koblenz, EuZW 1992, 349 ff.), JZ 1992, 1087

[406] *Jestaedt*, (Fn. 373), S. 51 unter Hinweis auf EuGH, EuZW 1993, 62

[407] *Magiera*, (Fn. 386), S. 221; EuGH, Slg. 1990 I, 307, 354 ff.; Slg. 1990 I, 959, 1009 ff.

die beabsichtigte Maßnahme schon vor Ausgang des Überwachungsverfahrens durchzuführen beginnt. Kommt der Mitgliedstaat der Anordnung in vollem Umfang nach, dann hat die Kommission die Beihilfe nach Maßgabe des Art. 87 Abs. 2 und 3 EGV auf ihre Vereinbarkeit mit dem Gemeinsamen Markt zu überprüfen. Kommt der Mitgliedstaat der Anordnung zur Übermittlung der erforderlichen Informationen nicht nach, dann ist die Kommission befugt, die Vereinbarkeit oder Unvereinbarkeit der Beihilfe mit dem Gemeinsamen Markt auf der Grundlage der ihr vorliegenden Informationen festzustellen. Im Rahmen dieser Entscheidung kann die Kommission dann gegebenenfalls die Rückforderung der Beihilfe verlangen. Dadurch ist gesichert, daß die Entscheidung der Kommission, eine staatliche Beihilfe zurückzufordern, grundsätzlich eine Feststellung über deren materielle Unvereinbarkeit mit dem Gemeinsamen Markt voraussetzt.

Mit anderen Worten besteht eine mitgliedstaatliche Rückforderungspflicht damit grundsätzlich bei staatlichen Beihilfen, die formell *und* materiell gemeinschaftsrechtswidrig sind.

5. Die Durchführung der Rückforderung

Eine umfassende gemeinschaftsrechtliche Regelung für die Durchführung der Rückforderung gemeinschaftsrechtswidrig gewährter staatlicher Beihilfen gegenüber dem Empfänger besteht nicht, so daß die Rückforderung nach dem einschlägigen nationalen Recht vorgenommen werden muß.[408] Die Verwaltungsverfahrensrechte und materiellen Verwaltungsrechte der Mitgliedstaaten sind somit für die gemeinschaftsrechtlich gebotene Rückforderung maßgeblich, jedoch vorbehaltlich gewisser durch das Gemeinschaftsrecht gezogener Grenzen. Diese Grenzen ergeben sich aus dem grundsätzlichen Vorrang des Gemeinschaftsrechts vor nationalem Recht. Für die Anwendung des nationalen Rechts folgt daraus, daß die gemeinschaftsrechtlich vorgeschriebene Rückforderung staatlicher Beihilfen nicht praktisch unmöglich gemacht werden darf und das Gemeinschaftsinteresse voll zu berücksichtigen ist[409] (Vereitelungsverbot). Nach dem vor allem für die Rückforderung von Beihilfen aus Unionsmitteln entwickelten Diskriminierungsverbot müssen die Mitgliedstaaten bei gemeinschaftsrechtlich veranlaßten Rückforderungen mit gleicher Sorgfalt und unter denselben Voraussetzungen vorgehen wie bei rein nationalen Sachverhalten.[410]

Im Vordergrund der deutschen Praxis der Subventionsvergabe steht heute eindeutig der Verwaltungsakt, nur ausnahmsweise werden Subventionen aufgrund eines öffentlich-rechtlichen Vertrages gewährt.[411] Für die Rückabwicklung einstufig öffentlich-rechtlich begründeter und gestalteter Subventionsverhältnisse bedeutet dies, daß

---

[408] EuGH, Slg. 1990 I, 959, 1019; Slg. 1990 I, 3437, 3456; BVerwGE 91, 81, 82; vgl. Art. 14 Abs. 3 Satz 1 EG-Verordnung Nr. 659/1999: „...erfolgt die Rückforderung unverzüglich und nach den Verfahren des betreffenden Mitgliedstaates..."
[409] EuGH, Slg. 1983, 2633, 2666.; Slg. 1989, 175, 192; Slg. 1990 I, 959, 1019; Slg. 1990 I, 3437, 3456
[410] EuGH, Slg. 1983, 2633, 2665 ff.
[411] *Alfred Dickersbach*, Die Entwicklung des Subventionsrechts seit 1984, NVwZ 1993, 846, 849

diese sich regelmäßig nach dem Recht der Rücknahme und des Widerrufs begünstigender Verwaltungsakte richtet. Gemäß § 49 a Abs. 1 Satz 2 VwVfG ist die zu erstattende Leistung durch schriftlichen Verwaltungsakt festzusetzen.

Als Anspruchsgrundlage für die Rücknahme gemeinschaftsrechtswidrig gezahlter Beihilfen kommt § 48 VwVfG in Betracht.[412] Danach kann ein rechtswidriger Verwaltungsakt, auch nachdem er unanfechtbar geworden ist, ganz oder teilweise mit Wirkung für die Zukunft oder für die Vergangenheit zurückgenommen werden (§ 48 Abs. 1 Satz 1 VwVfG). Ein begünstigender Verwaltungsakt darf jedoch nur unter bestimmten Einschränkungen zurückgenommen werden (§ 48 Abs. 1 Satz 2 VwVfG). Danach ist die Rücknahme insbesondere unzulässig, soweit der Begünstigte auf den Bestand des Verwaltungsaktes vertraut hat und sein Vertrauen unter Abwägung mit dem öffentlichen Interesse auch schutzwürdig ist (§ 48 Abs. 2 Satz 1 VwVfG).[413] Die durch § 48 VwVfG konkretisierten Rechtsstaatsgebote der Rechtssicherheit und des Vertrauensschutzes sind auch Bestandteile der Rechtsordnung der EU,[414] so daß es dem Gemeinschaftsrecht nicht widerspricht, wenn eine nationale Vorschrift berechtigtes Vertrauen und Rechtssicherheit bei der Rückforderung von gemeinschaftsrechtswidrigen Beihilfen schützt.[415] Danach könnte der gutgläubige Empfänger, der eine gewährte Beihilfe verbraucht hat oder bereits nur schwerlich umkehrbare Vermögensdispositionen getroffen hat, die Rückforderung gemäß § 48 Abs. 2 Satz 2 VwVfG abwenden. Der Umstand bereits getroffener Vermögensdispositionen macht das Vertrauen des Empfängers indessen nur *„in der Regel"* schutzwürdig, was bedeutet, daß die vertrauensausschließenden Umstände in § 48 Abs. 2 Satz 3 VwVfG als nicht abschließend anzusehen sind.[416]

Aus dem Erfordernis, daß die nach dem Gemeinschaftsrecht verlangte Rückforderung nicht praktisch unmöglich gemacht werden darf und das Gemeinschaftsinteresse in vollem Umfang zu berücksichtigen ist, folgt, daß bei gemeinschaftsrechtswidrigen nationalen Beihilfebescheiden im Normalfall das öffentliche Rücknahmeinteresse das private Vertrauensschutzinteresse auch bei bereits betätigtem Vertrauen überwiegt,[417] „weil in dieser Fallkonstellation für eine Rücknahme nicht nur das öffentliche Interesse an der Gesetzmäßigkeit der Verwaltung sowie fiskalische Interessen, sondern zusätzlich das Interesse an der Durchsetzung des Gemein-

---

[412] BVerwGE 91, 81, 82; wird die Subvention aufgrund eines öffentlichrechtlichen Vertrages gewährt, dann kommt für die Rückzahlung der „öffentlichrechtliche Erstattungsanspruch", der auf die Rückgängigmachung einer ohne Rechtsgrund erfolgten Vermögensverschiebung gerichtet ist, in Betracht. Sine causa ist die Vermögensverschiebung erfolgt, wenn sie gemeinschaftsrechtswidrig ist.

[413] Das Bundesverwaltungsgericht zieht auch beim „öffentlich-rechtlichen Erstattungsanspruch" im Verhältnis Staat-Bürger den Grundsatz des Vertrauensschutzes heran, vgl. BVerwGE 71, 85, 90.

[414] *Triantafyllou*, (Fn. 404), S. 437

[415] EuGH, Slg. 1990 I, 3437, 3456 f.; Art. 14 Abs. 1 Satz 2 EG-Verordnung Nr. 659/1999 stellt nunmehr auch ausdrücklich fest, daß die Kommission die Rückforderung der Beihilfe nicht verlangt, wenn dies gegen einen allgemeinen Grundsatz des Gemeinschaftsrechts verstoßen würde.

[416] Vgl. zum Vertrauensschutz als Grenze der Rückabwicklungspflicht *Ernst Steindorff*, Rückabwicklung unzulässiger Beihilfen nach Gemeinschaftsrecht, ZHR 152 (1988), S. 474 ff., 481 ff.

[417] BVerwGE 91, 81, 86

schaftsrechts, an der Erfüllung der Vertragspflichten der Bundesrepublik Deutschland und an der Verhinderung einer Verurteilung derselben in einem Vertragsverletzungsverfahren vor dem EuGH sprechen".[418] Damit ist indessen nicht jeglicher Vertrauensschutz preisgegeben.[419] Entscheidend ist jedoch, daß Vertrauensschutz bei gemeinschaftsrechtswidrig gewährleisteten Beihilfen nur im Einzelfall aufgrund einer individuellen Abwägung zwischen den beteiligten Interessen gewährt werden kann und nicht schon bei der schlichten Anwendung des § 48 Abs. 2 Satz 2 VwVfG. Im Rahmen gemeinschaftsrechtlicher Beihilfen dürfte ein schutzwürdiges Interesse des Empfängers in der Praxis indessen nur selten anzunehmen sein. Beihilfen im Sinne der Art. 87, 88 EGV umfassen nur Leistungen an Unternehmen. Einem sorgfältigen Unternehmen aber ist es regelmäßig möglich sich zu vergewissern, ob die Beihilfe formell und materiell mit dem Gemeinschaftsrecht vereinbar ist.[420] Danach darf ein beihilfebegünstigtes Unternehmen auf die Ordnungsmäßigkeit der Beihilfe nur dann vertrauen, wenn die Beihilfe unter Beachtung des in Art. 88 EGV vorgesehenen Verfahrens gewährt worden ist. Die Verpflichtung des Begünstigten, sich zu vergewissern, daß das Verfahren des Art. 88 Abs. 3 EGV eingehalten wurde, kann auch nicht vom Verhalten der nationalen Behörde abhängen, selbst wenn diese für die Rechtswidrigkeit des Subventionsbescheides in solchem Maße verantwortlich war, daß die Rücknahme als Verstoß gegen Treu und Glauben erscheint.[421] Die Beihilfe ist gemäß einer bestandskräftigen Entscheidung der Kommission selbst dann noch zurückzunehmen, wenn dies nach nationalem Recht wegen Wegfalls der Bereicherung mangels Bösgläubigkeit des Beihilfeempfängers ausgeschlossen ist.[422] Die volle Berücksichtigung des Gemeinschaftsinteresses und die Gewährleistung, daß eine gemeinschaftlich vorgeschriebene Rückforderung nicht praktisch unmöglich gemacht werden darf, stellen sich somit als wirksame Waffen zur Berücksichtigung des Gemeinschaftsinteresses dar. Nur schwerlich läßt sich ein Fall denken, in dem nationale Vertrauensschutzvorschriften einer gemeinschaftsrechtlich angeordneten Rückforderung entgegenstehen können.

6. Fazit

Es ist deutlich geworden, daß für die nationale Wirtschaft ins Gewicht fallende Subventionen heute nur noch mit dem placet der EU möglich sind.[423] Ein rein national verstandenes Wirtschaftsverwaltungsrecht ist nicht mehr denkbar. Es ist dafür zu stark gemeinschaftsrechtlich geprägt. Dies gilt auch und gerade für das nationale Subventionswesen, welches sich nicht mehr getrennt von der formenden und gestaltenden Kraft des Europarechts, die über den Bereich seiner unmittelbaren Geltung und seines Anwendungsvorranges vor nationalem Recht hinausgeht, darstellen läßt. Im Vordergrund der gemeinschaftsrechtlichen Erfassung des Subventionsphänomens

---

[418] *Pache*, (Fn. 401), S. 324
[419] BVerwGE 91, 81, 86; BVerwG, DVBl. 1999, 44, 46; *Triantafyllou*, (Fn. 404), S. 441
[420] BVerwGE 91, 81, 86; EuGH, EuZW 1997, 217, 220; 276, 277
[421] EuGH, EuZW 1997, 276, 278 f.
[422] EuGH, EuZW 1997, 276, 279
[423] *Juliane Kokott*, Nationales Subventionsrecht im Schatten der EG, DVBl. 1993, 1235

stehen nicht die Ziele und Gründe einer staatlichen Leistung, sondern deren Auswirkungen auf den Gemeinsamen Markt.[424] Innerstaatliche Legitimationsstrategien bei der staatlichen Förderpraxis sind auf ihre Wirkung auf die EU zu hinterfragen. Diese Akzentverschiebung ist der Vorgang der „Europäisierung des nationalen Subventionsrechts“.[425]

II. Die Notwendigkeit einer Subventionskontrolle

Kurzfristig sind Subventionen des einen Freud' und des andern Leid, je nach dem, ob man die Sicht des Empfängers, des Konkurrenten oder des Steuerzahlers einnimmt. Langfristig sollen sie allen Vorteile bringen, indem sie die gesamtwirtschaftliche Leistung steigern sollen. Sie können aber auch das Gegenteil bewirken, wenn der Begünstigte die mit der Vergabe verknüpften Erwartungen nicht erfüllt, oder die Subvention gar nicht dazu geeignet ist, die an sie gestellten Erwartungen zu erfüllen.

Subventionen tendieren zu Wettbewerbs- und Strukturverzerrungen. Die Förderung des einen Wirtschaftsteilnehmers ist der Nachteil des anderen. Dieser Nachteil kann für den einzelnen Konkurrenten schwerwiegende Folgen haben, im äußersten Fall seine Existenzvernichtung bewirken. Die subventionierende Staatstätigkeit darf also nicht allein unter volkswirtschaftlichen Gesichtspunkten betrachtet werden. Vielmehr müssen Subventionen auch unter dem Aspekt der Freiheitsgefährdung gesehen werden.[426] Die mit einer Subvention verbundene zwangsläufige Diskriminierung des Nichtsubventionierten führt dazu, daß Subventionen die Preisrelationen verzerren, die Funktionsfähigkeit des Preismechanismus beeinträchtigen, die Produktivität insgesamt mindern und Arbeitsplätze gefährden können. Diese Punkte gehören zu den in der Tagespolitik weitgehend ausgeblendeten Fernwirkungen des Subventionswesens.

Subventionen können den Blick auf notwendige Strukturveränderungen versperren, wenn sie den Empfängern ein schlichtes „Weiterwursteln“ ermöglichen. Die Notwendigkeit, sich innovativ neuen Anforderungen zu stellen, kann durch das schlichte Weiterzahlen von Subventionen mißachtet werden. Tatsächlich läßt sich die Tendenz beobachten, einmal gewährte Subventionen unkritisch fortzuschreiben. Diese Praxis birgt die realistische Gefahr in sich, daß gerade der Zustand eintritt, der durch die Subventionierung verhindert werden sollte. Dies belegt etwa der Konkurs der Bremer Vulkan AG im Jahre 1996.[427] Nicht mehr überlebensfähige Unternehmen oder Branchen werden subventioniert bis zum buchstäblichen Ende, statt die Zeichen der Zeit rechtzeitig zu deuten und die gebotenen Anpassungsprozesse in die Wege zu leiten. Dies gilt etwa auch für die Subventionierung des deutschen Steinkohlebergbaus, bei der es sich um eine reine Erhaltungssubvention einer ganzen Wirtschafts-

---

[424] *Meinhard Schröder*, Subventionen als staatliches Handlungsmittel, ZHR 152 (1988), S. 391 ff., 401
[425] *Haverkate*, (Fn. 13), S. 335
[426] *Haverkate*, (Fn. 39), S. 145 ff.
[427] Vgl. z.B. FRANKFURTER ALLGEMEINE ZEITUNG, 12. Dezember 1996, Nr. 290, S. 21

branche handelt, deren Wettbewerbslage sich seit den sechziger Jahren des vorigen Jahrhunderts ständig verschlechtert hat.

Hinzu kommt, daß bestimmte Wirtschaftszweige (wie etwa die Landwirtschaft und der Bergbau) mit Subventionen geradezu gesegnet sind, wohingegen andere, volkswirtschaftlich und arbeitsmarktpolitisch nicht weniger bedeutsame Bereiche mehr oder weniger sich selbst überlassen bleiben. Beispielsweise wurde im Jahre 1990 jeder Beschäftigte im Bergbau mit 66.240 DM subventioniert, wohingegen auf jeden Beschäftigten im Baugewerbe lediglich DM 1.565 DM fielen.[428] Nicht immer erreichen die gewährten Subventionen auch die richtigen Empfänger. So kommt es etwa im Bereich des sozialen Mietwohnungsbaus zu beachtlichen Fehlbelegungen, weil die Wohnberechtigung für eine Sozialwohnung mit steigendem Einkommen nicht automatisch entfällt. Mieter, deren Einkommen bei Bezug der Wohnung innerhalb der Einkommensgrenzen des sozialen Wohnungsbaus lagen, diese Grenzen später aber überschreiten, erhalten daher ungerechtfertigte Mietvorteile, die durch eine Fehlbelegungsabgabe abgeschöpft werden sollen.[429] Subventionen im Bereich der Landwirtschaft werden unter Hinweis auf die schlechte wirtschaftliche Lage der Kleinbetriebe gefordert und auch gezahlt, tatsächlich kommen sie aber häufig Großbetrieben zugute.[430] Vielfach widersprechen sich auch die mit einer Subventionierung verfolgten Ziele. So werden etwa gleichzeitig Modernisierungs- und Stillegungsprämien gewährt.[431]

In Zeiten zunehmender Finanznot der öffentlichen Hand auf der einen und einer teilweisen hemmungslosen Ausgabenpolitik des Staates auf der anderen Seite, ist es notwendig, die staatliche Mittelvergabe einer rationalen Kontrolle zu unterziehen. Das Prinzip der staatsbürgerlichen Lastengleichheit verbietet es, die von allen Bürgern und Bürgerinnen aufgebrachten Steuermittel für die einseitige Befriedigung finanzieller Gruppeninteressen nach Maßgabe wechselnder politischer Opportunität zur Verfügung zu stellen. Dabei soll nicht der Eindruck entstehen, Subventionen seien per se etwas schlechtes. In vielen Bereichen sind sie ein notwendiges und wirksames Mittel einer sozialen Marktwirtschaft zur Erreichung im öffentlichen Interesse liegender Zwecke. Es gilt aber daran festzuhalten, daß Subventionen nur aus übergeordneten, gemeinwohlorientierten Zielen der Gesamtheit gerechtfertigt sein können. Das Bundesverfassungsgericht hat wiederholt festgestellt, daß der Gesetzgeber und die staatliche Gewalt insgesamt auf das Gemeinwohl verpflichtet sind.[432] Auch finanzielle

---

[428] *Dirk Ehlers*, Die Kontrolle von Subventionen, DVBl. 1993, 861, 865 m.w.N.

[429] Vgl. 16. Subventionsbericht, BT-Drucks. 13/8420, S. 41 f.; Gesetz über den Abbau der Fehlsubventionierung im Wohnungswesen, BGBl. 1981 I, S. 1542. Die Präsidentin des Bundesrechnungshofes als Beauftragte für Wirtschaftlichkeit in der Verwaltung hat in den Bemerkungen des Bundesrechnungshofes 1997 Vorschläge zur Unterstützung der beabsichtigten Reform des Fehlbelegungsabgaberechts und zu einer Verringerung des Verwaltungsaufwandes unterbreitet, vgl. BT-Drucks. 13/8550, S. 179 f.

[430] *Ehlers*, (Fn. 428), S. 865

[431] Vgl. z.B. 13. Subventionsbericht, BT-Drucks. 12/1525, S. 55, Nr. 8 einerseits und S. 57, Nr. 10 andererseits.

[432] BVerfGE 42, 312, 332; 49, 89, 132; 50, 50, 51

Mittel sind dem Staat ausschließlich „zur Verwendung für das gemeine Wohl anvertraut“.[433] Eine Verschleuderung öffentlicher Mittel verstößt gegen die „aus dem Dienst am Gemeinwohl folgende selbstverständliche Verpflichtung“ der Staatsorgane.[434] Um diesen Kriterien zu genügen, muß die Gewährung von Subventionen beherrschbar, also kontrollierbar sein.[435]

III. Die Schwierigkeiten eines Subventionsabbaus

Die Subventionstätigkeit des Staates macht es lohnend, gut ausgestattete und gut organisierte Verbände und Gruppen zu organisieren,[436] die durch Einwirkung auf den Subventionsgeber die Gruppenrelevanz der Staatstätigkeit erhöhen.[437] Zwischen den einzelnen Verbänden entsteht gewissermaßen ein Konkurrenzkampf um den Einfluß auf die politischen Entscheidungsträger und ein Verteilungskampf um die staatliche Vergabe der Finanzmittel. Interessenverbände und Lobbies erhalten dadurch einen erheblichen Einfluß auf die politische Entscheidungsebene. Daran liegt das im allgemeinen geringe Interesse von Politikern begründet, die Berechtigung auch einer an sich nicht zu rechtfertigenden Subvention zu hinterfragen. Der Abbau von Subventionen gilt als „politisch höchst undankbares Geschäft“.[438] Beeinträchtigt wären jeweils bestimmte, in Interessenverbänden organisierte Partikularinteressen. Diese Partikularverbände verstehen es wirkungsvoll auf die Barrikaden zu gehen, wenn es um die Kürzung oder den Abbau ihrer Subventionen geht. Die Subventionspolitik ist demgemäß nicht nur ein Mittel zur Intervention des Staates in die Wirtschaft, sondern gibt umgekehrt auch der Wirtschaft die Möglichkeit, auf den staatlichen Willensbildungsprozeß einzuwirken und ihre privatwirtschaftlichen Ziele dadurch in staatliche zu verwandeln. Ein Politiker, der auf die Erhaltung seiner Position aus ist, verhält sich, an seinem eigenen Interesse gemessen, daher durchaus rational, wenn er sich mit der Propagierung von Subventionszahlungen bei den Empfängern beliebt, um den Subventionsabbau hingegen einen weiten Bogen macht.[439] Schließlich verheißt die Vergabe von Subventionen und die Einräumung von Steuervorteilen, auch jenseits der ökonomischen Logik, jedenfalls denen politische Vorteile, die über solche Maßnahmen zu befinden haben. Für eine sachgerechte Handhabung des Subventionswesens ist diese Haltung indessen nicht förderlich. Es besteht die Gefahr, daß der Druck der Subventionsinteressenten gemeinwohlorientierte Zielsetzungen verdrängt.

---

[433] BVerfGE 44, 125, 143

[434] BVerfGE 12, 354, 364

[435] Vgl. oben Teil A, 1

[436] Eine gute Darstellung der Struktur und Bedeutung von Interessengruppen in der EU bieten *Sonia Mazey / Jeremy Richardson*, Interests, in: Laura Cram / Desmond Dinan / Neill Nugent (Hrsg.), Developments in the European Union, New York 1999, S. 105 ff.

[437] Vgl. dazu und zum folgenden: *von Arnim*, (Fn. 199, FinArch), S. 85 ff.

[438] *von Arnim*, (Fn. 199, FinArch), S. 85

[439] *Klaus-Peter Fox / Gerhard Zeitel*, Subventionsabbau, DÖV 1984, 865, 871

IV. Vorschläge zur Reform des Subventionsrechts

Eine umfassende Kodifikation des Subventionsrechts fehlt bislang. Nur in Einzelfällen bestehen Gesetzesregelungen und -ermächtigungen. Mangels eines bestehenden Ordnungsrahmens hat die Subventionspraxis die jeweiligen Gestaltungs- und Verfahrensregelungen in Form von Verwaltungsrichtlinien entwickelt, die i.V.m. dem einschlägigen Etattitel im Haushaltsplan von der ständigen Rechtsprechung des Bundesverwaltungsgerichts als ausreichende Legitimierung für Subventionsmaßnahmen angesehen werden.[440] Nach dieser Rechtsprechung reicht § 3 Abs. 1 BHO als Rechtsgrundlage für die Vergabe von Subventionen aus. Danach darf die vollziehende Gewalt Subventionen nur vergeben, wenn im Haushaltsplan, der durch das Haushaltsgesetz nach Art. 110 Abs. 2 GG parlamentarische Zustimmung findet, entsprechende Mittel zur Verfügung gestellt sind. Dagegen soll es für die Vergabemodalitäten keiner Regelung durch förmliches Gesetz bedürfen. Diese durch das Bundesverwaltungsgericht vertretene Rechtfertigung einer auf Etattiteln und Richtlinien beruhenden Subventionsverwaltung ist vom Bundesverfassungsgericht nicht beanstandet worden.[441] Diese Subventionspraxis macht eine effektive Erfolgskontrolle weitgehend unmöglich. Es fehlt an nach außen verbindlichen und präzisen Zweckfestlegungen durch den Gesetzgeber. Stattdessen obliegt die Zweckpräzisierung der Verwaltung durch den Erlaß von Richtlinien. Dieses Übergewicht der Verwaltung ist nicht hinnehmbar. Vielmehr kommt dem Parlament, als dem primären Forum zur politischen Willensbildung, die Rolle des Gestalters im Subventionsbereich zu.

1. Der Vorschlag des 55. Deutschen Juristentages im Jahre 1984

Die verwaltungsrechtliche Abteilung des 55. Deutschen Juristentages im Jahre 1984 hat vorgeschlagen,[442] in Ergänzung zum geltenden Haushaltsrecht und zum Verwaltungsverfahrensgesetz ein Gesetz zur Regelung des Verfahrens bei Subventionen zu erlassen. Dieses Gesetz sollte Vorschriften enthalten über Ermächtigungen zum Erlaß von Rechtsverordnungen als Rechtsgrundlage der Subventionierung, über das Bewilligungsverfahren, über zulässige Nebenbestimmungen, über Verwendungs- und Erfolgskontrollen und über die Rücknahme und Rückforderung von Subventionen. Auf der Grundlage dieser gesetzlichen Regelungen sollten dann Rechtsverordnungen ergehen, die vom zuständigen Fachminister im Einvernehmen mit dem Finanzminister erlassen werden sollten und deren Begründung den Zweck und den Anwendungsbereich der Subvention, den Kreis der Subventionsempfänger sowie Art und Dauer der Subvention angeben sollte.

---

[440] Ständige Rechtsprechung seit BVerwGE 6, 282, 287; ferner BVerwGE 31, 279, 285; 58, 45, 48; 75, 109, 117; 90, 112, 126; *Ipsen*, (Fn. 21), § 92 Rn. 39, S. 373

[441] BVerfGE 38, 121, 126 hat die Beantwortung der präzise gestellten Frage nach der Legitimität der Etatsubventionierung mit Verwaltungsrichtlinien ausdrücklich offengelassen, was auf eine stillschweigende Billigung der Subventionspraxis schließen läßt. Das Bundesverfassungsgericht hat lediglich hervorgehoben, daß das Haushaltsgesetz keine Grundlage bildet für unmittelbare Ansprüche des Bürgers auf Subventionsgewährung.

[442] Verhandlungen des 55. Deutschen Juristentages, Band II, Sitzungsberichte, S. M 199

In der Tat stellt sich die Frage, ob das Prinzip des Gesetzesvorbehalts nicht auch im Bereich des Subventionsrechts Geltung beansprucht, weil Subventionen Grundrechtseingriffe darstellen können, und „weil ihre Durchformung aus Gründen des demokratischen Prinzips als wesentliche Gestaltungsaufgabe dem Parlament vorzubehalten ist".[443] Schließlich ist ja das Parlament der Subventionsgeber. Es ermächtigt durch seine Mittelbereitstellung im Haushaltsplan zur Subventionierung und soll damit den Zweck der Subventionierung festlegen. Erfolgt die Präzisierung des Subventionszwecks dagegen durch die Verwaltung mittels Richtlinien, dann reicht dies nicht aus, um den Willen des Subventionsgebers verbindlich zu machen. Denn dieser Wille entfaltet keine die Verwaltungsvorschriften prägende Kraft, da die Verwendungsangaben im Haushaltsplan in aller Regel sehr ungenau sind.[444] Für eine effektive Erfolgskontrolle ist es aber nötig zu überprüfen, ob die eingesetzte Subvention zur Erreichung eines bestimmten Zweckes geeignet, erforderlich und verhältnismäßig im engeren Sinne ist. Dazu bedarf es möglichst genauer Zielangaben bereits im Haushaltsplan. Anderenfalls erfolgt eine Erfolgskontrolle nicht an den vom Subventionsgeber (= Parlament) gesetzten Zielen, sondern an den Zielen, die die Verwaltung sich als Ziel des Subventionsgebers vorstellt oder sich vorstellen will. Bei diesem Vorgehen schließt die Verwaltung von den bereitgestellten Mitteln auf den dahinterstehenden Zweck.

Würde der Gesetzgeber dem Vorschlag des 55. Deutschen Juristentages folgen, dann wäre der Gesetzesvorbehalt für das Subventionswesen zwar verwirklicht, der Zweck einer Subventionierung müßte aber nach wie vor nicht vom Subventionsgeber Parlament festgelegt werden. Die Gewährung von Subventionen wäre nämlich aufgrund einer Rechtsverordnung zulässig,[445] also aufgrund einer von der Exekutive erlassenen Rechtsnorm und zwar weiterhin auf der Grundlage des üblicherweise vage gehaltenen Haushaltsplanansatzes. Erst die Rechtsverordnung würde eine Präzisierung des Subventionszwecks enthalten. An einer Zweckfestlegung durch das Parlament selbst würde es nach wie vor fehlen.

2. Gesetzesvorbehalt und Wesentlichkeit

Der Gesetzesvorbehalt hat sich im Bereich staatlicher Leistungen bislang nicht durchsetzen können. Gleichzeitig wurde indessen die Notwendigkeit erkannt, die vom Bundesverfassungsgericht in ständiger Rechtsprechung entwickelte Wesentlichkeitstheorie[446] für das Subventionsrecht fruchtbar zu machen.[447] Im Bereich der Grundrechtsausübung ist der parlamentarische Gesetzgeber verpflichtet, alle für die Verwirklichung der Grundrechte wesentlichen Entscheidungen selbst zu treffen.[448] So hat das OVG Münster die Auffassung vertreten, die zielgerichtete Förderung eines e.V.,

---

[443] *Haverkate*, (Fn. 13), S. 351
[444] *Haverkate*, (Fn. 13), S. 352
[445] Verhandlungen des 55. Deutschen Juristentages, Band II, Sitzungsberichte, S. M 199, Nr. 4
[446] BVerfGE 33, 303, 347; 40, 237, 249; 48, 210, 221; 56, 1, 13; 57, 295, 312; 58, 257, 268
[447] OVG Münster, NVwZ 1991, 174, 175
[448] BVerfGE 49, 89, 126; 47, 46, 79

der sich satzungsmäßig kritisch mit Trägern des Grundrechts aus Art. 4 Abs. 1 und 2 GG auseinandersetzt, bedürfe einer gesetzlichen Grundlage, die mit hinreichender Bestimmtheit die Voraussetzungen der Förderung regelt und Schutzvorkehrungen zugunsten betroffener Dritter enthält. Nach Meinung des OVG Münster werden durch gezielte Subventionen im Bereich des Art. 4 GG sowohl die Freiheits- und Gleichheitssphäre der Bürger und der Religions- und Weltanschauungsgemeinschaften als auch wesentliche Grundlagen des Gemeinwesens wie das Neutralitätsgebot und die Staatsferne berührt. Das Bundesverwaltungsgericht hat diese Entscheidung des OVG Münster bestätigt[449] und hervorgehoben, es liege kein Normalfall der Subventionierung vor, sondern ein Eingriff in die Grundrechtssphäre von am Subventionsverhältnis nicht beteiligten Dritten, der dem rechtsstaatlichen Eingriffsvorbehalt unterliege. Ansätze im gesetzlich festgestellten Haushaltsplan scheiden als Ermächtigungsgrundlage somit schon deshalb aus, weil sie mit dem auf das Verhältnis von Parlament und Regierung begrenzten Regelungsgehalt des Haushaltsplanes und seinem Charakter als Ausgaben- und Verpflichtungsermächtigung unvereinbar sind.[450]

Damit ist zwar klargestellt, daß in bestimmten, grundrechtsrelevanten Bereichen Subventionsmaßnahmen dem Gesetzesvorbehalt unterliegen können, hinsichtlich der Erfolgskontrolle dieser Subventionen ist damit aber nicht viel gewonnen. Eine gesetzliche Grundlage zur Subventionierung von für die Verwirklichung von Grundrechten wesentlichen Lebensbereichen[451] ermächtigt zwar zum Eingriff in den jeweils grundrechtlich geschützten Lebensbereich, muß aber nicht zwingend einen hinreichend bestimmten Zweck der Subventionierung angeben. Allein die Anerkennung des Gesetzesvorbehaltes ermöglicht noch keine effektive Durchführung von Erfolgskontrollen, solange in den Gesetzen das Ziel der Subventionierung nicht deutlich wird. Die Wesentlichkeitstheorie vermag zudem allenfalls in Einzelfällen zu helfen; zu einer flächendeckenden Erfolgskontrolle ist sie als Kontrollmaßstab nicht geeignet.

3. Das Gebot der Zweckdeutlichkeit

Erfolgskontrollen können wirksam nur bei deutlicher Präzisierung des Zwecks der Subventionsmaßnahme allein durch den Subventionsgeber durchgeführt werden. Nur so kann eine Zweck-Mittel-Kontrolle stattfinden. Ausgangspunkt zur Erreichung dieses Ziels könnte folgende haushaltsrechtliche Lage sein:

Gemäß §§ 12 Abs. 4 HGrG, 17 Abs. 1 BHO sind „die Ausgaben und Verpflichtungsermächtigungen nach Zwecken getrennt zu veranschlagen und, soweit erforderlich, zu erläutern". Diese Erläuterungen können dann ausnahmsweise auch „für verbindlich erklärt werden". Gemäß §§ 27 Abs. 1 Satz 1 HGrG, 45 Abs. 1 Satz 1 BHO dürfen die Ausgaben und Verpflichtungsermächtigungen „nur zu dem im Haushaltsplan bezeichneten Zweck" geleistet werden. Diese Zweckangaben im Haushaltsplan sind indessen wegen ihrer Vagheit für eine Zweck-Mittel-Kontrolle nicht aus-

---

[449] BVerwGE 90, 112 ff.
[450] BVerwGE 90, 112, 126
[451] Vgl. etwa BVerfGE 80, 124 ff. (Subventionierung der Presse)

reichend bestimmt, und sie entfalten bindende Wirkung nur im organschaftlichen Innenrechtskreis zwischen Parlament und Regierung. Auch wenn haushaltsrechtliche Regelungen mit intern-organschaftlicher Wirkung ausnahmsweise Außenrechtscharakter kraft ausdrücklicher Anordnung des Haushaltsgesetzgebers erlangen können,[452] wäre damit hinsichtlich der für eine Erfolgskontrolle unerläßlichen Konkretisierung der Subventionszwecke nichts erreicht. Wollte man diese Konkretisierung indessen dem Haushaltsgesetz überlassen, dann würde dieses durch sachliche Detailregelungen erheblich aufgebläht. Dem haushaltsrechtlichen Grundsatz der Klarheit des Budgets, wonach der Etat durchsichtig und übersichtlich gegliedert sein muß, würde es nicht dienen, wenn man alle Subventionsansätze mit nach außen verbindlichen Zweckangaben und Beurteilungskriterien für die Zweckerreichung versehen würde.[453] Zudem wäre auch mit dem Prinzip der rein organschaftlichen Wirkung des Budgets gebrochen. Das Budget würde für einen weiten Bereich der Ausgaben Außenwirkung erhalten. „Das Prinzip der Organschaftlichkeit wäre in ein Prinzip der Außenwirkung des Budgets verkehrt".[454] Das aber würde dem Sinn des Art. 110 Abs. 4 GG widersprechen.

Görg Haverkate hat daher, um das Ziel der Zweckpräzisierung zu erreichen, den Vorschlag gemacht, den Gesetzesvorbehalt für den Subventionsbereich jedenfalls auf den Zweck der Subventionsmaßnahme zu beziehen.[455] Weil das gesamte rechtliche Kontrollinstrumentarium im Leistungsrecht entscheidend auf den Zweck der Leistung bezogen ist, müsse man den Gesetzgeber durch ein Gebot der Zweckdeutlichkeit dazu zwingen, die Zielrichtung der Leistung klar zu artikulieren und damit überprüfbar zu machen. Das bedeutet, daß sich der allgemeine Gesetzesvorbehalt auch im Bereich des Subventionsrechts durchsetzen muß und zwar über den für die Verwirklichung von Grundrechten wesentlichen Bereich hinaus; nur so läßt sich eine verläßliche Erfolgskontrolle von Subventionen durchführen.

Das Gebot des allgemeinen Gesetzesvorbehalts und der Zweckdeutlichkeit darf aber vom Gesetzgeber nicht dadurch umgangen werden, daß er auf das Gebiet der indirekten Subventionierung (Steuerverschonung) ausweicht.[456] Die Rolle des Gesetzesvorbehaltes gilt es daher auch im Bereich steuerlicher Subventionen zu überprüfen. Dabei stellt sich die Ausgangslage bei indirekten Subventionen anders dar als bei direkten Subventionen: Im Steuerrecht gilt der Gesetzesvorbehalt für belastende und begünstigende Normen gleichermaßen unbestritten. Belastungen und Begünstigungen sind gesetzlich geregelt. Daraus allein läßt sich für eine Kontrolle indirekter Subventionen aber nichts gewinnen. Der Subventionscharakter begünstigender Verschonungstatbestände im Steuerrecht ist oft verschleiert. Die Begünstigten können daher geltend machen, die ihnen gewährten Verschonungen seien gar keine Subventionen, sondern lediglich die finanzielle Ausprägung einer durch übergeordnete Ge-

---

[452] *Stern*, (Fn. 49), § 49 III 4 c, S. 1208
[453] *Haverkate*, (Fn. 39), S. 202
[454] *Haverkate*, (Fn. 39), S. 203
[455] *Haverkate*, (Fn. 39), S. 201 ff.; *Haverkate*, (Fn. 13), S. 357
[456] Vgl. unten Teil C, VI, 7 b

sichtspunkte gerechtfertigten Politik. Da die Steuergesetze keine Kennzeichnung darüber enthalten, was eine begünstigende Regel von der Ausnahme ist, muß man sowohl nach dem Zweck der Regel wie nach dem Zweck der Ausnahme fragen. Mit dem allgemeinen Gesetzesvorbehalt allein ist es also nicht getan. Auch indirekte Subventionen bedürfen des allgemeinen Gesetzesvorbehaltes in der besonderen Zuspitzung der gesetzlichen Zweckangaben.[457] Die Forderung nach einem allgemeinen Gesetzesvorbehalt ist nur wirksam, wenn sie in Ergänzung mit dem Gebot der Zweckdeutlichkeit erfüllt wird. Der allgemeine Gesetzesvorbehalt als solcher bietet noch keinen ausreichenden Ansatz zu einer Erfolgskontrolle; zusätzlich muß der Gesetzgeber den Subventionszweck formulieren.

4. Zweckpräzisierung durch die Rechnungshöfe?

Allein eine gesetzliche Regelung ermöglicht eine verbindliche Zweckpräzisierung durch den Subventionsgeber Parlament. Ein allgemeiner Gesetzesvorbehalt, zusammen mit einer gesetzlich formulierten Zweckangabe, wird sich jedoch in der subventionsrechtlichen Praxis in absehbarer Zeit nicht durchsetzen. Liegt seitens des Gesetzgebers eine nur vage Zielformulierung vor, so heißt das indessen nicht, daß überhaupt kein Ziel vorhanden sei. Es stellt sich daher die Frage, ob die Rechnungshöfe im Wege schöpferischer Rechtsauslegung die fehlenden gesetzgeberischen Zweckpräzisierungen ersetzen können.

Die Produktivität der Rechtsfindung ist durchgehend an teleologische Erwägungen geknüpft. Versteht man unter teleologischer Auslegung eine „Auslegung gemäß den erkennbaren Zwecken und dem Grundgedanken einer Regelung",[458] dann lassen sich zwei Wege des teleologischen Argumentierens finden:[459] Entweder man schließt von einem vorgegebenen Rechtssatz auf den Zweck dieses Rechtssatzes und legt diese Rechtsnorm dann vor dem Hintergrund des ihr zugrundeliegenden Zweckes aus, oder man schließt von einem vorgegebenen Zweck auf das rechtlich erlaubte Mittel zur Erreichung dieses Zwecks. Hier interessiert nur die erste Variante. Zum einen geht es bei der Frage nach der Möglichkeit und Zulässigkeit einer Zweckpräzisierung durch die Rechnungshöfe nicht darum, Rückschlüsse vom Zweck auf die zulässigen Mittel, sondern vom Mittel (= Subventionierung) auf den dahinterstehenden Zweck (= konkreter volkswirtschaftlicher Erfolg) zu ziehen. Zum anderen ist der Zweck bei der zweiten Variante vorgegeben. Davon abgesehen scheidet im staatlichen Leistungsbereich ein Rückschluß vom Zweck auf das zulässige Mittel zur Erreichung dieses Zwecks von vorneherein schon deshalb aus, weil unser Grundgesetz keine normative Staatszwecklehre beinhaltet, die die möglichen Zwecke lei-

---

[457] *Haverkate*, (Fn. 13), S. 360

[458] *Karl Larenz / Claus-Wilhelm Canaris*, Methodenlehre der Rechtswissenschaft, 3. Auflage, Berlin u.a. 1995, S. 153

[459] Vgl. *Haverkate*, (Fn. 13), S. 365

stenden Staatshandelns bestimmen könnte, so daß sich denklogisch auch die Mittel zur Erreichung dieser Zwecke nicht bestimmen lassen.[460]

Der Schluß vom eingesetzten Mittel auf den damit verfolgten Zweck ist im Bereich der Leistungsverwaltung mit dem Problem behaftet, daß ein bestimmtes Mittel mehrere Ziele haben kann.[461] Ein Beispiel für ein solches Zielbündel ist etwa die Raumfahrtforschung. Sie soll sich auf Bereiche der Industriepolitik, der Forschungsförderung, des Außenhandels, der Außenpolitik und dergleichen mehr auswirken. Hier besteht in der Tat kaum die Möglichkeit, das Programm auf seine komplexe Wirksamkeit hin zu untersuchen und zu beurteilen. Ein weiteres Beispiel ist die Magnetschwebebahn Transrapid. Zur Rechtfertigung dieses Vorhabens wurden nicht nur nationale verkehrspolitische Gründe, sondern auch der internationale Ruf des Technologiestandorts Deutschland ins Spiel gebracht.[462] Dies zeigt, daß es äußerst schwer sein kann, von einem Mittel auf einen bestimmten Zweck zu schließen. Zum Teil wird eine Zweckpräzisierung durch die Rechnungshöfe aber dennoch für zulässig und notwendig gehalten.[463]

Ist ein Ziel vom Subventionsgeber nur vage formuliert, dann kann es sich im Verlauf des Programmvollzuges zunehmend konkretisieren. Der Weg, die Programmziele durch Auslegung zu präzisieren und damit für eine Erfolgskontrolle operabel zu machen, soll folgendermaßen aussehen:[464] Würden die Rechnungshöfe die sich während des Programmvollzuges entwickelnden aktuellen Umstände zur Präzisierung des ex ante formulierten Zieles heranziehen, dann könnten sich hieraus Indizien ergeben, die den Schluß auf ein bestimmtes Ziel zuließen. In Betracht kämen dafür:[465]

- Äußerungen von Mitgliedern der Regierung und des Parlaments,
- ressortübergreifende Verlautbarungen,
- von den einzelnen Ressorts veröffentlichte Planungen und Berichte,
- interne Arbeitsprogramme und planerische Festlegungen,
- Erlasse und Randverfügungen der politischen Führung.

Durch die Hinzuziehung und Auswertung der so erhaltenen Informationen sollen vage gehaltene Ziele transparenter gemacht werden. Würden die Rechnungsprü-

---

[460] *Haverkate*, (Fn. 13), S. 365; *Hans Peter Bull*, Die Staatsaufgaben nach dem Grundgesetz, 2. Auflage, Kronberg / Ts. 1977, passim

[461] *Klaus Vogel*, Begrenzung von Subventionen durch ihren Zweck, in: Festschrift für Hans Peter Ipsen, Tübingen 1977, S. 539 ff., 544 ff.

[462] Vgl. *Thomas Darnstädt*, Ganz, ganz Schneller Brüter, in: DER SPIEGEL 13/1997, 24. März 1997, S. 54 ff.

[463] *Peter Jakobs-Woltering*, Rechnungshöfe, die Spezialisten der Erfolgskontrolle?, RiA 1994, 280, 282

[464] *Jakobs-Woltering*, (Fn. 463), S. 282 f.

[465] Vgl. *Jakobs-Woltering*, (Fn. 463), S. 283

fer der Verwaltung vor Augen führen, welche Indizien für welche Ziele sprechen, dann trüge die Verwaltung ihren Teil dazu bei, die tatsächlichen Ziele transparenter zu machen.[466] Eine solche Vorgehensweise stößt aber aus mehreren Gründen auf Bedenken: Zum einen müßten sich die Rechnungshöfe bei einer eigenen Zielpräzisierung dem Vorwurf erwehren, daß sie die Grenze zu dem ihnen verschlossenen „Bereich des Politischen" überschreiten,[467] daß sie selbst zum Gestalter im Leistungsbereich werden, weil sie sich bei ihrer Erfolgskontrolle nicht an den vom Subventionsgeber gegebenen Zielen orientieren, sondern eigene Ziele konstruieren. Dieser Vorwurf ließe sich mit dem Einwand entkräften, daß die Prüfer keine eigene Zielsetzung vornehmen, vielmehr die bereits vorgegebenen Ziele erforschen und sich deshalb an die vom Subventionsgeber getroffenen Wertungen halten: Sie würden die Entscheidungen des Subventionsgebers nicht durch eigene ersetzen, sondern lediglich versuchen, die Entscheidungen des Subventionsgebers transparent zu machen. Eine Zweckpräzisierung in der vorgeschlagenen Art und Weise sollte aber aus anderen Gründen nicht vorgenommen werden:

Zum einen wäre die Präzisierung des mit einer Subventionsmaßnahme verfolgten Zweckes im Wege der Auslegung mit einem immensen Aufwand verbunden, der die vorhandenen Prüfungskapazitäten überlasten könnte. Erfolgskontrollen sind überaus anspruchsvolle Prüfungen, und eine Ausweitung dieser Kontrollen geht zu Lasten der ohnehin notleidenden Rechnungsprüfung.[468] Wollte man den Rechnungshöfen auch noch die Aufgabe der Zielpräzisierung zukommen lassen, würde man die vorhandenen Kapazitäten allzusehr beanspruchen. Zweitens erfolgt die Durchführung von Subventionsmaßnahmen - in der Praxis - durch die Verwaltung.[469] Würden sich die Rechnungshöfe bei der Auffindung der wahren Ziele an dem von der Verwaltung geleiteten Programmvollzug orientieren, dann würden sie die von der Verwaltung gesetzten Ziele konkretisieren, nicht aber die vom Subventionsgeber Parlament gewollten. Damit würden die Rechnungshöfe indirekt anerkennen, daß die Verwaltung der maßgebende Gestalter im Subventionsbereich ist, tatsächlich ist dies aber das Parlament. Dieses hat die Ziele vorzugeben, nicht die Verwaltung. Es ist auch überaus fraglich, ob die „Verwaltung ihren Teil dazu beitragen [wird], daß die tatsächlichen Ziele transparent werden".[470] Die Verwaltung könnte sich nämlich nach einer erfolgten Zweckpräzisierung durch die Rechnungshöfe auf den Standpunkt zurückziehen, daß die Zielformulierung des Rechnungshofes an dem von ihr gesetzten Ziel vorbeigeht, der Rechnungshof also eine andere Maßnahme, als die von der Verwaltung durchgeführte, geprüft hat. Ob sie dagegen in einem zweiten Schritt die wahren Ziele offenbaren würde, mag bezweifelt werden. Eine im Wege der Auslegung vorzunehmende Zweckpräzisierung durch die Rechnungshöfe ist daher abzulehnen. Sie brauchen aber vor unklaren Zielformulierungen auch nicht zurückzuschrecken. In den

466 *Jakobs-Woltering*, (Fn. 463), S. 282
467 Vgl. dazu Teil B, VI
468 *Dieckmann*, (Fn. 35), S. 68
469 Vgl. zur Kritik an dieser Praxis oben Teil C, IV, 1
470 *Jakobs-Woltering*, (Fn. 463), S. 282

Bemerkungen des Bundesrechnungshofes 1996 wird darauf hingewiesen, daß Erfolgskontrollen an fehlenden Zielvorgaben oftmals scheitern:

> „Meist wurden überhaupt keine überprüfbaren Ziele bestimmt. Soweit in Förderungsprogrammen Ziele der Förderung festgelegt wurden, waren sie entweder nicht eindeutig oder es fehlte an Maßstäben zur Auswahl der förderungswürdigen Projekte und zur nachträglichen Kontrolle ihres Erfolges sowie des Programms insgesamt.
>
> Damit war nicht erkennbar, welche Bedeutung die Maßnahme für die Beschäftigung, das wirtschaftliche Wachstum oder für die Einführung neuer Produkte und Dienstleistungen haben sollte. Das Fehlen quantitativer und qualitativer Zielvorgaben erschwerte effektive und effiziente Entscheidungen über die Förderanträge und gefährdete damit die Zielerreichnung“.[471]

Zur Verdeutlichung werden in dem Bericht vier Beispiele genannt, bei denen sich diese Probleme auswirkten: das Fernwärmeprogramm, die Förderung der Beratung im Fremdenverkehrsgewerbe, das Modellvorhaben Dorftourismus und das Wohnungsbauförderungsprogramm. Im Dunkeln bleibt bei der Darstellung des Bundesrechnungshofes aber die konkrete finanzielle und rechtliche Auswirkung der unklaren Zielangaben. So heißt es etwa bei der Förderung der Beratung im Fremdenverkehrsgewerbe schlicht:

> „Hierdurch traten Überschneidungen zur Förderung der Existenzgründungsberatung sowie zum Eigenkapitalhilfeprogramm auf“.[472]

Zur Beratungstätigkeit der Rechnungshöfe sollte es gehören, dem Subventionsgeber im Vorfeld seiner Entscheidungen die Notwendigkeit bewußt zu machen, die mit der Maßnahme angestrebten Zwecke zu verdeutlichen. Dies läßt sich erreichen, indem der Rechnungshof in seinem Bericht diejenigen Subventionsmaßnahmen konkret-individuell bezeichnet, die er in dem jeweiligen Berichtszeitraum einer Erfolgskontrolle unterziehen wollte. Diese Maßnahmen sollten nach Art und Umfang genau beziffert werden. Anschließend sollte dargestellt werden, daß sich die Wirksamkeit dieser Subventionen wegen vager Zielvorgaben nicht feststellen läßt, die veranschlagten Mittel in Höhe von X Mio. DM deshalb möglicherweise verschleudert wurden. Der Rechnungshof sollte daran die Empfehlung knüpfen, die bezeichneten Maßnahmen einzustellen oder die Voraussetzungen für ihre Erfolgskontrolle zu schaffen. Eine derartige Auflistung einzelner Förderungsmaßnahmen nach ihrem Umfang wäre ein wirkungsvolleres Mittel, den Subventionsgeber an seine Pflicht zur Zweckdeutlichkeit zu erinnern, als die allgemeine Feststellung, daß Erfolgskontrollen häufig an fehlenden Zielvorgaben scheitern. Diese richtige Bemerkung bedarf der Konkretisierung bezüglich ganz bestimmter, nach Höhe und Umfang bezeichneter Subventionsmaßnahmen. Nur so läßt sich dem Gesetzgeber seine Pflicht, die Ziele im Vorfeld deutlich zu machen, vor Augen halten. Der Ausweg, im Nachhinein Ziele zu

---

[471] BT-Drucks. 13/5700, S. 46
[472] BT-Drucks. 13/5700, S. 46

konstruieren oder zu präzisieren, ist dagegen keine brauchbare Voraussetzung für eine Erfolgskontrolle.[473]

V. Neben den Rechnungshöfen bestehende „Kontrollinstanzen“

Für die Durchführung von Erfolgskontrollen sind die Rechnungshöfe wegen ihrer Unabhängigkeit, ihrer weitreichenden Prüfungsbefugnis, ihrer Sachkunde und wegen des Umstandes, daß sie von Amts wegen tätig werden, besonders geeignet. Desweiteren kommen für Erfolgskontrollen in Betracht: die Exekutive, das Parlament, die Öffentlichkeit und die Gerichte.

1. Erfolgskontrolle durch die Exekutive

a) Regierung

Die Angaben in den jährlichen Subventionsberichten der Bundesregierung genügen nicht den Anforderungen einer sachkundigen Erfolgskontrolle. Die Subventionsberichte der Regierung sind bloße Tätigkeitsberichte zuzüglich der Ankündigung zukünftiger Entwicklungen und Maßnahmen. Sie verzichten darauf, exakt zu überprüfen, ob mit den gewährten Subventionen die angestrebten Ziele erreicht worden sind oder ob diese Ziele überhaupt berechtigt waren. Die Berichte beschränken sich darauf, das Gesamtvolumen der auslaufenden und zurückgehenden Maßnahmen auszuweisen.[474] An dem Bekenntnis, daß „alle Subventionen immer wieder auf ihre Notwendigkeit überprüft werden“ müssen,[475] und daß zu diesem Zweck Erfolgskontrollen unentbehrlich sind, fehlt es dagegen nicht. Überwiegend bleibt es aber bei diesem Bekenntnis. Das überrascht nicht, schließlich dürfte die Regierung kaum daran interessiert sein, der Opposition Material über exekutive Mißerfolge in die Hand zu geben. Die Subventionsberichte der Bundesregierung beschränken sich also, wie § 12 Abs. 2 Stabilitätsgesetz formuliert, auf eine rein „zahlenmäßige Übersicht“. Nach ihrer Wirksamkeit werden die gewährten Subventionen in diesen Berichten nicht hinterfragt.

b) Verwaltung und Prüfungsämter

Die sog. Vorprüfungsstellen nach § 100 BHO a.F. sind durch das „Gesetz zur Fortentwicklung des Haushaltsrechts von Bund und Ländern“ vom 22. Dezember 1997 (Haushaltsrechts-Fortentwicklungsgesetz)[476] aufgelöst worden. Aufgabe der Vorprüfungsstellen war es, eine verwaltungsinterne Kontrolle auszuüben. Sie bereiteten die spätere Prüfung durch das externe Kontrollorgan Bundesrechnungshof vor, indem sie verwaltungsintern die Bücher und Belege auf Unvollständigkeiten, Un-

---

[473] *Die Präsidentin des Bundesrechnungshofes als Bundesbeauftragte für die Wirtschaftlichkeit in der Verwaltung* (Hrsg.), Erfolgskontrolle finanzwirksamer Maßnahmen in der öffentlichen Verwaltung, in: Schriftenreihe der Bundesbeauftragten für Wirtschaftlichkeit in der Verwaltung, Band 2, Stuttgart / Berlin / Köln, 2. Auflage 1998, S. 25, (zit.: BWV 1998)

[474] Vgl. z.B. 13. Subventionsbericht, BT-Drucks. 12/1525, S. 16 ff.

[475] 16. Subventionsbericht, BT-Drucks. 13/8420, S. 7

[476] BGBl. I, S. 3251

richtigkeiten und Widersprüche durchsahen und für Abhilfe sorgten. Auch diese verwaltungsinternen Kontrollstellen prüften, wie die Rechnungshöfe, nach den Maßstäben Ordnungsmäßigkeit, Rechtmäßigkeit, Wirtschaftlichkeit und Sparsamkeit.

Für die Durchführung von Erfolgskontrollen waren diese Vorprüfungsstellen aber wenig geeignet. Das resultierte zum einen aus ihrer organisatorischen Verortung, zum anderen an ihrem nur begrenzten, weil allein auf ihren jeweiligen Fachbereich bezogenen, Blickwinkel. Einerseits unterstanden die Vorprüfungsstellen als Teil der Behörden, bei denen sie eingerichtet waren, allgemeinen Dienstaufsicht des Behördenleiters, andererseits unterlagen sie der Fachaufsicht des Rechnungshofes. Diese Zwitterstellung führte zu Schwierigkeiten bei der Abgrenzung von Kompetenzen und somit auch zu Unsicherheiten bei den Mitarbeitern, die Gefahr liefen, sich zwischen die Stühle zu setzen. Zudem erfordert die Durchführung von Erfolgskontrollen auch die Fähigkeit, einzelne Teile des wirtschaftlichen Ablaufs zu einem Ganzen zusammenzufassen. Die Integration einzelner Teile zu einem Ganzen kann aber eine Prüfungsstelle, die nur ihren eigenen Bereich im Auge hat, nicht leisten.

Aufgrund des Haushaltsrechts-Fortentwicklungsgesetzes wird die Prüfungstätigkeit des Bundesrechnungshofes seit dem 1. Januar 1998 durch Prüfungsämter des Bundes, die seiner Dienst- und Fachaufsicht unterstellt sind, unterstützt und ergänzt. Diese Prüfungsämter haben gegenüber den geprüften Stellen dieselben Prüfungsbefugnisse wie der Bundesrechnungshof. Die Effektivität der Finanzkontrolle des Bundes ist durch diese Reform gestiegen. Die Bemerkungen des Bundesrechnungshofes enthalten in beachtlichem Umfang auch Prüfungsergebnisse dieser Prüfungseinrichtungen.[477] Sie können den Bundesrechnungshof bei seiner Tätigkeit erheblich unterstützen. Ihre Feststellungen können - wenn sie vom Bundesrechnungshof entsprechend koordiniert werden - zu einem aussagekräftigen Gesamtbild über die Tätigkeit der Verwaltung insgesamt werden. Da die Prüfungsämter jedoch die Tätigkeit des Bundesrechnungshofes „nur" vorbereiten, unterstützen und ergänzen (vgl. § 100 Satz 1 BHO) dürften sie zur eigenen Durchführung von Erfolgskontrollen nur bedingt geeignet sein.

2. Erfolgskontrolle durch das Parlament

Die Parlamente haben bislang weitgehend darauf verzichtet, die Verwaltung durch die Verabschiedung von Subventionsgesetzen auf Maßstäbe und Ziele festzulegen, deren Einhaltung sie überprüfen könnten. Soweit Subventionsgesetze erlassen worden sind, enthalten diese in aller Regel Zweckpräzisierungen allgemeinster Art. Als Beispiel sei auf das baden-württembergische Mittelstandsförderungsgesetz verwiesen, nach dessen § 1 „im Interesse der Sicherung einer ausgewogenen Wirtschaftsstruktur des Landes ... die Leistungskraft kleiner und mittlerer Unternehmen ... zu erhalten und zu stärken" ist. Vor dem Hintergrund einer derartigen Zweckangabe läßt sich nahezu jede Subvention an mittelständische Unternehmen rechtfertigen.

---

[477] Hierauf wird etwa in den Bemerkungen des Bundesrechnungshofes 1999, BT-Drucks. 14/1667, S. 9 ausdrücklich hingwiesen.

Da die Volksvertretungen keine hinreichend präzise Zwecke formulieren, entäußern sie sich selbst der Möglichkeit, Erfolgskontrollen durchzuführen. Beschränkt man sich auf Aussagen, die von einem möglichst großen Teil der Wählerschaft akzeptiert werden können, dann sind diese Aussagen meist so vage, daß sie kaum als Grundlage für sachgerechte Erfolgskontrollen dienen können. Den Parlamenten fehlen auch die institutionellen Möglichkeiten, flächendeckende Kontrollen durchzuführen; durch die laufende Gesetzgebungsarbeit dürften die ihnen zur Verfügung stehenden Kapazitäten hinreichend ausgelastet sein. Sie sind allenfalls in der Lage skandalöse Mißerfolge der Subventionspolitik aufzugreifen.

Schließlich ist auch an dieser Stelle der bereits erwähnte Umstand[478] zu nennen, daß das klassische Kontrollrecht des Parlaments, das Budgetrecht, durch die „Frontstellung" zwischen Regierung und Parlamentsmehrheit auf der einen Seite und Parlamentsminderheit auf der anderen Seite weitgehend wirkungslos geworden ist. Im Hinblick auf die Durchführung von Erfolgskontrollen verfolgen beide Seiten sehr unterschiedliche Interessen. Eine gemeinsame Basis zu finden, ist daher nur schwer möglich. Erfolgskontrollen bergen ein erhebliches Risiko in sich insofern, als das Ergebnis, wenn man die Kontrolle durch Vorgaben nicht steuert, nicht vorhersehbar ist. Für die Regierungsparteien ist dieses Risiko besonders groß. Es ist für die Regierung deshalb einfacher, die Durchführung von Erfolgskontrollen selbst vorzunehmen und sich auf eine parlamentarische Auseinandersetzung erst gar nicht einzulassen.

3. Erfolgskontrolle durch die Öffentlichkeit

Auch die Öffentlichkeit ist mit Hilfe der Massenmedien und gesellschaftlicher Gruppen, wie etwa des Bundes der Steuerzahler, allenfalls in der Lage, skandalöse Einzelfälle bei der Subventionsgewährung zu einem (kurzfristigen) Politikum zu machen. Zu einer umfassenden Erfolgskontrolle fehlt aber der notwendige Überblick über den öffentlichen „Subventionsdschungel". Die Fähigkeit, die Subventionspolitik durch öffentliche Kritik in die richtigen Bahnen zu lenken, ist daher nicht vorhanden.

4. Erfolgskontrolle durch die Gerichte

Zuletzt gilt es zu fragen, ob die nationalen Gerichte und/oder der EuGH zu einer umfassenden Erfolgskontrolle von Subventionen in der Lage sind.

a) Kontrollzuständigkeit des EuGH

Bei der Kontrollzuständigkeit des EuGH geht es in erster Linie um eine Kontrolle der Beihilfenaufsicht, die die EU-Kommission nach Art. 87 ff. EGV gegenüber der nationalen Beihilfenvergabe ausübt.[479] Gegen eine negative Entscheidung der Kommission kann insbesondere der betroffene Staat mit der Nichtigkeitsklage nach Art. 230 Abs. 1 EGV vorgehen. Gegen eine positive Entscheidung sind der Europarat

[478] Vgl. oben Teil B, I, 5
[479] Vgl. oben Teil C, I, 3

und andere Mitgliedstaaten zur Klage befugt. Ein benachteiligter Konkurrent des begünstigten Unternehmens kann gemäß Art. 230 Abs. 4 EGV Nichtigkeitsklage gegen die Entscheidung der Kommission erheben, wenn er individuell und unmittelbar betroffen ist. Eine solche Betroffenheit liegt dann vor, wenn die Marktstellung des Konkurrenten durch die staatliche Beihilfe spürbar beeinträchtigt ist, und er das Prüfungsverfahren veranlaßt oder den Verfahrensablauf durch seine Erklärungen maßgeblich bestimmt hat.[480] Der EuGH hat folgende Klage- bzw. Nichtigkeitsgründe ausgestaltet:[481]

- die Unzuständigkeit des handelnden Organs;
- die Verletzung wesentlicher Formvorschriften;
- die Verletzung des EG-Vertrages oder einer bei seiner Durchführung anzuwendenden Rechtsnorm;
- der Mißbrauch des bei der Entscheidung eingeräumten Ermessens;
- die offensichtliche Verkennung primären oder sekundären Gemeinschaftsrechts (nur nach EGKSV).

Hält der EuGH die beanstandete Entscheidung der Kommission nach einer dieser Voraussetzungen für nichtig, dann spricht das Urteil - als Gestaltungsurteil - die Nichtigkeit des angefochtenen Rechtsaktes aus und hebt ihn erga omnes mit ex-tunc-Wirkung auf.[482] Schreitet die Kommission indessen gegen die Subventionsmaßnahme eines Mitgliedstaates nicht ein, dann kommt die Untätigkeitsklage nach Art. 232 EGV in Betracht.

An zweiter Stelle kontrolliert der EuGH die Beihilfenaufsicht der EU, die diese ausübt, wenn Mitgliedstaaten Gemeinschaftssubventionen verwalten.[483] Gemeinschaftsbeihilfen sind Instrumente von Gemeinschaftspolitiken und in diese eingebettet. Erwähnt seien der Fonds für die Landwirtschaft (Art. 34 Abs. 4 EGV), der Sozialfonds (Art. 146-148 EGV) und der Regionalfonds (Art. 160 EGV). Diese drei Fonds werden in Art. 161 EGV unter der Bezeichnung Strukturfonds zusammengefaßt. Bei diesen Subventionsmaßnahmen der EU, die überwiegend durch die Mitgliedstaaten verwaltet werden, beurteilt sich die Subventionsentscheidung der mitgliedstaatlichen Verwaltung nach nationalem Recht;[484] sie kann nur von den nationa-

---

[480] *Geiger*, (Fn. 16), Art. 93 Rn. 18; EuGH, Slg. 1983, 2559, 2566

[481] Vgl. *Michael Schweitzer / Waldemar Hummer*, Europarecht, 5. Auflage, Neuwied / Kriftel / Berlin 1996, S. 148, Rn. 483

[482] *Schweitzer / Hummer*, (Fn. 481), S. 147, Rn. 482

[483] Vgl. *Hans-Jürgen Papier*, Rechtsformen der Subventionierung und deren Bedeutung für die Rückabwicklung, ZHR 152 (1988), S. 493 ff., 497

[484] *Papier*, (Fn. 483), S. 494 f.; *Martin Seidel*, Subventionshoheit und Finanzierungslast in der Europäischen Wirtschaftsgemeinschaft, Festschrift für Karl Carstens, Band 1, Köln / Berlin / Bonn / München 1984, S. 273 ff., 278 ff.

len Gerichten überprüft werden. Aber auch bei diesen Gemeinschaftssubventionen kann sich der Konkurrent an die Kommission wenden mit dem Ziel, ein Beihilfeaufsichtsverfahren zu erreichen. Der Konkurrent beanstandet dann die gemeinschaftswidrige Ausgestaltung der Subvention durch den Mitgliedstaat. Kommt die Kommission diesem Begehren nicht nach, dann kann der Konkurrent Untätigkeitsklage vor dem EuGH erheben.

b) Kontrollzuständigkeit der deutschen Gerichte

Die Kontrollzuständigkeit der nationalen Gerichte richtet sich nach der Rechtsform der Subventionsgewährung. Im Regelfall werden die Subventionen aufgrund öffentlichen Rechts vergeben, so daß im Zweifel eine öffentlich-rechtliche Streitigkeit nichtverfassungsrechtlicher Art im Sinne des § 40 Abs. 1 Satz 1 VwGO gegeben ist, also die Verwaltungsgerichte zuständig sind. Hat die Verwaltung dagegen in der Form des Privatrechts gehandelt, dann sind die Zivilgerichte gemäß §§ 23, 71 GVG zuständig. Ist die Frage nach dem „Ob" der Subventionierung öffentlichrechtlich ausgestaltet, die Frage nach dem „Wie" dagegen zivilrechtlich (sog. Zweistufentheorie),[485] dann ist - mißlicherweise - der Rechtsweg innerhalb desselben Subventionsverhältnisses gespalten.[486]

c) Schwierigkeiten und Unzulänglichkeiten einer gerichtlichen Erfolgskontrolle

Schwierigkeiten bei einer gerichtlichen Kontrolle von Subventionen resultieren ebenfalls aus den unpräzisen Zielangaben im Haushaltsplan. Stellt man nun die Frage, ob die Gerichte in der Lage sind, eine Zweckpräzisierung selbst vorzunehmen, so ist dies zu verneinen.

Erstens kann im Bereich des Leistungsrechts der Richter seine regelbildende Kraft durch teleologisches Argumentieren nicht entfalten. Die Leistungsregel kann zu viele Zwecke verfolgen. Der Richter dürfte daher kaum in der Lage sein, den einer Subventionsmaßnahme zugrundeliegenden Zweck zu operationalisieren. Und selbst wenn ihm die zur Zweckpräzisierung erforderliche umfassende Sachverhaltsfeststellung im Prozeß gelänge, würde er sich von seiner eigentlichen Aufgabe, der Rechtskontrolle, entfernen. Er würde selbst zum Gestalter im Leistungsbereich werden. Fehlen präzise Zweckangaben und würden diese durch richterliche Zweckpräzisierung ersetzt, dann träte der Richter an die Stelle des Subventionsgebers, des Parlamentes.[487]

Abgesehen davon sind die Gerichte zur Durchführung von Erfolgskontrollen auch aus einem weiteren Grund nicht in der Lage. Gerichte werden nicht von Amts wegen tätig. Die Eröffnung eines gerichtlichen Verfahrens ist von der Erhebung einer Klage abhängig. Da der Subventionsempfänger kaum um gerichtlichen Schutz nachsuchen wird, kommt als Anstoß für eine gerichtliche Kontrolle in aller Regel nur eine

---

[485] Vgl. etwa *Christoph Gusy*, Subventionsrecht (Teil 2), JA 1991, 327, 328; BGHZ 40, 206, 210
[486] *Papier*, (Fn. 483), S. 500
[487] *Haverkate*, (Fn. 13), S. 367

Klage des bei der Subventionierung nicht bedachten Konkurrenten in Betracht. Der Beitrag, den eine solche Konkurrentenklage zu einer besseren Kontrolle des Subventionswesens leisten kann, ist aber äußerst gering.

Eine Konkurrentenklage setzt nur am Einzelfall an. Sie greift nur dann ein, wenn sich ein zur Klage befugter und entschlossener Konkurrent findet. Zur Klage befugt ist nur, wer durch die Subventionierung eines anderen in seinen subjektiven Rechten betroffen ist. Die Zulässigkeit einer Klage wird häufig schon an dieser Voraussetzung scheitern. Lediglich in Ausnahmefällen stellt eine Subventionsgewährung einen Eingriff in die Rechte des Konkurrenten, etwa aus Art. 2 Abs. 1, 3 Abs. 1, 12, 14 GG, dar: Die Belastung des Konkurrenten müßte entweder intendiert oder besonders schwerwiegend sein. Der Antrag eines Konkurrenten ist in aller Regel darauf gerichtet, den Subventionsgeber zur Gewährung der Subvention auch an den Kläger zu verpflichten. Der Kläger will teilhaben an der staatlichen Subventionsvergabe. Diese „positive" Konkurrentenklage richtet sich aber auf Ausdehnung der Subventionsaktivitäten nach Art des Gießkannenprinzips und nicht auf Eindämmung oder Umverteilung. Dabei stellt sich dann das Problem, daß die Verwaltung, soweit keine speziellen Subventionsgesetze bestehen, nur im Rahmen der ihr zur Verfügung gestellten Haushaltsmittel zur Vergabe weiterer Subventionen veranlaßt werden kann. Positiven Konkurrentenklagen kommt eine kontrollierende Wirkung allenfalls insofern zu, als ein Subventionsgeber, der zu nichtgeplanten Subventionsgewährungen gezwungen wird, sich künftig vielleicht die Notwendigkeit einer Subventionierung mit größerer Sorgfalt als bisher überlegen wird.

Zudem wird sich ein gut beratener Konkurrent auch aus anderen als nur juristischen Gründen überlegen, ob er Klage erhebt. Er könnte es sich durch die Anrufung gerichtlicher Hilfe mit dem Subventionsgeber verscherzen, was ihm bei künftigen Subventionierungen zum Nachteil gereichen könnte. Diese Bedenken greifen jedoch nicht im Falle der Klage eines europäischen Konkurrenten vor dem EuGH gegen eine nationale Subventionsgewährung eines anderen EU-Mitgliedstaates. So braucht etwa ein französisches Unternehmen mit Sitz in Frankreich keine Befürchtungen zu hegen, bei künftigen Subventionsmaßnahmen der Bundesrepublik Deutschland Nachteile zu erleiden, wenn es Nichtigkeitsklage vor dem EuGH erhebt. Es erhält aus der deutschen Staatskasse so oder so keine Mittel.

Gleichwohl bleibt eine gerichtliche Kontrolle von Subventionen nur auf Einzelfälle begrenzt. Die Erfolgsaussichten einer Konkurrentenklage sind wegen des weiten Ermessens der öffentlichen Hand in Fragen der Wirtschaftsgestaltung und der an die Betroffenheit des Konkurrenten zu stellenden Anforderungen ausgesprochen gering. In der Tat gibt es auch kaum Beispiele für erfolgreiche Konkurrentenklagen auf dem Gebiet des Subventionswesens.[488] Eine makroökonomische Wirksamkeitskontrolle der staatlichen Subventionstätigkeit können die Gerichte daher nicht leisten.

---

[488] Vgl. die Übersicht bei *Peter-Michael Huber*, Konkurrenzschutz im Verwaltungsrecht, Tübingen 1991, S. 20 ff.

5. Fazit

Für eine effektive Durchführung von Erfolgskontrollen im Bereich des Subventionswesens sind die Rechnungshöfe am besten geeignet. Sie verfügen über die erforderliche Sachkunde, sind unabhängig und werden von Amts wegen tätig. Sie haben weitgehende Prüfungsbefugnisse und daher auch weitreichende Verwaltungseinblicks- und Überblicksmöglichkeiten. Man kann die Rechnungshöfe daher als „Spezialisten der Erfolgskontrolle" bezeichnen.[489]

VI. Prüfungsgegenstände und Prüfungsmaßstäbe

1. Die Prüfung staatlicher Zuwendungen nach § 91 Abs. 1 Nr. 3 BHO

§ 91 BHO enthält das unmittelbar durch Gesetz begründete Recht des Bundesrechnungshofes bei Stellen außerhalb der Bundesverwaltung Prüfungen vorzunehmen und Erhebungen anzustellen.[490] Nach dessen Absatz 1 ist der Bundesrechnungshof befugt bei diesen Stellen zu prüfen,

> „wenn sie
>
> 1. Teile des Bundeshaushaltsplans ausführen oder vom Bund Ersatz von Aufwendungen erhalten,
> 2. Bundesmittel oder Vermögensgegenstände des Bundes verwalten oder
> 3. vom Bund Zuwendungen erhalten oder
> 4. als juristische Person des privaten Rechts, an denen der Bund einschließlich seiner Sondervermögen unmittelbar oder mittelbar mit Mehrheit beteiligt ist, nicht im Wettbewerb stehen, bestimmungsgemäß ganz oder überwiegend öffentliche Aufgaben erfüllen oder diesem Zweck dienen und hierfür Haushaltsmittel oder Gewährleistungen des Bundes oder eines seiner Sondervermögen erhalten.
>
> Leiten diese Stellen die Mittel an Dritte weiter, so kann der Bundesrechnungshof auch bei diesen prüfen".

Im vorliegenden Zusammenhang interessiert vor allem § 91 Abs. 1 Satz 1 Nr. 3 BHO: Die Prüfung bei Stellen außerhalb der Bundesverwaltung, wenn sie vom Bund Zuwendungen erhalten. Dabei ist anzumerken, daß haushaltsrechtlich eine Zuwendung nur dann den Charakter einer Subvention hat, wenn sie der Legaldefinition des § 23 BHO entspricht. Diese Deckungsgleichheit ist gegeben bei staatlichen Geldleistungen, die dem Unternehmensbereich im Rahmen der Wirtschafts- oder Forschungsförderung zufließen und auf die der Empfänger keinen Rechtsanspruch hat.[491]

---

[489] *Jakobs-Woltering*, (Fn. 463), S. 284

[490] Nach § 113 Abs. 3 Satz 1 RHO war das Prüfungsrecht des Rechnungshofes dagegen mit den betroffenen Stellen zu vereinbaren (RGBl. 1923 II, S. 32).

[491] Vgl. zur Abgrenzung der Begriffe oben Teil A, 2 a

Um die Kontrolle dieser Geldleistungen soll es in diesem Abschnitt gehen. Die Gewährung von Sachleistungen oder indirekter Subventionen (Steuerverschonungen) wird von der Kontrollbefugnis des § 91 BHO also nicht umfaßt.

a) Prüfungsgegenstände

Nach § 91 Abs. 2 Satz 1 BHO erstreckt sich die Prüfung des Rechnungshofes auf die „bestimmungsgemäße und wirtschaftliche Verwaltung und Verwendung". Im Fall des § 91 Abs. 1 Satz 1 Nr. 3 BHO kann damit nur die Verwaltung und Verwendung der erhaltenen Zuwendungen gemeint sein. Zwar bezieht sich § 91 Abs. 2 BHO auf alle vier Varianten des § 91 Abs. 1 BHO, so daß man mit Blick darauf, daß die zweite Variante des § 91 Abs. 1 BHO eine Verwaltungstätigkeit betrifft, annehmen könnte, im Falle der Zuwendungen gehe es nur um ihre Verwendung und nicht um ihre Verwaltung. Dagegen spricht jedoch, daß die Begriffe Verwaltung und Verwendung durch die Konjunktion „und" miteinander verbunden und nicht durch das Wort „beziehungsweise" voneinander getrennt sind. Also bezieht sich das gesetzliche Prüfungsrecht auf die Verwaltung *und* Verwendung der zugewendeten Mittel.[492] Die Verwaltung der zugewendeten Mittel betrifft den Umgang mit ihnen, soweit er nicht in ihrer Verwendung besteht.

Grundsätzlich geht es bei der Prüfung der erhaltenen Zuwendungen demnach nur um eine Prüfung zuwendungsbezogenen Verhaltens und nicht um eine Prüfung der Haushalts- und Wirtschaftsführung des Zuwendungsempfängers insgesamt. Das bringt zum einen § 91 Abs. 1 Satz 1 BHO dadurch zum Ausdruck, daß er von einer Prüfung „*bei* Stellen außerhalb der Bundesverwaltung" spricht und nicht von einer Prüfung „*der* Stellen außerhalb der Bundesverwaltung", zum anderen wird die Begrenzung auf die Prüfung nur zuwendungsbezogenen Verhaltens bestätigt durch § 91 Abs. 2 Satz 2 BHO, demzufolge die Prüfung bei Zuwendungen auch auf die sonstige Haushalts- und Wirtschaftsführung des Empfängers erstreckt werden kann, soweit der Bundesrechnungshof dies für erforderlich hält.

Daraus folgt, daß § 91 BHO eine reine Hilfsvorschrift zu § 88 BHO ist.[493] Gegenstand der Prüfung bleibt auch im Rahmen des § 91 BHO die Haushalts- und Wirtschaftsführung des Bundes (vgl. Art. 114 Abs. 2 Satz 1 GG, § 88 Abs. 1 BHO), die in ihrer Betätigung und Auswirkung bei den Stellen außerhalb der Bundesverwaltung lediglich erfaßt wird. Diese Stellen werden dadurch nicht selbst zu Prüfungsadressaten. Sie sind lediglich verpflichtet, Erhebungen des Bundesrechnungshofes zu dulden und an ihnen mitzuwirken.[494] Der Sinn der Prüfung staatlicher Zuwendungen besteht somit darin, auf eventuell erforderliche Korrekturen der Zuwendungsvergabe als eines Teils der Haushalts- und Wirtschaftsführung durch den Bund hinzuweisen. Die Prüfungsrechte des § 91 BHO sind, da sie sich auf einen Teilbereich der Haushalts- und Wirtschaftsführung des Bundes beziehen, von der Verfassungsgarantie des

---

[492] *Lange*, (Fn. 25), S. 292; *Heuer*, (Fn. 22), § 91 BHO Rn. 7
[493] *Heuer*, (Fn. 22), § 91 BHO Rn. 1
[494] BT-Drucks. V/3040, S. 56

Art. 114 Abs. 2 Satz 1 GG umfaßt, wenn sie auch erst einzelgesetzlich ausgeformt werden.[495]

Die Prüfung der Haushalts- und Wirtschaftsführung des Bundes in der konkreten Ausgestaltung des § 91 Abs. 1 Satz 1 Nr. 3 BHO darf allerdings nicht in dem engen Sinne verstanden werden, es ginge allein darum, vorwerfbares Verhalten von Stellen der Bundesverwaltung zu ermitteln. Es geht auch „darum, die Verwaltung und Verwendung der Zuwendung überhaupt auf ihre Bestimmungsmäßigkeit und Wirtschaftlichkeit zu prüfen, um aufgrund der so gewonnenen Erkenntnisse die Zuwendungsvergabe durch Stellen der Bundesverwaltung verbessern und damit zumindest deren Wirschaftlichkeit steigern zu können".[496] Deshalb bezieht sich die Prüfungskompetenz nicht auf eine bestimmte natürliche oder juristische Person, sondern sie ist sachbezogen in dem Sinne, daß sie die Verwaltung und Verwendung der Zuwendung als solche betrifft.

Nach § 91 Abs. 2 Satz 2 BHO kann sich die Prüfung durch den Bundesrechnungshof bei Zuwendungen auch auf die sonstige Haushalts- und Wirtschaftsführung des Empfängers erstrecken, soweit dies der Bundesrechnungshof für seine Prüfung für erforderlich hält. Die Formulierung, daß sich die Prüfung auch auf die sonstige Haushalts- und Wirtschaftsführung erstrecken *kann*, weist darauf hin, daß die Entscheidung über eine solche Erstreckung der Prüfung im Ermessen des Bundesrechnungshofes liegt. Das entspricht dem Umstand, daß die Prüfung nach § 91 Abs. 1 BHO überhaupt eine Ermessensentscheidung ist - der Bundesrechnungshof ist zur Prüfung berechtigt, nicht aber verpflichtet. Schließlich kann der Bundesrechnungshof bereits nach der allgemeinen Vorschrift des § 89 Abs. 2 BHO „nach seinem Ermessen die Prüfung beschränken und Rechnungen ungeprüft lassen". Das Ermessen des Rechnungshofes ist jedoch dann auf Null reduziert, wenn er eine Prüfung der Verwaltung und Verwendung bestimmter Zuwendungen vornimmt und zu der Auffassung gelangt, daß diese Prüfung nicht angemessen durchgeführt werden kann, wenn sie nicht auch auf die sonstige Haushalts- und Wirtschaftsführung des Empfängers erstreckt wird.[497] Das bedeutet: Der Rechnungshof kann von vorneherein die Gewährung einer Zuwendung ungeprüft lassen, von einer Prüfung absehen. Prüft er allerdings die Verwaltung und Verwendung einer bestimmten Zuwendung, und kommt er im Rahmen dieser Prüfung zu dem Ergebnis, daß sie sinnvoll nur zu Ende geführt werden kann, wenn er sie auch auf die sonstige Haushalts- und Wirtschaftsführung des Empfängers erstreckt, dann ist er zu dieser Ausdehnung auch verpflichtet. Ziel dieser Prüfungserstreckung ist es ebenfalls, die Zuwendungsvergabe durch die Stellen der Bundesverwaltung insgesamt zu verbessern.

---

[495] *Lange*, (Fn. 25), S. 293 f.
[496] *Lange*, (Fn. 25), S. 294
[497] *Lange*, (Fn. 25), S. 296

b) Prüfungsadressaten

Unter Prüfungsadressat soll hier nicht der Zuwendungs- bzw. Subventionsgeber gemeint sein, auch wenn es um dessen Haushalts- und Wirtschaftsführung im Rahmen des § 91 BHO letztendlich geht, sondern die Person oder Stelle, der gegenüber die Prüfung direkt vorgenommen wird. Als Prüfungsadressaten in diesem Sinne nennt § 91 Abs. 1 Satz 1 Nr. 3 BHO Stellen außerhalb der Bundesverwaltung, die vom Bund Zuwendungen erhalten. Die Vorschrift findet also keine Anwendung innerhalb der Bundesverwaltung, innerhalb des Rechtssubjektes Bund. Stellen innerhalb der Bundesverwaltung unterliegen ohnehin der Prüfung nach § 88 BHO. Schließlich sind zweckbezogene Leistungen innerhalb der Bundesverwaltung bloße Zuweisungen und keine Zuwendungen.[498] Beispielsweise sind Zuschüsse an Parlamentsfraktionen keine Zuwendungen. Bundesunmittelbare juristische Personen des öffentlichen Rechts können dagegen Zuwendungsempfänger sein, denn sie gehören nicht zur Bundesverwaltung im Sinne der §§ 88, 91 BHO. Zuwendungsempfänger im Sinne des § 91 Abs. 1 Satz 1 Nr. 3 BHO sind auch solche Stellen, die Zuwendungen vom Bund empfangen, um sie weiterzugeben. Will man eine möglichst vollständige Prüfung der Verwaltung und Verwendung der zugewendeten Mittel erreichen, dann muß eine Prüfung also nicht nur beim Letztempfänger, sondern auch bei Zwischenempfängern vorgenommen werden können. § 91 Abs. 1 Satz 2 BHO bestätigt dies. Nach dieser Vorschrift kann der Bundesrechnungshof bei der Weiterleitung von Zuwendungen an Dritte auch bei diesen prüfen. D.h., der Rechnungshof kann eine Prüfung bereits auf den vorangegangenen Zwischenstationen vornehmen. Als Prüfungsadressaten kommen also Zuwendungsempfänger und Dritte in Betracht, an die die Mittel weitergeleitet werden. Wer Dritter im Sinne des § 91 Abs. 2 Satz 2 BHO ist, hängt davon ab, was man unter Weiterleitung der Mittel versteht.

Zu weit würde es gehen, jede beliebige Verausgabung der Mittel als Weiterleitung zu verstehen. Hat ein Zuwendungsempfänger Mittel aus der Zuwendung für die Erreichung des Zuwendungszweckes eingesetzt, ohne daß der Dritte selbst sein Verhalten mit diesem Zweck verbindet, so sind die Mittel zwar ausgegeben aber nicht weitergeleitet worden. Von einer Weiterleitung der Mittel kann nur dann gesprochen werden, wenn die auf die Zuwendung bezogenen Bestimmungen auch für den Dritten verbindlich sind.[499] Die Mittel müssen als Zuwendung, d.h. mit der ursprünglichen oder jedenfalls einer daran orientierten Zweckbindung, weitergeleitet werden. Nur bei einer zweckgebundenen Weiterleitung der Mittel kommt § 91 Abs. 1 Satz 2 BHO zum Zuge. Bleibt bei der Weiterleitung die Zweckbestimmung erhalten, dann ist die Weiterleitung grundsätzlich auch in privatrechtlicher Form möglich, denn der Staat kann sich zur Erfüllung seiner Aufgaben auch privatrechtlicher Gestaltungsformen bedienen.[500]

---

[498] *Heuer*, (Fn. 22), § 91 BHO Rn. 6
[499] *Lange*, (Fn. 25), S. 298
[500] BVerwG, DVBl. 1990, 712, 713

c) Prüfungsmaßstäbe

Nach § 91 Abs. 2 Satz 1 BHO erstreckt sich die Prüfung „auf die bestimmungsmäßige und wirtschaftliche Verwaltung und Verwendung" der Zuwendung. Verwaltung und Verwendung bezeichnen die Prüfungsgegenstände, Bestimmungsmäßigkeit und Wirtschaftlichkeit die Maßstäbe, anhand deren die Prüfungsgegenstände geprüft werden.

Unter Bestimmungsmäßigkeit ist mindestens die Beachtung der Zweckbindung der zugewendeten Mittel zu verstehen.[501] Es wird geprüft, ob der Zuwendungsempfänger oder der Dritte die Zweckgebundenheit der Zuwendung beachten. Je weiter die Zweckbindung formuliert ist und je größer der dem Empfänger dadurch eingeräumte Spielraum ist, desto zurückhaltender wird die Prüfung der Bestimmungsmäßigkeit der Verwaltung und Verwendung auszufallen haben. Fraglich ist, ob über die Einhaltung der Zweckbindung hinaus der Prüfungsmaßstab Ordnungsmäßigkeit auch die Vereinbarkeit der Zuwendungsverwaltung und -verwendung mit allen einschlägigen Bestimmungen umfaßt.[502] Im Hinblick darauf, daß nach § 90 BHO auch die Haushalts- und Wirtschaftsführung anhand sämtlicher für die Haushalts- und Wirtschaftsführung geltenden Vorschriften geprüft wird, „und daß die konkrete Abgrenzung der Zweckbindung von anderen zuwendungsbezogenen Bestimmungen beträchtliche Schwierigkeiten aufwerfen dürfte",[503] ist unter Bestimmungsmäßigkeit die Vereinbarkeit mit allen einschlägigen Rechtsvorschriften zu verstehen.

Der Prüfungsmaßstab Wirtschaftlichkeit wurde bereits definiert.[504] Unter Wirtschaftlichkeit läßt sich kurz gesagt ein optimales Verhältnis von Kosten und Nutzen verstehen. Dieses optimale Verhältnis erzielt man, wenn mit vorgegebenen Mitteln ein größtmöglicher Erfolg (Maximalprinzip), oder ein vorgegebenes Ziel mit möglichst geringen Mitteln (Minimalprinzip) erreicht wird. Auf die mit diesem Prüfungsmaßstab verbundenen Schwierigkeiten wurde hingewiesen.[505] Das Postulat der wirtschaftlichen Verwaltung und Verwendung vermag den Entscheidungsspielraum des Zuwendungsempfängers oder des Dritten bei einer weiten Zweckbestimmung der Zuwendung zu beschränken: Ist die Zweckbestimmung offen gestaltet, dann ist mit der Zuwendung jedenfalls wirtschaftlich zu verfahren. Da die Zuwendungsprüfung der Kontrolle der Haushalts- und Wirtschaftsführung dient,[506] ist auch darauf abzustellen, welche Auswirkungen die Verwaltung und Verwendung der Zuwendungen auf Bundesinteressen hat. Daher hat sich die Prüfung der Wirtschaftlichkeit der Zuwendungsverwendung und -verwaltung nicht allein auf den Prüfungsadressaten zu er-

---

[501] *Lange*, (Fn. 25), S. 299

[502] Bejahend *Heuer*, (Fn. 22), § 91 BHO Rn. 7: „alle Bestimmungen"

[503] *Lange*, (Fn. 25), S. 300

[504] Oben Teil B, IV, 3 a, b

[505] Oben Teil B, IV, 3 c, e

[506] Vgl. oben Teil C, VI, 1 a; nach § 88 Abs. 1 BHO wird die gesamte Haushalts- und Wirtschaftsführung des Bundes „nach Maßgabe der folgenden Bestimmungen geprüft". Zu den „folgenden Bestimmungen" gehört auch § 91 BHO.

strecken. Die Prüfung bezieht sich vielmehr auch auf die wirtschaftliche Verwendung und Verwaltung der die Zuwendung gewährenden Bundesverwaltung selbst.[507] Ein unwirtschaftliches Verhalten des Prüfungsadressaten kann daher ein Indiz für das unwirtschaftliche Handeln des Zuwendungsgebers sein.

Welche Prüfungsmaßstäbe anzulegen sind, wenn sich die Prüfung einer Zuwendung nach § 91 Abs. 2 Satz 2 BHO auch „auf die sonstige Haushalts- und Wirtschaftsführung des Empfängers" erstreckt, läßt sich dieser Vorschrift selbst nicht entnehmen. Aus dem systemmatischen Zusammenhang mit § 91 Abs. 2 Satz 1 BHO ergibt sich aber, daß auch die sonstige Haushalts- und Wirtschaftsführung des Empfängers anhand der Maßstäbe Bestimmungsmäßigkeit und Wirtschaftlichkeit zu prüfen ist. Mit den Worten „seine Prüfung" in § 91 Abs. 2 Satz 2 BHO ist daher die Prüfung nach § 91 Abs. 2 Satz 1 BHO gemeint.[508]

Stellt sich die Gewährung von Krediten als Zuwendung dar,[509] dann kann der Rechnungshof nach § 91 Abs. 3 BHO auch[510] „bei den Beteiligten prüfen, ob sie ausreichende Vorkehrungen gegen Nachteile für den Bund getroffen oder ob die Voraussetzungen für eine Inanspruchnahme vorgelegen haben". Beteiligte können nur Stellen außerhalb der Bundesverwaltung sein. Ihr Kreis ist dahin einzuschränken, daß es sich um Stellen, Unternehmen oder Personen handeln muß, die rechtlich unmittelbar mit den Geschäften verbunden sind, die den Bund verpflichten. Die Prüfung, ob Vorkehrungen gegen Nachteile für den Bund getroffen worden sind, bezieht sich primär darauf, ob die finanziellen Verhältnisse des Begünstigten hinreichend geprüft und ob ausreichend Sicherheiten für den Bund gestellt worden sind. Überprüft werden kann auch die Richtigkeit der Angaben, die der Begünstigte gemacht hat, um den Kredit zu erhalten.[511]

d) Prüfungsverfahren

Der modernen Finanzkontrolle liegt das Postulat der Lückenlosigkeit zugrunde.[512] Voraussetzung für eine möglichst lückenlose Prüfung ist, daß die Rechnungshöfe die Tätigkeit der zu prüfenden Stellen realitätsnah kennenlernen und die notwendigen Tatsachen gewinnen können. Die von den Rechnungshöfen ausgeübte Fi-

---

[507] *Lange*, (Fn. 25), S. 301
[508] *Lange*, (Fn. 25), S. 302
[509] Vgl. dazu Nr. 1.1 der Vorl.-VV zu § 23 BHO; abgedruckt bei Piduch, (Fn. 24), § 23 BHO S. 1. Für die anderen Varianten des § 91 Abs. 3 BHO kommt die Charakterisierung als Zuwendung jedoch nicht in Betracht, weil entweder noch keine Ausgaben vorliegen oder diese dann aufgrund einer vorgelagerten selbständigen rechtlichen Verpflichtung geleistet werden (vgl. Nr. 3.1 der Vorl.-VV zu § 23 BHO).
[510] Stellt sich die Gewährung eines Kredites als Zuwendung dar, dann ist neben der Prüfung nach § 91 Abs. 3 BHO zusätzlich und kumulativ das Erhebungsrecht nach § 91 Abs. 1 Nr. 3 BHO in dem Umfang des § 91 Abs. 2 BHO begründet.
[511] *Heuer*, (Fn. 22), § 91 BHO Rn. 13
[512] Siehe schriftlichen Bericht des Haushaltsausschusses des Deutschen Bundestages zu BT-Drucks. V/4378, V/4379, S. 7

nanzkontrolle bedarf deshalb der Absicherung durch örtliche Erhebungsrechte. Wäre ihre Prüfungstätigkeit auf ein reines Aktenstudium beschränkt - ohne die Möglichkeit, die mittelbewirtschaftende Stelle aufzusuchen, Gebäude und Örtlichkeiten in Augenschein zu nehmen oder die Verwendung und Verwaltung einer Zuwendung bei dem Empfänger selbst zu prüfen -, liefe die Finanzkontrolle weitgehend leer. Die Prüfungstätigkeit hat ihren Ausgangspunkt indessen in der Bundesverwaltung: Nach Art. 114 Abs. 2 Satz 1 GG, § 88 Abs. 1 BHO prüft der Rechnungshof die Haushalts- und Wirtschaftsführung des Bundes. Deshalb sind nur dann, wenn bei der Bundesverwaltung Feststellungen nicht getroffen werden können und das notwendige Erkenntnismaterial nicht verfügbar ist, „örtliche Einsichtnahmen und Erhebungen bei Dritten, die am Haushaltsvollzug als Ausführende oder Begünstigte beteiligt sind, sowie u.U. unmittelbarer Schriftwechsel mit ihnen zulässig ... Eine zwangsweise vorzunehmende Prüfung in Wohnräumen ist unzulässig".[513] Im allgemeinen nimmt der Bundesrechnungshof in den Fällen des § 91 Abs. 1 BHO Prüfungen erst dann vor, wenn die Vorgänge finanzwirksam geworden sind. Er darf jedoch auch aufgrund eines erst ergangenen Zuwendungsbescheides bei dem vorgesehenen Zuwendungsempfänger Erhebungen durchführen und überprüfen, ob die Voraussetzungen für die Gewährung der Zuwendung überhaupt vorliegen und ob eine bestimmungsgemäße und wirtschaftliche Verwendung der Bundesmittel in Betracht kommt. Voraussetzung ist allerdings, daß der Zuwendungsempfänger bereits einen Zuwendungsbescheid erhalten hat.[514] Das ist sachgerecht, denn die Prüfung bei einem Zuwendungsempfänger außerhalb der Bundesverwaltung kann bereits dann der Gewinnung von Informationen dienen, wenn der Empfänger die Zuwendung noch gar nicht empfangen hat.

Für die Durchführung der Erhebungen im Sinne des § 91 BHO gelten die Regelungen der §§ 93-95 BHO. Danach bestimmt der Rechnungshof „Zeit und Art der Prüfung und läßt erforderliche örtliche Erhebungen durch dazu Beauftragte vornehmen" (§ 94 Abs. 1 BHO). Unterlagen, die der Rechnungshof „zur Erfüllung seiner Aufgaben für erforderlich hält, sind ihm auf Verlangen ... zu übersenden oder seinen Beauftragten vorzulegen" (§ 95 Abs. 1 BHO). „Dem Bundesrechnungshof und seinen Beauftragten sind die erbetenen Auskünfte zu erteilen" (§ 95 Abs. 2 BHO).

In einem 14 Jahre dauernden Rechtsstreit, der mit unterschiedlichen Erfolgen über drei Instanzen der Verwaltungsgerichtsbarkeit geführt wurde,[515] entschied das Bundesverfassungsgericht mit Kammerbeschluß vom 29. April 1996, daß dabei auch „der Zugriff auf grundsätzlich geheimhaltungsbedürftige Unterlagen regelmäßig nicht verwehrt werden [darf], wenn ansonsten die Wirksamkeit der Kontrolltätigkeit gefährdet würde und den Belangen des Geheimnisschutzes durch Schutzvorkehrungen gegen eine zweckwidrige Weitergabe der Informationen Rechnung getragen werden kann".[516] Diesem Beschluß lag die Fragestellung zugrunde, ob die Chefärzte psychia-

---

[513] RegE, BT-Drucks. V/3040, S. 56 f.

[514] *Heuer*, (Fn. 22), § 91 BHO Rn. 9

[515] VG Braunschweig, Urteil vom 20. Dezember 1982 - 1 VG 98 und 99/92 (nicht veröffentlicht); OVG Lüneburg, NJW 1984, 2652 = DVBl. 1984, 837; BVerwGE 82, 56 = NJW 1989, 2961

[516] BVerfG, NJW 1997, 1633, 1634

trischer Universitätskliniken in ihrer Berufsfreiheit verletzt werden, wenn die Klinik dem Landesrechnungshof, der die Einnahmeerhebung der Kliniken zu prüfen hat, zu diesem Zweck Einsicht in stichprobenartig ausgewählte Patientenakten (Krankenunterlagen) gewährt. Die beschwerdeführenden Chefärzte verweigerten dem Rechnungshof die Einsichtnahme unter Hinweis auf ihre ärztliche Schweigepflicht. Der Rechnungshof forderte sie daraufhin durch förmliche Verfügungen auf, seinen Beamten Zugang zu allen für Kassenpatienten und Selbstzahler bei der ambulanten Behandlung angelegten Patientenakten zu gewähren und es zu ermöglichen, daß seine Beamten nach deren eigenem pflichtgemäßen Ermessen einzelne Akten auswählten, in diese Einsicht nähmen und über den Inhalt dieser Akten die zur Erfüllung des Prüfungszwecks erforderlichen Aufzeichnungen machten. Nach § 95 LHO seien die Leiter der Universitätskliniken verpflichtet, diesen Verfügungen Folge zu leisten.

Die Verfassungsbeschwerde der Klinikleiter richtete sich gegen die stattgebende Entscheidung des Bundesverwaltungsgerichtes auf eine hilfsweise erhobene Feststellungswiderklage des niedersächsischen Landesrechnungshofes. Das Bundesverfassungsgericht nahm die Verfassungsbeschwerde nicht zur Entscheidung an, da es unerheblich sei, ob die Chefärzte aufgrund ihrer dienstrechtlichen Stellung das Grundrecht aus Art. 12 Abs. 1 GG zum Schutz ihrer ärztlichen Verschwiegenheit für sich in Anspruch nehmen könnten. Denn selbst bei Annahme dieses grundrechtlichen Schutzes dürfe die Einsichtnahme nicht verwehrt werden. Im Wege der Abwägung im Einzelfall hätten die Belange der Rechnungsprüfung Vorrang, wenn die vollständige Sichtung von Patientenakten zur Erfüllung des Prüfungsauftrages erforderlich sei. Als Schutz gegen eine zweckwidrige Informationsweitergabe reiche es aus, daß die Beziehungen zwischen Prüfern und Patienten anonym und die Prüfer dienst- und strafrechtlich zur Verschwiegenheit verpflichtet seien, und daß die Prüfberichte nur anonymisierte Daten enthielten.

Aufgrund der §§ 93 ff. BHO leitet der Rechnungshof seine Prüfungsverfahren durch eine Anordnung ein, die als Prüfungsauftrag oder als Prüfungsankündigung bezeichnet wird. In dieser Anordnung wird dem Prüfungsadressaten mitgeteilt, daß bestimmte Prüfungsbeamte innerhalb eines bestimmten Zeitraumes hinsichtlich des angegebenen Prüfungsgegenstandes Erhebungen vorzunehmen haben. Der geprüften Stelle wird aufgegeben zur Vorbereitung dieser Erhebungen Auskünfte zu erteilen und im einzelnen bezeichnete Unterlagen zu übersenden. Die geprüfte Stelle muß dieser Anordnung aber nur insoweit nachkommen, „als ihre rechtlichen und tatsächlichen Verhältnisse dies zumutbar erscheinen lassen".[517] So braucht sie etwa keine Informationen oder Unterlagen zu offenbaren, die ihr außerhalb ihrer Betroffenheit als Zuwendungsempfänger vorliegen oder zugänglich sind. Unmittelbare Auskunftsbefugnisse gegenüber den Bediensteten der geprüften Stelle können die Beauftragten des Rechnungshofes zudem nur im Rahmen der üblichen Prüfungsbelastungen geltend machen, nicht aber unter Beeinträchtigung der Organisations- oder Direktionsgewalt der geprüften Stelle.[518] Weiterhin haben die Prüfungsadressaten für die Zeit

---

[517] Vgl. *Heuer*, (Fn. 22), § 91 BHO Rn. 10

[518] *Ernst Heuer*, Befugnisse des Rechnungshofes bei der Feststellung des Sachverhaltes, DVBl. 1991, 982, 985

der örtlichen Erhebungen den Prüfungsbeamten ausreichende Räumlichkeiten zur Verfügung zu stellen. Sie haben zu gewährleisten, daß die für den angegebenen Prüfungsgegenstand verantwortlichen Mitarbeiter anwesend sind, um Rede und Antwort stehen zu können.

Darüber hinaus ist es dem Rechnungshof im Rahmen seiner Aufgabenerfüllung auch gestattet, anderweitig Informationen heranzuziehen, die durch Dritte mit deren Einwilligung gewonnen worden sind. Das ergibt sich daraus, daß die Haushaltsordnung keine abschließende Regelungen über die Informationsgewinnung enthält: Die rechtlichen Voraussetzungen und Grenzen der Informationsgewinnung in dem prüfungsunterworfenen Bereich mit dessen Mitwirkung sind in § 95 BHO enthalten. Bei dieser Vorschrift fällt zunächst auf, daß sie denjenigen, der zur Auskunft oder zur Vorlage von Unterlagen verpflichtet ist, nicht bezeichnet. § 96 BHO meint dagegen die Stelle, die berechtigt und verpflichtet ist, zu einem Prüfungsergebnis des Rechnungshofes Stellung zu nehmen. Es ist dies die „zuständige Dienststelle".[519] Im Rahmen des § 96 BHO ist die Zuständigkeit für die Stellungnahmen nach dem Gesetzeswortlaut jedenfalls insofern klar, als nicht faktisches Wissen zu einer Stellungnahme berechtigt, sondern nur die organisationsrechtliche Kompetenz der zuständigen Dienststelle. Daraus läßt sich im Umkehrschluß entnehmen, daß die im Rahmen des § 95 BHO zu treffenden Tatsachen *nicht nur* mit Hilfe der organisationsrechtlich zuständigen Organe festzustellen sind. Diese dürfen dem Rechnungshof bei seinen Erhebungen ja ohnehin keine Geheimnisse vorenthalten.

Es bleibt die Frage, ob den Rechnungshöfen bei ihrer Tätigkeit Zwangsbefugnisse zustehen. Ernst Heuer erscheint „im Verhältnis zu privaten Stellen und Personen ... in entsprechender Anwendung des Verwaltungsverfahrensgesetzes unter Berücksichtigung der Besonderheiten der Finanzkontrolle die Setzung von Einzelregelungen zur Konkretisierung der rechtlichen Betroffenheit im Sinne der Rechtsklarheit und eines hierauf fußenden Rechtsschutzes sinnvoll und möglich".[520] Danach hätten die Rechnungshöfe die Befugnis, Verwaltungsakte zu erlassen und diese gemäß §§ 6 ff. VwVG zu vollstrecken. Um als Verwaltungsakt qualifiziert werden zu können, muß sich die Prüfungsanordnung eines Rechnungshofes gemäß § 35 Abs. 1 Satz 1 VwVfG darstellen als „hoheitliche Maßnahme, die eine Behörde zur Regelung eines Einzelfalles auf dem Gebiet des öffentlichen Rechts trifft und die auf unmittelbare Rechtswirkung nach außen gerichtet ist".

Ausgangspunkt der Prüfung, ob es sich bei einem Rechnungshof um eine Behörde handelt, ist § 1 Abs. 4 VwVfG, der eine Legaldefinition des Behördenbegriffs enthält:

> „Behörde im Sinne dieses Gesetzes ist jede Stelle, die Aufgaben der öffentlichen Verwaltung wahrnimmt".

---

[519] Vgl. zum Begriff der „zuständigen Dienstelle": *Dierk Fittschen*, Durchsetzung der Prüfungsrechte der Rechnungshöfe, VerwArch 83 (1992), S. 165 ff., 168, Fn. 16

[520] *Heuer*, (Fn. 22), § 95 BHO Rn. 1

Das Verwaltungsverfahrensgesetz geht damit von einer Behörde im funktionellen Sinne aus, d.h. von einem Organ, das zur hoheitlichen Durchführung konkreter Verwaltungsmaßnahmen berufen ist. Die Bezeichnung des Bundesrechnungshofes als oberste Bundesbehörde in § 1 Satz 1 BRHG[521] hilft daher nicht weiter. Es kommt entscheidend auf die Wahrnehmung von Aufgaben der öffentlichen Verwaltung an und nicht auf die gesetzliche Bezeichnung der betreffenden Institution. Es ist bisher nicht gelungen, den Begriff der öffentlichen Verwaltung im materiellen Sinne positiv zu definieren.[522] Soviel läßt sich aber sagen: „Die eigentliche Verwaltung dient *unmittelbar* der Erfüllung der Aufgaben, die dem Staat oder der seiner Aufsicht unterstehenden Körperschaft gesetzt sind oder die sich die jeweilige Körperschaft selbst setzt, soweit ihr - wie dem Staat und den Gemeinden - ein Aufgabenfindungsrecht zusteht. Die eigentliche Verwaltung wirkt prinzipiell ... *unmittelbar* in und auf die Gesellschaft ein".[523] Teil einer so verstandenen Verwaltung sind die Rechnungshöfe jedenfalls nicht.[524] Aus dem Gesamtzusammenhang der §§ 93-96 BHO/LHO ergibt sich aber, daß den Rechnungshöfen die Befugnisse von Verwaltungsbehörden zustehen. Insbesondere die Formulierung des § 95 BHO/LHO bringt zum Ausdruck, daß es sich bei dieser Vorschrift nicht um eine organisatorische Zuständigkeitsnorm handelt, sondern daß sie den Rechnungshöfen unmittelbar Kompetenzen, auch außerhalb der Bundes- bzw. Landesverwaltung, einräumt: „... sind zu übersenden oder ... vorzulegen; ...sind ... zu erteilen". Für diese Deutung sprechen auch die Befugnisse, die den Rechnungshöfen durch § 91 Abs. 1 Satz 1 Nr. 3 BHO/LHO eingeräumt sind. Der Gesetzeszweck, die Prüfung des Rechnungshofes bei Empfängern von Zuwendungen unabhängig von Versäumnissen der Bewilligungsbehörde zu ermöglichen, würde verfehlt werden, wenn der Rechnungshof seinem gesetzlichen Prüfungsrecht nicht selbst Geltung verschaffen könnte. Der Gesetzgeber läßt dadurch, daß er die Rechnungshöfe als Behörden bezeichnet und im Zusammenhang mit den kompetenzrechtlichen Vorschriften der Haushaltsordnungen „hinreichend deutlich werden, daß die Rechnungshöfe bei ihren Prüfungen wie Verwaltungsbehörden verfahren und ihre Prüfungsrechte ggf. in derselben Weise verwirklichen sollen, wie die Verwaltung vergleichbare Rechte realisieren würde".[525] Die Rechnungshöfe sind daher im Prüfungsverfahren bei der Tatsachenfeststellung im Verhältnis zu den Prüfungsadressaten als Behörden im Sinne des § 35 Satz 1 VwVfG anzusehen.[526]

---

[521] Die Landesrechnungshofgesetze bezeichnen die Landesrechnungshöfe entsprechend als „oberste Landesbehörden", vgl. z.B. §§ 1 Abs. 1 RHG/BaWü, 3 LVG/BaWü. Die davon abweichende Ausnahmeregelung in § 3 Landesorganisationsgesetz Brandenburg dürfte wohl nur der Klarstellung dienen, daß der Rechnungshof nicht der Landesregierung untersteht.

[522] *Dirk Ehlers*, Verwaltung und Verwaltungsrecht im demokratischen und sozialen Rechtsstaat, in: Hans-Uwe Erichsen (Hrsg.), Allgemeines Verwaltungsrecht, 10 Auflage, Berlin / New York 1995, § 1 I 2, S. 4 ff.

[523] *Fittschen*, (Fn. 519), S. 174 (Hervorhebung im Original)

[524] Gegen die Qualifikation des Bundesrechnungshofes als „Verwaltungsorgan" siehe oben Teil B, II, 2

[525] *Fittschen*, (Fn. 519), S. 179

[526] *Fittschen*, (Fn. 519), S. 179; *Ullrich Hockenbrink*, Zur Befugnis der Rechnungshöfe im Prüfungsverfahren Verwaltungsakte zu erlassen, DÖV 1991, 241, 242; *Belemann*, (Fn. 299), S. 62

Die einzelne Prüfungsanordnung, das einzelne Auskunftsverlangen müßte eine Regelung im Sinne des § 35 Satz 1 VwVfG darstellen. Unter Regelung versteht man eine rechtsverbindliche Anordnung, die auf die Setzung einer Rechtsfolge gerichtet ist.[527] Die Anordnung Unterlagen zu übersenden oder vorzulegen und Auskünfte zu erteilen (vgl. § 95 BHO/LHO) enthält solche Regelungen. Die Prüfungsadressaten sind nämlich verpflichtet, dem Ersuchen der Rechnungshöfe nachzukommen. Die bei den Beteiligten durchgeführten Prüfungshandlungen dienen zwar dem Ziel, dem Rechnungshof Erkenntnisse für die Prüfung der Haushalts- und Wirtschaftsführung des Bundes bzw. Landes zu verschaffen, und es trifft auch zu, daß die „Prüfung ... lediglich ein Soll-Ist-Vergleich" und ihr „der für einen VA typische Maßnahme- und Regelungscharakter" fehlt.[528] Im vorliegenden Zusammenhang ist richtigerweise aber zu unterscheiden zwischen den Prüfungsfeststellungen des Rechnungshofes und seinen Prüfungsanordnungen. Die Prüfungsfeststellungen verbleiben im staatsorganisationsinternen Bereich, ebenso wie das Prüfungsverfahren ein staatsorganisationsinternes Verfahren ist.[529] Es dient dazu, den staatlichen Entscheidungsträgern Informationen über finanzwirksame Vorgänge zu liefern, um Mißstände in der Zukunft zu vermeiden. Die Feststellungen der Rechnungshöfe erwachsen daher nicht in Rechtskraft, sondern sie verbleiben im staatsinternen Bereich. Die einzelnen Anordnungen innerhalb des Prüfungsverfahrens dagegen entfalten sehr wohl Rechtswirkungen für denjenigen, an den die Anordnung gerichtet ist. Die Rechnungshöfe prüfen nach § 91 BHO/LHO zwar *bei* den Stellen außerhalb der Bundes- bzw. Landesverwaltung und nicht die Stellen selbst, die Stellen sind aber gehalten, den Anordnungen der Rechnungshöfe nachzukommen. Diese Verpflichtung des Prüfungsadressaten ist die mit der Anordnung intendierte Rechtsfolge. Daher enthält die einzelne Prüfungsanordnung auch den Charakter einer Regelung im Sinne des § 35 Satz 1 VwVfG.

Es handelt sich auch um die Regelung eines Einzelfalles, denn die auf die Vorlage von Unterlagen oder die Erteilung einer Auskunft gerichtete Prüfungsanordnung wird in einem konkreten Fall an einen ganz bestimmten Zuwendungsempfänger gerichtet. Daß die Rechnungshöfe auf dem Gebiet des öffentlichen Rechts tätig werden, ist einhellige Auffassung.[530] Schließlich, da der Zuwendungsempfänger nach § 91 Abs. 1 BHO/LHO per definitionem außerhalb der Verwaltung steht, enthält die Prüfungsanordnung auch Außenwirkung.

Im Prüfungsverfahren - nicht aber in seiner staatsrechtlichen Stellung - ist der Rechnungshof also bei der Sachverhaltsermittlung und der Ablaufsteuerung im Verhältnis zum Zuwendungsempfänger als Behörde anzusehen, und er kann seine Prüfungsanordnungen, Auskunftsverlangen und Fristsetzungen als Verwaltungsakte er-

---

[527] *Hans-Uwe Erichsen*, Das Verwaltungshandeln, in: Hans-Uwe Erichsen (Hrsg.), Allgemeines Verwaltungsrecht, 10. Auflage, Berlin / New York 1995, § 12 II 4, S. 253 Rn. 22

[528] *Hockenbrink*, (Fn. 526), S. 242

[529] Teil B, IX, 4

[530] Vgl. oben Teil B, IX, 1

lassen.[531] Deshalb darf er diese Verwaltungsakte auch nach den einschlägigen Vorschriften des Verwaltungsvollstreckungsgesetzes durchsetzen.[532] Dem Zuwendungsempfänger steht gegen Prüfungsanordnungen der Rechnungshöfe der Verwaltungsrechtsweg nach § 40 Abs. 1 Satz 1 VwGO offen. Seine Klagebefugnis kann er allerdings nicht darauf stützen, er sei nicht gehört worden: Im Prüfungsverfahren hat die geprüfte externe Stelle keinen Anspruch auf rechtliches Gehör.[533]

2. Die Prüfung bei juristischen Personen des privaten Rechts nach § 91 Abs. 1 Satz 1 Nr. 4 BHO

Die Vorschrift des § 91 Abs. 1 Satz 1 Nr. 4 BHO wurde aufgrund der jüngeren Entwicklung öffentliche Aufgaben auf privatrechtlich organisierte Träger zu übertragen[534] durch das 5. Gesetz zur Änderung der Bundeshaushaltsordnung vom 22. September 1994 dem Tatbestand des § 91 Abs. 1 BHO hinzugefügt. Sie beruht auf einer Initiative des Deutschen Bundestages. Der Haushaltsausschuß sprach sich dafür aus, „daß alle aus der allgemeinen Staatsverwaltung ausgegliederten Unternehmens- und Verwaltungsbereiche der Kontrolle von Haushalts- und Rechnungsprüfungsausschuß unterliegen müßten, soweit sie Mittel aus dem Bundeshaushalt erhielten".[535] Der Tatbestand der Nr. 4 betrifft nicht die Deutsche Bahn AG und die Nachfolgeunternehmen der Deutschen Bundespost.[536]

Im Rahmen des § 91 Abs. 1 Satz 1 Nr. 4 BHO handelt es sich um juristische Personen des privaten Rechts, an denen der Bund einschließlich seiner Sondervermögen unmittelbar oder mittelbar mit Mehrheit beteiligt ist. Im wesentlichen geht es um Kapitalgesellschaften, insbesondere um Aktiengesellschaften und um Gesellschaften mit beschränkter Haftung. Auch Stiftungen des privaten Rechts kommen in Betracht. Für die Beantwortung der Frage, ob der Bund mit Mehrheit an einer solchen Gesellschaft beteiligt ist, ist auf die Höhe der Kapitalbeteiligung abzustellen und nicht auf eine eventuell vorhandene Stimmrechtsmehrheit. Anderes gilt jedoch bei den Stif-

---

531 BVerwG, NVwZ 1995, 889; *Heuer*, (Fn. 22), § 95 BHO Rn. 1; *Konrad Redeker*, Wissenschaftsfreiheit und Rechnungsprüfung, DÖV 1986, 946, 947; a.A. *Piduch*, (Fn. 24), § 95 BHO Rn. 1; *Hockenbrink*, (Fn. 526), S. 243

532 *Fittschen*, (Fn. 519), S. 192; BSGE 52, 294, 296 trifft dagegen die Aussage, daß „der Bundesrechnungshof bei der Durchführung seiner Prüfungsaufgaben über keine Zwangsmittel verfügt". Diese Auffassung ist in dem von dem Gericht entschiedenen Fall richtig. In der Entscheidung des Bundessozialgerichts ging es um die Prüfung einer bundesunmittelbaren Krankenkasse. In der Tat kann der Rechnungshof seine Prüfungsanordnungen gegenüber staatlichen Stellen oder juristischen Personen des öffentlichen Rechts nicht mit Hilfe der Verwaltungsvollstreckung durchsetzen: Prüfungsanordnungen gegenüber staatlichen Stellen fehlt der Außenrechtscharakter und stellen somit keine Verwaltungsakte dar. Aufgrund eines verwaltungsrechtlichen Titels nach den §§ 167 ff. VwGO kommen aber auch gegen die öffentliche Hand Vollstreckungstitel in Betracht.

533 Vgl. oben Teil B, IX, 4

534 Vgl. zu dieser Entwicklung *Ernst Heuer*, Privatwirtschaftliche Wege und Modelle zu einem modernen (anderen?) Staat, DÖV 1995, 85 ff.

535 BT-Drucks. 12/7402, S. 9

536 *Heuer*, (Fn. 22), § 91 BHO Rn. 6 b

tungen. Hier ist die Stimmenmehrheit für die Bestellung der Geschäftsführung entscheidend.[537] Eine mittelbare Mehrheit liegt vor, „wenn eine juristische Person des privaten Rechts mehrheitlich dem Bund zuzurechnen ist und diese juristische Person wiederum mehrheitlich an der betreffenden anderen juristischen Person des privaten Rechts beteiligt ist".[538]

Nach dem Wortlaut des Tatbestandes der Nr. 4 sind nur solche Rechtssubjekte erfaßt, die nicht im Wettbewerb zueinander stehen. Der Gesetzgeber ging davon aus, daß miteinander konkurrierende Kapitalgesellschaften schon von sich aus auf ein wirtschaftliches Verhalten achten würden. Juristische Personen des privaten Rechts, die in einem Wettbewerbsverhältnis zueinander stehen und an denen eine Gebietskörperschaft mehrheitlich beteiligt ist, werden deshalb nach Maßgabe der §§ 53, 54 HGrG geprüft. Nach diesen Vorschriften erstreckt sich die Prüfung lediglich auf die Ordnungsmäßigkeit der Geschäftsführung. Desweiteren müssen die juristischen Personen „bestimmungsgemäß ganz oder überwiegend öffentliche Aufgaben erfüllen oder diesem Zweck dienen". Unter öffentlichen Aufgaben sind jedenfalls alle gesetzlich vorgesehenen Pflichtaufgaben des Staates anzusehen. Eine weitere Abgrenzung des Begriffs des öffentlichen Auftrages läßt sich auch durch Rückgriff auf das Gemeinderecht erreichen. Gemeinden dürfen Unternehmen nur für öffentliche Zwekke einrichten (vgl. etwa §§ 102 Abs. 1 Nr. 1, 103 Abs. 1 Nr. 1 GemO/BaWü). Wann ein öffentlicher Zweck vorliegt, ist jedoch schwer zu beantworten. Sicher dürfte nur sein, daß die Erzielung von Gewinnen allein kein öffentlicher Zweck im Sinne dieser kommunalrechtlichen Vorschrift ist.[539] Das Bundesverfassungsgericht hat darauf hingewiesen, daß die Gemeinden durch ihre wirtschaftlichen Unternehmen zahlreiche im öffentlichen Interesse liegende Aufgaben übernehmen. Im Grunde sei die Frage nach dem öffentlichen Zweck eine Frage sachgerechter Kommunalpolitik und deren Beantwortung somit hauptsächlich den Anschauungen und Entscheidungen der maßgeblichen Gemeindeorgane überlassen.[540] Beim Bund ist zudem zu beachten, daß er die Verfolgung öffentlicher Zwecke allenfalls nur im Rahmen seiner Gesetzgebungskompetenzen ausüben kann. Schließlich müssen die betreffenden juristischen Personen „Haushaltsmittel oder Gewährleistungen des Bundes oder eines seiner Sondervermögen" zur Erfüllung der öffentlichen Zwecke erhalten.

Ob eine Gesellschaft oder Stiftung des privaten Rechts unter § 91 Abs. 1 Satz 1 Nr. 4 BHO fällt, richtet sich weiter entscheidend danach, ob das in Frage stehende Rechtssubjekt nach seinem Gesellschaftsvertrag oder seiner Satzung bestimmungsgemäß darauf ausgerichtet ist, ganz oder überwiegend öffentliche Aufgaben zu erfüllen oder diesem Zweck zu dienen.[541] Die juristische Person muß also dauerhaft und bestimmungsgemäß auf die Erfüllung öffentlicher Zwecke angelegt sein.

---

[537] *Heuer*, (Fn. 22), § 91 BHO Rn. 6 c
[538] *Heuer*, (Fn. 22), § 91 BHO Rn. 6 c
[539] BVerfGE 39, 329, 334
[540] BVerfGE 39, 329, 332 ff.
[541] *Heuer*, (Fn. 22), § 91 BHO Rn. 6 e

Bei den Erhebungskompetenzen nach § 91 Abs. 1 Satz 1 Nr. 4 BHO sieht das Gesetz in § 91 Abs. 4 BHO von vorneherein eine Erstreckung der Prüfung auf die gesamte Haushalts- und Wirtschaftsführung der betreffenden juristischen Person vor. Diese Regelung geht über § 91 Abs. 2 Satz 2 BHO, wonach die Prüfung auf die gesamte Haushalts- und Wirtschaftsführung erstreckt werden kann, wenn der Bundesrechnungshof dies für notwendig hält, hinaus. Im Ergebnis aber dürfte der Unterschied gering sein. Denn auch bei § 91 Abs. 4 BHO gilt, daß der Bundesrechnungshof autonom entscheidet, was und in welchem Umfang er prüft (vgl. §§ 89 Abs. 2, 94 BHO). Bei seiner Ermessensausübung ist er lediglich verpflichtet, von sachlichen Erwägungen auszugehen und den Grundsatz der Verhältnismäßigkeit zu beachten.

Annex Landesrecht:

Die Regelungen in den Landeshaushaltsordnungen stimmen im wesentlichen - mit Ausnahme der nachträglich in die Bundeshaushaltsordnung eingefügten § 91 Abs. 1 Satz 1 Nr. 4 und Abs. 4 - mit § 91 BHO überein. Lediglich in den Flächenstaaten - außer Schleswig-Holstein und Mecklenburg-Vorpommern - gilt mit § 91 Abs. 1 Nr. 4 LHO (Nr. 5 in Brandenburg) eine besondere Bestimmung für Erhebungsrechte bei Umlage- oder ähnlichen Geldleistungen. In den Haushaltsordnungen der Länder Baden-Württemberg, Bayern, Niedersachsen, Rheinland-Pfalz, Saarland, Sachsen-Anhalt und Sachsen lautet § 91 Abs. 1 Nr. 4 LHO:

> „auf Grund von Gesetzen Umlagen oder ähnliche Geldleistungen an das Land (den Staat) abzuführen haben".

Die Länder Hessen, Nordrhein-Westfalen, Brandenburg und Thüringen haben in ihren Haushaltsordnungen das Wort „Gesetzen" durch das Wort „Finanzausgleichgesetzes" näher umschrieben.

Das Land Brandenburg hat in § 91 Abs. 1 Nr. 4 LHO folgenden Erhebungstatbestand eingefügt:

> „auf Grund eines Gesetzes Geldleistungen für einzelne abgegrenzte Projekte erhalten oder"

3. Das Verfahren der Gemeinsamen Prüfung gemäß §§ 45 HGrG, 93 BHO/LHO

Nach diesen Vorschriften soll, soweit für eine Prüfung mehrere Rechnungshöfe zuständig sind, gemeinsam geprüft werden. Die Gemeinsame Prüfung findet gemäß § 45 HGrG nicht nur in der vertikalen bundesstaatlichen Dimension statt, sie bezieht sich auch auf die horizontale Finanzverflechtung in den Beziehungen der Bundesländer zueinander. Die Selbstkoordinierung der Länder hat sich finanziell besonders durch die Unterhaltung von Gemeinschaftseinrichtungen sowie durch Verwaltungsabkommen im Bereich von Wissenschaft und Forschung ausgewirkt. Es existieren Arbeitsgemeinschaften, Ausschüsse und Koordinierungsgremien wie etwa die ständige Konferenz der Kultusminister. Neben diesen nichtrechtsfähigen Gebilden bestehen auch Gemeinschaftseinrichtungen der Länder, denen Rechtsqualität zukommt, wie etwa das ZDF.[542] Dazu kommen noch gemeinsame Institutionen in den Ländern, wie beispielsweise die Arbeitsgemeinschaft der Landesärztekammern, die mißverständlich unter der Bezeichnung Bundesärztekammer besser bekannt ist. Diese Einrichtungen erhalten von den Ländern teilweise beträchtliche Subventionen, was eine Zusammenarbeit der Finanzkontrollbehörden erforderlich macht. Eine besonders rechtlich verankerte Form der gemeinsamen Prüfung von Landesrechnungshöfen gibt es beim Norddeutschen Rundfunk.[543]

§ 93 Abs. 1 BHO ist unmittelbar auf die Zusammenarbeit zwischen Bundesrechnungshof und Landesrechnungshof anwendbar. Im Vordergrund der Gemeinsamen Prüfung steht das Bestreben, eine Doppelprüfung möglichst zu vermeiden. Der Begriff „gemeinsam" ist daher im Sinne einer gemeinsam organisierten Prüfung zu verstehen. Um doppelte Erhebungen zu vermeiden, führen die Rechnungshöfe bei der betreffenden Stelle zeitgleich in einer abgesprochenen Arbeitsverteilung Erhebungen durch. Diese Vorgehensweise kann zu Abstimmungsproblemen führen. Kurzfristige Prüfungserfordernisse aus aktuellem Anlaß lassen für eine langfristig vorbereitete Zusammenarbeit häufig keinen Raum. Aber auch ohne aktuellen Handlungsbedarf sind Gemeinsame Prüfungen mit organisatorischen Schwierigkeiten verbunden. Bei reinen Bundesauftragsangelegenheiten machen die Landesrechnungshöfe von ihrem Prüfungsrecht daher häufig keinen Gebrauch. Auch im Falle der Gemeinsamen Prüfung können die Rechnungshöfe ihre Prüfungen nach ihrem Ermessen beschränken, indem sie Prüfungsschwerpunkte bilden und ihre Prüfung auf Stichproben begrenzen (§ 89 Abs. 2 BHO/LHO). So kann der Bundesrechnungshof etwa von seiner Teilnahme an einer Gemeinsamen Prüfung absehen oder einen Landesrechnungshof um eine örtliche Erhebung bitten. Diese Bitte bedeutet noch keine Prüfungsübertragung im Sinne des § 91 Abs. 1 Sätze 2 und 3 BHO. Da bei der Gemeinsamen Prüfung jeder Rechnungshof aus eigenem Recht prüft - es sind ja beide Rechnungshöfe zuständig -, stellt sich die an den Landesrechnungshof gerichtete Bitte als Amtshilfeersuchen (Art. 35 GG, §§ 4 ff. VwVfG analog) dar. Die Zuständigkeit des ersuchenden Rechnungshofes wird dadurch nicht aufgehoben. In seiner Entscheidung muß der ersuchte Landesrechnungshof aber unabhängig bleiben; er darf keiner Weisungsabhängigkeit des Bundesrechnungshofes unterliegen. Der um Amtshilfe ersuchte Landesrechnungshof wird deshalb nicht zum Beauftragten des Bundesrechnungshofes im Sinne des § 94 Abs. 1 BHO,[544] denn der im Sinne des § 94 Abs. 1 BHO Beauftragte ist im Verhältnis zum beauftragenden Rechnungshof weisungsgebunden.[545]

---

[542] Zur Prüfung öffentlich-rechtlicher Rundfunkanstalten, vgl. oben Teil B, VIII, 2 b. Die am ZDF beteiligten Länder haben in § 30 Abs. 3 Satz 1 ZDF-Staatsvertrag festgehalten, daß der Rechnungshof des Sitzlandes für die Prüfung zuständig ist.

[543] *Heuer*, (Fn. 22), § 93 BHO Rn. 9

[544] *Heuer*, (Fn. 22), § 94 BHO Rn. 4

[545] *Heuer*, (Fn. 22), § 93 BHO Rn. 4

Bei der Prüfungsübertragung nach §§ 45 Satz 2 HGrG, 91 Abs. 1 Sätze 2 und 3 BHO gibt der übertragende Rechnungshof seine Prüfungszuständigkeit dagegen auf. Das Verfahren der Prüfungsübertragung wird elastisch gehandhabt. Es ist weitgehend pragmatisch ausgestaltet und unterliegt keinen Formvorschriften. Die Übertragung darf aber die verfassungsrechtliche Prüfungsverpflichtung und Kompetenzordnung nicht derogieren. Ihrer verfassungsrechtlichen Verpflichtungen dürfen sich die Rechnungshöfe nicht entledigen. Eine Übertragung kommt deshalb nur in Betracht, wenn die Prüfung durch einen bestimmten Rechnungshof verfassungsrechtlich nicht vorgeschrieben ist (§§ 45 Satz 1 Halbsatz 1 HGrG, 93 Abs. 1 Satz 2 Halbsatz 1 BHO). Demnach ist die Übertragung einer Prüfungsaufgabe durch den Bundesrechnungshof nur zulässig, wenn diese nicht in den Bereich des Art. 114 Abs. 2 Satz 1 GG fällt. Nach dieser Vorschrift obliegt dem Bundesrechnungshof die Überprüfung der Haushalts- und Wirtschaftsführung des Bundes.[546] In diesen Bereichen können die Rechnungshöfe keine Prüfungsaufgaben übertragen. Darüber hinaus dürfte eine Übertragung jedenfalls dann ausscheiden, wenn spezialgesetzliche Regelungen für den Bundesrechnungshof Kompetenzen und Verpflichtungen begründen oder konkretisieren, wie etwa § 26 Abs. 4 Bundesbankgesetz. In den Fällen, in denen der Gesetzgeber die Prüfung gerade durch den Bundesrechnungshof festgelegt hat oder eine Prüfung mit dem Bundesrechnungshof vereinbart ist (vgl. § 104 Abs. 1 Nr. 3 BHO), kommt eine Übertragung ebenfalls nicht in Betracht. Die Übertragung von Aufgaben ist ferner ausgeschlossen, wenn zur Durchführung der Prüfung Erhebungen nach § 54 HGrG gehören und diese Erhebungen allein dem Bundesrechnungshof zugebilligt worden sind. Die Pflicht zur Verschwiegenheit über vertrauliche Angaben und Geheimnisse gemäß § 395 AktG kann ebenfalls zu einer Einschränkung der Übertragungsbefugnis führen.[547]

Fraglich ist, ob eine Aufgabenübertragung auch im Rahmen der Prüfung bei Zuwendungsempfängern gemäß § 91 Abs. 1 Nr. 3 BHO ausscheidet, denn die Prüfung bei Zuwendungsempfängern dient ebenfalls der Überprüfung der Haushalts- und Wirtschaftsführung der öffentlichen Hand.[548] Zum Teil wird im Wege eines Schlusses a maiore ad minus gefolgert, daß die Rechnungshöfe, wenn sie ihre Prüfungen schon beschränken dürfen (§§ 42 Abs. 3 HGrG, 89 Abs. 2 BHO), erst recht einzelne Prüfungsaufgaben übertragen dürfen.[549] Die soeben dargestellten Restriktionen bei der Übertragung machen aber deutlich, daß die §§ 45 HGrG, 93 BHO keine unumschränkte Übertragung von Kompetenzen zulassen. Da das Prüfungsverfahren selbst wirtschaftlich durchgeführt werden soll, liegt es auch nicht im Ermessensspielraum des Rechnungshofes, solche Prüfungsaufgaben zu übertragen, mit denen der ersuchte Rechnungshof nichts zu tun hat. Dies gilt in aller Regel auch dann, wenn der übernehmende Rechnungshof hinsichtlich des Prüfungsgebietes über keinerlei Befugnisse

---

[546] Entsprechendes gilt auf Landesebene für die Landesrechnungshöfe, vgl. etwa Art. 83 Abs. 2 Satz 1 LVerf/BaWü.

[547] *Heuer*, (Fn. 22), § 93 BHO Rn. 3

[548] Vgl. oben Teil C, VI, 1 a

[549] *Burkhard Tiemann*, Zur gemeinsamen Rechnungsprüfung der obersten Finanzkontrollbehörden im bundesstaatlichen, inter- und supranationalen Bereich, DÖH 11 (1970), S. 218 ff., 227

verfügt. Einem Landesrechnungshof fehlt etwa die Kompetenz zur Prüfung einer reinen Bundeszuwendung. Begrenzte Erhebungshandlungen können ihm aber dann übertragen werden, wenn ihm zwar hinsichtlich des Prüfungsgegenstandes die Kompetenz fehlt, nicht aber hinsichtlich der betreffenden Behörde (z.B. Bundeszuwendung an eine Universität).[550] Übertragbar sind daher nur solche Prüfungsaufgaben, die von den §§ 89-92, 94-96 und 98 BHO erfaßt werden, nicht aber Beratungs-[551] und Berichtsaufgaben, Beteiligungs-[552] und Weisungsrechte.[553] [554]

Die Zulassung der Übertragung von Prüfungsaufgaben erstreckt sich im wesentlichen auf Fälle, in denen der übertragende und der übernehmende Rechnungshof in gleicher Weise Prüfungskompetenzen besitzen. Der übernehmende Rechnungshof übernimmt die Prüfungsaufgabe in der Form, wie sie beim übertragenden Rechnungshof bestanden hat. Überträgt der Bundesrechnungshof die Prüfungsaufgabe, dann richten sich die Prüfungsbefugnisse und der Prüfungsinhalt nach Bundesrecht; überträgt ein Landesrechnungshof, dann richtet sich die Prüfungsbefugnis nach dem Landesrecht des übertragenden Rechnungshofes. Ohne besondere Vereinbarungen richtet sich das Prüfungsverfahren nach den beim übernehmenden Rechnungshof geltenden Vorschriften.

Bei der Gemeinsamen Prüfung von Zuwendungen bildet der Zuwendungszweck die Klammer zwischen der Tätigkeit der Kontrollorgane. Der eigentliche Prüfungsgegenstand, die jeweilige Zuwendung, ist dagegen verschieden.[555] Der Landesrechnungshof übernimmt in der Regel die Prüfung auch hinsichtlich der Bundeszuwendung, wenn für den gleichen Zweck eine Landeszuwendung gewährt worden ist, und die Verwendungsnachweise für beide Zuwendungen vereinbarungsgemäß gegenüber der zuständigen Landesdienststelle erbracht werden sollen.[556] Tatsächlich betreffen die meisten Vereinbarungen hinsichtlich der Übertragung von Prüfungsaufgaben nach § 91 Abs. 1 Sätze 2 und 3 BHO die Prüfung von Zuwendungen. Mit Wirkung vom 1. Mai 1985 haben der Bundesrechnungshof und die Landesrechnungshöfe über die Prüfung von Zuwendungen verschiedener Gebietskörperschaften eine Vereinbarung geschlossen. Bis zum Inkrafttreten dieser „Allgemeinen Prüfungsvereinbarung“[557] waren die Vereinbarungen zur Übertragung von Prüfungsaufgaben zwischen Bundesrechnungshof und Landesrechnungshöfen weitgehend uneinheitlich:

---

[550] Vgl. *Heuer*, (Fn. 22), § 93 BHO Rn. 3, 3 a
[551] Z.B. § 27 Abs. 2 BHO
[552] Z.B. nach §§ 68, 79, 102 und 103 BHO
[553] §§ 56 Abs. 3 HGrG, 100 Abs. 4 BHO
[554] *Heuer*, (Fn. 22), § 93 BHO Rn. 3
[555] *Heuer*, (Fn. 22), § 93 BHO Rn. 2
[556] *Heuer*, (Fn. 22), § 93 BHO Rn. 6
[557] Abgedruckt bei Heuer, (Fn. 22), § 93 BHO Rn. 6

„Allgemeine Prüfungsvereinbarung

über die Prüfung von Zuwendungen, die von mehreren Gebietskörperschaften (Bund/ Länder) für denselben Zweck gewährt werden.

(1) Ist der Verwendungsnachweis bei Fällen der vorgenannten Art nur gegenüber einer Verwaltungsstelle zu erbringen, so prüft der Rechnungshof, der für die Prüfung dieser Verwaltungsstelle zuständig ist, im Rahmen und im Umfang seiner eigenen Prüfung die Verwendung der Zuwendungen der anderen Gebietskörperschaften mit. Die Prüfungsergebnisse werden den Rechnungshöfen der beteiligten anderen Gebietskörperschaften mitgeteilt.

(2) Die Rechnungshöfe der beteiligten anderen Gebietskörperschaften sind von beabsichtigten örtlichen Erhebungen nach § 91 BHO/LHO rechtzeitig zu unterrichten.

(3) Das Recht der beteiligten Rechnungshöfe zu eigenen Prüfungen sowie zur Teilnahme an örtlichen Prüfungen bleibt unberührt. Wenn von diesem Recht Gebrauch gemacht wird, ist der nach Abs. 1 zuständige Rechnungshof rechtzeitig zu unterrichten; das weitere Verfahren soll alsdann - soweit wie möglich und erforderlich - abgestimmt werden.

(4) Diese Vereinbarung gilt nur soweit als n i c h t für bestimmte Bereiche oder für einzelne Zuwendungen Abweichendes vereinbart worden ist oder wird".[558]

Die Übertragung von Prüfungsaufgaben erfolgt meist mit der Maßgabe, daß der übertragende Rechnungshof nur wesentliche Prüfungsergebnisse erfahren wolle. Dadurch geht dem übertragenden Rechnungshof der Blick dafür verloren, ob und in welchem Umfang der übernehmende Rechnungshof eine Prüfung durchgeführt hat. Da die Rechnungshöfe ihre Prüfungen nach ihrem Ermessen beschränken können (§§ 42 Abs. 3 HGrG, 89 Abs. 2 BHO), ist es empfehlenswert, daß sich die beteiligten Rechnungshöfe über durchgeführte Prüfungen unterrichten. Anderenfalls entsteht die Gefahr von Doppelprüfungen oder von Prüfungslücken.

4. Die Prüfung nach Maßgabe der §§ 14 HGrG, 23 BHO

Eine Subvention ist bereits definitionsgemäß an einen öffentlichen Zweck gebunden.[559] Auch das Bundesverfassungsgericht hat gefordert, eine Subventionsmaßnahme müsse durch ein öffentliches Interesse geboten sein und dürfe die schutzwürdigen Interessen anderer nicht mißachten.[560] Dies bringen die §§ 14 HGrG, 23 BHO zum Ausdruck. Nach diesen Vorschriften dürfen Zuwendungen an Stellen außerhalb der Bundesverwaltung nur veranschlagt werden, wenn der Bund an der Erfüllung des mit der Zuwendung verbundenen Zweckes durch solche Stellen ein erheb-

[558] Abweichendes im Sinne dieses Absatzes 4 der „Allgemeinen Prüfungsvereinbarung" ist beispielsweise für die Prüfung von Zuwendungen an die Max-Planck-Gesellschaft zur Förderung der Wissenschaften und die Deutsche Forschungsgemeinschaft vereinbart worden.

[559] Vgl. oben Teil A, 2 a

[560] BVerfGE 4, 7, 19

liches Interesse hat, das ohne die Zuwendung nicht oder nicht im notwendigen Umfang befriedigt werden kann. Diese Bestimmungen lassen sich indessen nicht als verbindliche Rechtssätze ansehen, die der Richter als gemäß Art. 20 Abs. 3 GG zu beachtende Kontrollmaßstäbe handhaben könnte. Denn durch den Haushaltsplan werden nach den §§ 3 Abs. 2 HGrG, 3 Abs. 2 BHO Ansprüche oder Verbindlichkeiten weder begründet noch aufgehoben. Da der Haushaltsplan also nur im organisationsinternen Rechtskreis wirkt,[561] „kann eine Außenwirkung erst recht nicht den das Zustandekommen des Haushaltsplanes regelnden Vorschriften beigelegt werden".[562]

Die in den Bestimmungen der §§ 14 HGrG, 23 BHO zum Ausdruck gebrachte Wertung läßt sich aber als Prüfungsmaßstab für die Rechnungshöfe fruchtbar machen. Der Bundesrechnungshof prüft unter anderem die Rechtmäßigkeit der Haushalts- und Wirtschaftsführung des Bundes. Nach § 90 Nr. 1 BHO erstreckt sich diese Prüfung „auf die Einhaltung der für die Haushalts- und Wirtschaftsführung geltenden Vorschriften und Grundsätze, insbesondere darauf, ob das Haushaltsgesetz und der Haushaltsplan eingehalten worden sind". Also hat der Rechnungshof auch über die Einhaltung von Innenrechtsnormen zu wachen. Zu diesen gehören auch diejenigen Vorschriften, die das Zustandekommen des Haushaltsplanes regeln. Die §§ 14 HGrG, 23 BHO enthalten somit normierte Maßstäbe, die die Rechnungshöfe für eine Erfolgskontrolle von Subventionen heranziehen können.

Die Rechnungshöfe haben danach bei einer Erfolgskontrolle den Fragen nachzugehen, ob mit der Subventionierung ein legitimer öffentlicher Zweck verfolgt wird, ob dieser Zweck notwendigerweise mit Hilfe einer Subventionsmaßnahme erreicht werden soll, oder ob nicht andere Wege zur Zielerreichung gegeben sind. Eine Antwort auf diese Frage läßt sich aber nur finden, wenn der Zweck hinreichend konkretisiert ist. Dabei liegt es im Ermessen des Gesetzgebers, welche Maßnahmen er im öffentlichen Interesse für geboten hält.[563] An diese politische Wertung ist der Rechnungshof zwar gebunden, er kann sie aber beanstanden, wenn der Subventionsgeber bei der Zielfestlegung von falschen Voraussetzungen und Bewertungen ausgegangen ist.[564]

5. Weitere Prüfungsmaßstäbe

Die Rechnungshöfe haben ein umfassendes, an der Rechtmäßigkeit staatlichen Handelns ausgerichtetes Prüfungsrecht.[565] Bei der Kontrolle der Rechtmäßigkeit überprüft der Rechnungshof nicht nur die Übereinstimmung des finanzwirksamen Verwaltungshandelns mit dem Haushaltsgesetz und dem Haushaltsplan (§ 90 Nr. 1 BHO). Vielmehr mißt er das staatliche Handeln an allen Rechtsvorschriften. Er bleibt dabei auf die Äußerung seiner sachverständigen Rechtsauffassung beschränkt. Eine ver-

---

[561] *Stern*, (Fn. 49), § 49 III 4 c, S. 1208
[562] *Haverkate*, (Fn. 39), S. 171
[563] BVerwGE 6, 134, 141; BVerfGE 17, 210, 216
[564] Vgl. oben Teil B, VI, 2
[565] Vgl. oben Teil B, IV, 2; *Sigg*, (Fn. 27), S. 43

bindliche Kontrolle über die Verfassungsmäßigkeit von Haushaltsgesetz und Haushaltsplan steht ihm nicht zu. Er kann aber, und als Pendant zu seiner verfassungsorganähnlichen Stellung muß er Haushaltsansätze und ihre Verwendung gegebenenfalls als verfassungswidrig beanstanden.[566] Dabei darf er allerdings nicht abstrakt die Rechtmäßigkeit eines Haushaltsansatzes prüfen. Anlaß für eine Rechtmäßigkeitsprüfung muß vielmehr ein konkreter Verwaltungsvorgang, also eine konkrete Subventionsmaßnahme sein. Als Maßstäbe für eine Rechtskontrolle von Subventionen durch die Rechnungshöfe kommen die Grundrechte, die Wettbewerbsfreiheit, der Gleichheitssatz und das rechtsstaatliche Übermaßverbot in Betracht.

a) Grundrechte

Im Bereich der Eingriffsverwaltung sind die Grundrechte die entscheidenden Ansätze zu einer Rechtskontrolle. Will man sie als Kontrollmaßstab auch für die Leistungsverwaltung fruchtbar machen, so ist zunächst der Frage nachzugehen, worin bei einer Subventionsmaßnahme ein Eingriff in einen grundrechtlich geschützten Lebensbereich liegen könnte. Die grundrechtliche Prüfung einer Subventionsmaßnahme kann an zwei Punkten ansetzen:[567] Zum einen bei den mit der Leistungsgewährung verbundenen Auflagen und Bedingungen, zum anderen an der Subventionsgewährung selbst.

aa) Grundrechtseingriff durch Subventionsauflagen?

Subventionen werden vielfach mit Auflagen und Bedingungen verbunden, um sicherzustellen, daß der Empfänger die an sie geknüpften Voraussetzungen auch erfüllt. Beabsichtigt der Subventionsgeber in einer von hoher Arbeitslosigkeit gebeutelten Region die Zahl der noch vorhandenen Arbeitsplätze zu erhalten, dann kann er die Subventionsgewährung an ein in dieser Region ansässiges Unternehmen etwa mit der Auflage verbinden, daß die Unternehmensleitung mit dem Betriebsrat eine Standortsicherungsvereinbarung trifft. An der durch die Bedingung verursachte Beeinträchtigung des Empfängers könnte eine grundrechtliche Prüfung ansetzen. So wie die Grundrechte im Bereich der Leistungsverwaltung belastende Eingriffe abwehren sollen, so könnten sie auch die durch eine Bedingung hervorgerufene Belastung kontrollierbar machen.

Im geschilderten Fallbeispiel könnte die Subventionszahlung in den Schutzbereich der Grundrechte des Unternehmens aus Art. 12 und 14 GG eingreifen. Zwar steht es der Unternehmensleitung frei auf die Subvention zu verzichten. Sie müßte dann aber u.U. Wettbewerbsnachteile in Kauf nehmen. Dies ist eine Aussicht, die den Empfänger letztendlich dazu zwingen wird, Auflagen und Bedingungen zu akzeptieren. Dieser Zwangscharakter könnte sich mit dem Zwangscharakter eines staatlichen Befehls gleichsetzen lassen. In beiden Fällen nämlich, im Bereich der Leistungs- und der Eingriffsverwaltung, verfolgt der Staat das Ziel, das Handeln der

---

[566] BVerfGE 20, 56, 96
[567] *Haverkate*, (Fn. 13), S. 373

Bürger zu steuern. Die Gewährung einer Leistung ist allenfalls das subtilere, weniger auffällige Mittel zur Erreichung dieses Ziels.

Zwischen beiden Fällen bestehen jedoch Unterscheide, die es nicht möglich machen, Leistungsgewährung und staatlichen Befehl hinsichtlich ihrer grundrechtlichen Relevanz einfach gleichzusetzen. Grundrechte sind nach klassischem Verständnis Abwehrrechte des Privaten gegenüber der staatlichen Gewalt. Grundrechte sollen Freiheitsräume garantieren. Die Garantie von Freiheitsräumen beinhaltet aber auch die Freiheit selbst zu entscheiden, ob der Empfänger die Subvention annehmen will oder nicht. Allein der mit der Leistung verbundene Reiz, das „Schmackhaftmachen" der Subvention, nimmt dem Empfänger nicht seine eigenverantwortliche Entschlußfreiheit. Wer die Subvention annimmt oder sie ablehnt macht daher gleichermaßen von seiner Freiheit Gebrauch. Es ist „das Element der freiwilligen Akzeptierung der Zweckbindung staatlicher Leistungen, das der Gleichstellung mit 'Eingriffen' in die Grundrechte entgegensteht. Daher können der staatliche Befehl und die sanfte Lenkung durch Subventionen nicht mit derselben grundrechtlichen Elle gemessen werden".[568]

bb) Grundrechtseingriff durch die Leistungsgewährung selbst?

Es bleibt die Anknüpfung an die Leistungsgewährung selbst. In besonderen Lebensbereichen legen Grundrechte dem Staat eine Neutralitätspflicht, ein Interventionsverbot auf. Es sind dies insbesondere die Grundrechte der Religions-, Kunst-, Wissenschafts- und Pressefreiheit. Hier stellt sich im Falle der Subventionierung einer bestimmten Richtung innerhalb dieser Lebensbereiche die Frage, ob der Staat dadurch seine Neutralititätspflicht mißachtet. Gibt es überhaupt neutrale staatliche Förderung oder ist mit der Förderung des Einen nicht notwendigerweise eine Diskriminierung des Anderen verbunden? Im Falle der Pressesubventionierung hat das Bundesverfassungsgericht hervorgehoben, Art. 5 Abs. 1 Satz 2 GG verlange,

> „daß jede Einflußnahme auf Inhalt und Gestaltung einzelner Presseerzeugnisse sowie Verzerrungen des publizistischen Wettbewerbs insgesamt vermieden werden. Staatliche Förderungen dürfen bestimmte Meinungen oder Tendenzen weder begünstigen noch benachteiligen. Art. 5 Abs. 1 Satz 2 GG begründet im Förderungsbereich für den Staat vielmehr eine inhaltliche Neutralitätspflicht, die jede Differenzierung nach Meinungsinhalten verbietet. Dieser Neutralitätspflicht des Staates entspricht auf seiten des Trägers der Pressefreiheit ein subjektives Abwehrrecht gegen die mit staatlichen Förderungsmaßnahmen etwa verbundenen inhaltslenkenden Wirkungen sowie ein *Anspruch auf Gleichbehandlung im* publizistischen *Wettbewerb*".[569]

Der rechtspolitische Rang dieser staatlichen Neutralitätspflichten und Interventionsverbote ist nicht hoch genug einzuschätzen, für eine umfassende Rechtskontrolle von Subventionen haben sie aber keine zentrale Bedeutung. Das Bundesverfas-

---

[568] *Haverkate*, (Fn. 39), S. 159
[569] BVerfGE 80, 124, 133 f. = BVerfG NJW 1989, 2877, 2878 (Hervorhebung nicht im Original)

sungsgericht hat, indem es den „Anspruch auf Gleichbehandlung im Wettbewerb" betont, auf ein Freiheitsproblem von Subventionsmaßnahmen hingewiesen, das seine Ursache nicht in der Leistungsgewährung selbst, sondern in der Vorenthaltung von Subventionen hat. Als Maßstab für eine Rechtskontrolle von Subventionen bietet sich also auch die Wettbewerbsfreiheit an.

b) Wettbewerbsfreiheit

aa) Wettbewerbsfreiheit im Gemeinschaftsrecht

Es gibt ein europäisches Grundrecht auf Freiheit des Wettbewerbs.[570] Im Bereich des Subventionswesens konkretisiert sich dieses subjektive Recht in der Norm des Art. 87 Abs. 1 EGV. Diese Vorschrift soll gegen nationale Subventionen schützen, die die Herstellung und den Erhalt des europäischen Binnenmarktes beeinträchtigen.

An dieser Stelle soll der Frage nachgegangen werden, ob die Rechnungshöfe bei einer Rechtskontrolle von Subventionen Art. 87 Abs. 1 EGV unmittelbar anwenden können, ob sie die Kompetenz haben, gegenüber dem nationalen Subventionsgeber auf gemeinschaftsrechtswidrige Subventionszahlungen hinzuweisen. Dabei ist zu beachten, daß die Entscheidung, ob eine staatliche Beihilfe mit dem Gemeinsamen Markt vereinbar oder unvereinbar ist, in die Zuständigkeit der EU-Kommission fällt (Art. 88 Abs. 2 UAbs. 1 EGV). Spricht man eine derartige Kompetenz auch den Rechnungshöfen zu, so könnte dies Auswirkungen auf das Beihilfeaufsichtsverfahren der EU haben. Es geht bei der Tätigkeit der Rechnungshöfe indessen nicht um eine verbindliche Entscheidung im Sinne des Art. 88 Abs. 2 UAbs. 1 EGV; die Konkretisierungsbefugnis bliebe auch weiterhin in den Händen der Kommission. Die Empfehlungen und Feststellungen der Rechnungshöfe haben keine verbindliche Wirkung. Sie erwachsen nicht in Rechtskraft und verbleiben im nationalen staatsorganisationsinternen Rechtskreis. Eine Kompetenzüberschneidung zwischen der Beratung des nationalen Subventionsgebers durch den Bundesrechnungshof und des behördlichen Beihilfeaufsichtsverfahrens ergibt sich daher nicht. Wenn der Bundesrechnungshof die jeweiligen Einzelermächtigungen auf ihre Vereinbarkeit mit der Verfassung überprüfen darf, dann hat er auch das Recht, seine sachverständige Meinung hinsichtlich einer materiell gemeinschaftsrechtswidrigen Beihilfezahlung zu äußern. Denn Art. 87 Abs. 1 EGV genießt Anwendungsvorrang vor nationalem Recht. Im umgekehrten Fall darf der Rechnungshof allerdings eine ergangene Entscheidung der Kommission nicht hinterfragen; dafür ist nur der EuGH zuständig.

Die Beanstandung gemeinschaftsrechtswidriger Subventionszahlungen durch die Rechnungshöfe könnte auch Wirkung zeigen in einem Bereich, der sich in der Rechtspraxis der EU als problematisch erwiesen hat. Nach Art. 88 Abs. 3 EGV ist die Kommission von jeder beabsichtigten Einführung oder Umgestaltung von Beihilfen zu unterrichten. Vielfach werden Subventionen von den Mitgliedstaaten unter Verstoß

---

[570] EuGH, Slg. 1987, 2289, 2339

gegen dieses Überwachungsverfahren gewährt. Im Jahre 1980 sah sich die Kommission daher zu einer Unterrichtung[571] veranlaßt, wonach manche Mitgliedstaaten in zunehmenden Maße ihrer Notifizierungspflicht nicht nachkämen und in einigen Fällen gar eine allgemeine Entschlossenheit erkennbar sei, die einschlägigen Gemeinschaftsbestimmungen nicht einzuhalten. Als diese Mahnung nicht die erhofften Früchte einbrachte, veröffentlichte die Kommission drei Jahre später im Amtsblatt eine weitere Mitteilung,[572] wonach sie von den Mitgliedstaaten verlangen werde, unrechtmäßig gezahlte Beihilfen von den Empfängern zurückzufordern. Potentielle Beihilfeempfänger machte sie darauf aufmerksam, daß sie gemeinschaftsrechtswidrig erhaltene Beihilfen gegebenenfalls zurückzuzahlen haben. Jüngst hat die Kommission eine erneute Verschärfung ihrer Beihilfenkontrollpolitik angekündigt. Regionalbeihilfen in reicheren Mitgliedstaaten sollen verringert, Erhaltungs- und Umstrukturierungssubventionen für angeschlagene Unternehmen strenger geprüft werden.[573] In die-sem Zusammenhang muß der Bundesrechnungshof auch die Möglichkeit haben, in seinen Bemerkungen auf Subventionszahlungen hinzuweisen, die unter Verletzung des gemeinschaftsrechtlichen Notifizierungsverfahrens gewährt wurden. Wenn der Rechnungshof die Rechtmäßigkeit einer Subventionsveranschlagung überprüft, dann hat er auch die Befugnis, auf Verstöße gegen Gemeinschaftsrecht hinzuweisen. Eine Kompetenzüberschneidung mit der Verwerfungskompetenz der Kommission ergibt sich daraus nicht.

bb) Wettbewerbsfreiheit im Grundgesetz

Art. 12 Abs. 1 GG hat eine wettbewerbsfördernde Wirkung und schützt das wirtschaftliche Handeln, soweit diesem die Qualität einer beruflichen Betätigung zukommt. Das Grundrecht schützt nicht vor der Zulassung von Konkurrenten.[574] Es ist aber beeinträchtigt, wenn der Staat das Wettbewerbsverhalten der am Wirtschaftsleben teilnehmenden Subjekte regelt.[575] Dies gilt auch für die staatliche Begünstigung von Konkurrenten.[576] Fehlt der staatlichen Maßnahme eine berufsregelnde Tendenz, dann ist die Freiheit wirtschaftlichen Handelns als Ausformung der allgemeinen Handlungsfreiheit durch Art. 2 Abs. 1 GG geschützt.[577]

Indessen kann nicht jede staatlich verursachte Veränderung der wettbewerbsrechtlichen Situation als Beeinträchtigung des grundrechtlich geschützten Rechtsguts der freien wirtschaftlichen Betätigung angesehen werden. Staatliche Leistungen beeinflussen den Wettbewerb in unterschiedlich starkem Maße, so daß erst bei einer bestimmten Intensität der staatlich verursachten Veränderung von einer Beeinträchtigung des Schutzgutes auszugehen sein wird. Die Rechtsprechung verlangt daher eine

---

571 ABl. EG 1980 C 252/2
572 ABl. EG 1983 C 318/3
573 FRANKFURTER ALLGEMEINE ZEITUNG, 17. April 1997, Nr. 89, S. 15
574 BVerfGE 34, 252, 256; 55, 261, 269; BVerwG, DVBl. 1983, 1251
575 BVerfGE 32, 311, 317; 46, 120, 137 f.
576 BVerwGE 71, 183, 191
577 BVerwGE 30, 191, 198; 60, 154, 159; 65, 167, 174

intendierte oder eine „schwere und unerträgliche“ Beeinträchtigung der Wettbewerbsfreiheit.[578] Diese Intensitätsschwelle wird nur dann erreicht sein, wenn dem betroffenen Konkurrenten durch die Subventionierung des anderen nahezu die Existenzvernichtung droht oder seine schutzwürdigen Interessen willkürlich vernachlässigt werden.[579] Wegen der hochkomplexen Wettbewerbsverhältnisse läßt sich im Vorfeld oft gar nicht absehen, wie eine konkrete Subventionsmaßnahme sich auf Konkurrenten auswirkt. Es ist äußerst schwer nachzuvollziehen, inwieweit staatliche Intervention die wettbewerblichen Verhältnisse verändert. Was aber nicht vorhersehbar ist, kann nur schwerlich intendiert sein. Ein Eingriff wird daher in aller Regel nur im Falle einer schweren und unerträglichen Beeinträchtigung vorliegen. Es stellt sich dann die Frage, wie sich dieser durch eine Subventionsmaßnahme hervorgerufene Eingriff rechtfertigen läßt.

Nach h.M. bilden Haushaltsgesetz und Haushaltsplan eine einheitliche Ermächtigungsgrundlage für die Vergabe von Subventionen. Oben ist für das Subventionswesen indessen die Geltung des allgemeinen Gesetzesvorbehalts, verbunden mit dem Gebot der Zweckdeutlichkeit, gefordert worden.[580] Danach reicht eine bloße Mittelbereitstellung durch das Parlament als Rechtfertigungsgrundlage nicht aus. Subventionsmaßnahmen lassen sich vielmehr nur durch präzise Zweckangaben des Parlamentes rechtfertigen. Nur solche Zweckangaben bieten eine Grundlage für die Kontrolle, ob eine Subventionsmaßnahme die Beeinträchtigung eines Konkurrenten rechtfertigen kann. Die Prüfung, ob eine Maßnahme außer Verhältnis zu dem mit ihr verfolgten Zweck steht, kann nicht durchgeführt werden, wenn der Zweck im Dunkeln bleibt. „Der Haushaltsplan soll nicht nur für den Vollzug durch die Exekutive hinreichend aussagefähig und damit Maßstab für die Rechenschaft sein, sondern er muß auch für den Willensbildungsprozeß des Parlaments verdeutlichen, welche Mittel zu welchem Zweck bewilligt werden. Nur so kann die spätere Kontrollfunktion effektiv werden und schließlich auch die Öffentlichkeit erkennen, daß ein Haushaltsplan kein Buch mit sieben Siegeln ist“.[581] Daraus folgt, daß Mittelveranschlagungen, die die Rechte des Konkurrenten schwer und unerträglich beeinträchtigen, und die einer hinreichenden Zweckpräzisierung entbehren, gegen das rechtsstaatliche Bestimmtheitsgebot verstoßen: Nach diesem Gebot sind Rechtsvorschriften[582] so genau „zu fassen, wie dies nach der Eigenart der zu ordnenden Lebenssachverhalte und mit Rücksicht auf den Normzweck möglich ist“.[583] Unbestimmte, auslegungsbedürftige Rechtsbe-

---

[578] BVerwGE 30, 191, 197; 60, 154, 160; 65, 167, 174

[579] *Haverkate*, (Fn. 13), S. 381; *Papier*, (Fn. 483), S. 500

[580] Teil C, IV, 2, 3

[581] *Stern*, (Fn. 49), § 50 III 8 a, S. 1245

[582] Zu diesen müssen auch Haushaltsplan und Haushaltsgesetz gezählt werden, da diese nach herrschender Subventionspraxis als Ermächtigungsgrundlage für die Vergabe von Subventionen angesehen werden. Daran ändert auch der Umstand nichts, daß durch den Haushaltsplan Ansprüche oder Verbindlichkeiten weder begründet noch aufgehoben werden (vgl. §§ 3 Abs. 2 HGrG, 3 Abs. 2 BHO), der Haushaltsplan als solcher mithin keine Rechtswirkungen nach außen entfaltet.

[583] BVerfGE 49, 168, 181; 59, 104, 114

griffe sind zwar in aller Regel zulässig,[584] die äußeren Grenzen des Spielraumes müssen jedoch abgesteckt und damit die Möglichkeit einer richterlicher Überprüfung der Einhaltung der Grenzen gegeben sein.[585] Der Gesetzgeber muß „wenigstens seinen Grundgedanken, das Ziel seines gesetzgeberischen Wollens" deutlich machen.[586] Der Richter aber kann eine Zweckpräzisierung nicht vornehmen, die Einhaltung der Grenzen also nicht überprüfen.[587] Also verstoßen Subventionen, die in grundrechtlich geschützte Lebensbereiche eingreifen und hinsichtlich ihres Zweckes nicht präzise genug formuliert sind, gegen das Bestimmtheitsgebot und sind daher rechtswidrig. Haushaltsplan und Haushaltsgesetz werden dadurch nicht zu Außenrechtsnormen, sie bleiben Normen des staatlichen Innenbereichs. Wenn die parlamentarische Mittelbereitstellung nach herrschender Praxis aber als Rechtsgrundlage für Grundrechtseingriffe ausreichen soll, dann muß diese Ermächtigungsgrundlage auch rechtsstaatlichen Ansprüchen gerecht werden.

In formeller Hinsicht ist eine Subventionsmaßnahme im Hinblick auf die Wettbewerbsfreiheit demnach nur gerechtfertigt, wenn sie mit genauen Zweckangaben versehen ist. In materieller Hinsicht ist sie gerechtfertigt, wenn sie sich als geeignetes Mittel zu dem angegebenen Zweck ansehen läßt.[588] Sind diese Voraussetzungen nicht erfüllt, dann kann und muß der Rechnungshof auf die Rechtswidrigkeit der Subventionierung hinweisen.

Die Freiheit des Wettbewerbs wird umso mehr tangiert, je wirksamer eine Subvention eingesetzt wird. Die gezielte Subvention des einen wird die wirtschaftliche Tätigkeit des Konkurrenten mehr beeinträchtigen als eine gleichmäßige Verteilung der zur Verfügung stehenden Mittel: Wenn man jedem gleichmäßig viel gibt, ist letztlich keiner beeinträchtigt. Dieses Gießkannenprinzip macht die einzelnen Subventionsmaßnahmen aber unwirksam. Eine Subvention kann im öffentlichen Interesse nur dann wirksam eingesetzt werden, wenn sie gezielt vergeben wird. Eine gezielte Subventionsvergabe geht aber notwendigerweise zu Lasten der Konkurrenten.[589] Wenn eine Kontrolle von Subventionen das Ziel haben soll, Wege zu finden, die subventionierende Tätigkeit des Staates effektiver zu machen, d.h. Subventionen nicht nur nach dem Gießkannenprinzip auszuweiten oder nach dem Rasenmäherprinzip einzuschränken, dann ist der wettbewerbsrechtliche Ansatz sicherlich zu eng gegriffen. Jedenfalls bietet er keinen Maßstab für eine umfassende Rechtskontrolle von Subventionen.

---

[584] BVerfGE 4, 352, 357 f.; 56, 1, 12; 78, 205, 212; 80, 103, 108
[585] BVerfGE 6, 32, 42; 20, 150, 158; 21, 73, 78 ff.
[586] BVerfGE 17, 306, 314; 54, 237, 247
[587] Vgl. oben Teil C, V, 4 c
[588] *Haverkate*, (Fn. 13), S. 382
[589] Vgl. *Haverkate*, (Fn. 39), S. 165

c) Die Rechte des Konkurrenten und der Gleichheitssatz

Der Gleichheitssatz fordert Gleiches gleich (Gleichbehandlungsgebot) und Ungleiches ungleich (Differenzierungsgebot) zu behandeln. Beruft sich der Konkurrent - wie in aller Regel - auf das Gleichbehandlungsgebot, dann geht es ihm darum, eine Leistung zu erhalten, die auch sein Mitkonkurrent erhält. Er muß darlegen, daß seine Situation gleich der Situation ist, die seinen Mitkonkurrenten in den Genuß der Subvention gebracht hat. Seltener dagegen wird sich der Konkurrent auf das Differenzierungsgebot berufen. Er setzt sich dann von einer Situation ab, in der ein Mitkonkurrent sich befindet, der die begehrte Subvention nicht erhalten hat. Der Konkurrent hat darzulegen, daß die Situation in der er sich befindet, sich von der desjenigen unterscheidet, der die Leistung nicht erhält. Auf den Gleichheitssatz beruft sich also derjenige, der eine Leistung vom Staat erhalten will. Diese Zielrichtung führt aber zu einer „Ausdehnung von Subventionen (wie ein Ölfleck auf dem Wasser), nicht [zu] ihrer Disziplinierung und Anbindung an strengere Voraussetzungen der Erreichung eines öffentlichen Zweckes“.[590] Zudem ist auch die Wirkung des Gleichheitssatzes als Maßstab einer umfassenden Rechtskontrolle von Subventionen zu vernachlässigen. Im Bereich der gewährenden Staatstätigkeit steht dem Gesetzgeber nämlich ein besonders weiter Entscheidungsspielraum zur Verfügung.[591] Dies gilt im besonderen Maße bei der Gewährung von Subventionen.[592] Er kann sich daher sehr leicht dem Vorwurf der willkürlichen Mittelverteilung entziehen. Sachliche Gründe, die eine Differenzierung der Sachverhalte gerechtfertigt erscheinen lassen, stehen ihm hier in besonders reichem Maße zur Verfügung.

6. Das Verhältnismäßigkeitsgebot

Die bisher genannten Kontrollmaßstäbe decken nur einen Teilbereich des Subventionsproblems ab. Die Prüfung der wirtschaftlichen und bestimmungsgemäßen Verwaltung und Verwendung der gewährten Subventionen ermöglicht keine umfassende Erfolgskontrolle unter rechtlichen und politischen Gesichtspunkten. Wettbewerbsrechtliche und grundrechtliche Kontrollansätze bieten eine Antwort lediglich in Teilbereichen; sie sind im Ansatz nicht falsch, als Prüfungsmaßstab für eine umfassende Subventionskontrolle aber zu eng. Dagegen bedarf es eines Maßstabes, der die subventionierende Staatstätigkeit vollständig, sowohl unter politisch-volkswirtschaftlichen als auch unter rechtlich-freiheitsgefährdenden Gesichtspunkten einer Kontrolle zu unterziehen vermag.

Der allgemeinste Ansatz, die Tätigkeit des Staates zu kontrollieren, ist das Verhältnismäßigkeitsgebot. Dieser Kontrollmaßstab besagt, daß der Staat bei seinem Handeln auf ein angemessenes Verhältnis zwischen Mittel und Zweck zu achten hat.[593] Diesem Gebot wird der Staat nur dann gerecht, wenn sich sein Handeln *in je-*

---

[590] *Haverkate*, (Fn. 13), S. 386
[591] BVerfGE 49, 280, 283; 51, 295, 300 ff.; 78, 104, 121; BVerwGE 74, 260, 264; BSGE 55, 224, 228
[592] BVerfGE 17, 210, 216
[593] *Haverkate*, (Fn. 39), S. 11 ff., S. 174 ff; *ders.* (Fn. 13), S. 388 ff.

dem Fall zur Erreichung legitimer Zwecke als geeignet, erforderlich und angemessen erweist. Das Verhältnismäßigkeitsgebot führt zu einer umfassenden Zweck-Mittel-Kontrolle auch des leistenden Staatshandelns. Seinen ältesten Anwendungsbereich hat das Verhältnismäßigkeitsgebot zwar im Polizeirecht, also auf dem Gebiet der Eingriffsverwaltung. Heute jedoch ist es über seine Geltung im Eingriffsrecht hinausgehoben und gilt für jedwedes staatliche Handeln.[594] Die Kontrolle anhand dieses Maßstabes geschieht in folgenden Prüfungsschritten:[595]

a) Eignung

Die Subvention muß geeignet sein, den gewünschten ökonomischen Erfolg zu erreichen. Das Urteil über die Geeignetheit einer Subventionsmaßnahme setzt voraus, daß der zu erreichende „Soll"-Zustand und der „Ist"-Zustand bekannt sind.

aa) Soll-Zustand

Zunächst muß gefragt werden, welche konkrete Zielaussagen über den gewünschten Erfolg vorliegen. Wir haben gesehen, daß mit Subventionen zwei Zwecke verfolgt werden, der Verhaltenszweck und der Erfolgszweck.[596] Der für eine Erfolgskontrolle maßgebende Zweck ist der Erfolgszweck, der letztendlich angestrebte volkswirtschaftliche Erfolg. Das Mittel zur Erreichung des Erfolgszweckes ist der Verhaltenszweck. Dieser darf bei der Durchführung von Erfolgskontrollen indessen nicht vernachlässigt werden. Es muß gefragt werden, ob das bei den Subventionsempfängern bezweckte Verhalten auch tatsächlich geeignet ist, den erstrebten volkswirtschaftlichen Erfolg letztendlich zu erreichen. Es müssen also Zweckaussagen hinsichtlich des Verhaltens- und des Erfolgszweckes getroffen worden sein.

bb) Ist-Zustand

An zweiter Stelle muß untersucht werden, wie sich die wirtschaftliche Ausgangslage darstellt.

cc) Zielerreichung

In diesem dritten Prüfungsschritt ist der Frage nachzugehen, wie die Subvention tatsächlich wirkt. Dazu bedarf es einer Überprüfung, ob die Subvention die Empfänger tatsächlich erreicht hat, und ob sie substantiell bei diesen verblieben ist. Selbst wenn die Subventionen zunächst die bedürftigen Kreise erreicht, kann es zu einem Versickern der Leistung kommen, wie etwa das Beispiel der Fehlbelegung von Sozialwohnungen zeigt.[597] Dem Subventionsempfänger kann auch, etwa durch eine Preisentwicklung, wieder genommen werden, was ihm durch die Mittelzuwendung

---

[594] *Haverkate*, (Fn. 39), passim; *Stern*, (Fn. 76), § 20 IV 7 a, S. 862, m.w.N.; *Stober*, (Fn. 370), § 7 IV, S. 78; BVerfGE 43, 242, 288; BVerwGE 38, 68, 70 f.

[595] Vgl. *Haverkate*, (Fn. 39), S. 183 ff.

[596] Vgl. oben Teil A, 2 b

[597] Vgl. BVerfGE 78, 249, 266 f., 277 f.

ursprünglich gegeben worden ist. Sind solche Fehlerquellen ausgeschlossen, kommt die Subvention dem Empfänger also tatsächlich zugute, dann kann geprüft werden, ob die Subvention den erstrebten Verhaltens- und Erfolgszweck auch wirklich bewirken kann. Das ist dann der Fall, wenn die Subventionsmaßnahme bei den Empfängern überhaupt etwas bewirkt, sich in deren Verhalten niederschlägt, und wenn dieses Verhalten sich zur Erreichung des Erfolges als wirksam erweist.

Darüber hinaus sollte auch geprüft werden, wie der auf den Erfolg gerichtete Verlauf ohne die Subvention gewesen wäre. Dies mag verwundern, denn die Geeignetheitsprüfung geht der Frage nach wie die Subventionsmaßnahme wirkt und nicht wie der Verlauf ohne sie gewesen wäre. Vergleicht man aber beide Betrachtungsweisen und analysiert die sich dabei aufzeigenden Abweichungen, dann kann man für spätere Geeignetheitsprüfungen an Erkenntniswerten hinzugewinnen.[598]

Bewirkt die Subventionsmaßnahme ein auf den angestrebten wirtschaftlichen Erfolg gerichtetes Verhalten der Subventionsempfänger, dann ist sie geeignet, diesen Erfolg zu erreichen. Zeigt die Subvention dagegen überhaupt keine Wirkung, dann ist sie von vorneherein ungeeignet. Diese Zwecktauglichkeitsprüfung fällt je nach der Zweckrichtung von Subventionen unterschiedlich aus. In diesem Sinne unterscheidet § 12 Abs. 2 Stabilitätsgesetz nach

„Finanzhilfen, die

1. der Erhaltung von Betrieben oder Wirtschaftszweigen,
2. der Anpassung von Betrieben oder Wirtschaftszweigen an neue Bedingungen und
3. der Förderung des Produktivitätsfortschritts und des Wachstums von Betrieben oder Wirtschaftszweigen, insbesondere durch Entwicklung neuer Produktionsmethoden und -richtungen

dienen".

Danach ergeben sich drei mögliche Hauptzielrichtungen von Subventionen:[599]

- Durch die „Erhaltungssubvention" soll der status quo des Subventionierten gesichert werden;
- die „Anpassungssubvention" soll den Subventionierten in die gegebenen wirtschaftlichen Verhältnisse einfügen;
- die „Entwicklungs-" oder „Förderungssubvention" fordert die Eingliederung in die staatliche Planung, in politische Zielsetzungen.

[598] *Haverkate*, (Fn. 39), S. 184 Fn. 146
[599] *Haverkate*, (Fn. 39), S. 186

Diese grobe Einteilung ermöglicht es den Rechnungshöfen, einzelne Subventionsmaßnahmen unter einen dieser drei Subventionstypen zu subsumieren, um dadurch ihre Eignung zur Erreichung des Erfolges zu überprüfen. Eine Erhaltungssubvention etwa ist danach zur Erreichnung des mit ihr bezweckten Erfolges geeignet, wenn der Subventionsempfänger sein Verhalten infolge der Subventionsgewährung überhaupt nicht ändert, sondern weitermacht wie bisher. Ermöglicht eine Erhaltungssubvention dem Empfänger ein „business as usual“, dann ist sie geeignet, den mit ihr bezweckten Erfolg (= Erhalt des status quo) zu erreichen.

Mit einer solchen Vorgehensweise sind die Probleme einer Überprüfung der Eignung von Subventionen zur Erreichung des mit ihnen verfolgten öffentlichen Zweckes aber noch nicht überwunden. Keinesfalls darf der Fehler gemacht werden, von einer Subvention, die keine Verhaltensänderung des Empfängers bewirkt, anzunehmen, es handele sich bei ihr um eine Erhaltungssubvention. Die Einteilung des § 12 Abs. 2 Stabilitätsgesetz macht eine Zweckpräzisierung der einzelnen Subventionsmaßnahme nicht entbehrlich. Eine Subsumtion unter einen der drei Subventionstypen des § 12 Abs. 2 Stabilitätsgesetz ist erst dann möglich, wenn die Subventionszwecke hinreichend präzise konkretisiert sind. Nur dann kann sicher geklärt werden, um welchen Subventionstypus es sich handelt. Die Eignungsprüfung gibt auch keine Antwort auf die Frage, ob mit der Subvention überhaupt ein legitimer Zweck verfolgt wird. Welchen Zweck der Subventionsgeber für einen im öffentlichen Interesse liegenden erachtet, obliegt seiner Einschätzung und politischen Wertung. Die Rechnungshöfe können aber auf Fehlentwicklungen hinweisen, wenn der Subventionsgeber bei seiner Entscheidung von falschen Voraussetzungen und Vorstellungen ausgegangen ist.[600] Schließlich konzentriert sich die Frage der Geeignetheit einer Subventionierung auf die Auswahl des Subventionsempfängers selbst. Zu prüfen ist, ob der Empfänger überhaupt die Voraussetzungen mitbringt, die zur Erfüllung des Subventionszweckes notwendig sind. Eine sachgerechte Antwort darauf läßt sich in bestimmten Fällen nur finden, wenn man Wirtschaftlichkeitserwägungen hinzuzieht. Ein Beispiel: Kommen für die Entwicklung einer neuen Technologie zwei potentielle Empfänger in Betracht, und sind beide gleichermaßen geeignet, den erstrebten Erfolg überhaupt zu erreichen, dann ist es sinnvoller, die Entwicklungssubvention demjenigen zu gewähren, der bereits über spezielle Forschungseinrichtungen verfügt, als jenem, der die entsprechenden Einrichtungen erst anschaffen muß. Ersterer nämlich wird zur Entwicklung mit weniger Aufwand fähig sein, also wirtschaftlicher handeln können. Dagegen sind beide Empfänger gleichermaßen geeignet, wenn sie den erstrebten Erfolg überhaupt, also unabhängig von Gesichtspunkten der Wirtschaftlichkeit, zu erreichen vermögen. Dabei darf nicht übersehen werden, daß die Prüfung der Zwecktauglichkeit von der Prüfung der Wirtschaftlichkeit zu trennen ist. Es handelt sich um unterschiedliche Ansätze, die sich lediglich ergänzen.[601]

---

[600] Vgl. oben Teil B, VI, 2

[601] Vgl. oben Teil A, 2 b

b) Erforderlichkeit

Die zur Zielerreichung geeignete Subvention ist erforderlich, wenn nicht andere geeignete Mittel zur Verfügung stehen, die geringere Freiheitsbeeinträchtigungen mit sich bringen. Das Gebot der Erforderlichkeit verlangt also die Einbeziehung alternativer Handlungsmöglichkeiten. Bei der praktischen Durchführung der Notwendigkeitsprüfung einer Subventionsmaßnahme stellt sich zunächst wieder das Problem der unklaren Zweckangaben: Ohne Zweckpräzisierungen sind mögliche Handlungsalternativen unüberschaubar.

Bei der Frage nach Handlungsalternativen ist im Rahmen der Erforderlichkeitsprüfung erneut zu unterscheiden zwischen Verhaltens- und Erfolgszwecken.[602] Es muß geprüft werden, ob andere Möglichkeiten zur Verhaltensänderung des Subventionierten bestehen, und ob der angestrebte Erfolgszweck auch anders als durch das angestrebte Verhalten der Subventionierten erreicht werden kann. Dabei ist im einzelnen zu fragen, ob es überhaupt einer Subvention bedarf, um die erstrebte Verhaltensänderung zu bewirken, oder ob dafür auch eine andere Maßnahme in Betracht kommt, ob statt der ursprünglich gewählten Subvention einer anderen Subventionsmaßnahme der Vorzug gegeben, oder ob die Subvention an andere Empfänger gezahlt werden sollte. Dabei ist die Frage nach anderen Subventionsempfängern keine Frage, die nach Wirtschaftlichkeitserwägungen zu beantworten ist, sondern unter Freiheitsgesichtspunkten: Bei der Erforderlichkeitsprüfung geht es um die Suche nach weniger einschneidenden, weniger freiheitsgefährdenden Möglichkeiten und nicht um die Suche nach wirtschaftlicheren Möglichkeiten zur Erreichung eines bestimmten Zieles. Das Verhältnismäßigkeitsprinzip ist kein Prinzip der Wirtschaftlichkeit sondern ein Prinzip der Rechtsstaatlichkeit. Die weitere Frage, ob der Erfolgszweck anders als durch das angestrebte Verhalten der Subventionsempfänger erreicht werden kann, konkretisiert sich zu der Prüfung, ob die konkrete Subventionsmaßnahme so ausgestaltet ist, daß die mit ihr verbundenen Freiheitsbeeinträchtigungen so gering wie möglich ausfallen. Diese Frage leitet über zur Prüfung der Verhältnismäßigkeit einer Subventionierung im engeren Sinne.

c) Verhältnismäßigkeit im engeren Sinne / Angemessenheit

Bei der Frage der Angemessenheit geht es um das angemessene Verhältnis zwischen eingesetztem Mittel und erstrebtem Erfolg. Die Subventionsmaßnahme darf danach nicht außer Verhältnis zu dem mit ihr angestrebten Ziel stehen. Diese Prüfung verlangt, „daß Gewinn (Realisierung eines öffentlichen Interesses) und Freiheitskosten gegeneinander abgewogen werden".[603] Hier könnte man daran denken, daß eine Subvention in dem Fall, in dem das durch sie angestrebte Verhalten des Empfängers bereits durch Gesetz angeordnet ist und demnach durch Zwangsmaßnahmen durchgesetzt werden könnte, im Einzelfall als das weniger freiheitsgefährdendere Mittel anzusehen sei - der Staat könnte den erstrebten Erfolg ja auch durch Zwangsmittel

---

602 *Haverkate*, (Fn. 39), S. 195

603 *Haverkate*, (Fn. 39), S. 196

durchsetzen.[604] Die Frage, ob die Subventionierung im Einzelfall als das weniger einschneidende Mittel zulässig sei, ist jedoch falsch gestellt. Sind Subventionen darauf angelegt, ein bereits gesetzlich bestehendes Verhaltensgebot „zu erkaufen", dann muß die Frage lauten, ob die Subventionsmaßnahme *generell* zulässig ist und nicht, ob sie sich *im Einzelfall* gegenüber staatlichen Zwangsmaßnahmen als das weniger einschneidende Mittel darstellt.[605]

d) Erfolgskontrolle - Rechtskontrolle

Verfolgt der Staat mit seiner Leistung einen Zweck, dann ist diese Leistung nur dann zu rechtfertigen, wenn mit ihr ein legitimer, im öffentlichen Interesse liegender Zweck verfolgt wird, wenn dieser Zweck mit geeigneten Mitteln verfolgt wird und wenn es keine weniger einschneidenden Mittel zur Erreichung des Zweckes gibt. Die Prüfung, ob diese Voraussetzungen gegeben sind, vermag allein das Verhältnismäßigkeitsgebot zu leisten. Erfolgskontrolle durch die Rechnungshöfe anhand des Verhältnismäßigkeitsgebotes ist daher nicht nur Wirksamkeitskontrolle - diese vermag schon der Prüfungsmaßstab Eignung zu leisten -, sondern vielmehr auch Rechtskontrolle. Den anhand des Verhältnismäßigkeitsgebotes untersuchten Wirksamkeitsaspekten einer Subvention kommt also auch Rechtsqualität zu. Das hat zur Folge, daß eine Subventionsmaßnahme, die sich anhand der Prüfungsschritte Eignung, Erforderlichkeit und Angemessenheit als nicht-effektiv erweist, rechtswidrig ist. Die Rechtswidrigkeit einer unwirksamen Subvention ergibt sich auch aus ihrer Unwirtschaftlichkeit: Unwirksame Maßnahmen sind unwirtschaftlich, und unwirtschaftliche Maßnahmen sind wiederum rechtswidrig. Daß den Rechnungshöfen auch eine Rechtmäßigkeitsprüfung zukommt, wurde bereits festgestellt.[606]

e) Operationalisierbarkeit des Verhältnismäßigkeitsgebotes?

Es wird vorgebracht, die Zweck-Mittel-Kontrolle von Subventionen sei eine „spezifisch wirtschaftswissenschaftliche Fragestellung",[607] auf die weder die Rechtswissenschaft noch die Wirtschaftswissenschaften eine Antwort geben könnten. Ob eine Subvention geeignet und erforderlich sei, einen bestimmten volkswirtschaftlichen Erfolg zu erreichen, lasse sich ex ante nicht mit hinreichender Sicherheit prognostizieren, da die Wirtschaftswissenschaft nicht über Maßstäbe verfüge, wie die Wirkungen von Subventionen zu messen seien.[608] Die Verhältnismäßigkeitsprüfung im engeren Sinne sei gar illusorisch, da es nicht möglich sei, „alle positiven Subventionswirkungen zu allen negativen Subventionswirkungen in Beziehung zu setzen".[609]

---

[604] *Vogel*, (Fn. 461), S. 552 Fn. 72

[605] *Haverkate*, (Fn. 39), S. 196

[606] Vgl. oben Teil B, IV, 2

[607] *Manfred Froch / Christoph Gusy*, Das Übermaßverbot als Maßstab staatlicher Subventionsvergabe?, VerwArch 81 (1990), S. 512 ff., 517

[608] *Froch / Gusy*, (Fn. 607), S. 526, 528

[609] *Froch / Gusy*, (Fn. 607), S. 529

Sicherlich ist die Durchführung von Erfolgskontrollen eine äußerst anspruchsvolle Prüfung. Den Rechnungshöfen kann schwerlich zugemutet werden, die wirtschaftliche Ausgangslage und den mit einer Subvention erstrebten volkswirtschaftlichen Erfolg genau zu bestimmen, zumal der Erfolgszweck vom Subventionsgeber weitgehend im Dunkeln gelassen wird. Die Abschätzung der Wirkung einer einzelnen Subventionierung auf das Verhalten der Empfänger und der sich aus der Summe dieser einzelnen Verhaltensänderungen ergebende Erfolgszweck erfordert u.U. eine Prüfung bei über Hunderten von Subventionsempfängern.

Diese Schwierigkeiten bei der Anwendung des Verhältnismäßigkeitsgebotes machen dieses als Prüfungsmaßstab jedoch nicht hinfällig. Zum einen ist das Verhältnismäßigkeitsgebot kein allgemeines Prinzip der Wirtschaftlichkeit, sondern ein rechtsstaatliches Prinzip. Sein Anliegen ist gerichtet auf Freiheitsschutz und nicht auf zweckoptimalen Mitteleinsatz nach ökonomischen Kriterien; es fragt nicht nach der optimalen Kombination von Mitteln zur Erreichung eines Zweckes. Das Verhältnismäßigkeitsgebot bietet vielmehr ein umfassendes und allgemeines Kontrollinstrument um alles staatliche Handeln zu hinterfragen, weil es nur eine wesentliche Prämisse voraussetzt, nämlich daß staatliches Handeln überhaupt der Begründung bedarf. Diese Begründungspflicht gilt im Bereich der Leistungs- wie der Eingriffsverwaltung gleichermaßen. Auch der Einsatz von Finanzmitteln als Steuerungsinstrument ist rechtfertigungsbedürftig. Der Subventionsgeber muß daher verdeutlichen, welche Kriterien er der Selektion der Empfänger und dem Ausschluß der Nichtbegünstigten zugrunde gelegt hat. Diese Selektion bedarf vor dem Hintergrund der geltenden rechtlichen und gesellschaftspolitischen Normen einer Rechtfertigung. Dabei reicht es nicht aus, vermittelt zu bekommen, daß eine bestimmte Subvention der Erhaltung von Arbeitsplätzen in einer bestimmten Region dienen soll. Vielmehr bedarf es der Rechtfertigung, warum ein bestimmtes Unternehmen in dieser Region gefördert werden soll und nicht ein anderes Unternehmen in einer anderen Region. Wenn der Staat fördert, muß er sagen können, warum er fördert. Vermag er sein Handeln nicht zu rechtfertigen, dann ist sein Handeln rechtswidrig. Dagegen wird die Verhältnismäßigkeitsprüfung dieses Handelns nicht deshalb illusorisch, weil sie mit vielen Unwägbarkeiten verbunden ist.

f) Grundrechte und Verhältnismäßigkeitsgebot

Ist die durch Subventionsmaßnahmen vermittelte staatliche Intervention in wirtschaftliche Kreisläufe mit einer Ungleichbehandlung des Nichtsubventionierten verbunden, dann läßt sich diese Ungleichbehandlung rechtfertigen, wenn der Differenzierungsgrund „sachbezogen und vertretbar" erscheint,[610] also aus legitimen Gründen erfolgt und nicht willkürlich ist. Diese Willkürprüfung geht in eine Verhältnismäßigkeitsprüfung über.[611] Auch jede Beeinträchtigung der Berufs- und Wettbe-

---

[610] BVerfGE 71, 39, 58

[611] *Bodo Pieroth / Bernhard Schlink*, Grundrechte. Staatsrecht II, 16. Auflage, Heidelberg 2000, S. 105 Rn. 444; in diese Richtung auch *Rudolf Wendt*, Der Gleichheitssatz, NVwZ 1988, 778, 781 ff.; *Friedrich Schoch*, Der Gleichheitssatz, DVBl. 1988, 863, 874 f.

werbsfreiheit muß sich an dem Gebot der Verhältnismäßigkeit staatlichen Handelns messen lassen,[612] auch wenn dem Staat bei der Verfolgung wirtschafts-, arbeitsmarkt- und sozialpolitischer Ziele ein weiter Spielraum zusteht.[613] Verhältnismäßigkeitsprüfung und grundrechtliche Prüfung sind daher insofern miteinander verknüpft, als das Verhältnismäßigkeitsgebot notwendiger Bestandteil einer grundrechtlichen Prüfung ist. Verhältnismäßigkeitsgebot und Grundrechte dienen gleichermaßen dem Schutz individueller Freiheitsräume. Aus diesem Zusammenhang ergibt sich das für eine gerichtliche Zweck-Mittel-Kontrolle anhand des Verhältnismäßigkeitsgebotes notwendige subjektive Recht.[614] Für die Rechnungshöfe ist dieser Zusammenhang freilich keine Zulässigkeitsvoraussetzung einer Erfolgskontrolle, er macht aber deutlich, daß Subventionskontrolle auch Rechtskontrolle ist.

Ziel der von den Rechnungshöfen durchgeführten Erfolgskontrollen von Subventionen muß deshalb sein, nicht nur eine nach ökonomischen Kriterien wirksame Subventionstätigkeit des Staates zu erreichen, sondern auch auf die mit Subventionierungen verbundenen Freiheitsgefahren hinzuweisen. Schon frühzeitig hat der Bundesgerichtshof formuliert:

> „Alle Amtsträger, Behörden und juristische Personen des öffentlichen Rechts haben bei der Erfüllung ihrer Aufgaben die Gesetze zu beachten sowie gerecht und unparteiisch zu verfahren. Bei wirtschaftslenkenden Maßnahmen und insbesondere bei Ausschreibungen hat die öffentliche Hand darauf zu achten, daß alle Lenkungsmaßnahmen nach Umfang, Dauer und Maß beschränkt werden (Grundsatz der Verhältnismäßigkeit). Die Beamten haben auf die berechtigten Interessen der betroffenen Wirtschaftskreise Rücksicht zu nehmen, um vermeidbare Schäden möglichst zu verhindern. Die Verwaltung hat weiter darauf zu achten, daß für alle Bewerber gleiche Wettbewerbsbedingungen bestehen und erhalten bleiben. Sie darf ohne sachliche Gründe keinen Bewerber bevorzugen oder benachteiligen“.[615]

Auch wenn es in diesem Fall um die Ausschreibung für einen marktlenkenden Getreideverkauf ging, lassen sich die dargestellten Grundsätze auf das Subventionswesen übertragen. Die Rechtsgeschäfte des öffentlichen Auftrags- oder Vergabewesens gehören dem Privatrecht an. Auch wenn sich die Verwaltung der Form des Privatrechts bedient, hat sie die Bindungen des öffentlichen Rechts zu beachten. Im Subventionswesen gilt ohnehin niemals reines Privatrecht, da die öffentliche Hand in diesem Bereich stets zur Erfüllung öffentlicher Interessen tätig wird. Die vom Bundesgerichtshof dargestellten Grundsätze haben daher - wenn sie schon für das öffentliche Vergabewesen gelten - erst recht für das Subventionswesen zu gelten. Schließlich läßt sich eine bevorzugte Berücksichtigung bei einer öffentlichen Auftragsvergabe auch als versteckte Subventionierung ansehen.[616] Für eine Rechtskontrolle von Subventio-

---

[612] BVerfGE 76, 196, 207; 80, 1, 24
[613] BVerfGE 46, 246, 256 f.; 51, 193, 208; 77, 308, 332
[614] *Haverkate*, (Fn. 13), S. 388
[615] BGH, NJW 1963, 644, 645
[616] *Fritz Rittner*, Öffentliches Auftragswesen und Privatrecht, ZHR 152 (1988), S. 318 ff., 330

nen ist die Entscheidung insoweit von Bedeutung, als sie herausstellt, daß es auch eingriffslose Freiheitsbeeinträchtigungen gibt, die einer Rechtskontrolle unterzogen werden können. Einer Rechtskontrolle unterliegen nicht nur solche Subventionen, die in grundrechtlich geschützte Lebensbereiche eingreifen, sondern auch solche, die „nur" freiheitsbeeinträchtigende Wirkungen haben. Das Verhältnismäßigkeitsgebot ist auch für eine Kontrolle dieser eingriffslosen Freiheitsbeeinträchtigungen der entscheidende und maßgebende Prüfungsmaßstab.

7. Sonderproblem: Die Prüfung indirekter Subventionen

a) Vorbemerkung

Die Rechnungshöfe kontrollieren die gesamte staatliche Haushalts- und Wirtschaftsführung, also Einnahmen und Ausgaben gleichermaßen (vgl. § 89 Abs. 1 Nr. 1 BHO/LHO). Die Einnahmeseite jedoch ist eine Schwachstelle der externen Finanzkontrolle. Das zeigt sich zahlenmäßig daran, daß das bei den Rechnungshöfen vorhandene Prüfungspotential für die Ausgaben etwa 20mal größer ist als für die Einnahmen. Kontrollmaßstäbe auf der Einnahmenseite sind die Ordnungsmäßigkeit und die Gleichmäßigkeit der Besteuerung sowie das Verhältnismäßigkeitsgebot. Unter Freiheits- und Gleichbehandlungsgesichtspunkten sind Steuerverschonungen schließlich nicht weniger bedeutsam als direkte Subventionen. Die Wettbewerbsfähigkeit von Unternehmen hängt nicht nur davon ab, mit welcher Steuerlast sie selbst zu rechnen haben, sondern auch davon, wie das Konkurrenzunternehmen belastet wird. Steuerliche Entscheidungen sind daher von großer betrieblicher und gesamtwirtschaftlicher Bedeutung. Sicherlich ist der primäre Zweck einer Steuernorm die Dekkung des Finanzbedarfs für die Erfüllung öffentlicher Aufgaben. Dabei hat der Gesetzgeber der wirtschaftlichen Leistungsfähigkeit des Steuerpflichtigen Rechnung zu tragen und die Belastungswirkungen nach einem Gerechtigkeitsmaßstab zu verteilen. Diesem Fiskalzweck sind Sozial- und Lenkungszwecke an die Seite getreten. Die Steuer ist auch ein gewichtiges Medium zur Steuerung sachpolitisch motivierter Abläufe innerhalb der Gesellschaft. Derjenige, der sich dem politisch gewollten Ziel entsprechend verhält, wird durch eine Steuerwohltat (indirekte Subvention) belohnt.[617]

[617] Die Entscheidung des Gesetzgebers, staatliche Förderpolitik durch Steuervergünstigungen oder durch direkte Subventionen zu betreiben, hat rechtliche wie ökonomische Konsequenzen sowie Auswirkungen auf die Verteilung der Finanzierungslasten auf Bund, Länder und Gemeinden. Rechtlich unterscheiden sich die beiden Formen vor allem dadurch, daß die Steuervergünstigungen jedem zustehen, auf den der gesetzliche Tatbestand zutrifft. Rechtsansprüche bestimmen somit das Erscheinungsbild der indirekten Subventionen. Entscheidungen über die Vergabe direkter Subventionen werden dagegen überwiegend als Ermessensentscheidungen getroffen. Die Vergabe indirekter Subventionen hat für den Vollzug den verwaltungsmäßigen *Vorteil*, daß in der Regel nur das Finanzamt tätig werden muß. Der *Nachteil* indirekter Subventionierungen liegt dagegen darin, daß die jeweilige Förderung und ihr Volumen kaum in das öffentliche Bewußtsein treten. Jede Steuervergünstigung ist zudem eine Ausnahmeregelung, die zur Unübersichtlichkeit und Kompliziertheit des Steuerrechts beiträgt. In Abwägung der Vor- und Nachteile bei der Grundentscheidung zwischen den Förderungsformen direkte Subvention und Steuervergünstigung hängt es von einer sorgfältigen Analyse im Einzelfall ab, welcher Maßnahme der Vorzug zu geben ist. Bei dieser Abwägung sollte auch beachtet werden, daß

Steuerpolitik ist daher auch Sachpolitik, mit der ein sozialpolitisch motivierter Lenkungseffekt[618] erzielt werden soll. Da Steuervergünstigungen aber dazu führen, daß der Steuerpflichtige nicht entsprechend seiner Leistungsfähigkeit belastet wird, wird das Leistungsfähigkeitsprinzip per se zur Disposition gestellt.

Daß die Prüfung der Einnahmen ein Kapazitätsdefizit aufweist, liegt vor allem auch daran, daß eine die Rechnungshofkontrolle unterstützende Vorprüfung bei der Steuerverwaltung in den meisten Bundesländern weitgehend fehlt. So befaßt sich die Kontrolle der Landesrechnungshöfe auf der Einnahmenseite weitgehend mit der Organisation der Finanzämter, in materielle Fragen des Steuerrechts wird dagegen seltener eingestiegen. Dies ist nachvollziehbar, da die Einrichtung der Finanzbehörden nach Art. 108 Abs. 2 GG überwiegend Sache der Länder ist, die im Rahmen der Gemeinschaftsteuern[619] im Auftrag des Bundes tätig werden (Art. 108 Abs. 3 GG). Der Bundesrechnungshof prüft nur ausnahmsweise organisatorische Fragen bei den Finanzämtern, etwa wenn er sich überzeugen will, ob Mängel bei der Organisation und Planung die Sicherung des Steueraufkommens gefährden.[620]

Das größte Problem im Steuerbereich liegt jedoch auf dem Gebiet des Steuerrechts selbst. Sicherlich muß die Prüfung im Steuerbereich auch die Organisation der Ämter und die Leistungsfähigkeit der einzelnen Organisationseinheiten umfassen und auf eine Gleichmäßigkeit der Besteuerung unter den einzelnen Finanzämtern achten. So ist es nicht plausibel, daß der Steuerpflichtige A bei seinem Finanzamt anders behandelt wird, als der Steuerpflichtige B, der bei einem anderen, 50 km entfernten Finanzamt veranlagt ist. Materielle Prüfungen verlieren an Wirkung, wenn die organisatorischen Voraussetzungen nicht gegeben sind, um die anfallende Arbeit qualititativ besser zu bewältigen. Prüfungen im organisatorischen Bereich sind daher von großer Wichtigkeit. Stellt der Bundesrechnungshof etwa fest, daß die Erhebungspraxis der Landesfinanzbehörden auf dem Gebiet der Gemeinschaftssteuern Defizite aufweist, so unterrichtet er hierüber das Bundesfinanzministerium und fordert dieses gegebenenfalls auf, geeignete Maßnahmen zur Vermeidung bestehender Fehlerquellen zu treffen.[621] Der Bundesminister der Finanzen kann dann den Finanzbehörden der Länder Weisungen erteilen, die eine ordnungsgemäße und zweckmäßige Steuererhebung sicherstellen sollen.[622] Dennoch: Die Entscheidungen über das „große Geld“ werden

---

nur bei direkten Subventionen deutlich wird, inwieweit durch sie jeweils die Haushalte von Bund, Ländern und Gemeinden belastet werden. Die Angaben über voraussichtliche Steuerausfälle beruhen auf in aller Regel von der Bundesregierung erstellten Prognosen über den Belastungsumfang der einzelnen Ebenen, die aber unverbindlich und mit großen Unsicherheiten belastet sind.

618 Eine Auflistung der mit Steuervergünstigungen verbundenen Förderungsziele bieten *Klaus Tipke / Joachim Lang*, Steuerrecht, 14. Auflage, Köln 1994, S. 668 ff.

619 Die Gemeinschaftssteuern umfassen die Einkommenssteuer, die Körperschaftssteuer und die Umsatzsteuer, vgl. Art. 106 Abs. 3 Satz 1 GG.

620 Vgl. zu Entwicklung und Stand der steuerlichen Betriebsprüfung in den alten Bundesländern, BT-Drucks. 13/5700, S. 130 ff.

621 Z.B. Fehlerquellen bei der automatisierten Abrechnung von Steuerbescheiden auf Landesebene: BT-Drucks. 13/5700, S. 126 f.

622 Vgl. Art. 108 Abs. 3 Satz 2 GG i.V.m. Art. 85 Abs. 3 und 4 GG

nicht bei einzelnen Finanzämtern getroffen, sondern in der Steuergesetzgebung, im materiellen Recht. Aufgabe der Rechnungshöfe sollte es daher zunehmend sein, den Steuergesetzgeber und die Finanzministerien über bestehende Unzulänglichkeiten und Ungleichbehandlungen im Bereich des Steuerrechts zu informieren.[623] In diese Richtung geht auch der Bundesrechnungshof, der seit einigen Jahren dazu übergegangen ist, sich auf bestimmte Fragenbereiche des Steuerrechts zu konzentrieren und diesen bei einer möglichst großen Zahl von Finanzämtern nachzugehen.[624] Freilich darf dabei nicht übersehen werden, daß die Einrichtung und Organisation der Finanzämter eine Verwaltungsaufgabe der Länder ist, der Bundesrechnungshof seine Prüfungskapazitäten daher auch stärker auf materielle Fragen zu konzentrieren vermag.

b) Progression der Einkommenssteuer

Die Einkommenssteuer ist progressiv ausgestaltet, d.h. der Steuerzugriff wächst mit den einem vorhandenen Einkommen hinzutretenden Einkommensteilen. Dabei wird davon ausgegangen, daß die Leistungsfähigkeit des Steuerpflichtigen mit steigendem Einkommen überproportional zunimmt. Dieser Betrachtung liegt die Erkenntnis zugrunde, daß die Konsumfähigkeit des Menschen begrenzt ist. Je höher das Einkommen, um so mehr Bedürfnisse können befriedigt werden, die weniger dringlich sind. So gesehen gibt das Leistungsfähigkeitsprinzip auch dem progressiven Verlauf des Steuertarifs seine Legitimation. Bei der Einkommenssteuer wird die verfassungsrechtliche Verpflichtung zur gleichmäßigen Besteuerung durch das Leistungsfähigkeitsprinzip realisiert. Diesem Prinzip wird - weil eine ausgewogene Einkommensbesteuerung nur nach der wirtschaftlichen Leistungsfähigkeit bemessen werden kann - Verfassungsrang zugesprochen.[625] Mithin leisten alle einkommenssteuerlichen Normen, die diesem Bemessungsprinzip entsprechen, ihren Beitrag zu dem Grundgedanken der Gleichmäßigkeit der Besteuerung, den Art. 3 GG fordert.[626]

Die aus dem Einkommenssteuertarif errechnete Einkommenssteuer führt zu der Steuerquote, die der Steuergesetzgeber für die angemessene Belastung des disponiblen Einkommens hält. Zur tariflichen Einkommenssteuer gelangt man folgendermaßen: Mit dem Abzug von Sonderausgaben und außergewöhnlichen Belastungen vom Gesamtbetrag der Einkünfte ist die Stufe Einkommen erreicht (§ 2 Abs. 4 EStG). Durch den Abzug weiterer Freibeträge (Kinder- und Haushaltsfreibetrag)

[623] *Ernst Heuer*, Diskussionsbeitrag, in: Hans Herbert von Arnim (Hrsg.), Finanzkontrolle im Wandel, Berlin 1989, S. 177 f.

[624] Vgl. etwa zur Besteuerung von Versicherern der EU: BT-Drucks. 13/5700, S. 122 ff.; zur Verzinsung von Steuererstattungsansprüchen nach § 223 a Abgabenordnung: BT-Drucks. 13/5700, S. 124 f.; ein Beispiel für eine Erfolgskontrolle ist in den Bemerkungen des Bundesrechnungshofes 1995, BT-Drucks. 13/2600, S. 108 ff. enthalten: Der Bundesrechnungshof hat festgestellt, daß durch die Gewinnermittlung nach Durchschnittssätzen für land- und forstwirtschaftliche Einkünfte gemäß § 13 a EStG die tatsächlichen Gewinne zu einem erheblich geringeren Anteil steuerlich erfaßt werden als es der Gesetzgeber bezweckt hat. Da die Norm somit nicht geeignet ist, den vom Gesetzgeber verfolgten Zweck herbeizuführen, hat der Bundesrechnungshof empfohlen, die Vorschrift aufzuheben.

[625] BVerfGE 68, 143, 152 f.; 82, 60, 86 ff.

[626] Vgl. BVerfGE 66, 214, 223; 74, 182, 199 f.; 82, 60, 86 ff.

gelangt man zu dem zu versteuernden Einkommen. Als Bemessungsgrundlage wird darauf der progressive Steuertarif angewendet. Die „Hauptkampflinie“[627] erklärt sich dabei aus dem Zusammenspiel von Steuerbemessungsgrundlage und Progressionstarif. Wenn die Steuervergünstigung in einem Abzug von der Bemessungsgrundlage liegt, entsteht ein Gleichheitsproblem.

Der Abzug von der Bemessungsgrundlage hat für den Steuerpflichtigen unterschiedliche Wirkung je nach der Höhe des zu versteuernden Einkommens. Abzugsposten, die vor der Bemessungsgrundlage ansetzen, erhöhen mit wachsendem Einkommen den steuerlichen Vorteil progressiv; setzen sie umgekehrt nach der Bemessungsgrundlage an, kann der progressive Steuertarif ihre Abzugshöhe nicht mehr beeinträchtigen. Dieses Zusammenspiel begünstigt den Einkommensstarken mehr als den Einkommensschwachen. Zwar unterliegt der Einkommensstärkere einem höheren Steuertarif, dies dürfte aber noch keine Rechtfertigung für die größere Vergünstigung des Leistungsfähigeren darstellen.[628] Beide Gesichtspunkte, die Progressionswirkung der Einkommenssteuer und die Degressionswirkung der Steuerverschonung, sind vielmehr zu trennen und jeweils unabhängig voneinander rechtfertigungsbedürftig. Die ungleiche Begünstigung des Einkommensstärkeren „könnte allenfalls zu rechtfertigen sein, wenn die Lenkungswirkung der Subventionierungsmaßnahmen gerade und speziell mit Hilfe einer Verhaltensänderung der Finanzstärkeren eintreten sollte und könnte“.[629] Die Begünstigung müßte zu dem Zweck erfolgen, gerade die Finanzstarken in ihrem Verhalten zu beeinflussen, nicht aber die Bezieher kleinerer Einkommen.[630] Der Steuergesetzgeber hat dann aber deutlich zu machen und zu rechtfertigen, warum er gerade die einkommensstarken Bevölkerungsgruppen bevorzugen will. Dieser Nachweis dürfte jedoch nur ausnahmsweise gelingen, zumal eine solche Rechtfertigung, da für indirekte Subventionen die gleichen Regeln und Prüfungsmaßstäbe wie für direkte Subventionen zu gelten haben,[631] auch dem Verhältnismäßigkeitsgebot standhalten muß. Ist die Maßnahme ungeeignet oder gegenüber dem benachteiligten Dritten unangemessen, so liegt neben der ungerechtfertigten Freiheitsbeeinträchtigung des Nichtbegünstigten auch eine Verschwendung öffentlicher Finanzmittel - verursacht durch ungerechtfertigtes Nichterheben von Steuern - vor. Eine solche Verschwendung verletzt aber das Gemeinwohl.

---

627 *Wolfgang Jakob*, Einkommenssteuer, 2. Auflage, München 1996, S. 49 Rn. 62

628 So aber ein Mitarbeiter des Bundesrechnungshofes gegenüber dem Verfasser.

629 *Haverkate*, (Fn. 13), S. 388

630 *Paul Kirchhof*, Empfiehlt es sich, das Einkommenssteuerrecht zur Beseitigung von Ungleichbehandlungen und zur Vereinfachung neu zu ordnen?, in: Verhandlungen des 57. Deutschen Juristentages, 1988, Band I, Gutachten, S. F 1 ff., 79

631 In ihrer freiheitsgefährdenden Brisanz stehen indirekte Subventionen den direkten Subventionen in nichts nach. Was den einen geschenkt wird, müssen die anderen mehr bezahlen. Die dadurch verursachten Ungleichbehandlungen lassen sich nur durch am Gemeinwohl orientierte Gründe rechtfertigen, die dem Verhältnismäßigkeitsgebot genügen. Dieser Rechtfertigungspflicht kann sich der Gesetzgeber nicht dadurch entziehen, daß er eine Subvention steuerrechtlich konstruiert. Für die Anwendung des Verhältnismäßigkeitsgebotes als Prüfungsmaßstab auch für indirekte Subventionen vgl. auch *Tipke / Lang*, (Fn. 618), S. 676 ff., 677 Rn. 46., m.w.N.

c) Eignung von Steuerverschonungen?

Mit der Schaffung steuerlicher Entlastungstatbestände stellt der Steuergesetzgeber den Bürger vor die Wahl, der steuerlich überbrachten Verhaltensempfehlung entweder nachzukommen, oder die Regelbelastung zu tragen. Diese „Wahlschuld"[632] läßt sich indessen nur vertreten, wenn sich die zur Wahl stehenden Alternativen - Befolgung der Verhaltensempfehlung oder Regelbelastung - verfassungsrechtlich rechtfertigen lassen. Denn die Verfolgung öffentlicher Interessen durch Steuersubventionen birgt die Gefahr in sich, daß das Ziel verfehlt wird, weil der Adressat durch die Steuerzahlung der Verhaltensempfehlung nicht nachkommt. „Verschonungssubventionen sind rechtsstaatlich deshalb nur dann ein geeignetes staatliches Gestaltungsmittel, wenn der Staat ein Scheitern seines Verwaltungsprogramms hinnehmen kann".[633] Im übrigen kann der Staat das Volumen seiner einkommenssteuerlichen Subventionen allenfalls schätzen. Die Einkommenssteuer wird aufgrund von Gewissens-, Wissens- und Willenserklärungen des Steuerpflichtigen erhoben. Die in der Steuererklärung angegebene Erfüllung eines bestimmten Subventionstatbestandes erscheint im Rahmen der Gesamtsteuererklärung als eine Teilaussage, die sich in ihrer Höhe nicht beziffern läßt. „Dadurch wird eine periodische parlamentarische Kontrolle der Subventionstatbestände, auf Dauer auch eine parlamentarische, aktuelle Verantwortlichkeit für diese Steuersubventionen geschwächt und letztlich aufgehoben".[634]

d) Folgerungen

Zur Vermeidung ungerechtfertigter Steuerverschonungen sollten insbesondere die Landesrechnungshöfe es zunehmend als ihre Aufgabe ansehen, den Steuergesetzgeber und die Finanzministerien auf bestehende Ungleichbehandlungen im Steuerrecht aufmerksam zu machen. Steuersubventionen sollten etwa nur in der Weise erfolgen, daß Ausgaben nicht bei der Bemessungsgrundlage sondern bei der Steuerschuld zu berücksichtigen sind.[635] Steuergerechtigkeit läßt sich maßgeblich nur durch Beseitigung von Ungerechtigkeiten im materiellen Recht beseitigen, nicht durch die Prüfung einzelner Finanzämter. Informationsvermittlung und Beratung durch griffige Aufarbeitung der Problemfelder im materiellen Steuerrecht - das ist die wesentliche Aufgabe, der sich die Rechnungshöfe bei der Prüfung der Einnahmenseite stellen sollten. Schließlich kann das Finanzamt die Subventionsverwaltung nicht sachgerecht durchführen. Das Finanzamt ist eine Steuerbehörde und keine für die Verwirklichung von im öffentlichen Interesse liegenden Zwecken ausgewiesene Organisation.

---

[632] *Kirchhof*, (Fn. 630), S. F 78
[633] *Kirchhof*, (Fn. 630), S. F 79
[634] *Kirchhof*, (Fn. 630), S. F 80
[635] *Haverkate*, (Fn. 13), S. 388

VII. Kontrollpraxis

Wir haben gesehen, daß die Rechnungshöfe überwiegend eine Kontrolle der bei den einzelnen Ressorts durchgeführten Erfolgskontrollen vornehmen.[636] Die Berechtigung der Rechnungshöfe, Erfolgskontrollen selbst anzustellen, ist zwar unbestritten, einer ihnen zukommenden Aufgabe zu flächendeckenden Erfolgskontrollen wird indessen widersprochen.[637] Erfolgskontrolle sei Hilfe zur Entscheidungsfindung insbesondere darüber, ob eine bestehende Planung durchgeführt oder geändert werden soll. Die Vorbereitung dieser Entscheidung sei aber nicht Sache der Finanzkontrolle, sondern die Aufgabe der die Entscheidung treffenden Stelle, „also der Exekutive".[638] Jedes Ressort sollte sich in erster Linie selbst ein Urteil bilden über den Erfolg der Maßnahmen, die zur Verwirklichung der politischen Planung durchgeführt worden sind. Es sei nicht die Aufgabe des Rechnungshofes, die Hausaufgaben der Verwaltung zu machen.[639] Freilich kann der Rechnungshof wegen seiner personell und sachlich begrenzten Arbeitskapazität nicht in jedem Falle in eigener Zuständigkeit und aufgrund eigener Sachkenntnis Erfolgskontrollen vornehmen. Der Rechnungshof sollte aber das zuständige Ressort dazu anhalten, selbst Verfahren zu entwickeln, die eine Erfolgskontrolle durch die Verwaltung ermöglichen. In der Praxis des Bundesrechnungshofes sieht es demnach überwiegend so aus, daß die wenigen von den Ressorts gelieferten Erfolgskontrollen lediglich nachvollzogen werden. Kurz gesagt sei nicht die Erfolgskontrolle, sondern die „Kontrolle der Erfolgskontrolle" Aufgabe der Rechnungshöfe.[640] Dennoch haben auch die Rechnungshöfe die Aufgabe, Erfolgskontrollen selbst vorzunehmen. Die Haushaltsrechtsreform von 1969 hat ihnen das dafür notwendige Instrumentarium in die Hand gegeben.[641] Aus dem Umstand, daß die Rechnungshöfe von ihrer Arbeitskapazität her zu einer flächendeckenden Erfolgskontrollpraxis nicht in der Lage sind, läßt sich nicht der Schluß ziehen, sie seien für eine umfassende Erfolgskontrollpraxis nicht zuständig. Das Problem unzureichender personeller, sachlicher und finanzieller Ausstattung der Rechnungshöfe läßt sich nicht umgehen, indem man sagt, primär seien die Ressorts für die Durchführung von Erfolgskontrollen zuständig. Verneint man die Zuständigkeit der Rechnungshöfe, verebbt der Ruf nach ihrer besseren Ausstattung.

Das im Juli 1998 vorgelegte Gutachten der BWV ging im wesentlichen den Fragen nach, in welchem Umfang und mit welcher Intensität die Bundesressorts Erfolgskontrollen vorgenommen haben, ob sich die Rechts- und Verwaltungsvorschriften hierzu bewährt haben, wie die Erfolgskontrolle organisatorisch in den Ressorts verankert ist und welche Umstände Erfolgskontrollen und die Umsetzung ihrer Er-

---

636 Vgl. oben Teil B, V, 4

637 *Zavelberg*, (Fn. 231), S. 108; a.A. *Bert Rürup / Gisela Färber*, Kontrollorientierte Ansätze einer Budgetreform, Die Verwaltung 18 (1985), S. 173 ff., 196 ff.

638 *Zavelberg*, (Fn. 231), S. 108

639 So ein Mitarbeiter des Landesrechnungshofes Berlin gegenüber dem Verfasser.

640 *Zavelberg*, (Fn. 231), S. 109

641 *Karl Wittrok* im Gespräch, in: Gerd-Michael Hellstern / Michael Wollmann (Hrsg.), Handbuch zur Evaluierungsforschung, Band 1, Opladen 1984, S. 488

gebnisse verhindert oder erschwert haben.[642] Im Ergebnis verlangt dieses Gutachten eine stärkere Erfolgskontrolle als Instrument zur Umsetzung des Wirtschaftlichkeitsgebotes.[643]

1. Kontrolle der Erfolgskontrolle

Bereits in einem im Jahre 1989 vorgelegten Gutachten kam der BWV zu dem Ergebnis, daß es im Verhältnis zu der großen Anzahl finanzwirksamer Maßnahmen nur wenige von der Verwaltung durchgeführte Erfolgskontrollen gibt.[644] Soweit von den Ressorts Erfolgskontrollen vorgenommen worden waren, handelte es sich überwiegend um Untersuchungen abgeschlossener Maßnahmen, die zeitlich befristet waren, begleitende Erfolgskontrollen bei mehrjährig laufenden oder unbefristeten Maßnahmen wurden dagegen in weitaus geringerem Umfang vorgenommen. Auf diesen Mangel hat auch der Bundesrechnungshof wiederholt in seinen Bemerkungen hingewiesen.[645]

Das Unterlassen von Erfolgskontrollen hat zur Folge, daß die Ressorts in einer Vielzahl von Fällen den Erfolg ihrer Maßnahmen nicht sachgerecht beurteilen können. Der Verzicht auf gesicherte Erfahrungswerte wirkt sich jedoch negativ auf die Qualität zukünftiger Maßnahmen aus. Vielfach sehen die Ressorts schon in einer sog. laufenden Beobachtung eine Erfolgskontrolle. Diese sind jedoch voneinander zu unterscheiden (vgl. Nr. 2.2 der Vorl-VV zu § 7 BHO). Im Gegensatz zur methodisch und systematisch angelegten Erfolgskontrolle kann die laufende Beobachtung als fortlaufende gezielte Sammlung und Auswertung verschiedenster Hinweise und Daten zur groben und hilfsweisen Ergebnisbewertung einer Maßnahme bezeichnet werden. Die Abgrenzung mag im einzelnen schwer fallen und die Grenze fließend sein, der laufenden Beobachtung fehlt jedoch der für die Erfolgskontrolle wesentliche systematisch und methodisch angelegte Prüfungsansatz.

Das Unterlassen von Erfolgskontrollen wurde in der Verwaltung häufig auch damit begründet, daß § 7 Abs. 2 BHO Nutzen-Kosten-Untersuchungen bislang nur für geeignete Maßnahmen von erheblicher finanzieller Bedeutung vorschrieb. Diese Einschränkung sei sinngemäß für Erfolgskontrollen zu übernehmen. Durch die Neufassung von § 6 Abs. 2 HGrG und § 7 Abs. 2 BHO durch das „Gesetz zur Fortentwicklung des Haushaltsrechts von Bund und Ländern" vom 22. Dezember 1997[646] ist

---

[642] *BWV 1998*, (Fn. 473)

[643] Unwirksame Maßnahmen sind unwirtschaftlich. Erfolgskontrollen sind zwar keine Wirtschaftlichkeitskontrollen, sie sind aber Instrumente zur Durchsetzung des Wirtschaftlichkeitsgebotes, vgl. oben Teil A, 2 b.

[644] *Der Präsident des Bundesrechnungshofes als Bundesbeauftragter für die Wirtschaftlichkeit in der Verwaltung* (Hrsg.), Erfolgskontrolle finanzwirksamer Maßnahmen in der öffentlichen Verwaltung, in: Schriftenreihe des Bundesbauftragten für Wirtschaftlichkeit in der Verwaltung, Band 2, Stuttgart / Berlin / Köln 1989, S. 24 ff.

[645] Z.B. Bemerkungen 1986, BT-Drucks. 10/6138, S. 63 ff.; Bemerkungen 1996, BT-Drucks. 13/5700, S. 45 ff.

[646] BGBl. I, S. 3251

dieser Auffassung die Grundlage entzogen. Nunmehr sind zweifellos für alle finanzwirksamen Maßnahmen angemessene Wirtschaftlichkeitsuntersuchungen durchzuführen. In der Gesetzesbegründung wird ausdrücklich darauf hingewiesen, daß vor der Durchführung von Maßnahmen deren Zielsetzung zu bestimmen ist. Während und nach ihrer Durchführung sind diese Maßnahmen auf Zielerreichnung, Wirksamkeit und Wirtschaftlichkeit zu prüfen.

Andere Verwaltungsmitarbeiter verneinten eine Pflicht zur Vornahme von Erfolgskontrollen unter Hinweis auf fehlende Rechtsgrundlagen. Diese Auffassung bezog sich insbesondere auf Maßnahmen, für die aus dem Haushalt unmittelbar keine Aussagen getätigt werden, weil die jeweiligen Leistungen des Staates in Form von Steuerermäßigungen, Steuerbefreiungen und Abschreibungserleichterungen gewährt werden. Für diese Subventionsmaßnahmen wurde in § 7 BHO zum Teil keine Rechtsgrundlage für Erfolgskontrollen gesehen, da der dort genannte Grundsatz der Wirtschaftlichkeit sich ausschließlich auf die Phase der Aufstellung und Ausführung des Haushalts bezöge, also auf die Bewirtschaftung derjenigen Haushaltsmittel, die ausdrücklich im Haushaltsplan mit Zweckbestimmung und Titelansatz ausgewiesen sind. Für diese Ansicht besteht jedoch seit dem Inkrafttreten der Vorl-VV zu § 7 BHO im Jahre 1995 kein Raum mehr. Wirtschaftlicheitsuntersuchungen und Erfolgskontrollen sind hiernach ausdrücklich auch für Subventionen und Maßnahmen der Sozial- und Steuerpolitik vorzunehmen.

a) Voraussetzungen für Erfolgskontrollen

Das Gutachten der BWV vom Juli 1998 stellte fest, daß in fast allen Bundesressorts die Voraussetzungen für eine systematische Durchführung von Erfolgskontrollen nicht gegeben sind. Dies hat seine Ursache zum einen im Planungsbereich, zum anderen in der Organisation und im Verfahren der Erfolgskontrolle.

Für die Durchführung von Erfolgskontrollen werden grundsätzlich folgende Informationen aus der Planung benötigt:[647]

- Beschreibung der Problemlage (Ausgangssituation), die mit einer Maßnahme verändert/beeinflußt werden soll unter Berücksichtigung der verschiedenen Interessenlagen und Risiken;

- Beschreibung des mit der Maßnahme verfolgten Zieles in einer Form, die die Erreichung dieses Zieles nachprüfbar macht (z.B. Erhöhung der Ausbildungsstellen um 3 %) und bei Vorliegen mehrerer Ziele deren Gewichtung;

- Beschreibung der vorhandenen Alternativen zur Erreichung der Ziele (Frage nach der Erforderlichkeit der staatlichen Maßnahme);

---

[647] Vgl. *BWV 1998*, (Fn. 473), S. 20

- Ergebnis der Wirtschaftlichkeitsuntersuchungen der vorhandenen Alternativen;
- Darstellung, auf welche Weise die ausgewählte Maßnahme das Ziel erreichen oder den Ausgangszustand positiv verändern soll (Wirkungsanalyse);
- Zeitplan für die Umsetzung der ausgewählten Maßnahme einschließlich der Angabe wann, und in welchem Ausmaß die Ziele erreicht und/oder die Ergebnisse erzielt werden sollen;
- Beschreibung des geplanten administrativen Vollzugs der ausgewählten Maßnahme (Organsation, Personal, Sachmittel, Termine, Durchführungsvorschriften).

Nach der Entscheidung, welche Maßnahme überhaupt vorgenommen werden soll, sind für die spätere Durchführung von Erfolgskontrollen folgende Vorkehrungen zu treffen:

- Bestimmen des Zeitpunktes der späteren Erfolgskontrolle und der Kriterien bei deren Vorliegen Erfolgskontrollen durchzuführen sind;
- Festlegen von quantifizierten Kriterien, anhand derer der Erfolg der Maßnahme, d.h. die Zielerreichung und Wirksamkeit überprüft werden kann;
- Festlegung der Daten, Statistiken und Tatbestände, die für die spätere Erfolgskontrolle während der Realisierung/Laufzeit der Maßnahme zu sammeln und zu dokumentieren sind;
- Bestimmen von Umfang und der anzuwendenden Methode der späteren Erfolgskontrolle.

In der Realität dagegen fehlt es den Maßnahmeplanungen teilweise an konkreten Aussagen und Festlegungen darüber, welche Ziele mit der Maßnahme erreicht und an welchen Merkmalen die zu erreichenden Ergebnisse meßbar festgestellt werden sollen. Die unterschiedlichen Gründe für diese nur ungenügenden Voraussetzungen für Erfolgskontrollen sind bereits dargestellt worden.[648] Neben diesen schon in der Planungsphase bestehenden Mängeln werden oft die notwendigen Vorkehrungen nicht getroffen, die den praktischen und wirtschaftlichen Vollzug der Erfolgskontrollen hätten erleichtern und beschleunigen können. Die Beauftragten der BWV fanden heraus, daß Erfolgskontrollen selten geplant und weder Zeitpunkt noch Kontrollmethode vorher bestimmt worden waren. Festlegungen darüber, welche Daten wegen ihrer Bedeutung für die Erfolgskontrolle bereits während der Realisierung der jeweiligen Maßnahme zu sammeln oder zu dokumentieren gewesen wären, wurden nicht getroffen.

---

[648] Vgl. oben Teil B, V, 3

Bei den organisatorischen und verfahrensmäßigen Voraussetzungen von Erfolgskontrollen zeigten sich Unterschiede bei den einzelnen Ressorts hinsichtlich der Zuständigkeit zur Durchführung von Erfolgskontrollen, der Stellung innerhalb der Gesamtorganisation, der Befugnisse, der Verantwortung und der Richtlinien auf. Das verdeutlicht, daß die Erfolgskontrolle noch kein organisatorisch fest verankertes Steuerungs- und Kontrollinstrument bei der Durchführung finanzwirksamer Maßnahmen ist. Eine weitere Ursache für die zurückhaltende Durchführung von Erfolgskontrollen in der Verwaltung ist der Umstand, daß die Tätigkeit der obersten Bundesbehörden in besonderem Maße durch politische Entscheidungsprozesse geprägt ist, wodurch die internen Verfahren und Arbeitsbedingungen im Rahmen der Planung, Durchführung und der Kontrolle finanzwirksamer Maßnahmen wesentlich bestimmt werden. Die so gesetzten Rahmenbedingungen erschweren die Durchführung von Erfolgskontrollen teilweise absichtlich, um die politische Führung nicht mit dem Mißerfolg von Maßnahmen zu konfrontieren. Die Zurückhaltung einzelner Verwaltungsmitarbeiter mag auch in der Befürchtung begründet sein, beruflich Nachteile erwarten zu müssen, wenn das durch ihre Kontrolle erlangte Ergebnis politisch nicht gewollt ist. Bei überwiegend nach politischen Entscheidungskriterien ausgewählten Maßnahmen werden Erfolgskontrollen in den Ressorts zum Teil gar als reine Pflichtübungen angesehen, die nur unnötigen Aufwand verursachten, da die Maßnahme unabhängig von ihrer Wirksamkeit ohnehin fortgeführt werde. Die BWV kritisierte auch die mangelnde Umsetzung der Ergebnisse durchgeführter Erfolgskontrollen. Teilweise wurden entgegen den Kontrollergebnissen Maßnahmen eingestellt oder fortgeführt, ohne daß dafür besondere Begründungen gegeben wurden. Werden aus den Kontrollergebnissen aber keine Konsequenzen für das weitere Verwaltungshandeln gezogen, dann werden auch die wenigen von den Ressorts gelieferten Erfolgskontrollen sinnlos. Abgesehen davon handelt die Verwaltung auch unwirtschaftlich, wenn sie dem mit Erfolgskontrollen verbundenen Aufwand keinen (Umsetzungs-) Nutzen durch die Korrektur oder Beendigung der jeweiligen Maßnahme gegenüberstellt.

Hier gehört es zur Aufgabe der Rechnungshöfe, bei dem Abbau dieser Mißstände Hilfe zu leisten. Dazu gehört der Hinweis auf die in der Verwaltung herrschenden Unzulänglichkeiten hinsichtlich Erfolgskontrolluntersuchungen. Sehen die Rechnungshöfe die Kontrolle der Erfolgskontrolle als ihre wesentliche Aufgabe an, dann ist es doch erstaunlich, daß das Fehlen von Erfolgskontrollen vom Bundesrechnungshof nur in geringer Zahl moniert wird.[649]

b) Empfehlungen zur Intensivierung und Verbesserung der Erfolgskontrolle in der Verwaltung

Um den Stellenwert der Erfolgskontrolle in den Ressorts insgesamt zu erhöhen, hat die BWV in ihrem Gutachten folgendes vorgeschlagen:[650]

---

[649] *Diederich / Cadel / Dettmar / Haag,* (Fn. 34), S. 69
[650] Vgl. zum folgenden *BWV 1998*, (Fn. 473), S. 36 ff.

Zur Verbesserung der organisatorischen und verfahrensmäßigen Gestaltung der Erfolgskontrolle sollte diese von dem maßnahmeplanenden und -durchführenden mittelbewirtschaftenden Fachreferat selbst vorgenommen werden. Dieses kann bereits in der Planungsphase die für die Kontrolle notwendigen Voraussetzungen und Wirksamkeitskriterien aufstellen, desweiteren die bei den Erfolgskontrollen gewonnenen Ergebnisse und Erkenntnisse unmittelbar umsetzen und für künftige Maßnahmeplanungen verwerten. Die Bewilligung von Haushaltsmitteln sollte in höherem Maße von der Vorlage von Erfolgskontrollen abhängig gemacht werden. In Betracht zu ziehen seien auch Begründungspflichten für die Ressorts, die weiterhin auf die Durchführung von Erfolgskontrollen verzichten.

Die Durchführung der Erfolgskontrolle und die Umsetzung ihrer Ergebnisse sollte zum einen im Wege der Dienst- und Fachaufsicht und zum anderen durch den Beauftragten für den Haushalt in seiner besonderen Funktion bei der Aufstellung und Ausführung des Haushalts überwacht werden. Hierbei könnte der Haushaltsbeauftragte bei der Prüfung der Haushaltsanmeldung die Aufnahme in die Haushaltsvoranschläge unter anderem davon abhängig machen, ob auch entsprechend Vorkehrungen für eine spätere Erfolgskontrolle getroffen worden sind und bei mehrjährigen Maßnahmen Ergebnisse begleitender Kontrollen vorlagen.

Die Mitarbeiter sollten für die Aufgabe der Erfolgskontrolle qualifiziert aus- und fortgebildet werden. Ziel dieser Fortbildungsmaßnahmen sollte es sein, allen mit Erfolgskontrollen befaßten Mitarbeitern das Wissen und die Fertigkeiten zu vermitteln, die sie in die Lage versetzen, einerseits zumindest kleinere Erfolgskontrollen selbst vorzunehmen und andererseits für die Beauftragung externer Stellen die Untersuchungsaufträge zu formulieren, die Untersuchungen qualifiziert zu begleiten, die Kontrollergebnisse zu würdigen und ihre Umsetzung in die Wege zu leiten. Dies hätte auch den wünschenswerten Nebeneffekt, daß die Mitarbeiter wesentlich motivierter zu Werke gingen. Durch Ausbildung erworbene Qualifikation gibt Selbstvertrauen und würde den Mitarbeitern der Verwaltung die Befürchtung nehmen, negative Ergebnisse bei Erfolgskontrollen könnten für sie zu Nachteilen führen. Ergänzend müßte hinzutreten, daß sich die Leitungsebenen der Fachressorts zur Bedeutung und Notwendigkeit der Erfolgskontrolle bekennen.

Bei Maßnahmen mit großem Finanzvolumen und größeren gesamtgesellschaftlichen Auswirkungen sei es häufig ratsam, bei der Erfolgskontrolle die Unterstützung externer Sachverständiger in Anspruch zu nehmen. In Ministerien mit vielen und umfangreichen finanzwirksamen Maßnahmen mit gesamtgesellschaftlichen oder -wirtschaftlichen Auswirkungen sollte auch die Einrichtung einer zentralen Stelle, die für Erfolgskontrollen zuständig ist, in Erwägung gezogen werden. Diese Organisationseinheit könnte zudem die bei ihrer Tätigkeit anfallenden Informationen und Erkenntnisse für die Ressortleitung zu wertvollen Steuerungsinformationen aufbereiten.

Der BWV hat in seinem Gutachten 1989 empfohlen, neben den Vorl-VV zu § 7 BHO auch die dazugehörigen Erläuterungen zu überarbeiten, zu präzisieren und neu zu fassen. Das Bundesministerium der Finanzen hat diese Anregung aufgegriffen und eine Arbeitsgruppe unter Beteiligung des Bundesrechnungshofes eingerichtet und mit der Aufgabe betraut, als Anhang zu den Vorl-VV eine Arbeitsanleitung „Einführung in Wirtschaftlichkeitsuntersuchungen" zu erstellen. Die seit Oktober 1995 geltende Neufassung der Vorl-VV zu § 7 BHO geht somit wesentlich auf das erwähnte Gutachten des BWV aus dem Jahre 1989 zurück.[651] Nach Ansicht der BWV wurde durch diese Neufassung eine geeignete und praxisbezogene Arbeitsgrundlage für die Durchführung von Erfolgskontrollen geschaffen.

2. Stellenwert der Erfolgskontrolle

Wir haben gesehen, daß die Entwicklung des modernen sozialen Leistungsstaates eine zunehmende Verschiebung staatlicher Aktivitäten hin zu Finalprogrammen bewirkt hat.[652] Diese Etablierung von Finalprogrammen verlangt die Prüfung, ob die Verwaltung den vorgegebenen gesetzgeberischen Aufgaben nachkommt und die angestrebten Ziele auch tatsächlich erreicht werden. Für die externe Finanzkontrolle stellt sich damit die Aufgabe, die Entscheidungsfreiräume der Verwaltung zur Erreichung der vorgegebenen Ziele zu überprüfen. Damit ist zumindest der erste Schritt jeder Erfolgskontrolle - die Zielerreichungskontrolle - von den Rechnungshöfen gefordert. Die Zielerreichungskontrolle stellt sich als Soll-Ist-Vergleich dar: Durch einen Vergleich der geplanten Ziele mit der tatsächlich erreichten Zielrealisierung soll festgestellt werden, welcher Zielerreichungsgrad zum Zeitpunkt der Erfolgskontrolle gegeben ist (vgl. Nr. 2.2 der Vorl-VV zu § 7 BHO i.d.F. vom 31. August 1995). Auch die BWV hält den Soll-Ist-Vergleich für Erfolgskontrolluntersuchungen in erster Linie für geeignet, wenngleich Ist-Ist-Vergleiche und Ist-Status quo-Vergleiche zumindest zur zusätzlichen Absicherung des Ergebnisses dienen können.[653] Nach einer im Jahre 1990 veröffentlichten Untersuchung über die Tätigkeit des Bundesrechnungshofes[654] spiegelt sich die Zunahme derartiger Erfolgs(teil)kontrollen[655] in seinem Tätigkeitssegment jedoch nicht voll wider: In lediglich einem Fünftel aller untersuchten Fälle wurden Zielerreichungskontrollen durchgeführt, zum Teil ergänzt um Urteile zur Wirksamkeit einer Maßnahme, also um Urteile zur Eignung und Ursäch-

[651] Dies soll als Beispiel für die fruchtbare und erfolgreiche Arbeit der Institution des Bundesbeauftragten für die Wirtschaftlichkeit in der Verwaltung dienen, vgl. oben Teil B, III, 3 c. Die Bundesländer haben zu ihren Haushaltsordnungen ebenfalls Verwaltungsvorschriften erlassen, die weitgehend mit den vorläufigen Regelungen des Bundesministeriums der Finanzen übereinstimmen. Im Rahmen der Vorl-VV Nr. 1.11 zu § 34 BHO wenden auch Landesdienststellen einzelne Bestimmungen der Vorl-VV-BHO an, soweit sie Haushaltsmittel des Bundes bewirtschaften.

[652] Vgl. oben Teil B, V, 2

[653] *BWV 1998*, (Fn. 473), S. 14

[654] *Diederich / Cadel / Dettmar / Haag*, (Fn. 34)

[655] Erfolgsteilkontrollen sind solche, die sich nur mit der Zielerreichung einer Maßnahme oder mit der Wirksamkeit einer Maßnahme befassen. Voll-Erfolgskontrollen sind dagegen solche, die das Gesamtprogramm einer Kontrolle beinhalten.

lichkeit einer Maßnahme zur Zielerreichung.[656] Bei den Landesrechnungshöfen stellt sich die Sachlage nicht anders dar: Erfolgskontrollen machen im Verhältnis zu der Gesamtzahl der Prüfungen den geringeren Teil aus und beschränken sich in aller Regel auf Soll-Ist-Vergleiche, also nur auf einen Teilaspekt der Erfolgskontrolle.[657] Ist-Ist-Vergleiche und Ist-Status quo-Vergleiche spielen dagegen im Prüfungsalltag nahezu keine Rolle. Allerdings ist ein Ist-Ist-Vergleich, also der Vergleich des Standes vor und nach der Durchführung eines Programms, im Grunde genommen im „Ist" des Soll-Ist-Vergleiches schon enthalten. Denn für die Ermittlung der erreichten Ziele („Ist") ist die Kenntnis der Situation vor Durchführung des Programms notwendig. Ein Vergleich des tatsächlich Erreichten mit dem Zustand, der sich ohne die Durchführung des Programms oder von Teilen desselben ergeben hätte (Ist-Status quo-Vergleich), ist in der Durchführung außerordentlich schwierig, da keine zuverlässigen Aussagen über den Zustand ohne Durchführung des Programms infolge verschiedener Einflüsse möglich sind. So können etwa bei der Gemeinschaftsaufgabe „Verbesserung der regionalen Wirtschaftsstruktur" infolge von wirtschaftlichen Faktoren, die in keinem Zusammenhang mit der Fördermaßnahme stehen, wie etwa Konjunturschwankungen, keine zuverlässigen Aussagen über die Entwicklung der Gebiete ohne die entprechende Förderung und somit über den Erfolg der Fördermaßnahme getroffen werden. Damit beschränken sich Erfolgskontrollen also überwiegend auf die Eignungsprüfung einer Subventionsmaßnahme.

3. Beispiele für Erfolgskontrollen in den Bemerkungen des Bundesrechnungshofes der Jahre 1994-1999

Es soll nun ein Blick auf die Erfolgskontrolltätigkeit des Bundesrechnungshofes geworfen werden. Quantitave Vergleiche zwischen Erfolgskontrolluntersuchungen und sonstigen Prüfungen des Rechnungshofes sind dabei überaus schwer zu treffen. Das liegt daran, daß es die abgegrenzte ausschließliche Erfolgskontrollprüfung häufig nicht gibt, weil diese in der Praxis vielmehr ein Aspekt von Prüfungen ist, die auch die Fragen nach der Wirtschaftlichkeit und Ordnungsmäßigkeit einer staatlichen Maßnahme umfaßt. Nicht möglich sind auch Feststellungen darüber, welche finanziellen Auswirkungen die Maßnahmen hatten, auf die sich die durchgeführten Erfolgskontrollen insgesamt bezogen. Aus den Jahresberichten geht der Betrag der veranschlagten und verausgabten Mittel nicht immer hervor.

---

[656] *Diederich / Cadel / Dettmar / Haag*, (Fn. 34), S. 69

[657] *Jakobs-Woltering*, (Fn. 463), S. 280; *Harald Volkmar*, Methoden der Finanzkontrolle, in: Der Präsident des Landesrechnungshofes Nordrhein-Westfalen (Hrsg.), 40 Jahre Landesrechnungshof Nordrhein-Westfalen 1948-1988, Düsseldorf 1988, S. 71 ff., 103

(1) Bemerkungen des Bundesrechnungshofes 1994 (BT-Drucks. 12/8490)

- *Querschnittsprüfung der Ausgaben des Bundes für die Beratungshilfe zugunsten der mittel- und osteuropäischen und neuen unabhängigen Staaten (S. 41 ff.)*: [658] Der Bundesrechnungshof mahnte insbesondere begleitende und abschließende Erfolgskontrollen beim Beratungshilfeprogramm an. Das Bundesministerium für Wirtschaft entwickelte daraufhin zusammen mit der Kreditanstalt für Wiederaufbau ein handwerklich gut gemachtes Monitoring- und Evaluierungsverfahren.

- *Förderung von Projekten bei wirtschaftsnahen Forschungseinrichtungen in den neuen Bundesländern (S. 44 ff.)*: Der Bundesrechnungshof war der Auffassung, daß es nach den Anlaufschwierigkeiten hätte gelingen müssen, die Förderung nach klaren und eindeutigen Vorgaben durchzuführen. Er zweifelte, ob die auf das Haushaltsjahr ausgerichtete Förderkonzeption in der Lage sei, die Industrieforschung in den neuen Bundesländern marktorientiert und längerfristig umzustrukturieren und regte an, die Förderkonzeptionen grundlegend zu überprüfen.

- *Internes Kontrollsystem der Treuhandanstalt bei Privatisierungsgeschäften (S. 163 ff.)*: Das interne Kontrollsystem reichte für die Unterrichtung der Entscheidungsträger über maßgebliche Risiken bei Privatisierungsgeschäften nicht aus. Der Bundesrechnungshof regte an, Mindeststandards, Checklisten etc. zu überprüfen. Er forderte eine angemessene Dokumentation des Entscheidungsprozesses.

- *Vergabe von Aufträgen an Werkstätten für Behinderte durch die die öffentliche Hand (S. 169)*: Der Bundesrechnungshof rügte den Umfang der Auftragserteilung als unzureichend. Sie entsprach nicht den Zielen des Gesetzes.

(2) Bemerkungen des Bundesrechnungshofes 1995 (BT-Drucks. 13/2600)

- *Erfassung versicherungspflichtiger Selbständiger (S. 47 f.)*: Die Bundesanstalt für Arbeit kam ihrer Aufgabe zur Erfassung versicherungspflichtiger Selbständiger und zur Überwachung der Beitragszahlung nur unvollständig nach. Der Rechnungshof empfahl dem Bundesministerium für Arbeit, darauf hinzuwirken, daß die Bundesanstalt für Arbeit alle Möglichkeiten für eine möglichst vollständige Erfassung und Überwachung der Beitragszahlung der Betroffenen ausschöpft.

- *Informationszentren der Wasser- und Schiffahrtsverwaltung des Bundes (S. 57 f.)*: Der Rechnungsof beanstandete, daß die Wasser- und Schiffahrtsverwaltung Informationszentren errichtete, ohne zuvor Zielvorstellungen formuliert zu haben. Erfolgskontrollen konnten daher nicht durchgeführt werden.

---

[658] Die kursiv gedruckten Überschriften bezeichnen das Prüfungsthema, die Seitenabgaben in Klammern geben die Fundstelle in den jeweiligen Bemerkungen des Bundesrechnungshofes an.

- *Finanzierung des Wirtschaftsplans 1995 des Bundeseisenbahnvermögens aus Mitteln des Bundeshaushalts 1994 (S. 63 f.)*: Der Bundesrechnungshof hielt eine zeitnahe und wirksame Überwachung des Bedarfs und des Abflusses von Haushaltsmitteln für unerläßlich. Er wird sich zu gegebener Zeit unterrichten, ob eine wirksame Kontrolle stattfand.

- *Bedarf an Wohnheimen für die territoriale Wehrverwaltung in Ballungsräumen (S. 78 f.)*: Das Bundesministerium der Verteidigung beabsichtigte, in Düsseldorf ein Wohnheim für junge, geringverdienende Beamte zu errichten. Der Bundesrechnungshof untersuchte anhand der bestehenden Einrichtungen in München und Stuttgart die tatsächliche Belegung der dortigen Wohnheime und verneinte einen Bedarf. Das Bundesministerium der Verteidigung verzichtete daraufhin auf den Bau des Wohnheimes in Düsseldorf.

- *Organisation des Bund-Länder-Projekts „Integriertes System der Datenverarbeitung für die Bauverwaltungen des Bundes und der Länder" (S. 98 f.)*: Die Bauverwaltungen des Beitrittsgebietes überwachten nur unzureichend die Leistungen der von ihnen beauftragten Architekten und Ingenieure. Mängel der Vertragserfüllung wurden daher nicht erkannt.

- *Gewinnermittlung nach Durchschnittssätzen bei land- und forstwirtschaftlichen Einkünften (S. 108 ff.)*: Der Bundesrechnungshof prüfte, ob § 13 a EStG tatsächlich den vom Gesetzgeber angestrebten Zielen (Vereinfachung der Besteuerung, steuerliche Begünstigung kleinerer land- und forstwirtschaftlicher Betriebe) diente. Er empfahl daraufhin, die Regelung entweder zu ändern oder insgesamt aufzuheben.

- *Konzeption der von der Treuhandanstalt begründeten Management-Kommanditgesellschaften (S. 133 ff.)*: Die Gestaltung der Kommanditgesellschaften als Holdings zur Sanierung und Privatisierung ehemaliger Beteiligungsunternehmen der Treuhandanstalt war mit hohen finanziellen Belastungen verbunden, ohne daß ausreichende Steuerungs- und Kontrollmechanismen zur Erreichung des angestrebten Erfolgs eingerichtet wurden. Eine wirksame Erfolgskontrolle war nicht möglich.

- *Beratungshilfe und Förderung zum Aufbau von Demokratie und Marktwirtschaft in Ländern Mittel- und Osteuropas und der Gemeinschaft Unabhängiger Staaten (S. 159 f.)*: Der Bundesrechnungshof prüfte die Fördermaßnahme und empfahl, die Ergebnisse der bisher eingeleiteten und durchgeführten Maßnahmen auszuwerten und bei neuen Projekten zu berücksichtigen.

- *Förderung von Umweltschutzinvestitionen in den neuen Bundesländern (S. 163 f.)*: Der Bundesrechnungshof prüfte die Vergabe der ERP-Kredite. Er empfahl, die nach Verwirklichung der Vorhaben bei den Endkreditnehmern vorhandenen Angaben für eine Erfolgskontrolle zu nutzen.

(3) Bemerkungen des Bundesrechnungshofes 1996 (BT-Drucks. 13/5700)

- *Einsatz der Informationstechnik zur Schriftgutherstellung und Auswirkungen auf den Schreibdienst bei obersten Bundesbehörden (S. 21 f.)*: Die in die Prüfung einbezogenen Behörden hatten es unterlassen, vor Einsatz der Informationstechnik zur Schriftgutherstellung die damit verbundenen Ziele und erwarteten Auswirkungen so konkret darzustellen, um sie im Wege der Erfolgskontrolle überprüfen zu können.

- *Förderung der Rückkehr und Reintegration von ausländischen Flüchtlingen (S. 25 ff.)*: Der Bundesrechnungshof stellte fest, daß ein wesentliches Ziel des Programms, in Deutschland lebende Asylbewerber für die freiwillige Rückkehr in ihre Heimat zu gewinnen, nicht erreicht wurde.

- *Markenverwaltungs- und -auskunftssystem „MARKEN" des Deutschen Patentamtes (S. 36 f.)*: Das Patentamt beabsichtigte, das IT-System MARKEN einzusetzen, um unter anderem 40 Dienstposten einzusparen. Der Bundesrechnungshof forderte das Bundesministerium der Justiz auf, nach Abnahme des IT-Systems durch das Patentamt im Rahmen einer Erfolgskontrolle Einsparmöglichkeiten darzulegen und alsbald umzusetzen.

- *Planung und Erfolgskontrolle bei Subventionen des Bundes (S. 45 ff.)*: Die Bundesministerien waren häufig nicht in der Lage, die Zielerreichung, Wirtschaftlichkeit und Wirksamkeit von Subventionen einzuschätzen.

- *Zuwendungen an die Arbeitsgemeinschaft der Verbraucherverbände e.V. (S. 52 ff.)*: Das Bundesministerium für Wirtschaft sollte die institutionelle Förderung des Vereins zurückführen und bei Bedarf stärker das Instrument der Projektförderung nutzen. Dies setzte eine kritische Bestandsaufnahme und Erfolgskontrolle der Vorhaben des Bundes im Bereich der Verbrauchervertretung und Verbraucheraufklärung voraus.

- *Nachtschiffahrt auf der Main-Donau-Wasserstraße (S. 81 f.)*: Im Jahr 1993 wurde die Wasserstraße probeweise für die Nachtschiffahrt geöffnet. Dieser Entscheidung lagen nach Ansicht des Bundesrechnungshofes Verkehrserwartungen zugrunde, die nicht eintraten und auch nicht eintreten konnten. Der Rechnungshof empfahl, den Versuch einzustellen.

- *Ressortforschung durch die Bundesanstalt für Straßenwesen (S. 88 ff.)*: Der Bundesrechnungshof empfahl dem Bundesministerium für Verkehr und der Bundesanstalt, ihre forschungsbegleitende Erfolgskontrolle zu intensivieren und zu verfeinern, damit Forschungsprojekte ohne Erfolgsaussichten frühzeitig erkannt und eingestellt werden könnten.

- *Niederlassungs- und Technologieprogramm (S. 116 ff.)*: Für das vom Bundesministerium für wirtschaftliche Zusammenarbeit und Entwicklung geförderte Niederlassungs- und Technologieprogramm fehlte es an konkreten Vorgaben zu entwicklungspolitisch relevanten Beurteilungskriterien. Die Zielerreichung wurde nicht ausreichend überwacht.

- *Besteuerung von Versicherern der EU und des Europäischen Wirtschaftszentrums (S. 122 ff.)*: Der Bundesrechnungshof stellte fest, daß bei Versicherungen durch EU-Versicherer die Steuerentrichtung ausschließlich nach dem Grundsatz der Freiwilligkeit erfolgte. Er empfahl daher, das Versicherungssteuergesetz zu ändern.

- *Verzinsung von Steuererstattungsansprüchen nach § 233 a AO (S. 124 f.)*: Der Bundesrechnungshof stellte fest, daß die Verzinsung von Steuererstattungen in bestimmten Fällen den Zielen des Gesetzgebers zuwiderlief. Das Bundesministerium der Finanzen sollte deshalb eine gesetzliche Neuregelung vorbereiten.

- *Neugestaltung des Informationstechnik-Verfahrens für die Berechnung und Auszahlung von Arbeitslosengeld, Arbeitslosenhilfe und Unterhaltsgeld (S. 153 ff.)*: Nach vierjähriger Laufzeit beendete die Bundesanstalt für Arbeit ein Programm zur Neugestaltung eines Informationstechnik-Verfahrens, ohne die damit verfolgten Ziele erreicht zu haben.

- *Gewährung von Sonderzuschlägen zur Sicherung des Personalbedarfs (S. 170 f.)*: Der Bundesrechnungshof stellte fest, daß die Zahlung der Sonderzuschläge auch Nebenwirkungen hatte, die den Zielen der Maßnahme zuwiderliefen.

(4) Bemerkungen des Bundesrechnungshofes 1997 (BT-Drucks. 13/8558)

- *Zuwendungen an die Stiftung Haus Oberschlesien (S. 40 ff.)*: Das Bundesministerium des Innern erhöhte den Finanzierungsanteil des Bundes an der Stiftung Haus Oberschlesien in Ratingen, ohne ein gestiegenes Bundesinteresse nachgewiesen zu haben. Mit Zuwendungen in Höhe von 7,9 Mio. DM förderte das Bundesministerium einen zur Stiftung gehörenden Museumsneubau, der fast zwei Jahre nach Übergabe noch nicht eingerichtet und eröffnet war. Die Stiftung beachtete bei der Verwendung der Zuwendungen wesentliche zuwendungsrechtliche Bestimmungen nicht. Ein erheblicher Teil der von ihr in Auftrag gegebenen Forschungsvorhaben wurde nicht erfolgreich abgeschlossen. Der Bundesrechnungshof wird beobachten, inwieweit die vom Bundesministerium beabsichtigten Maßnahmen, die eine Systematisierung und Ergebniskontrolle der Forschungen der Stftung sicherstellen sollen, erfolgreich sein werden.

- *Personal- und Materialeinsatz der Zollverwaltung an den Grenzen zu Polen, Tschechien und der Schweiz (S. 54 ff.)*: Die unterschiedlich großen Zuständigkeitsbereiche der 32 Zollkommissariate an den Grenzen zu Polen und der Schweiz sollten bis Ende 1998 zu Einheiten zusammengefaßt werden, um einen effektiven Einsatz des Personals zu gewährleisten. Die Feststellung des Personalsolls für Teile des Grenzaufsichtsdienstes genügte bisher nicht den Anforderungen anerkannter analytischer Methoden. Kleine Dienstellen seien unwirtschaftlich und erhöhten den Abstimmungsbedarf. Auch bei Einsätzen innerhalb des eigenen Bezirks seien größere Organisationseinheiten von Vorteil, weil mehr Personal zur Verfügung stünde.

- *Aufwendungen der Rentenversicherungsträger für die Errichtung von Wohnungen für Bedienstete (S. 70 f.)*: Die Träger der gesetzlichen Rentenversicherung dürfen Mittel für die Schaffung oder Erhaltung nicht liquider Teile ihres Anlagevermögens nur aufwenden, wenn dies erforderlich ist, um ihre ordnungsgemäße und wirtschaftliche Aufgabenerfüllung zu ermöglichen oder zu sichern (§ 221 Abs. 1 Sozialgesetzbuch - SGB - VI). Sie können in diesem Zusammenhang auch Mittel zur Errichtung von Bedienstetenwohnungen bereitstellen und müssen dabei die Grundsätze der Wirtschaftlichkeit und Sparsamkeit beachten. Mehrere Landesversicherungsanstalten veranschlagten und verausgabten Millionenbeträge zum Bau von Bedienstetenwohnungen, ohne schlüssig nachgewiesen zu haben, ob und inwieweit die Errichtung der Wohnanlage zur Sicherstellung einer ordnungsgemäßen und wirtschaftlichen Aufgabenerfüllung erforderlich war.

- *Bau der vierten Elbtunnelröhre (S. 77 ff.)*: Der Rechnungshof stellte fest, daß die vierte Elbtunnelröhre für den Fernverkehr weitgehend nutzlos sei, solange die an den Tunnel anschließenden oberirdischen Verkehrsengpässe nicht beseitigt seien. Davon unabhängig hätte das Bundesministerium für Verkehr durch ein weniger aufwendiges Tunnelbauwerk einen dreistelligen Millionenbetrag einsparen können.

- *Zuwendungen an einen im Bereich der Wohlfahrtspflege tätigen Verein (S. 116 ff.)*: Das Bundesministerium für Familie, Senioren, Frauen und Jugend förderte seit vielen Jahren einen im Bereich der Wohlfahrtspflege tätigen Verein mit mehr als 10 Mio. DM jährlich, ohne die zweckentsprechende Verwendung der Zuwendungen geprüft zu haben. Deshalb fiel nicht auf, daß der Zuwendungsempfänger in vielfältiger Weise gegen zuwendungsrechtliche Bestimmungen verstoßen hatte, indem er Einnahmen verschleierte, Ausgaben vortäuschte, seinen Mitarbeitern unzulässige Vergünstigungen gewährte und Bundesmittel einem Dritten als Darlehen zur Verfügung stellte. Der Bundesrechnungshof wies darauf hin, daß eine weitere Förderung eine ordnungsgemäße Geschäftsführung voraussetze.

- *Begabtenförderung in der beruflichen Bildung (S. 122 ff.)*: Das Bundesministerium für Bildung, Wissenschaft, Forschung und Technologie vergab Zuwendungen für das Förderprogramm „Begabtenförderung in der beruflichen Bildung". Es plante die Finanzmittel für das Förderprogramm über Jahre hinweg nicht bedarfsgerecht. Die Verwendungsnachweisprüfung führte es in den ersten Jahren nicht bestimmungsgemäß und nur wenig effektiv durch. Der Bundesrechnungshof hielt zudem die Aussagekraft der Feststellungen des Bundesministeriums zur Mittelverwendung und Zweckerreichung für unzureichend, da in der Praxis Kontrollen des Bundesministeriums vor Ort nicht stattgefunden haben und die Zweckerreichung nicht mit objektiven Maßstäben bewertet worden ist, die beispielsweise Aussagen zu den bildungspolitischen Zielen lieferten.

• *Umsatzsteuerausfälle im Waren- und Dienstleistungsverkehr innerhalb der Europäischen Union (S. 134 ff.)*: Der Bundesrechnungshof stellte fest, daß die zur Zeit genutzten Kontrollsysteme keine hinreichend wirksame, staatenübergreifende Betrugsbekämpfung gewährleisten. Er hält es für erforderlich, zumindest auf der Ebene der Mitgliedstaaten eine Zentralstelle einzurichten, die nach Täterkreis, Tatmodalität und sonstigen Erfahrungen für die Mitgliedstaaten der EU von Bedeutung sind. Das gesetzliche Instrumentarium hierfür sei in der Bundesrepublik Deutschland zu ergänzen.

(5) Bemerkungen des Bundesrechnungshofes 1998 (BT-Drucks. 14/29)

• *Förderung von Rundfunksprachkursen (S. 66 ff.)*: Der Bund förderte die Verbreitung von Rundfunksprachkursen (Hörfunk- und Fernsehsprachkursen) zur Vermittlung von Deutsch als Fremdsprache im Ausland. Der Bundesrechnungshof stellte fest, daß der Bedarf bei künftig geplanten Rundfunksprachkursen rechtzeitig zielgruppengerecht festgestellt sowie ein konkretes und wirtschaftliches Konzept für die Verbesserung der Erfolgskontrolle bei den Rundfunksprachkursen erarbeitet werden sollte.

• *Finanzielle Auswirkungen von Gesetzesvorhaben (S. 71 ff.)*: Erklärtes Ziel des Bundes und der Länder ist es, stattliches Handeln auf das notwendige Maß zurückzuführen sowie überflüssige Bürokratie und Überreglementierung abzubauen oder möglichst von vorneherein zu vermeiden. Gesetzesfolgenabschätzungen sollen Parlament, Regierung und Öffentlichkeit vor der Entscheidung über rechtssetzende Maßnahmen einen Überblick über die erwarteten Wirkungen geben und Grundlagen für Erfolgskontrollen schaffen. Der Bundesrechnungshof stellte fest, daß in der Begründung und im Vorblatt zu Gesetzesentwürfen oft nur vermerkt ist, daß entweder keine Kosten verursacht würden oder die voraussichtlichen Kosten nicht quantifizierbar seien. Angaben zum wirtschaftlichen Nutzen und eine Abwägung mit den voraussichtlichen Kosten fehlten überwiegend. Der Bundesrechnungshof regte eine grundlegende Überarbeitung des Regelwerkes zur Analyse und Darstellung der Folgen gesetzlicher Maßnahmen an.

• *Freihäfen im Binnenland (S. 80 ff.)*: Der erwartete wirtschaftliche Erfolg für die Regionen, in denen Freihäfen eingerichtet worden waren, trat nur in geringem Umfang ein. Nur jeweils acht Firmen siedelten sich in den Freihäfen an. Zudem wurden die Freihäfen entgegen ihrer Bestimmung weniger als zur Hälfte für Zwecke des Außenhandels genutzt.

• *Organisation des Bundesaufsichtsamtes für das Kreditwesen (S. 85 ff.)*: Der Bundesrechnungshof stellte fest, daß das Bundesaufsichtsamt seine Ziele und Aufgaben nicht ausreichend klar darlegte und gewichtete.

• *IT-unterstützte Rentenantragsaufnahme (S. 106 ff.)*: Der Bundesrechnungshof stellte fest, daß die Entwicklung des Verfahrens ohne Wirtschaftlichkeitsbetrachtungen und Rahmenplanungen eingeleitet worden war. Die später im Auftrag der

Rentenversicherungsträger erstellte Kosten-Nutzen-Schätzung war lückenhaft. Personal- und Sachaufwand für die Verfahrensentwicklung und den Verfahrensbetrieb konnten nur unvollständig ermittelt werden. Ziele des geplanten Verfahrens waren unzureichend konkretisiert, organisatorische und personelle Auswirkungen nur in allgemeiner Form beschrieben.

- *Baumaßnahmen an S-Bahn und Fernbahn im „Berliner Innenring" (S. 125 ff.)*: Bei den durch den Bund geförderten Baumaßnahmen wurden weder Vereinbarungen über den Umfang der durchzuführenden Maßnahmen getroffen noch eine Gesamtkonzeption der betrieblichen und verkehrlichen Infrastruktur erstellt. Bei bedarfsgerechter Ausführung von überdimensioniert geplanten Stellwerken und Gleisanlagen hielt der Bundesrechnungshof Kostenreduzierungen in Höhe von mindestens 55 Mio. DM für möglich.

- *Bedarfsplanung für Schienenwege (S. 127 ff.)*: Der Bedarfsplan - insbesondere die Nutzen-Kosten-Verhältnisse einzelner Vorhaben - sollte überprüft werden. Im Bereich des Güterverkehrs sollten verstärkt Möglichkeiten untersucht werden, die die verkehrspolitische Zielsetzung unterstützen, Verkehr von der Straße auf die Schiene zu verlagern.

- *Bewirtschaftung von Immobilien des Bundeseisenbahnvermögens (S. 145 ff.)*: Eine Gesellschaft, die Grundstücke des Bundeseisenbahnvermögens verwalten und verwerten sollte, erfüllte ihre Aufgaben nur unzureichend. Das Bundesministerium informierte sich nicht über die Geschäftstätigkeit der Gesellschaft.

- *Ausstattung des Heeres mit Mörsern und deren Einsatzfähigkeit (S. 151 ff.)*: Die Planung eines neuen „Mörserkampfsystems" wurde durch Verfahrensmängel behindert. Dabei wurden Alternativen außer acht gelassen, die bei gleicher Wirksamkeit preiswerter gewesen wären.

- *Controlling in der Bundeswehr (S. 157 ff.)*: Die Ziele, die mit Controlling in der Bundeswehr erreicht werden sollten, waren unklar, unvollständig und teilweise überzogen. Die für einzelne Bereiche der Bundeswehr entwickelten Controllingkonzepte waren nicht abgestimmt. Es fehlte ein umfassender Controllingrahmen mit eindeutigen Begriffen und Standards. Die Einführung des Controllings war mit zusätzlichen Ausgaben für Personal- und Sachmittel verbunden, die jedoch nicht im einzelnen erfaßt und insbesondere nicht in einer Nutzen-Kosten-Analyse ausgewertet worden waren.

- *Nutzung militärischer Forschungsergebnisse (S. 178 f.)*: Der Bundesrechnungshof prüfte die Nutzung der Ergebnisse der militärischen Forschung und Technologie und stellte fest, daß den erheblichen Ausgaben häufig nur ein geringerer Nutzen gegenüberstand. Teilweise war die geförderte Technologie bereits vorhanden oder es bestand kein Bedarf.

- *Steuerliche Anerkennung von Spenden (S. 200 ff.)*: Der Bundesrechnungshof hielt das Durchlaufspendenverfahren für ungeeignet, eine zweckmäßige Verwendung der Spenden zu gewährleisten. Er hielt es in der gegenwärtigen Form auch für rechtlich bedenklich.

- *Erprobung zusätzlicher Wege in der Arbeitsmarktpolitik (S. 223 ff.)*: Ziele der Förderung sind insbesondere die Unterstützung von schwer vermittelbaren Arbeitslosen und beruflich nicht qualifizierten Jugendlichen sowie die Hilfe für Arbeitslose bei der Gründung selbständiger Existenzen und die Schaffung von Dauerarbeitsplätzen. Die für eine Erholung des Arbeitsmarktes besonders bedeutsamen Ziele der dauerhaften Eingliederung Arbeitsloser und der Schaffung neuer Dauerarbeitsplätze wurden nur in Einzelfällen erreicht. Zuwendungen, die auf die Schaffung von Dauer- oder zusätzlichen Arbeitsplätzen abzielten, stellten die Ausnahme dar. Das Schwergewicht der Prüfung lag dagegen bei Projekten der allgemeinen Qualifizierung. Die Konzentration der Förderschwerpunkte auf Projekte, von denen eine besonders hohe und unmittelbare Arbeitsmarktwirkung zu erwarten ist, sollte bei der Projektauswahl deutlich stärker zur Geltung kommen. Dazu müßten die Arbeitsämter mehr als bisher innovative, die dauerhafte Wiedereingliederung von Arbeitslosen unterstützende Projektideen erproben und umsetzen.

- *Wirtschafts- und Arbeitsförderung durch Liquidationsunternehmen der Bundesanstalt für vereinigungsbedingte Sonderaufgaben (S. 232 ff.)*: Der Bundesrechnungshof stellte fest, daß die Liquidationsunternehmen teilweise zweckgebundene zweistellige Millionenbeträge an Beschäftigungsgesellschaften ausgezahlt hatten, ohne daß diese die Mittel zur Finanzierung von Beschäftigungsmaßnahmen unmittelbar benötigten; ausreichende Kontrollen der zweckentsprechenden Mittelverwendung wurden nicht durchgeführt. Zudem verwendeten die Beschäftigungsgesellschaften die ausgereichten Mittel teilweise nicht ordnungsgemäß.

(6) Bemerkungen des Bundesrechnungshofes 1999 (BT-Drucks. 14/1667)

- *Fördermaßnahmen im Mittelstandsbereich (S. 112 ff.)*: Die Bundesregierung förderte den Mittelstand mit dem Ziel, die Wettbewerbsfähigkeit von Existenzgründern sowie kleinen und mittleren Unternehmen über eine Stärkung ihrer Leistungs- und Innovationsfähigkeit zu verbessern. Die Förderlandschaft war nur schwer überschaubar; die Förderprogramme waren in ihrer Zielrichtung nicht hinreichend präzisiert und aufeinander abgestimmt. Das Programmangebot sollte verschlankt und auf wenige, überschaubare „Grundförderprogramme" zurückgeführt werden.

- *Förderung von Vermittlungsagenturen für Langzeitarbeitslose und andere schwervermittelbare Arbeitslose (S. 115 ff.)*: Der Bundesrechnungshof prüfte drei Vermittlungsprojekte mit einem Fördervolumen von insgesamt mehr als 18 Mio. DM. Er stellte fest, daß die geförderten Agenturen das Ziel der Vermittlung von Arbeitslosen auf zusätzlich akquirierte Stellen des ersten Arbeitsmarktes bisher nur in geringem Umfang erreichten. Die Vermittlungsergebnisse standen nach Auffassung des Rechnungshofes in keinem angemessenen Verhältnis zu dem betriebenen Aufwand.

- *Aufwendungen für Verwaltungsausgaben (S. 124 ff.)*: Aus wirtschaftlichen Gründen strebten die Rentenversicherungsträger an, die Zahl ihrer verschiedenartigen Programmierkreise von vier auf zwei zu verringern. Die Bundesversicherungsanstalt versäumte es, vorbereitende und projektbegleitende Untersuchungen anzustellen, den Aufwand sowie die Vorteile dieses Vorhabens zu bewerten und zu quantifizieren sowie Grundlagen für Erfolgskontrollen zu schaffen. Sie veranschlagte die Ausgaben für die Zusammenarbeit im Haushaltsjahr 1998 auf 80 Mio. DM, ohne zuvor angemessene Planungen zu erstellen, die zwingend notwendige Ermittlung der Gesamtausgaben durchzuführen und die Aufsichtsbehörde über das Vorhaben zu unterrichten.

- *Leistungen des Bundes als Ausgleichsmaßnahme für die Region Bonn (S. 156 f.)*: Der Bund verpflichtete sich gegenüber der Region Bonn, die Folgen der Verlagerung von Parlament und Teilen der Regierung angemessen auszugleichen. Er stellte dafür bis zum Jahre 2004 insgesamt 2,81 Milliarden DM zur Verfügung. Die Förderbank wich bei der Darlehensvergabe mit Billigung der beteiligten Bundesministerien von den vereinbarten Ausgleichsgrundsätzen ab. Die Kreditsumme und die damit verbundene Zinsverbilligung standen häufig in einem Mißverhältnis zur Anzahl der neu eingerichteten Arbeitsplätze. Viele Vorhaben wären auch ohne öffentliche Fördermittel durchgeführt worden. Sie erschienen dem Bundesrechnungshof zudem nicht geeignet, die angestrebte Wirtschaftsstruktur in der Region Bonn zu entwickeln. Häufig waren die neu geschaffenen Arbeitsplätze weder quantitativ noch qualitativ an den mit dem Umzug von Parlament und Regierung zu verlagernden Arbeitsplätzen orientiert. Auch nach der Änderung der Förderrichtlinie verfehlten viele Kreditzusagen die festgelegte Zielsetzung.

- *Nachvollziehbarkeit des Verwaltungshandelns (S. 195 f.)*: Das Bundesministerium für Umwelt, Naturschutz und Reaktorsicherheit und die ihm nachgeordneten Behörden trafen in den zurückliegenden Jahren wirtschaftlich bedeutsame Entscheidungen, ohne die entscheidungserheblichen Sachverhalte und Erwägungen ausreichend zu dokumentieren.

- *Zweckentsprechende und wirtschaftliche Mittelverwendung öffentlich finanzierter Einrichtungen (S. 199 ff.)*: Das Bundesministerium für Bildung und Forschung finanzierte die Deutsche Agentur für Raumfahrtangelegenheiten GmbH und die Stiftung Deutsch-Amerikanisches Akademisches Konzil aus Bundesmitteln. Prüfungen ergaben, daß diese beiden Einrichtungen in nicht unerheblichem Umfang Ausgaben leisteten, die mit dem Grundsatz der Wirtschaftlichkeit nicht vereinbar und für die Erfüllung ihrer Aufgaben nicht notwendig waren. Dies zeigt, daß bei öffentlich finanzierten Einrichtungen regelmäßige und möglichst frühzeitige örtliche Prüfungen durch das Bundesministerium unverzichtbar sind.

- *Zuwendungen an die Deutsche Bahn AG für den Ausbau der Strecke Hamburg - Berlin durch das Eisenbahn-Bundesamt (S. 237)*: Der Bundesrechnungshof stellte fest, daß die Deutsche Bahn AG bei verschiedenen Streckenabschnitten Bauaufträge nicht im Wettbewerb vergeben und den Bau teurer Betonfahrbahnen sowie anderer Ausbaumaßnahmen, die nicht erforderlich waren, veranlaßt hatte. Nach erneuter Prüfung der Verwendungsnachweise konnten über 86 Mio. DM (davon rund 10 Mio. DM Zinsen) von der Deutsche Bahn AG zurückgefordert werden.

- *Effizienz der Vermittlungstätigkeit der Arbeitsämter (S. 243 f.)*: Der Bundesrechnungshof und das Vorprüfungsamt der Bundesanstalt für Arbeit stellten erhebliche Mängel bei der Vermittlungstätigkeit der Arbeitsämter fest und unterbreiteten im Rahmen einer Beratung Vorschläge, wie die Stellenvermittlung effektiver und effizienter gestaltet und die Vermittlungserfolge gesteigert werden können. Die Bundesanstalt für Arbeit griff die Vorschläge auf.

4. Beispiele für Erfolgskontrollen in den Jahresberichten des Landesrechnungshofes Brandenburg in den Jahren 1993-1998

Im August 1993 legte der Präsident des Landesrechnungshofes Brandenburg in Potsdam den ersten Jahresbericht dieses jungen Bundeslandes vor. Bereits Ende 1990 hatte ein Aufbaustab, der zunächst aus zwei Mitarbeitern des Landesrechnungshofes des brandenburgischen Partnerlandes Nordrhein-Westfalen bestand, den personellen und organisatorischen Aufbau des Landesrechnungshofes und der Staatlichen Rechnungsprüfungsämter in Angriff genommen. Am 18. März 1991 konnten die ersten Mitarbeiterinnen und Mitarbeiter für den Geschäftsbereich des Landesrechnungshofes eingestellt werden. Durch das Gesetz über den Landesrechnungshof Brandenburg vom 27. Juni 1991[659] sowie die Landesverfassung vom 20. August 1992[660] wurde die Staatliche Finanzkontrolle und damit der Landesrechnungshof mit seinen nachgeordneten Staatlichen Rechnungsprüfungsämtern endgültig gesetzlich verankert.

Die rechnungsunabhängige externe Finanzkontrolle setzte mit Bezug auf das Haushaltsjahr 1991 bereits im Jahre 1991 ein. Sie galt beispielsweise der Verwendung von Zuwendungen aus dem Landeshaushalt an Betriebe des öffentlichen Personennahverkehrs, der haushalts- und finanzplanungswirksamen Umsetzung hochschulpolitischer Maßnahmen in Frankfurt (Oder), der Überschreitung von Ausgabe- und Verpflichtungsermächtigungen im Bereich der regionalen Wirtschaftsförderung und des Programms für den Aufschwung Ost sowie der Organisation der zentralen Bezügeverwaltung. Erste Ergebnisse wurden im Frühjahr 1992 den Regierungsstellen bekanntgegeben. Publik wurden sie im Mai 1992, als auf der Grundlage der §§ 88 Abs. 2 und 99 LHO/Brandenburg erste Beratungs- und Sonderberichte dem Landtag zugeleitet und den Medien vorgestellt wurden. Damit begann die operative Phase des Landesrechnungshofes.

---

[659] GVBl., S. 256
[660] GVBl. I, S. 298

Hinsichtlich der Durchführung von Erfolgskontrollen bat das Große Kollegium des Landesrechnungshofes Brandenburg mit Beschluß vom 8. Februar 1994[661] die Landesregierung um die Umsetzung der folgenden Forderungen:

> „1. Die fachlich zuständigen Ressorts der Landesregierung haben **alle** Förderprogramme sowie alle einzeln geförderten Maßnahmen von Gewicht und alle vergleichbaren Aktivitäten des Landes hinsichtlich der angestrebten Ziele konkret zu definieren und die für eine Erfolgskontrolle erforderlichen Maßstäbe und Daten festzulegen. Sind solche konkreten Bewertungsgrößen nicht definierbar, dann sind die verfolgten Ziele zumindest qualitativ darzustellen.
>
> 2. Der vom Landesrechnungshof im Jahresbericht 1993 angemahnten und durch die Entschließung des Landtages bekräftigten Förder- bzw. Subventionspolitik ist noch 1994 mit Untersuchungen zu den rund 20 größten Fördermaßnahmen zu entsprechen. Die Auswahl erfolgt zeitnah durch den Minister der Finanzen unter Einschaltung des Landesrechnungshofes.
>
> 3. Die nach Ziffer 1 definierten Voraussetzungen für Erfolgskontrollen sind von den Ressorts spätestens mit Wirkung für den Haushalt 1995 in die entsprechenden Richtlinien oder sonstigen Fördergrundlagen als verbindliche Forderungen aufzunehmen".

Durch diesen Beschluß gibt der Rechnungshof zu verstehen, daß er die Durchführung von Erfolgskontrollen, gerade auch hinsichtlich staatlicher Subventionsmaßnahmen, als wesentlichen Bestandteil seiner externen Finanzkontrolltätigkeit versteht. Es soll nun dargestellt werden, wie sich dieses Selbstverständnis in den Jahresberichten des Rechnungshofes niederschlägt.

(1) Jahresbericht des Landesrechnungshofes 1993 [662]

- *Verwendung von Finanzierungshilfen für die Krankenhausförderung (S. 42 ff.)*:[663] Für die Krankenhausförderung wurden in Brandenburg in den Jahren 1991 und 1992 Haushaltsmittel in Höhe von insgesamt 916,3 Mio. DM ausgegeben. Bei der bei vier Kliniken im Jahre 1992 vorgenommenen Prüfung stellte der Landesrechnungshof fest, daß von den zur Einzelförderung ausgezahlten 13,1 Mio. DM insgesamt 2,3 Mio. DM zweckwidrig eingesetzt worden waren. Auf Veranlassung des Landesrechnungshofes forderte das Ministerium für Arbeit, Soziales, Gesundheit und Frauen diesen zweckwidrig verwendeten Betrag zurück.

- *Durchführung der Gemeinschaftsaufgabe „Verbesserung der regionalen Wirtschaftsstruktur" (S. 48 ff.)*: Der Landesrechnungshof untersuchte die Verwendung von Mitteln in Einzelfällen, vor allem auch bei Zuwendungsempfängern. Er stellte fest, daß Mängel bei der Mittelvergabe zu überzogenen Zuschußbewilligungen in Hö-

---

[661] Dieser Beschluß ist abgedruckt im Jahresbericht 1996 auf S. 167.

[662] Dieser und die im folgenden aufgeführten Jahresberichte können unter folgender Anschrift bezogen werden: Der Präsident des Landesrechnungshofes Brandenburg, Dortustraße 30-33, 14476 Potsdam.

[663] Die kursiv gedruckten Überschriften bezeichnen das Prüfungsthema, die Seitenabgaben in Klammern geben die Fundstelle in den jeweiligen Jahresberichten des Rechnungshofes an.

he von 5 Mio. DM geführt hatten. Frühzeitige oder nicht bedarfsgerechte Auszahlungen von Zuschußbeiträgen bewirkten eine unnötige und teure Bindung von Haushaltsmitteln. Die Dokumentation des Verwaltungshandelns war nicht in allen Fällen ordnungsgemäß.

- *Einbindung der Landesinvestitionsbank in die Förderung von Umweltmaßnahmen (S. 65 f.)*: Der Rechnungshof untersuchte die Mitwirkung der Investitionsbank an den Förderverfahren des Ministeriums für Umwelt, Naturschutz und Raumordnung. Er stellte dabei fest, daß der Investitionsbank bei der Auszahlung von Fördermitteln 1,8 Mio. DM an Provisionen gezahlt worden waren, ohne daß die vertraglich vereinbarten Leistungen eingefordert wurden.

- *Durchführung der Gemeinschaftsaufgabe „Verbesserung der Agrarstruktur und des Küstenschutzes" (S. 72 ff.)*: Der Rechnungshof stellte fest, daß die unzureichende Aufschlüsselung der förderfähigen Kosten in den Antrags- und Zuwendungsunterlagen deren Kontrolle beeinträchtigte. Die „Allgemeinen Bedingungen für Finanzhilfen" aus der Gemeinschaftsaufgabe waren überarbeitungsbedürftig. Die Auszahlung und Verwendung der EU-Mittel entsprach nicht der einschlägigen Richtlinie. Die Hausbanken nahmen ihre Aufgaben im Verfahrensablauf nicht ausreichend wahr.

- *Finanzierungshilfen für den öffentlichen Personennahverkehr (S. 77 ff.)*: Das Ministerium für Stadtentwicklung, Wohnen und Verkehr hatte im Umfang von rund 68 Mio. DM die Betriebsdefizite der Unternehmen des öffentlichen Personennahverkehrs übersubventioniert. Der Landesrechnungshof stellte fest, daß ein erheblicher Teil der Subventionen in Bereiche außerhalb des öffentlichen Personennahverkehrs geflossen war. Nach Abzug von rund 24 Mio. DM, die den Unternehmen aus betriebswirtschaftlichen Gründen belassen werden konnten, war die Rückführung von rund 44 Mio. DM an den Landeshaushalt zu betreiben.

- *Förderung des kommunalen Straßenbaus (S. 82 ff.)*: Der Landesrechnungshof stellte fest, daß Mängel bei der Durchführung des Förderprogramms und bei der Verwendung von Zuwendungen zu Verzögerungen des Bauablaufs, zu Mehrkosten von rund 1 Mio. DM und zu erhöhter Inanspruchnahme von Fördermitteln führte.

- *Erlaß von Förderrichtlinien (S. 114 ff.)*: Teilweise wurde der Landesrechnungshof über den Erlaß von Förderrichtlinien von den Fachreferaten des Ministeriums für Wirtschaft, Mittelstand und Technologie nicht informiert. Er mußte sich selbst im nachhinein um die nötigen Informationen bemühen. In anderen Fällen wurde der Rechnungshof erst nach dem Erlaß von Förderrichtlinien unterrichtet und damit vor vollendete Tatsachen gestellt. Sofern der Rechnungshof im Sinne der VV zu § 44 LHO rechtzeitig unterrichtet worden war, hatte er zu den ihm vorgelegten Entwürfen Stellung genommen. Er führte aus, daß es hierbei noch nicht darauf ankam, die Erfolgsaussichten oder die Effizienz eines Förderprogramms einzuschätzen; dies sei Aufgabe und Inhalt einer von der Verwaltung vorzunehmenden späteren Erfolgskontrolle, die der Landesrechnungshof mit eigenen Prüfungen kritisch begleiten werde.

(2) Jahresbericht des Landesrechnungshofes 1994

- *Haushalts- und Wirtschaftsführung der Brandenburgischen Landeszentrale für politische Bildung (S. 50 ff.)*: Die Untersuchung der Verwendungsnachweise für die in den Haushaltsjahren 1991 und 1992 ausgezahlten Fördermittel ergab Ausgaben in Höhe von 70.000 DM, die nicht von Bewilligungsbescheiden abgedeckt waren. Die Förderung der einzelnen Projekte lief auf Dauer auf eine verdeckte institutionelle Förderung hinaus, die beim Zuwendungsempfänger ein „Gewohnheitsrecht" entstehen ließ. Aus der Sicht des Landesrechnungshofes war es erforderlich, die künftigen Erfolgskontrollen auf die Bewertung der getroffenen Maßnahmen im Hinblick auf die angestrebten Ziele auszurichten. Dabei sei eine klare und eindeutige Festlegung der Programmziele und die Festlegung von Bezugsgrößen unabdingbare Voraussetzung.

- *Verwendung von Zuwendungen für Maßnahmen der Denkmalpflege (S. 76 ff.)*: Das Ministerium für Wissenschaft, Forschung und Kultur ließ es zu, daß Zuwendungen für einen nicht genehmigten Zweck verwendet wurden. Mehrkosten in Höhe von rund 445.000 DM für eine Einzelbaumaßnahme hatten zur Folge, daß nur ein Teil der geplanten Sanierungsmaßnahmen ausgeführt werden konnte.

- *Vergabe und Verwendung von Zuschüssen im Rahmen der Gemeinschaftsaufgabe „Verbesserung der regionalen Wirtschaftsstruktur" (S. 85 ff.)*: Die Prognosen über die Anzahl der zu schaffenden oder zu sichernden Arbeitsplätze stellten sich bei der Prüfung des Landesrechnungshofes teilweise als erheblich überzogen heraus. In einigen Fällen wurde die Schaffung hochwertiger Arbeitsplätze ohne Nachweis bzw. ohne rechtliche Grundlage gefördert. Infolge nachlässiger oder unterbliebener Prüfung von Mittelanforderungen wurden Fördermittel in Höhe von rund 25 Mio. DM vorzeitig und überhöht ausgezahlt. Das Ministerium für Wirtschaft, Mittelstand und Technologie forderte zuviel gezahlte Zuschußteilbeträge nicht zurück. Der unzureichende Streuungsgrad der Fördermittel war kritikwürdig; 60 % der Zusagen waren in nur 2 % aller Bescheide gebunden.

- *Stand der Verwendungsnachweisprüfung bei Zuschüssen im Rahmen der Gemeinschaftsaufgabe „Verbesserung der regionalen Wirtschaftsstruktur" (S. 92 ff.)*: In rund 23 % der geprüften Zuwendungsfälle hatten die Zuwendungsempfänger es versäumt, fällige Verwendungsnachweise fristgerecht einzureichen. Rund 70 % der vorliegenden Nachweise waren zum Teil über viele Monate hinweg ungeprüft geblieben. Der Landesrechnungshof befürchtete, daß hierdurch in zahlreichen Fällen mögliche Rückforderungsansprüche nicht mehr geltend gemacht werden konnten. Die erforderliche Erfolgskontrolle des Einsatzes von Mitteln der Gemeinschaftsaufgabe war durch die Versäumnisse der Verwaltung gefährdet.

- *Prüfung der Einrichtung und Verwaltung von Fonds zur Förderung der mittelständischen Wirtschaft (S. 97 ff.)*: Im Zeitraum von Ende 1991 bis Ende 1993 wurden Landesmittel in Höhe von rund 85 Mio. DM außerhalb des Haushalts in zwei Fonds von der Investitionsbank des Landes Brandenburg treuhänderisch bewirtschaftet. Diese Mittel flossen dem Fonds zu früh und unangemessen hoch zu. Die zweckentsprechende Vergabe von Fördermitteln setzte mit einer Verspätung von bis zu zwei Jahren ein.

- *Zuwendungen an ein Forschungsinstitut (S. 115 ff.)*: Die zweckentsprechende Verwendung von Zuwendungen in Höhe von rund 5,6 Mio. DM war nicht gewährleistet. Zuwendungen dürfen nur zur Erfüllung eines vorher bestimmten Zuwendungszwecks bewilligt und verwendet werden. Diese Voraussetzungen waren im vorliegenden Fall nicht durchgängig gegeben. Es konnte außer Betracht bleiben, ob auf Grund der fachtechnischen Entscheidung eine Förderung weiterhin sinnvoll erschien. Die Verstöße gegen das Haushaltsrecht waren in der Summe so gravierend, daß weitere Zahlungen nicht mehr geleistet werden sollten. Das Forschungsinstitut rechnete Ausgaben gegenüber Zuwendungsgebern doppelt ab und legte wesentliche Einnahmen nicht offen.

- *Kommunaler Straßenbau (S. 120 ff.)*: Das Ministerium für Stadtentwicklung, Wohnen und Verkehr förderte Baumaßnahmen trotz fehlender Zuwendungsvoraussetzungen, verwendete Fördermittel für nicht bewilligte Baustrecken und ließ es zu, daß nicht zuwendungsfähige Bauausgaben abgerechnet wurden.

- *Einsatz der Informationstechnik beim Landesamt und den Ämtern zur Regelung offener Vermögensfragen (S. 126 ff.)*: Das bei den Ämtern eingesetzte Informationssystem „Erfassung vermögensrechtlicher Ansprüche" (EVA) hatte sich schon bald nach seiner Installation als unzureichend erwiesen. Die Verwaltung plante eine Ersatzbeschaffung, da das vorhandene System den gegebenen Anforderungen nicht angepaßt werden konnte. Für das untaugliche System EVA wurden 4,3 Mio. DM (ohne Wartungskosten) aufgewandt.

- *Erfolgskontrolle bei Aufgaben und Programmen, insbesondere Förderprogrammen, des Landes Brandenburg (S. 162 ff.)*: Der Landesrechnunghof hatte im Jahresbericht 1993 bei der Landesregierung eine Erfolgskontrolle der bisherigen Subventionspolitik angemahnt. Der Landtag folgte dieser Empfehlung. Mit der Entschließung des Landtages zum Haushaltsgesetz 1994 (Drucksache 1/2623) wurde die Landesregierung beauftragt, bei allen Förderprogrammen des Landes eine Erfolgs- und Effizienzkontrolle gemäß § 7 Abs. 3 LHO hinsichtlich der Zielsetzungen der Programme durchzuführen, insbesondere mit dem Ziel der Koordinierung und möglichen Bündelung von Förderprogrammen. In Erfüllung der Auflage legte die Landesregierung am 10. Mai 1994 einen Zwischenbericht (Drucksache 1/2992) vor.

Der Landesrechnungshof begrüßte die Aktivitäten der Erfolgskontrolle. Er ging davon aus, daß alle Förderprogramme, also die gesamte Subventionspolitk des

Landes, ausnahmslos der Erfolgskontrolle durch die Landesregierung zu unterziehen seien. Alle Fördermaßnahmen seien periodisch in Frage zu stellen und stets neu zu begründen. Nur so ließe sich erreichen, daß institutionell hochgradig geförderte Einrichtungen nicht zu „Selbstläufern" würden; nur auslaufende Förderprogramme würden die finanziellen Voraussetzungen für die künftige Handlungsfreiheit von Landtag und Landesregierung schaffen.

(3) Jahresbericht des Landesrechnungshofes 1995

- *Einhaltung von Vergabevorschriften sowie der ordnungsgemäßen Verwendung von Haushaltsmitteln in ausgewählten Gerichten des Landes (S. 53 ff.)*: Die Nichtbeachtung der Vergabevorschriften führte zu einem Schaden für das Land von rund 73.000 DM. Außerdem wären weitere Ausgaben in Höhe von rund 90.000 DM vermeidbar gewesen. Die Grundsätze der Wirtschaftlichkeit und Sparsamkeit wurden nicht beachtet, Haushaltsmittel nicht zweckentsprechend verwendet.

- *Verwendung der Ausgleichsabgabe nach dem Schwerbehindertengesetz (S. 66 f.)*: Einnahmen aus der Ausgleichsabgabe wurden in zweistelliger Millionenhöhe über Jahre angesammelt und nicht zeitnah ihrer Zweckbestimmung zugeführt.

- *Vergabe von Zuschüssen für zwei Investitionsprojekte am Medienstandort Babelsberg (S. 71 ff.)*: Das Land Brandenburg förderte den Medienstandort Babelsberg unter anderem mit Mitteln aus der Gemeinschaftsaufgabe „Verbesserung der regionalen Wirtschaftsstruktur" in Höhe von insgesamt rund 127 Mio. DM für die Errichtung eines High-Tech-Centers und eines Film- und Fernsehzentrums. Die Bewilligungsbescheide wurden trotz ungeklärter finanzieller und rechtlicher Verhältnisse erteilt. Ein zweckfremder Einsatz der Fördermittel und finanzieller Schaden zu Lasten der öffentlichen Hand waren nicht auszuschließen. Die Bewilligungsvoraussetzungen müßten überprüft und die Auszahlung und Verwendung der Mittel sorgfältig überwacht werden.

- *Vergabe und Verwendung von Zuschüssen im Wege der institutionellen Förderung (S. 74 ff.)*: Zwei mit der Wahrnehmung von Landesinteressen befaßte Unternehmen waren mit öffentlichen Zuschüssen unsorgfältig und unwirtschaftlich verfahren. Ein Unternehmen setzte die öffentlichen Mittel im Umfang von über 1 Mio. DM für Projekte und Schulungsmaßnahmen ein, die nicht oder nicht unmittelbar den satzungsmäßigen Aufgaben entsprachen. In einigen Fällen war diese zweckfremde Verwendung vom Zuwendungsgeber gewollt. Auch reichte das Unternehmen unberechtigt Zuwendungsmittel als Zuschüsse an Dritte weiter. Ferner wurde es versäumt, sich die auftragsgemäße Erfüllung und zweckentsprechende Verwendung der Mittel durch Dritte darlegen zu lassen. Diese Beanstandungen verbanden sich mit einer Kritik am zuständigen Ministerium für Wirtschaft, Mittelstand und Technologie, das sich des Unternehmens teilweise als Auftraggeber, Dienstleister und Zahlstelle bedient hatte. Der Landesrechnungshof verband seine Kritik am Handeln der Verwaltung und dem Geschäftsgebaren der geförderten Gesellschaften unter anderem mit der

Forderung, daß das zuständige Ministerium die Arbeit der Gesellschaften einer kritischen Erfolgskontrolle unterziehen und Überlegungen zu deren Perspektiven anstellen sollte. Nach § 23 LHO ist nämlich ständig zu prüfen, ob das Land weiterhin ein erhebliches Interesse an der Erfüllung der Aufgaben durch die Zuwendungsempfänger hat.

- *Finanzierungshilfen für Maßnahmen des Naturschutzes und der Landschaftspflege (S. 83 ff.)*: Das Ministerium für Umwelt, Naturschutz und Raumordnung zahlte 10,7 Mio. DM Fördermittel ohne abgeschlossene Entwurfsplanungen und baufachliche Prüfungen für Baumaßnahmen. Der Zuwendungsempfänger konnte die ordnungsgemäße Verwendung von 2,9 Mio. DM nicht nachweisen.

- *Prüfungsunabhängige Beratung zur notwendigen Umorientierung in der Wohnungsbauförderung (S. 114 ff.)*: Artikel 47 Abs. 1 der Verfassung des Landes Brandenburg lautet: „Das Land ist verpflichtet, im Rahmen seiner Kräfte für die Verwirklichung des Rechts auf eine angemessene Wohnung zu sorgen, insbesondere durch Förderung von Wohneigentum, durch Maßnahmen des sozialen Wohnungsbaus, durch Mieterschutz und Mietzuschüsse".

Der Landesrechnungshof merkte an, daß mit den Fördermaßnahmen im Rahmen des sozialen Wohnungsbaus viele Wohnungen geschaffen wurden, die nach Flächengröße und Standard zwar ausgezeichnet, für Bund und Länder jedoch unbezahlbar seien. Beispielhaft wurde auf die Bedingungen in Berlin verwiesen, wo im Zeitraum 1995-1997 für die Fortführung des gegenwärtigen sozialen Wohnungsbauprogramms eine zusätzliche Schuldenlast in Höhe von 10,5 Milliarden DM aufgenommen worden war.

Für das Land Brandenburg führte der Rechnungshof aus, daß es sich auf dem nur wenig tauglichen Weg der klassischen Wohnungsbauförderung befinde. Dieser Weg sei gekennzeichnet durch eine größere Zahl von Förderprogrammen, durch nicht nachvollziehbare Förderquoten bei den verschiedenen Förderprogrammen, durch weit überhöhte Baukosten und Wohnungsstandards mit der Folge, daß trotz des Einsatzes bedeutender öffentlicher Finanzmittel zu wenige und zu teure neue Wohnungen gebaut würden. Solange die Förderstruktur nicht geändert werde, bleibe die angestrebte Zielsetzung unerreichbar.

Die derzeit aufwendig erstellten Wohnungen sind dem Durchschnitt der Altwohnungen nach Fläche und Standard deutlich überlegen. Diese Neubauten erfordern zur Sicherung „sozialverträglicher Mieten" finanzielle Aufwendungen des Landes, die nicht mehr „staatsverträglich" oder „steuerverträglich" seien. Bürger, die in geringerwertigen Altbauwohnungen lebten, müßten die erhöhten Aufwendungen für die besseren Wohnungen anderer tragen. Hier würden unbezahlbare Ansprüche „gezüchtet". Zur finanziell langfristig soliden und gesellschaftsverträglichen Erfüllung der Aufgabe „sozialverträglicher Wohnraum für alle", könnten und dürften nur Wohnungen mit Grundstandard gefördert werden.

- *Erschließung von Industrie- und Gewerbegelände (S. 121 f.)*: Auf der Basis einer Untersuchung bei 50 bereits fertiggestellten Gewerbegebieten im Land Brandenburg konnte der Erfolg des Förderprogramms nur eingeschränkt bestätigt werden. Die Auslastung (54 %) und die Nutzung durch förderfähige Unternehmen (31 %) der bislang erschlossenen Flächen war zu niedrig. Auf sieben Gewerbegebieten wurden mehr als 50 % nichtförderfähige Betriebe angesiedelt und damit Fördermittel bis zu 35 Mio. DM nicht zweckentsprechend eingesetzt. Die gesetzten Arbeitsplatzziele konnten nicht erreicht werden. Der Landesrechnungshof empfahl, die Bewilligung von Fördermitteln für Gewerbegebiete grundsätzlich unverzüglich auslaufen zu lassen und die dringend notwendige Kontrolle der Förderpraxis im Hinblick auf deren Modalitäten und Umfang vorzunehmen. Das Ministerium für Wirtschaft, Mittelstand und Technologie erklärte daraufhin, daß es den Vorschlägen des Rechnungshofes grundsätzlich folgen wolle.

(4) Jahresbericht des Landesrechnungshofes 1996

- *Verwendung von Zuwendungen für ein kommunales Bauvorhaben (S. 62 f.)*: Bei der Realisierung eines kommunalen Bauvorhabens wurden Zuwendungen in Höhe von rund 355.000 DM unzulässig in Anspruch genommen. Der Vertrag zur Umsetzung des Projekts wurde mit einer privaten Gesellschaft geschlossen, die mit der Durchführung der Baumaßnahme überfordert war. Die Grundsätze der sparsamen Haushalts- und Wirtschaftsführung wurden mißachtet.

- *Vergabe und Verwendung von Zuschüssen an eine mit Landesaufgaben betraute GmbH (S. 82 ff.)*: Das Verwaltungshandeln des Ministeriums für Arbeit, Soziales, Gesundheit und Frauen bei der Vergabe, Auszahlung und Überwachung von öffentlichen Zuschüssen gab Anlaß zu erheblicher Kritik. So wurden z.B. Haushaltsmittel in Millionenhöhe ohne schriftlichen Verwaltungsakt ausgezahlt. Die Mittel waren zum Teil zu früh und nicht bedarfsorientiert abgeflossen. Das Ministerium für Arbeit, Soziales, Gesundheit und Frauen hatte es bis 1994 zugelassen, daß die mit öffentlichen Mitteln geförderte GmbH Rückstellungen gebildet bzw. Verbindlichkeiten ausgewiesen hatte, anstatt nicht benötigte Haushaltsmittel - per 31. Dezember 1994 rund 3,1 Mio. DM - an das Land zurückzuzahlen.

- *Ausreichung und Verwendung von Landesmitteln für das Gesundheitshaus Ringenwalde (S. 86 ff.)*: Das Ministerium für Arbeit, Soziales, Gesundheit und Frauen bewilligte eine Zuwendung in Höhe von 3,5 Mio. DM, ohne sich an die Erläuterung im Haushaltsplan zu halten, und ohne daß eine baufachliche Prüfung für das Projekt stattgefunden hatte und die Gesamtkosten feststanden. Da die Zuwendung nur im Jahr 1994 bereitstand, reichte das Ministerium die Mittel noch im Dezember in voller Höhe aus. Der Zuwendungsempfänger täuschte eine Mittelverwendung in Höhe von 1,4 Mio. DM vor. Vor allem zur Begleichung von Honorarkosten im Zusammenhang mit der Umsetzung des Projektes stellte das Ministerium der Landesagentur für Struktur und Arbeit eine weitere Zuwendung in Höhe von 181.000 DM aus einem Titel mit anderer Zweckbestimmung bereit.

- *Gewährung und Verwendung von Landesmitteln für Kindertagesstätten (S. 91 ff.)*: Nachweise zur Verwendung der Landesmittel für das 1. Halbjahr 1992 lagen unvollständig vor und waren wenig aussagefähig. Ab Juli 1992 fand eine Mittelverwendungskontrolle nicht mehr statt. Das Verfahren zur Bereitstellung der Landesmittel berücksichtigte die stark fallende Zahl der in den Kindertagestätten betreuten Kinder nur unzureichend. Jugendämter hatten Landesmittel nicht zweckgemäß verwendet. Die Finanzierung von Personalkosten über Arbeitsbeschaffungsmaßnahmen und die Ausreichung von Landesmitteln für gleiche Zwecke führte zu Doppelfinanzierungen.

- *Umsetzung des Förderprogramms Gemeinschaftsaufgabe „Verbesserung der regionalen Wirtschaftsstruktur" in der gewerblichen Wirtschaft (S. 132 ff.)*: Im Zeitraum 1991 bis 1994 wurden in Brandenburg im Rahmen der Gemeinschaftsaufgabe Mittel in Höhe von rund 2,6 Mio. DM zur Förderung der gewerblichen Wirtschaft eingesetzt. Die Erfolgskontrolle des Rechnungshofes ergab, daß die von den geförderten Unternehmen zugesagte Zahl der zu schaffenden bzw. zu sichernden Dauerarbeitsplätze im wesentlichen eingehalten wurde. Die Förderung von Ausbildungsplätzen war bis dato unzureichend. Hochwertige Arbeitspätze entstanden zum Teil gar nicht oder nicht entsprechend den Anforderungen des Rahmenplanes. Zur Verbesserung der Effizienz des Förderprogramms sollten die Zuschüsse dem Grunde und der Höhe nach nicht allein an den Investitionskosten, sondern mehr an den Arbeits- und Ausbildungsplätzen, der Ertragskraft und den branchenspezifischen Gegebenheiten orientiert werden.

- *Förderprogramm „Erschließung von Industrie- und Gewerbegelände" (S. 138 ff.)*: Das Land Brandenburg förderte mit Mitteln aus der Gemeinschaftsaufgabe in Höhe von rund 69 Mio. DM die Erschließung eines Gewerbeparks. Aufgrund vorzeitigen Mittelabrufs entstanden Zinsansprüche des Landes gegenüber dem Zuwendungsempfänger von mindestens 820.000 DM. Der Bewilligungszeitraum wurde erheblich überschritten. Die Bewilligungsbehörde prüfte nicht den Verwendungsnachweis und forderte die Zinsen nicht ein. Eine Auslastung des Gewerbegebietes war mittelfristig nicht absehbar.

(5) Jahresbericht des Landesrechnungshofes 1997

- *Verwendung von Arbeitsmarktmitteln durch Arbeitsfördergesellschaften (S. 65 ff.)*: Der Rechnungshof prüfte im Jahre 1996 bei Arbeitsfördergesellschaften als Träger arbeitsmarktpolitischer Maßnahmen die wirtschaftliche und zweckentsprechende Verwendung von Arbeitsmitteln des Ministeriums für Arbeit, Soziales, Gesundheit und Frauen. Eine Erfolgskontrolle über die Integration von Maßnahmeteilnehmern in den ersten Arbeitsmarkt war nicht möglich. Hierfür mangelte es sowohl im zuständigen Ressort als auch bei den Arbeitsfördergesellschaften an verläßlichem und aktuellem Zahlenmaterial. Der Landesrechnungshof erwartete vom Zuwendungsgeber einen ständigen Überblick über den Nachweis der Effizienz der eingesetzten Mittel.

• *Vergabe und Verwendung von Zuwendungen im Bereich Tourismus (S. 76 ff.)*: Das Ministerium für Wirtschaft, Mittelstand und Technologie hatte von 1991 bis März 1997 Mittel aus der Gemeinschaftsaufgabe „Verbesserung der regionalen Wirtschaftsstruktur" für die Förderung des Tourismus in Höhe von 368 Mio. DM ausgezahlt. Die Auslastung überdurchschnittlich geförderter Hotel-Neubauten war besorgniserregend niedrig. Die Investitionen waren gegenüber dem Land verspätet, zum Teil nachlässig und mit falschen Angaben abgerechnet worden. Eine umfassende Bewertung, ob und inwieweit der Einsatz von Fördermitteln zur Umsetzung der Fremdenverkehrskonzeption des Landes und zur Erhöhung der geschätzten bisher vorhandenen 50.000 Arbeitsplätze um weitere 50.000 neu geschaffene geführt hatte, war nicht möglich. Hierfür mangelte es im zuständigen Fachreferat des Ministeriums an einer zahlenmäßigen Gesamtübersicht. Der Landesrechnungshof ermittelte bei seiner Prüfung nicht förderfähige Ausgaben von mindestens 1,8 Mio. DM und weitere Rückforderungen von 5,5 Mio. DM.

(6) Jahresbericht des Landesrechnungshofes 1998

• *Einsatz der Informationstechnik in der Staatskanzlei (S. 66 ff.)*: Der Landesrechnungshof prüfte bei der Staatskanzlei die Verwendung der Haushaltsmittel für die Informationstechnik der Jahre 1993 bis 1996 mit einem Volumen von 1,9 Mio. DM. Die Staatskanzlei hatte einen sehr hohen Ausstattungsgrad mit Informationstechnik erreicht. Dabei beachtete sie jedoch die Prinzipien der Ordnungsmäßigkeit und Wirtschaftlichkeit nicht in ausreichendem Maße. So wurden vor Beschaffungen überwiegend keine aussagefähigen Wirtschaftlichkeitsuntersuchungen durchgeführt und die Ziele und Anforderungen für den Informationstechnik-Einsatz nicht ordnungsgemäß formuliert und dokumentiert. Damit war die Durchführung von Erfolgskontrollen kaum möglich. Selbst wenn im Ergebnis Maßnahmen noch als wirtschaftlich angesehen werden könnten, berechtigte dies die Staatskanzlei nicht, auf aussagefähige Wirtschaftlichkeitsuntersuchungen vor Durchführung der vorgesehenen Maßnahmen zu verzichten.

• *Zuschüsse für das Wissenschaftlerintegrationsprogramm (S. 78 ff.)*: Das Wissenschaftlerintegrationsprogramm sollte zur Eingliederung von Wissenschaftlern und Arbeitsgruppen aus den ehemaligen DDR-Akademien in die Hochschulen oder in die von Bund und Ländern gemeinsam geförderten Forschungseinrichtungen beitragen. Fördermittel in Höhe von 1,5 Mio. DM, welche für die Integration der Wissenschaftler bereitgestellt waren, wurden zweckentfremdet eingesetzt. Die Intention des Programms wurde nur begrenzt umgesetzt. Zum Prüfungszeitpunkt wirkten von 265 geförderten Personen lediglich 11 % in unbefristeten Anstellungsverhältnissen. Zusätzliche Anreize, wie fortgesetzte Personalkostenzuschüsse für bereits etabliertes Personal in Höhe von 2,5 Mio. DM, erhöhten den Integrationsgrad nicht.

• *Vergabe und Verwendung eines Zuschusses an eine GmbH (S. 86 ff.)*: Ein Unternehmen hatte einen Zuschuß im Rahmen der Gemeinschaftsaufgabe „Verbesserung der regionalen Wirtschaftsstruktur" in Höhe von 10 Mio. DM in den Jahren 1994 bis 1996 erhalten. Nach Vorlage der Verwendungsnachweise im Jahre 1997 prüfte der Landesrechnungshof stichprobenweise die Vergabe und Verwendung der ausgezahlten Mittel. Dabei stellte er fest, daß es zu einer Überförderung von 1 Mio. DM gekommen war, daß die Arbeitsplatzziele wesentlich unterschritten und mehrfach vom Zuwendungsgeber nach unten korrigiert worden waren. Der Rechnungshof empfahl, Arbeitsplatzziele zukünftig realistisch zu vereinbaren und bei Nichterreichung entsprechende Rückforderungen zu prüfen.

- *Aufbaustand und Arbeitsweise der Betriebsprüfung (S. 102 ff.)*: Der Landesrechnungshof untersuchte 1997 den Aufbaustand und die Arbeitsweise der Betriebsprüfung bei drei Finanzämtern. Neben unzureichender EDV-Ausstattung, geringen Erledigungszahlen und vermeidbaren Bearbeitungsverzögerungen war auch die materiell-rechtliche Prüfungsqualität zu beanstanden. Der Rechnungshof stellte fest, daß bei der noch geringen Prüfungserfahrung brandenburgischer Prüfer ohne weitere Verwaltungshilfe Defizite bei der Prüfung der Großbetriebe zu erwarten seien.

5. Folgerungen

Erfolgskontrollen sind für die Tätigkeit der Rechnungshöfe von wachsender Bedeutung. Aufgrund ihrer Unabhängigkeit und ihrer Sachkunde sind die Rechnungshöfe für die Durchführung von Erfolgskontrollen die am besten geeignete Institution. Wegen ihrer beschränkten Arbeitskapazität können sie eine flächendeckende Erfolgskontrolle finanzwirksamen staatlichen Handelns aber nicht durchführen. Andererseits brauchen die Rechnungshöfe sich nicht nur auf die Prüfung zu beschränken, ob die Ressorts den Erfolg von Maßnahmen und Programmen in nachvollziehbarer Art und Weise kontrolliert haben. Zur Förderung der Integration der Erfolgskontrolle bei Verwaltung und Rechnungshof kann auch ein unbefangener Umgang zwischen Verwaltung und Rechnungshof beitragen. Bei der eigenen Durchführung von Erfolgskontrollen strebt etwa auch der Landesrechnungshof Brandenburg eine enge Zusammenarbeit mit den jeweils fachlich zuständigen Ressorts an.

Eine vertrauensvolle Zusammenarbeit zwischen Verwaltung und Finanzkontrollorgan Rechnungshof hilft der Verwaltung, Fehler bei der Durchführung von Erfolgskontrollen zu vermeiden. Die Rechnungshöfe können der Verwaltung Hilfestellungen geben bei der technischen Durchführung von Erfolgskontrollen. Hat sich der Standard der von der Verwaltung durchgeführten Erfolgskontrollen verbessert, dann wird der Rechnungshof bei der Kontrolle der von den Ressorts gelieferten Kontrollen weniger auszusetzen haben und den Mitarbeitern in der Verwaltung wird das Gefühl genommen, bevormundet zu werden oder eine unnütze Tätigkeit auszuüben. Die Verwaltung kann den Rechnungshöfen im Wege einer Gegenkontrolle Arbeit geradezu abnehmen.[664] Damit soll die Zuständigkeit der Rechnungshöfe zur Durchführung von Erfolgskontrollen nicht etwa geleugnet, es soll nur deutlich gemacht werden, daß die Rechnungshöfe von der organisatorischen und personellen Überlegenheit der Verwal-

---

[664] *Ernst Heuer*, Diskussionsbeitrag, in: Hans Herbert von Arnim (Hrsg.), Finanzkontrolle im Wandel, Berlin 1989, S. 180

tung auch profitieren können. Eine vertrauensvolle Zusammenarbeit im Wege gegenseitigen Informationsaustausches und gegenseitiger Mithilfe bei der Durchführung von Erfolgskontrollen dürfte letztlich auch im Interesse der Rechnungshöfe liegen. Dabei darf natürlich nicht übersehen werden, daß auch die Selbstkontrolle der Verwaltung der Kontrolle bedarf. Letztlich ist nur eine unabhängige Kontrolle effektiv, da sie die größte Gewähr der Unparteilichkeit bietet. Diese unabhängige Kontrolle darf aber nicht zu einem Bevormunden werden und dem Kontrollierten das Gefühl geben, seine Tätigkeit sei eine reine Pflichtübung, die nichts einbringe. Anderenfalls kann der Verwaltung nicht vermittelt werden, daß die von ihr durchgeführten Erfolgskontrollen wichtig und bedeutsam sind. Das gemeinsame Gespräch und der gemeinsame Erfahrungsaustausch vermag den Stellenwert der Erfolgskontrolle in Verwaltung und Rechnungshof zu stärken. Eine solche Vorgehensweise dürfte ein bedeutender Schritt sein, das dargestellte Regel-Ausnahme-Verhältnis, Erfolgskontrollen nur in Ausnahmefällen durchzuführen, umzukehren, ohne die Arbeitskapazitäten der Rechnungshöfe überwiegend für die Durchführung von Erfolgskontrollen zu bündeln. Von den Rechnungshöfen kann dagegen nicht verlangt werden, daß sie sich flächendeckend das gesamte Fachwissen der Fachabteilungen aneignen und darüber hinausgehend nachweisen, ob und warum ein Ziel nicht erreicht wurde oder eine Kausalität nicht gegeben war. Daher ist es zwangsläufig auch Sache der Verwaltung, schlüssig und eingehend darzulegen, warum die vorgeschriebenen Erfolgskontrolluntersuchungen gegebenenfalls nicht durchgeführt werden konnten. Die Rechnungshöfe können aber den entscheidenden Teil zur Akzeptanz dieser Aufgabe beitragen.

6. Entwicklung erfolgskontrollspezifischer Typologien

Bei vergleichbaren öffentlichen Aufgabenstellungen haben die Rechnungshöfe die Möglichkeit, in diesen Bereichen Typologien für Erfolgskontrollen zu entwickeln. Die Vergabe von Subventionen läßt sich zu solchen vergleichbaren Aufgabenstellungen zählen. In diesen Fällen können die Rechnungshöfe sich im Rahmen von Querschnitts- oder Schwerpunktprüfungen einen umfassenden Überblick über die Vergabepraktiken verschaffen. Gegenstand einer Querschnittsprüfung ist die Überprüfung eines bestimmten Themas einer bestimmten Subventionsmaßnahme bei einer Vielzahl von Verwaltungsorganisationen. Überprüft wird also nicht die gesamte Subventionsmaßnahme in allen ihren Auswirkungen, sondern nur ein Teil des gesamten in Betracht kommenden Prüfungsgegenstandes wird vertieft in die Prüfung einbezogen.[665] Beispiel: Erhalten verschiedene Unternehmen Subventionen für Forschungs- und Entwicklungsvorhaben zur Standortsicherung, dann ließe sich im Rahmen einer Querschnittsprüfung bei mehreren Unternehmen die zusätzliche Beschäftigungswirkung des Subventionsprogramms im Inland hinterfragen. Stellt sich bei einer solchen Prüfung heraus, daß ein bestimmtes Unternehmen seiner Aufgabe nur durch die Verpflichtung von Arbeitskräften außerhalb des Förderungsgebietes nachkommen konnte, dann ist die Subventionsmaßnahme hinsichtlich der Beschäftigungswirkung nachteilig, was kaum der Zweck der Maßnahme sein kann. Die Rechnungshöfe

---

[665] *Jakobs-Woltering*, (Fn. 463), S. 284

können sich also bei ihrer Kontrolle auf bestimmte Teile einer Maßnahme beschränken und müssen das Programm nicht hinsichtlich aller Auswirkungen untersuchen. Bei Erfolgskontrollen, die als Querschnitts- und Schwerpunktprüfungen durchgeführt werden, können die Rechnungshöfe umfassende Informationen erhalten, die sich bei aktuellen Prüfungen und zur Vorbereitung zukünftiger Programme umsetzen und verwerten lassen.[666]

7. Finanzbeziehungen zwischen Bund und Ländern - Mischfinanzierte Subventionen

a) Gemeinschaftsaufgaben nach Art. 91 a und 91 b GG

Ein besonderes Problem der Erfolgskontrolle ergibt sich aus dem Vollzug von Bundesmaßnahmen durch die Länder.[667] Für seine eigenen Aufgaben ist der Bund zu Erfolgskontrollen verpflichtet, auch wenn die Ausführung der Aufgaben bei den Länderverwaltungen liegt (Beispiel: Straßenbau für Bundesfernstraßen). Darüber hinaus ist der Bund aber auch bei den Gemeinschaftsaufgaben (Abschnitt VIII a GG) zur Berücksichtigung des Wirtschaftlichkeitsgebotes verpflichtet und für die Erstellung entsprechender Untersuchungen zuständig und verantwortlich. Schließlich handelt es sich um Aufgaben, die auch Bundesaufgaben sind, da sie „für die Gesamtheit bedeutsam sind und die Mitwirkung des Bundes zur Verbesserung der Lebensverhältnisse erforderlich ist“ (Art. 91 a Abs. 1 GG) oder „bei der Bildungsplanung und bei der Förderung von Einrichtungen und Vorhaben der wissenschaftlichen Forschung [ein Interesse] von überregionaler Bedeutung“ besteht (Art. 91 b Satz 1 GG). Art. 91 a GG ermächtigt den Bund zur Mitwirkung bei der Aufgabenerfüllung durch die Länder und regelt damit die Kompetenzverteilung zwischen Bund und Ländern, die in Form einer gemeinsamen Rahmenplanung beim Ausbau und Neubau von Hochschulen, einschließlich der Hochschulkliniken, bei der Verbesserung der regionalen Wirtschaftsstruktur sowie bei der Verbesserung der Agrarstruktur und des Küstenschutzes zusammenwirken. Die Finanzierungsverantwortung regelt Art. 91 a Abs. 4 Sätze 1-3 GG. Demnach ist zu unterscheiden: Bei den Gemeinschaftsaufgaben „Ausbau und Neubau von Hochschulen“ und „Verbesserung der regionalen Wirtschaftsstruktur“ trägt der Bund die Hälfte der Ausgaben in jedem Land. Für die Gemeinschaftsaufgabe zur Verbesserung der regionalen Wirtschaftsstruktur stellte der Bund im Jahre 1997 rund 2,85 Milliarden DM an Barmitteln bereit.[668] Bei der Gemeinschaftsaufgabe „Verbesserung der Agrarstruktur und des Küstenschutzes“ kann der Anteil des Bundes auch höher sein. Tatsächlich beträgt er beim Küstenschutz 70 % und bei der Verbesserung der Agrarstruktur 60 %. Die Beteiligung ist für alle Länder einheitlich festzusetzen.[669] Bei den Gemeinschaftsaufgaben nach Art. 91 a und 91 b

---

[666] *Volkmar*, (Fn. 657), S. 77 ff.

[667] Vgl. zum folgenden *Tiemann*, (Fn. 549), S. 221 ff.

[668] FRANKFURTER ALLGEMEINE ZEITUNG, 12. April 1997, Nr. 85, S. 13

[669] Vgl. *Hans Herbert von Arnim*, Finanzzuständigkeit, in: Josef Isensee / Paul Kirchhof (Hrsg.), Handbuch des Staatsrechts der Bundesrepublik Deutschland, Band IV, Heidelberg 1990, § 103 Rn. 66, S. 1017

GG sind sowohl der Bund als auch die Länder aufgrund der Haushaltsordnungen zu Erfolgskontrollen verpflichtet.[670] Dem haben §§ 45 HGrG, 93 Abs. 1 Satz 1 BHO dadurch Rechnung getragen, daß in allen Fällen einer Doppelzuständigkeit von Bundesrechnungshof und Landesrechnungshöfen gemeinsam geprüft werden soll.

Die Verwaltungsaufgaben verbleiben bei den Gemeinschaftsaufgaben im Hinblick auf Art. 104 a Abs. 5 GG bei den Ländern. Die Erstattungsleistungen des Bundes werden nach dem Kostenansatz des gemeinsam erstellten Rahmenplanes (vgl. Art. 91 a Abs. 3 GG) errechnet, dessen Durchführung Sache der Länder ist. Veränderte Kostenansätze durch eine Korrektur eines Rahmenplanes bei der jährlichen Fortschreibung können berücksichtigt werden. Entsprechend dem jeweiligen Stand der Maßnahme und der bereitgestellten Haushaltsmittel leistet der Bund bis zur voraussichtlichen Höhe des von ihm zu erstattenden Betrages Vorauszahlungen an das Land. Zur Feststellung des Mittelbedarfs teilen die Länder dem jeweils zuständigen Fachminister des Bundes die verausgabten Mittel sowie den Stand und die voraussichtliche Entwicklung der Vorhaben mit. Die Erstattungsregelungen werden ergänzt durch Vorschriften über die Rückzahlung und Verzinsung der Bundesmittel. So hat der Bund Rückforderungsansprüche gegen ein bestimmtes Land, wenn dieses Mittel für ein gemeinsam finanziertes Projekt zweckentfremdet hat. Gerade bei den Gemeinschaftsaufgaben nach Art. 91 a GG bietet sich den Rechnungshöfen des Bundes und der Länder ein weites Betätigungsfeld gemeinsamer Prüfungen hinsichtlich der Einhaltung der Verfahrensweisen und zweckentsprechenden Verwendung der von Bund und Ländern bereitgestellten Mitteln. Gleiches gilt für die Gemeinschaftsaufgaben nach Art. 91 b GG, bei denen der jeweilige Anteil der gemeinsamen Finanzierung nicht verfassungsrechtlich festgelegt, sondern der Regelung in Verwaltungsvereinbarungen überlassen ist. Die Aufteilung der Kosten ist beliebig, lediglich eine volle Kostentragung durch Bund oder Land ist nicht zulässig.

b) Finanzhilfen nach Art. 104 a Abs. 4 GG

Ein weiterer wesentlicher Bereich gemeinsamer Finanzkontrolle sind die Finanzhilfen des Bundes zu Investitionen der Länder und Gemeinden nach Art. 104 a Abs. 4 GG. Nach dessen Satz 1 kann der Bund den Ländern in drei Fallgruppen Finanzhilfen gewähren: Die Beteiligung des Bundes ist zulässig bei Investitionen, die zur Abwehr einer Störung des gesamtwirtschaftlichen Gleichgewichts erforderlich sind. Diese Finanzhilfen dürfen grundsätzlich aber nur so lange gewährt werden, wie dies aus konjunkturpolitischen Gründen erforderlich ist. Im Gegensatz dazu lassen die zweite und die dritte der in Art. 104 a Abs. 4 Satz 1 GG genannten Möglichkeiten wohl auch langfristige Hilfen zu, wenn es um den Ausgleich unterschiedlicher Wirtschaftskraft im Bundesgebiet geht, und wenn die Investitionen zur Förderung des wirtschaftlichen Wachstums im Bundesgebiet erforderlich sind. Das Bundesverfassungsgericht hat den Wortlaut „Finanzhilfe" besonders hervorgehoben und damit klargestellt, daß es sich nicht um eine komplette Finanzierung durch den Bund han-

[670] *BWV 1998*, (Fn. 473), S. 34

deln darf.[671] Die Finanzhilfen dürfen zudem nur Ländern gewährt werden. In deren Händen liegt dann die verantwortliche Vergabe der Mittel an die kommunalen Investitionsträger.[672] Diese Finanzhilfekompetenz des Bundes, besonders bedeutsame Investitionen[673] der Länder und Gemeinden mitzufinanzieren, führt zu einer echten Gemeinschaftsfinanzierung, die eine Koordinierung der Finanzkontrolle erforderlich macht.

c) Weitere Fälle der Gemeinsamen Prüfung im Sinne der §§ 45 HGrG, 93 BHO

Ein wesentlicher Grundsatz für die Rechnungsprüfung ist auch die in Art. 104 a Abs. 1 GG getroffene Regelung der Lastenverteilung, wonach der Bund und die Länder gesondert die Ausgaben tragen, die sich aus der Wahrnehmung ihrer Aufgaben ergeben, soweit das Grundgesetz nichts anderes bestimmt. Wahrnehmung bedeutet unmittelbarer Vollzug; es kommt nicht darauf an, wer die kostenverursachende Regelung getroffen oder veranlaßt hat.[674] Dieser Grundsatz, der eine sinnvolle Zuordnung der Ausgaben- und Aufgabenkompetenz ermöglichen soll, erfährt in Art. 104 a Abs. 2 GG dahingehend eine Ausnahme, daß der Bund die Zweckausgaben (nicht die Verwaltungsausgaben) trägt, die sich aus der Durchführung von Bundesgesetzen in Auftragsverwaltung durch die Länder ergeben. Da die Verwaltungskosten indessen nach Art. 104 a Abs. 5 GG bei den Ländern verbleiben, kommt es auch beim Vollzug der Bundesgesetze in Auftragsverwaltung zu einer Doppelzuständigkeit der Rechnungsprüfung. Ein weiterer Fall der Gemeinsamen Prüfung bildet die Mitfinanzierung der Geldleistungsgesetze durch den Bund nach Art. 104 a Abs. 3 GG. Hiernach können Bundesgesetze, die Geldleistungen gewähren und von den Ländern ausgeführt werden, bestimmen, daß die Geldleistungen ganz oder zum Teil vom Bund getragen werden. Bestimmt das Gesetz, daß der Bund die Hälfte der Ausgaben oder mehr trägt, wird es im Auftrag des Bundes durchgeführt. Solche Geldleistungsgesetze sind etwa das Bundessozialhilfegesetz oder das Bundesausbildungsförderungsgesetz. Die Gemeinsame Prüfung erstreckt sich in diesem Bereich insbesondere auf die Einhaltung des Verwendungszweckes. Schließlich enthält auch Art. 108 GG für die Finanzverwaltung Bereiche gemeinsamer Rechnungskontrolle, soweit Landesfinanzbehörden Steuern des Bundes verwalten oder mitverwalten. Auch in Art. 91 a GG und in Art. 91 b GG ist „etwas anderes" im Sinne des Art. 104 a Abs. 1 GG bestimmt. Die Überschneidungen zwischen den die „echten Gemeinschaftsaufgaben" regelnden Art. 91 a und 91 b GG und der die „unechten Gemeinschaftsaufgaben" betreffenden Vorschrift des Art. 104 a Abs. 4 GG sind indessen zu vielfältig, als daß für ihr Verhältnis zuei-

[671] BVerfGE 39, 96, 116

[672] BVerfGE 41, 291, 313; Finanzhilfen sind Zuwendungen an die Länder. Soweit sie für Gemeinden bestimmt sind, muß die Vergabe der Mittel an sie in den Händen der Länder liegen.

[673] BVerfGE 39, 96, 115: Die Finanzhilfen müssen „in Ausmaß und Wirkung besonderes Gewicht haben".

[674] BVerfGE 26, 338, 391; BVerwGE 44, 351, 364; BGHZ 98, 244, 254 f.

nander von einer allgemeinen Regel ausgegangen werden könnte.[675] Finanzhilfen des Bundes nach Art. 104 a Abs. 4 GG sind daher grundsätzlich auch in den Anwendungsbereichen der Art. 91 a und 91 b GG möglich. Eine gemeinsame Prüfungszuständigkeit des Bundesrechnungshofes und eines Landesrechnungshofes ist deshalb in einer Vielzahl von Fällen begründet. In der Hauptsache geht es dabei um zwei Gruppen von Tatbeständen: erstens um Prüfungstatbestände im Rahmen der Bundesauftragsverwaltung, zweitens um Zuwendungen.

d) Prüfungstätigkeit des Bundesrechnungshofes

Zur Gemeinschaftsaufgabe „Verbesserung der regionalen Wirtschaftsstruktur" (Art. 91 a Abs. 1 Nr. 2 GG) gehört nach allgemeiner Meinung nicht die Förderung der gesamtstaatlichen oder sektoralen Wirtschaftsstruktur. Im einzelnen wird die Gemeinschaftsaufgabe durch § 1 GRW näher bestimmt. Danach werden die in § 1 Abs. 1 GRW genannten Förderungsmaßnahmen in Gebieten durchgeführt, deren Wirtschaftskraft erheblich unter dem Bundesdurchschnitt liegt oder erheblich darunter abzusinken droht, oder in denen Wirtschaftszweige vorherrschen, die vom Strukturwandel in einer Weise betroffen sind, daß negative Rückwirkungen auf das Gebiet in erheblichem Umfang eintreten. Hinsichtlich dieser Gemeinschaftsaufgabe hat der Bundesrechnungshof in seinen Bemerkungen 1996 festgestellt, daß die geprüften Sonderprogramme an entsprechende Vorläuferprogramme anknüpften, bei denen keine Erfolgskontrollen durchgeführt worden waren, so daß entsprechende Untersuchungsergebnisse als Grundlage für die Planung und die Förderentscheidung der neuen Programme fehlten.[676] „Bei Subventionen im Rahmen der Gemeinschaftsaufgaben nach Art. 91 a GG sah das federführende Bundesministerium für Wirtschaft seine Planungsaufgabe ... auf die Rahmenplanung begrenzt".[677] Planungen, die Rückschlüsse auf den Erfolg einer Maßnahme zuließen, „wurden vom Bund weder veranlaßt noch auf der Grundlage der von den Bundesländern zu liefernden Angaben selbst vorgenommen".[678]

Bei Subventionen, die der Bund durch Finanzhilfen an die Bundesländer nach Art. 104 a Abs. 4 GG mitfinanziert, ergeben sich nach Auffassung des Bundesverfassungsgerichts keine Mitplanungs-, Mitverwaltungs- und Mitentscheidungsbefugnisse im Aufgabenbereich der Länder.[679] Nach dieser verfassungsrechtlichen Vorgabe darf der Bund für die Maßnahmen der Länder Erfolgskontrollen nicht selbst vornehmen. Auf die Vorlage von Erfolgskontrollberichten durch die Länder sollte er indessen nicht verzichten. Schließlich spielt die wirtschaftliche Lage bei allen in Art. 104 a Abs. 4 GG vorgesehenen Zielen eine bedeutende Rolle. Für den Bund sollte

---

[675] Vgl. *Willi Blümel*, Verwaltungszuständigkeit, in: Josef Isensee / Paul Kirchhof (Hrsg.), Handbuch des Staatsrechts der Bundesrepublik Deutschland, Band IV, Heidelberg 1990, § 101 Rn. 135 ff., S. 945 f.

[676] BT-Drucks. 13/5700, S. 46

[677] BT-Drucks. 13/5700, S. 46

[678] BT-Drucks. 13/5700, S. 46

[679] BVerfGE 39, 96, 120

daher erkennbar sichergestellt sein, „ob das Förderziel durch die Unwirtschaftlichkeit der Investition nicht konterkariert würde“.[680] Diesem Anliegen entspricht auf der einen Seite die Aufgabe des Bundes, „den Ländern durch entsprechende Information die gewünschte Berücksichtigung gesamtwirtschaftlicher Belange beim Einsatz der Programm-Mittel zu ermöglichen“.[681] Auf der anderen Seite haben die Länder die Pflicht, „dem Bund die ... erforderlichen Informationen rechtzeitig und vollständig zu liefern“.[682] Da der Bund entscheidet, ob Finanzhilfen für Investitionen der Länder und Gemeinden zur Verbesserung der gesamtwirtschaftlichen Struktur erforderlich sind und wie sie ausgestaltet werden,[683] benötigt er Informationen von den Ländern über die Wirtschaftlichkeit der von ihnen beabsichtigten Maßnahmen, um „bei programmwidriger Inanspruchnahme von Bundeszuschüssen durch die Länder die entsprechenden Projekte von der Förderung auszuschließen“.[684] Zu diesen Informationen gehören auch Erfolgskontrollen.[685] Der Verzicht des Bundes auf die Vorlage von Erfolgskontrollen durch die Länder würde den Verfassungsgrundsatz der Wirtschaftlichkeit zugunsten des Grundsatzes der Bundesstaatlichkeit verdrängen. Dies ist aber nicht zulässig.[686] Zudem dient die Vorlage von Erfolgskontrollen an den Bund den Ländern als Mittel zur Transparenz staatlicher Tätigkeit letztendlich auch selbst, da das föderative Gleichheitsgebot die Benennung und Begründung von Sonderleistungen verlangt.[687]

Im Gegensatz dazu stellte beispielsweise „das Bundesministerium für Raumordnung, Bauwesen und Städtebau keine eigenen Planungsüberlegungen für das Wohnungsförderungsprogramm an. Es forderte auch Informationsverpflichtungen der Bundesländer nicht ein, die in der Grundvereinbarung zwischen dem Bund und den Bundesländern über die Gewährung dieser Finanzhilfe vorgesehen sind, und die es dem Bund erst ermöglichen, eventuelle Rückforderungsansprüche festzustellen und geltend zu machen“.[688] So stellte es der Bundesrechnungshof in seinen Bemerkungen 1996 fest. Zur Verbesserung dieser unbefriedigenden Lage schlug er vor, daß der Bund bei Maßnahmen nach Art. 91 a GG und Art. 104 a Abs. 4 GG dafür zu sorgen habe, „daß er rechtzeitig und ausreichend über Entscheidungen der Bundesländer, die Planungen und Erfolgskontrollen betreffen, informiert wird“.[689] Der Bund sollte daher seine Informationsrechte gegenüber den Bundesländern nachdrücklich einfordern. „Nur bei zeitnahen und aussagefähigen Berichten der Bundesländer über die einzelnen Fördermaßnahmen bestehen ausreichende Grundlagen für förderpolitische Ent-

---

[680] *Wintrich*, (Fn. 8), S. 899
[681] BVerfGE 41, 291, 312
[682] BVerfGE 41, 291, 313
[683] BVerfGE 39, 96, 113
[684] BVerfGE 41, 291, 313
[685] *BWV 1998*, (Fn. 473), S. 35
[686] *Wintrich*, (Fn. 8), S. 898
[687] BVerfG, NJW 1986, 2629, 2635
[688] BT-Drucks. 13/5700, S. 46 f.
[689] BT-Drucks. 13/5700, S. 47

scheidungen gemäß Artikel 91 a GG sowie Art. 104 a Abs. 4 GG".[690] Bei den Gemeinschaftsaufgaben sei es Aufgabe des zuständigen Bundesressorts, „auf der Grundlage der von den Bundesländern zu liefernden Angaben zu prüfen und zu empfehlen, mit welchen Fördermaßnahmen eines der Hauptziele ... am wirksamsten erreicht und anhand welcher Maßstäbe deren Erfolg gemessen werden kann. Da es an Vorstellungen hierzu fehlte, blieb die erwartete Wirkung der Fördermaßnahme ... unklar und nicht nachprüfbar".[691]

Diese Aussagen sind zu allgemein, weil sie den finanziellen Umfang der Fördermaßnahme nicht deutlich machen. Freilich ließe sich die Höhe der verausgabten Mittel im Haushaltsplan nachlesen, bedeutend wirkungsvoller wäre es jedoch, würde der Rechnungshof die Fördermaßnahme in ihrem Ausmaß beziffern und ihre Rechtfertigung wegen der nicht festgestellten Wirksamkeit hinterfragen. Wenn der Bundesrechnungshof feststellt, „daß die beteiligten Bundesministerien die Instrumente zur Planung und Erfolgskontrolle von Subventionen verbessern können und müssen",[692] plädiert er richtigerweise zwar für eine Etablierung der Erfolgskontrolle, läßt aber die Auswirkungen der Nichtdurchführbarkeit von Kontrollen in concreto außen vor. Allein die Feststellung, daß Erfolgskontrollen in vielen Fällen wegen fehlender Maßstäbe zur Wirksamkeitsüberprüfung nicht durchführbar waren, verschleiert die wirtschaftliche Bedeutung nicht durchgeführter Kontrollen. Stattdessen sollten die einzelnen Subventionsmaßnahmen, die der Rechnungshof überprüfen wollte, nach Art und Umfang bezeichnet und mit der Forderung verbunden werden, die Subventionsmaßnahmen abzubauen, da sie sich mangels überprüfbarer Erfolge nicht rechtfertigen lassen.[693] Diese bereits getroffene Feststellung gilt für mischfinanzierte Subventionen gleichermaßen. Nur so wird man auf der politisch-administrativen Ebene den nötigen Druck zur Etablierung von Erfolgskontrollen erzeugen können.

Im Rahmen der mischfinanzierten Subventionen ist es daher vordringliche Aufgabe des Bundesrechnungshofes, die Bundesressorts auf ihre Verpflichtung hinzuweisen, von den Ländern Ergebnisse durchgeführter Erfolgskontrollen einzufordern, anderenfalls die Subventionsmaßnahme einzustellen. Die Landesrechnungshöfe können den Bundesrechnungshof hierbei unterstützten, indem sie die Länderressorts auf ihre Verpflichtung hinweisen, Erfolgskontrollen zu erstellen und die Ergebnisse dem Bund mitzuteilen. Den Ländern sollte deutlich gemacht werden, daß sie mit Finanzhilfen des Bundes weiterhin nur rechnen können, wenn Aussagen über die Wirksamkeit dieser Hilfen vorliegen.

Entsprechendes hat für finanzwirksame Maßnahmen der EU zu gelten. In der Verordnung (EWG) Nr. 724/75 des Rates vom 18. März 1975 über die Errichtung eines Europäischen Fonds für regionale Entwicklung (FondsVO)[694] ist die für eine Er-

---

[690] BT-Drucks. 13/5700, S. 49
[691] BT-Drucks. 13/5700, S. 49
[692] BT-Drucks. 13/5700, S. 48
[693] Vgl. oben Teil C, IV, 4
[694] ABl. EG 1975 L 73 (ursprüngliche Fassung)

folgskontrolle erforderliche Zielformulierung verankert, indem die Beteiligung des Fonds an Investitionen vom Vorliegen eines regionalen Entwicklungsprogramms für das entsprechende Gebiet abhängig gemacht wird. Dieses Entwicklungsprogramm muß zur Verringerung der wichtigsten regionalen Ungleichgewichte in der EU geeignet sein (vgl. Artikel 6 Abs. 1 FondsVO). Die Mitgliedstaaten sind verpflichtet, der Kommission, die über den Einsatz von Mitteln aus dem Europäischen Fonds für regionale Entwicklung entscheidet, jährlich eine statistische Gesamtübersicht vorzulegen, anhand derer für jedes einzelne Gebiet die im Vorjahr erzielten Ergebnisse der durchgeführten Maßnahmen festgestellt werden können (vgl. Artikel 6 Abs. 5 und 6 FondsVO). Die Vorlage von Ergebnisberichten ist für die Mitgliedstaaten mithin explizit festgeschrieben. Auch für den Einsatz von EU-Mitteln gilt, daß die Gewährung der Beihilfe notwendig sein muß, um die gewünschte Entwicklung herbeizuführen. Voraussetzung ist, daß die geförderte Maßnahme ohne die Beihilfe nicht oder nicht ausreichend oder nur mit unannehmbaren Nebenwirkungen durchgeführt werden könnte, die dem Gemeinschaftsinteresse abträglich wären. Ob diese Voraussetzung gegeben ist oder ob nicht das freie Spiel der Marktkräfte die begünstigten Unternehmen ohnehin dazu veranlassen würde, die angestrebten Ziele zu erreichen, kann die Kommission nur beurteilen, wenn ihr entsprechende Informationen von den Mitgliedstaaten geliefert werden. Zur Sicherung dieses Bedürfnisses „werden auf Antrag der Kommission im Einvernehmen mit dem Mitgliedstaat von den zuständigen Stellen des Mitgliedstaates Nachprüfungen an Ort und Stelle oder Erhebungen über die vom Fonds finanzierten Maßnahmen durchgeführt“, bei denen sich Bedienstete der Kommission beteiligen können (vgl. Artikel 9 Abs. 3 FondsVO). Werden die gewährten Fondsmitteln zweckentfremdet eingesetzt, dann kann der Beitrag des Fonds durch eine Kommissionsentscheidung gekürzt oder widerrufen werden (vgl. Artikel 9 Abs. 1 FondsVO). Ist der Einsatz der Fondsmittel ungeeignet zur beabsichtigten Entwicklung der geförderten Wirtschaftsregion, dann ist die Mittelgewährung unwirtschaftlich, weil unwirksam und damit rechtswidrig.[695]

Den deutschen Rechnungshöfen kommt an dieser Stelle die Aufgabe zu, das Bewußtsein der nationalen Behörden für die Notwendigkeit, der Kommission Ergebnisse über Erfolgskontrollen von mit Fondsmitteln finanzierten Maßnahmen zu liefern, zu schärfen und auf eine mangelhafte Durchführung hinzuweisen. Der Europäische Rechnungshof hat seinerseits darauf hinzuwirken, daß die Kommission von ihrem Recht, Erfolgskontrollen von den Mitgliedstaaten geliefert zu bekommen, nachdrücklich Gebrauch macht. Wie auf nationaler Ebene sollte die betreffende Mittelgewährung genau nach Art und Umfang bezeichnet werden. Liegen keine Erfolgskontrolluntersuchungen vor, dann sollte der Europäische Rechnungshof der Kommission die Empfehlung aussprechen, die Beihilfegewährung aus EU-Mitteln einzufrieren und die Mittelgewährung von durchgeführten Erfolgskontrollen abhängig zu machen.

---

[695] Die getroffenen Aussagen gelten für alle aus EU-Mitteln (mit-) finanzierten Maßnahmen entsprechend.

VIII. Beispiele für Erfolgskontrollen in einzelnen Subventionsbereichen

1. Subventionen der EU

a) Die Gemeinsame Agrarpolitik

Nach Art. 32 Abs. 1 Satz 1 EGV umfaßt der Gemeinsame Markt auch die Landwirtschaft und den Handel mit landwirtschaftlichen Erzeugnissen. Im EG-Vertrag kommt die Einbeziehung der Landwirtschaft in den Gemeinsamen Markt nicht hinreichend zum Ausdruck; sie ist weitgehend dem sekundären Gemeinschaftsrecht überlassen. Die Landwirtschaftskonferenz von Stresa definierte bereits im Juli 1958 erste Leitlinien für die zukünftige Gemeinsame Agrarpolitik. Auf dieser Konferenz wurde das bis heute geltende Prinzip der Beeinflussung der Agrarmärkte durch eine Subventionspolitik geschaffen. Sehr entscheidend dabei war die Forderung, die Agrarpreise nach und nach auf ein einheitliches Niveau zu bringen. Da die Produktionskosten in der Gemeinschaft höher waren als in den anderen bedeutenden Erzeugerländern, mußten die Preise über dem Weltmarktniveau liegen, wenn man die Gemeinschaftsproduktion ausbauen und absichern wollte. Ziel war dabei keine vollkommene Autarkie, sondern eine ausgewogene Beteiligung am Welthandel. Negative Rückwirkungen auf den Handel mit Industriegütern wären anderenfalls nicht auszuschließen gewesen.

Die „gemeinsame Organisation der Agrarmärkte“ (vgl. Art. 34 Abs. 2 EGV) hat sich in Marktordnungen ausgeformt, die nahezu alle landwirtschaftlichen Erzeugnisse und deren Verarbeitungsprodukte einbeziehen. Die Marktordnungen sind das zentrale Instrument, um die landwirtschaftliche Produktion in die gewünschten Bahnen zu lenken. Grundsätzlich sollte sich der Preis auf dem Agrarmarkt durch Angebot und Nachfrage selbst steuern. Fällt aber der Marktpreis eines Produktes unter einen bestimmten festgelegten Mindestpreis, dann müssen die Interventionsstellen das Produkt zu diesem Preis einkaufen. Der Mindestpreis garantiert somit die Abnahme des jeweiligen Produktes zu einem bestimmten Preis. Neben diesen Interventionspreis tritt noch der vom Europäischen Rat festgelegte Richtpreis. Dieser Richtpreis gewinnt praktische Bedeutung bei der Einfuhr landwirtschaftlicher Produkte in die EU. Er bildet die rechnerische Basis für den sog. Schwellenpreis, zu dem ausländische Produkte in die EU eingeführt werden dürfen. Der Schwellenpreis ist der vom Rat festgelegte Richtpreis abzüglich der Transportkosten und einer gewissen Vermarktungsspanne. Die Differenz zwischen diesem Schwellenpreis und dem Lieferpreis der ausländischen Einfuhren schöpft die EU ab. Diese Abschöpfungen sind praktisch eine Art Zoll auf ausländische Importprodukte, die dann innerhalb der EU zum Schwellenpreis zur Verfügung stehen. Dem Absatz der innergemeinschaftlichen Erzeugnisse soll dadurch Vorrang vor Drittlandsprodukten eingeräumt werden.

Dieses Prinzip der Gemeinschaftspräferenz verursacht im wesentlichen folgende Probleme: Die künstlich hochgehaltenen Preise für Agrarerzeugnisse schaffen permanente Anreize zu deren Anbau und Produktion. Daraus resultieren ständig wachsende Kosten der Agrarsubventionierung. Mittel zur Verringerung der Produktionsmengen haben sich letztlich als nur wenig erfolgreich erwiesen.

Beispiel „Gemeinsame Marktorganisation für Weinbauerzeugnisse":

Der Kommission stehen zur Steuerung der auf den Markt gebrachten Weinmengen zwei Instrumente zur Verfügung. Das erste Instrument, die Destillation, zielt auf einen kurzfristigen Marktausgleich ab. Mit der Destillation, durch die Weinüberschüsse vom Markt genommen werden, soll den Auswirkungen von Rekordernten begegnet werden, die aufgrund besonders günstiger Witterungsverhältnisse erzielt wurden. Das zweite Instrument, die Rodung, ist längerfristig angelegt. Es zielt darauf ab, das Erzeugungspotential der EU dauerhaft zu verringern. Der Europäische Rechnungshof stellte in seinem Jahresbericht zum Haushaltsjahr 1996 fest, daß das Instrument der Destillation langfristig zu strukturellen Überschüssen führte, da es „zu einem Preis, der zu Produktionssteigerungen ermutigte, einen dauerhaft garantierten Markt bot".[696] Auch die Rodung habe sich nicht erheblich auf die Weinerzeugung ausgewirkt. Die geringe Erzeugung von Tafelwein sei eher auf die Witterungsverhältnisse als auf die Rodung von Rebflächen zurückzuführen. Das Erzeugungspotential ist nicht erheblich zurückgegangen. „Der Einsatz der 1.682 Mio. ECU, die seit 1992 für die endgültige Aufgabe von Rebflächen ausgegeben wurden, erscheint unter diesen Umständen nicht kostenwirksam".[697] Die institutionellen Preise stehen zudem mit der Marktlage nicht in Einklang, „so daß die Erzeuger die falschen Signale erhalten".[698]

Die wesentlichen Zwecke der Gemeinsamen Agrarpolitik sind die Steigerung der Produktivität der Landwirtschaft, die Stabilisierung der Märkte, die Gewährleistung einer sicheren Versorgung zu angemessenen Verbraucherpreisen sowie die Sicherstellung einer angemessenen Lebenshaltung für die landwirtschaftliche Bevölkerung. An diesen Zielen ist letztendlich jede Subventionsmaßnahme im Agrarbereich zu messen. Solange dies nicht geschieht, werden die ökonomischen Kosten der Agrarsubventionen weiterhin ins Absurde steigen.

Gerade auch vor dem Hintergrund der sich längerfristig abzeichnenden Umwälzungen im Weltagrarmarkt durch die Entwicklung und Integration der osteuropäischen Länder ist die derzeitige Gemeinsame Agrarpolitik notwendigerweise zu überdenken. Den beiden Zielen der Gemeinsamen Agrarpolitik, Produktivitätssteigerung im landwirtschaftlichen Sektor und Einkommenssicherung der landwirtschaftlichen Bevölkerung, wurde bislang über eine Politik der hohen Preise Rechnung getragen. Dies führte zu einer enormen Steigerung der Produktivität, wobei die finanziellen Maßnahmen zur Marktstabilisierung inzwischen Kosten erreicht haben, die politisch kaum mehr zu vertreten sind.

---

[696] ABl. EG 1997, C 348/87
[697] ABl. EG 1997, C 348/88
[698] ABl. EG 1997, C 348/90

Das Ziel der Versorgung der Verbraucher zu angemessenen Preisen gilt, zumindest was die Mengen angeht, als weitgehend übererfüllt. Das Ziel der Erreichung einer Selbstversorgung von etwa 70 % ist bei den meisten Produkten übertroffen. Bei den quantitativ so wichtigen Produkten wie Getreide, Milchprodukten sowie Rind- und Schweinefleisch liegt gar ein Versorgungsgrad von über 100 % vor. Dadurch entstehen immense Lagerkosten, die hinsichtlich des Ziels der Einkommenssicherung der landwirtschaftlichen Bevölkerung auch dazu führen, daß ein beträchtlicher Teil der Mittel des Agrarhaushalts dieser Gruppe letztlich überhaupt nicht zukommt.[699] Auch ein weiteres Ziel rückt in der Agrarpolitk zunehmend in den Vordergrund: der Umweltschutz. Hohe Preise führen zu einer intensiven Bewirtschaftung und entsprechenden Umweltschäden durch den Einsatz von Kunstdünger und anderen chemischen Hilfsmitteln.

Insgesamt wird eine Politik der Preissenkung damit unerläßlich. Mit ihr würden nicht nur das Angebot und damit die Überschüsse reduziert werden, sondern auch die Intensität der Bodenbewirtschaftung würde gesenkt und damit ein Beitrag zum Umweltschutz geleistet werden. Wegen des sinkenden Angebotes würde ein großer Teil der Haushaltsmittel nicht mehr durch Lagerungskosten gebunden sein, sondern könnte direkt dem zu begünstigenden Personenkreis des Agrarsektors zukommen, der durch die sinkenden Preise Einbußen zu verzeichnen hätte. Langfristig könnte es dadurch auch ermöglicht werden, osteuropäische Agrarländer in die EU aufzunehmen, ohne daß dazu nicht mehr finanzierbare Subventionen erforderlich wären.

b) Die Finanzkontrolle im Agrarbereich der mittel- und osteuropäischen Reformstaaten am Beispiel Polens [700]

Mit der Assoziierung einiger osteuropäischer Reformstaaten betritt die EU Neuland. Die Notwendigkeit für die westeuropäischen Länder, den Entwicklungsprozeß in den osteuropäischen Ländern voranzutreiben, besteht auch im eigenen Interesse. Solange die Landwirtschaft in eine Politik der Öffnung der EU gegenüber den osteuropäischen Ländern nicht einbezogen wird, werden wegen des bestehenden Wohlstandsgefälles die Anreize zur Bevölkerungswanderung von Ost nach West nicht abgebaut. Die wirtschaftlichen Verhältnisse der osteuropäischen Beitrittskandidaten erfordern auch substantielle Veränderungen innerhalb der EU selbst. Die zukünftigen Mitglieder würden wegen ihrer starken landwirtschaftlichen Prägung

[699] *Gerold Blümle*, Probleme der Förderung agrarpolitischer Maßnahmen in den früheren Planwirtschaften Mittel- und Osteuropas, in: Bernhard Friedmann (Hrsg.), Der Europäische Rechnungshof und die Wirtschafts- und Finanzhilfen der EU für Mittel- und Osteuropa, Luxemburg / Köln 1994, S. 213 ff., 217

[700] Polen unterzeichnete am 16. Dezember 1991 in Brüssel das „Europa-Abkommen zur Gründung einer Assoziation zwischen den Europäischen Gemeinschaften und ihren Mitgliedstaaten" (im polnischen Gesetzblatt „Dziennik Ustaw" (Dz.U.), Nr. 11, 1994, Pos. 38 veröffentlicht; deutscher Text: BGBl. II, S. 1317). Am 8. April 1994 stellte die polnische Regierung den formellen Antrag auf Aufnahme als Vollmitglied in die Gemeinschaft nach Erfüllung der von der Europäischen Union formulierten Bedingungen.

Hauptempfänger von Agrarsubventionen werden. Am Beispiel Polens soll nun untersucht werden, wie der Europäische Rechnungshof bei der Kontrolle der Finanzhilfen der EU tätig wird.

Ausgangspunkt in Polen war, daß es keinerlei Orientierungsmöglichkeiten für die Preisbildung gab. Es fehlte an Märkten, auf denen sich Preise nach den Kriterien Angebot und Nachfrage hätten bilden können, die sich dann amtlich notieren ließen. Das Fehlen eines speziellen Agrarkreditinstrumentes führte zu erheblichen Liquiditätsschwierigkeiten der landwirtschaftlichen Betriebe. Daher entschloß sich die EU, einen sog. Gegenwertfonds zu bilden, der als „Agrarbank" dienen sollte.[701] Zu diesem Zweck wurden unentgeltliche oder verbilligte Nahrungsmittellieferungen der EU in Polen verkauft. Der Nettoerlös wurde dem genannten Gegenwertfonds zugeführt. Bei der Prüfung, ob dieser Fonds die mit ihm verknüpften Erwartungen erfüllt hatte, ging der Europäische Rechnungshof den Fragen nach, inwieweit der Einsatz der Darlehensmittel die Entwicklungsfähigkeit der polnischen Agrarbetriebe, also die Produktions-, Kosten- und Absatzstruktur, positiv beeinflußt hatte, und ob die Gegenwertmittel und die Art ihres Einsatzes geeignet waren, die Entwicklung der Infrastruktur des ländlichen Raumes zu fördern.[702]

Bei der Durchführung dieser Kontrollen deckte der Rechnungshof zahlreiche Probleme auf, die die Maßnahmen der EU oftmals als wirkungslos verpuffen ließen.[703] Hinsichtlich des Einsatzes der Fondsmittel zur Förderung der Agrarbetriebe kam man zu der Erkenntnis, daß permanent gegen die betriebswirtschaftliche Grundregel verstoßen wurde, wonach mittel- und langfristige Investitionen grundsätzlich nicht kurzfristig finanziert werden sollten. Dies führte teilweise zu einer Gefährdung der Betriebe. Sinnvoll wäre es gewesen, den Fonds als Re- und Startfinanzierungsinstrument zu nutzen. Das klassische Kreditgeschäft dagegen hätte örtlichen Fachinstituten überlassen werden sollen. Desweiteren erwies sich als problematisch, daß die Landwirte aus der sozialistischen Zeit des Bewußtsein mitgenommen hatten, die Produktion sei das Hauptproblem; tatsächlich ist es jedoch der Absatz bzw. das Marketing. Investiert wurde deshalb bevorzugt in die Ausweitung bzw. Sicherung der Produktion. Im Bereich der Vermarktung entstanden dann aber die existenzgefährdenden Probleme.

Bei den Verantwortlichen für den Gegenwertfonds bestand eine sehr ausgeprägte Neigung zur Kapitalhortung. Die bisherigen Kreditausreichungen wurden überwiegend aus Zinserträgen finanziert, um den Kapitalstock unangetastet zu lassen. Außerdem wurde bei der Kreditzusage sehr restriktiv verfahren, und es wurden überhöhte Zinsen im Vergleich zu ähnlichen Einrichtungen verlangt. Letztendlich kann

---

701 *Bernhard Friedmann*, Probleme der Förderung agrarpolitischer Maßnahmen in den früheren Planwirtschaften Mittel- und Osteuropas, in: Bernhard Friedmann (Hrsg.), Der Europäische Rechnungshof und die Wirtschafts- und Finanzhilfen der EU für Mittel- und Osteuropa, Luxemburg / Köln 1994, S. 191 ff., 209

702 *Friedmann*, (Fn. 701), S. 210

703 Vgl. zum Folgenden *Friedmann*, (Fn. 701), S. 210 f.

man daher davon ausgehen, daß die bisherigen Kreditgewährungen nur den Anschein einer Aktivität erwecken sollten. Dies ist jedoch mit dem bestehenden Kapitalmangel im Zusammenhang mit der Reform bzw. Modernisierung der Landwirtschaft nicht zu vereinbaren. Außerdem war eine fehlende Sachkompetenz beim Fondspersonal feststellbar. Beispielsweise fehlten Kenntnisse hinsichtlich betriebswirtschaftlicher Analysen sowie Kontrollen. Dies führte auch dazu, daß die Kreditnehmer nicht angemessen beraten werden konnten. Desweiteren bestanden Defizite im Bilanzbereich. Die Instrumente der Abschreibung, Rückstellung und Wertberichtigung waren weitgehend unbekannt. Möglicherweise ist dies auch darauf zurückzuführen, daß die sog. Banken bisher vor allem als Verteiler von Staatssubventionen tätig waren und daher kein Zwang zur Risikovorsorge bestand.

Diese Untersuchungen zeigen, daß der Europäische Rechnungshof bei der historisch einmaligen Gegebenheit der Heranführung von Ländern mit einer vormals sozialistischen Planwirtschaft an die marktwirtschaftlich geprägte EU[704] eigene Maßstäbe für Erfolgskontrollen aufgestellt und diese auch selbst durchgeführt hat. Dies spricht für seine Bereitschaft, den Kontrollspielraum angesichts der Weite der gemeinschaftlichen Zielsetzungen zunehmend selbstbewußt wahrzunehmen.

c) Kohäsionsfonds

Der Kohäsionsfonds verfügte für den Zeitraum 1993 bis 1999 über eine Mittelausstattung in Höhe von insgesamt 15,15 Milliarden Euro (zu Preisen von 1992), mit der 80-85 % der öffentlichen Ausgaben für Umwelt- oder Verkehrsinfrastrukturvorhaben in Spanien, Griechenland, Irland und Portugal kofinanziert werden konnten. Der Europäische Rechnungshof untersuchte die Verwaltung des Kohäsionsfonds sowohl unter dem Aspekt der Rechtmäßigkeit und Ordnungsmäßigkeit der Interventionen als auch unter dem Aspekt, welche Maßnahmen zur Bewertung der Wirksamkeit dieser Interventionen getroffen wurden.[705] Dabei wurde auch die Wirksamkeit der gegenseitigen Ergänzung der Kohäsionsfonds-Vorhaben und anderer Strukturfondsmaßnahmen, z.B. im Rahmen des Europäischen Fonds für regionale Entwicklung, überprüft.

Vor der endgültigen Entscheidung über die Gewährung einer Beihilfe aus dem Kohäsionsfonds muß die Kommission zur Gewährleistung der Qualität der ausgewählten Vorhaben eine Beurteilung der anhand der in Artikel 10 Abs. 5 der EG-Verordnung Nr. 1164/94 des Rates vom 16. Mai 1994 („Verordnung über den Kohäsionsfonds")[706] genannten Kriterien durchführen. Demnach werden bei der Kommissionsentscheidung folgende grundlegenden Elemente berücksichtigt:

---

[704] Im Bereich der Landwirtschaft mutet die Beschreibung „marktwirtschaftlich geprägt" allerdings etwas seltsam an. Planwirtschaftliche Elemente sind schließlich ein Wesensmerkmal der Agrarpolitik der EU.

[705] Sonderbericht Nr. 15/2000, ABl. EG 2000 C 279/1

[706] ABl. EG 1994 L 130

- der mittelfristige wirtschaftliche und soziale Nutzen des betroffenen Projekts;

- die Prioritäten, die von den begünstigten Mitgliedstaaten aufgestellt worden sind;

- der mögliche Beitrag der Vorhaben zur Umsetzung der Gemeinschaftspolitik in den Bereichen Umwelt und transeuropäische Netze;

- die Vereinbarkeit der Vorhaben mit den Gemeinschaftpolitiken und ihr logistischer Zusammenhang mit anderen strukturellen Maßnahmen der Gemeinschaft;

- das angemessene Gleichgewicht zwischen den Bereichen Umwelt und Verkehrsinfrastruktur.

Die bei den zuständigen Kommissionsdienststellen durchgeführte dokumentarische Kontrolle der Akten der Prüfung der Beihilfeanträge ergab, daß die in der Verordnung über den Kohäsionsfonds vorgesehenen Hauptelemente, auf die sich die Einzelentscheidungen stützen sollten, nicht in allen Fällen vollständig vorlagen. Ferner wurden bei den einzelnen Vorhaben nicht systematisch Kosten-Wirksamkeits-Analysen oder Erfolgskontrollen durchgeführt, da das dafür vorgesehene Formular keine genauen Anweisungen zu den anzuwendenden Methoden enthielt. Auch wurden nicht in allen Fällen Alternativen zu den ausgewählten Vorhaben überprüft und berücksichtigt.

Gemäß Artikel 13 der Verordnung über den Kohäsionsfonds müssen die Kommission und die begünstigten Mitgliedstaaten nach dem Abschluß der Vorhaben deren Durchführung sowie deren mögliche und tatsächliche Auswirkungen bewerten, um zu beurteilen, ob die ursprünglichen Ziele erreicht werden können oder erreicht worden sind. Mit dieser Aufgabe betraute die Kommission zwei auf der Grundlage von Ausschreibungen ausgewählte externe Berater. Diese ex-post-Bewertungen abgeschlossener Einzelvorhaben betrafen etwa 120 Vorhaben und sollte innerhalb von drei Jahren durchgeführt werden. Die abgeschlossenen ex-post-Bewertungen erwiesen sich als sehr nützlich, insbesondere im Hinblick auf eine bessere Definition der Leistungsindikatoren bei der Durchführung der nächsten Generation von Kohäsionsfonds-Vorhaben.

Eine Trendanalyse in den vier Kohäsionsländern zeigte im Zeitraum von 1994 bis 1999 ermutigende Ergebnisse im Verkehrsinfrastrukturbereich und im Umweltbereich, wo erhebliche Fortschritte im Hinblick auf eine Verringerung der Disparitäten gegenüber dem Rest der EU erzielt wurden.

Der Rechnungshof stellte fest, daß sich die Gesamtheit der von der Kommission genehmigten Vorhaben in eine kohärente, mittelfristige Gesamtperspektive einfügen sollte.[707] Eine Programmierung dieser Art würde eine bessere Koordinierung, Ver-

---

[707] ABl. EG 2000 C 279/25, Rn. 115

knüpfung und gegenseitige Ergänzung zwischen dem Kohäsionsfonds und den anderen Gemeinschaftsinstrumenten und -programmen, insbesondere dem Europäischen Fonds für regionale Entwicklung, ermöglichen und damit einer harmonischeren wirtschaftlichen und sozialen Entwicklung Vorschub leisten. Die Kommission sollte ihre Kontrollen im Bereich des Kohäsionsfonds verstärken, da sich gezeigt hatte, daß diese nicht ausreichend waren.

In Bezug auf die Auswirkungen des Kohäsionsfonds zeigte die qualitative Bewertung der geprüften Vorhaben, daß der Kohäsionsfonds zu einem größeren wirtschaftlichen und sozialen Zusammenhalt beitrug.[708] Auf makroökonomischer Ebene sei eine umfassende und globale Bewertung wegen des projektbezogenen Ansatzes schwierig, auch wenn im Zusammenhang mit bestimmten Großprojekten positive Ergebnisse aufgezeigt werden konnten. Die Kommission sollte das Instrument der makroökonomischen Bewertung der Projekte verfeinern und es in einem umfassenderen Rahmen anwenden.

2. Regionale Strukturpolitik von Bund und Ländern

Am 9. März 1995 hat der Bund-Länder-Planungsausschuß grundlegende Beschlüsse zur Weiterentwicklung des Förderinstrumentariums der Gemeinschaftsaufgabe „Verbesserung der regionalen Wirtschaftsstruktur" gefaßt. Zum einen wurde den Ländern ein größerer Spielraum bei dem Einsatz von Mitteln der Gemeinschaftsaufgabe eingeräumt. Im Gegenzug hat der Bund-Länder-Planungsausschuß die Mitwirkungsrechte des Bundes erweitert sowie bereits bestehende Informationspflichten der Länder im Rahmenplan konkretisiert und verbindlich festgelegt. Dadurch sollen dem Bund seine Kontrollaufgaben im Rahmen der Gemeinschaftsaufgabe erleichtert werden. Im einzelnen bestehen folgende Informationspflichten der Länder gegenüber dem Bund:[709]

- Die Länder unterrichten den Bund ex ante über die beabsichtigten Förderschwerpunkte, die sie in ihrer Anmeldung zum jeweiligen Rahmenplan darstellen. Zudem unterrichten sie den Bund und die übrigen Länder von den landesinternen Förderrichtlinien und monatlich über die Inanspruchnahme der Fördermittel;

- sie berichten bis zum 31. März eines jeden Jahres über die geförderten Maßnahmen, getrennt nach Normalförderung und nach Sonderprogrammen;

- sie berichten weiter über die Zusätzlichkeit und die Verwendung von Mitteln der Gemeinschaftsaufgabe zur Verstärkung bestimmter Landesprogramme in den Bereichen Beratung, Schulung, Humankapitalbildung sowie angewandte Forschung und Entwicklung;

---

[708] ABl. EG 2000 C 279/25, Rn. 117

[709] Vgl. 16. Subventionsbericht der Bundesregierung, BT-Drucks. 13/8420, S. 37

- die Länder unterrichten den Bund schließlich in allen Einzelfällen über die Rückzahlung von Mitteln durch die Subventionsempfänger. Dem Bund soll dadurch die Kontrolle über die von den Ländern an den Bund abzuführenden Mittel erleichtert werden.

Bund und Länder haben für die Gemeinschaftsaufgabe ein umfassendes Erfolgskontrollsystem aufgebaut.[710] In Anwendung der Gemeinsamen Erklärung der Rechnungshöfe des Bundes und der Länder vom 11. Mai 1976 (sog. Reichenhaller Erklärung) beschränkt der Bundesrechnungshof seine Prüfungen auf die Abrechnungsunterlagen bei den Landesministerien, soweit sich diese auf den Einsatz von Bundesmitteln beziehen. Er prüft auch die Tätigkeit des Bundes bei der Konzeption und Umsetzung der Förderung. Die Landesrechnungshöfe überprüfen die Durchführung der Förderung in den Verwaltungen der Länder. Dabei prüfen sie auch die Konzeption und Organisation der Förderung auf ihre Effizienz hin. Die wesentlichen Prüfungsergebnisse können sie dem Bundesrechnungshof mitteilen. Soweit diese für den Bund von Bedeutung sind, unterrichtet der Bundesrechnungshof das Bundesministerium für Wirtschaft.

Als wesentlicher Bestandteil der Überprüfung soll die Zielerreichungskontrolle darüber informieren, ob und inwieweit vorgegebene Ziele in den Regionen tatsächlich erreicht worden sind, welche Regionen mithin weiter förderungswürdig sind bzw. aus der Regionalförderung ausscheiden können und sollen. Diese Kontrolle erfolgt in aller Regel anhand eines Soll-Ist-Vergleichs. Der Planungsausschuß hat im Juli 1996 zum Zwecke einer solchen Kontrolle für die 167 westdeutschen Arbeitsmarktregionen verschiedene Indikatoren zur Arbeitsmarktlage, zur Einkommenssituation und zur Infrastrukturausstattung ermittelt; die neuen Bundesländer wurden dabei vollständig als Fördergebiet eingestuft. Aus den zehn westdeutschen Bundesländern wurden Regionen im Umfang von 20,8 % der Bevölkerung in das Fördergebiet „Verbesserung der regionalen Wirtschaftsstruktur“ aufgenommen. Folgende Indikatoren waren für die Auswahl maßgebend:

- Die durchschnittliche Arbeitslosenquote in den Jahren 1992-1995 (40 %);
- das Einkommen der sozialversicherungspflichtig Beschäftigten pro Kopf im Jahre 1995 (40 %);
- der Infrastrukturindikator (10 %);
- die Arbeitsplatzprognose (5 %);
- die Entwicklung der Arbeitslosenquote in den Jahren 1992-1995 (5 %).

---

[710] Siehe im einzelnen den 26. Rahmenplan der Gemeinschaftsaufgabe „Verbesserung der regionalen Wirtschaftsstruktur“, BT-Drucks. 13/7205, Teil I, Ziffer 7, S. 20 f.

Ab dem 1. Januar 1997 wurde die Förderung in Ostdeutschland zugunsten der strukturschwächsten Regionen auf der Basis der folgenden Indikatoren wie folgt differenziert:

- Nach der Unterbeschäftigungsquote im Jahre 1995 (50 %);
- dem Einkommen der sozialversicherungspflichtigen Beschäftigten pro Kopf im Jahre 1995 (40 %);
- dem Infrastrukturindikator (10 %).

Der 16. Subventionsbericht der Bundesregierung stellte fest, daß keine sicheren Aussagen darüber möglich sind, ob und inwieweit eine festgestellte Annäherung der Förderregionen an das Niveau der Nichtförderregionen dem Einsatz des Förderprogramms „Verbesserung der regionalen Wirtschaftsstruktur" zuzurechnen ist.[711] Bei Subventionen im Rahmen der Gemeinschaftsaufgabe sei grundsätzlich zu bedenken, daß von einer Erfolgskontrolle keine genauen Beweise für den Erfolg regional-politischer Förderung erwartet werden dürften. Regionale Entwicklungen seien nicht planbar. Die regelmäßige Überprüfung der Förderbedürftigkeit der einzelnen Regionen mit Hilfe der im Rahmenplan enthaltenen Indikatoren sei als eigenständiges Instrument der Planung und Erfolgskontrolle aussagekräftig genug. Das Bundesministerium für Wirtschaft stellte sich zudem auf den Standpunkt, daß es ausschließlich Aufgabe der Bundesländer sei, festzulegen, durch welche Fördermaßnahmen das Ziel der Schaffung und Sicherung von Arbeitsplätzen am wirksamsten erreicht werden könnte.

Letzterem hat der Bundesrechnungshof zu Recht widersprochen. Denn bei den Gemeinschaftsaufgaben handelt es sich auch um Bundesaufgaben. Es ist daher Aufgabe des Bundesministeriums für Wirtschaft, auf der Grundlage der von den Bundesländern zu liefernden Angaben zu prüfen und zu empfehlen, mit welchen Fördermaßnahmen eines der Hauptziele, nämlich die Schaffung oder Sicherung von Arbeitsplätzen, am wirksamsten erreicht und anhand welcher Maßstäbe deren Erfolg gemessen werden kann.[712] Da es jedoch an klaren Vorstellungen und Vorgaben hierüber fehlte, ließ sich die Wirkung der Fördermaßnahmen auf Zielgrößen wie Arbeitsplätze und Investitionsvolumen nicht nachprüfen.

Fraglich ist zudem, ob die Konzentration der Förderung auf Gebiete, die im Hinblick auf die oben dargestellten Indikatoren Arbeitslosenquote, Einkommen der sozialversicherungspflichtig Beschäftigten und Infrastrukturausstattung besonders schlechte Werte aufweisen, überhaupt zu einer allgemeinen Wohlstandssteigerung beitragen kann. Dabei ist zunächst zu prüfen, ob der Subventionsgeber bei seiner Förderung von den richtigen Voraussetzungen ausgeht. Ziel der Gemeinschaftsaufgabe ist es, einen Ausgleich zwischen den unterschiedlichen Wachstumsprozessen und

---

[711] BT-Drucks. 13/8420, S. 39
[712] BT-Drucks. 13/5700, S. 49

Wohlstandsgefällen in den verschiedenen Regionen zu leisten. Bereits an diesem Punkt könnte die Kritik des Bundesrechnungshofes ansetzen. Es sollte gefragt werden, ob die Fördermaßnahmen den Strukturwandel nicht eher behindern als vorantreiben, wenn sie auf Kosten zukunftsfähiger Dienstleistungsunternehmen auf das verarbeitende Gewerbe konzentriert werden, welches zunehmend an Bedeutung verliert. Tatsächlich kamen die meisten Fördermaßnahmen im Rahmen der Gemeinschaftsaufgabe dem verarbeitenden Gewerbe zugute; schnell wachsende Dienstleistungsunternehmen wurden dagegen benachteiligt.[713] Die Förderung an regionalen Schwerpunkten ist oftmals auch insofern zu starr, als sie Investitionen von Unternehmen außerhalb dieser Schwerpunkte nicht hinreichend berücksichtigt.

Hier könnte der Bundesrechnungshof die politischen Entscheidungsträger dazu anregen, die Indikatoren zur Auswahl der Förderregionen überhaupt neu zu überdenken. Denn insgesamt hat es im Rahmen der Regionalförderung den Anschein, daß die Fördermaßnahmen nicht den Bereichen zugute kommen, die die höchsten Wachstumschancen aufweisen. Dies dürfte jedoch kaum im Sinne der Gemeinschaftsaufgabe „Verbesserung der regionalen Wirtschaftsstruktur" sein. Verbesserung in diesem Sinne verlangt primär nicht-einzelbetriebliche Maßnahmen zur Hebung der regionalen Wirtschaftskraft und nicht bloße allgemeine Verbesserung der Lebensverhältnisse in den Fördergebieten. Eine Anhebung der Wirtschaftskraft läßt sich am besten durch die Förderung solcher wirtschaftlicher Aktivitäten erzielen, die die besten Wachstums- und Zukunftschancen aufweisen.

3. Subventionen im Bereich der Energiewirtschaft

a) Steinkohlebergbau

Nach dem 16. Subventionsbericht der Bundesregierung ist es Ziel der Kohlepolitik, „den Einsatz deutscher Steinkohle als Beitrag zu einem ausgewogenen Energiemix zu ermöglichen und den notwendigen Anpassungsprozeß im Steinkohlebergbau fortzuführen".[714] Angesichts der hohen Förderkosten der deutschen Steinkohle, die deutlich über dem Weltmarktpreis liegen, soll der Absatz durch staatliche Subventionen gesichert werden. Im Jahre 1996 beliefen sich die Kohlehilfen auf rund 11,2 Milliarden DM. Auf den Bund entfielen dabei 9,9 Milliarden DM. Nach dem Wegfall des verfassungswidrigen Kohlepfennigs hat sich die Finanzierung der Verstromungshilfen grundlegend geändert. Über den Kohlepfennig sollte der Absatz der Steinkohle für die Stromerzeugung stabilisiert werden. Diese Stabilisierungshilfe erfolgte seit dem 3. Verstromungsgesetz[715] über eine Ausgleichsabgabe, eben den Kohlepfennig, die von den Elekrizitätsversorgungsunternehmen gezahlt, von diesen aber auf die Stromverbraucher umgelegt wurden. Nach dem Beschluß des Zweiten Senats des Bundesverfassungsgerichts vom 11. Oktober 1994 handelt es sich bei dem

---

[713] *Haverkate*, (Fn. 13), S. 415

[714] BT-Drucks. 13/8420, S. 26

[715] Gesetz über die weitere Sicherung des Einsatzes von Gemeinschaftskohle in der Elektrizitätswirtschaft vom 13. Dezember 1974, 3. Verstromungsgesetz, BGBl. I, S. 3473

Kohlepfennig jedoch um eine verfassungswidrige Sonderabgabe, die eine - durch Steuern zu finanzierende - Gemeinlast system- und gleichheitswidrig auf die Stromverbraucher abwälzt.[716] Die Mittel durch den Wegfall des Kohlepfennigs werden nunmehr durch den Bundeshaushalt bereitgestellt. Für die Jahre 1997 und 1998 wurden den Bergbauunternehmen jeweils 7 Milliarden DM zugesagt. Eine weitere Absatzhilfe ist die Kokskohlenbeihilfe, deren Zweck darin besteht, die Differenz zwischen dem Weltmarktpreis für Kohle, die die Zechen an die Stahlindustrie liefern, auszugleichen; danach liefern die Zechen zum Weltmarktpreis und bekommen die Differenz erstattet.

Nach den Begründungen der Subventionsgesetze erfüllen die Subventionsmaßnahmen zugunsten der deutschen Steinkohle den Zweck, die nationale Energieversorgung zu sichern. Es wurde bei den Gesetzesberatungen jedoch nicht geklärt, über welchen Zeitraum die deutsche Steinkohle gefördert werden sollte, welche Bedeutung der Steinkohle im Rahmen der gesamten nationalen Energiesicherung zukommen sollte, und ob es nicht günstiger sei, die benötigte Kohle auf dem Weltmarkt einzukaufen.

Dies belegt, daß es sich bei den Subventionen zugunsten der heimischen Kohle primär nicht um Maßnahmen zur Sicherung der nationalen Energieversorgung, sondern um reine Erhaltungssubventionen zugunsten des deutschen Steinkohlebergbaus handelte. Die Zweckrichtung der Steinkohlesubventionen wurde daher unzutreffend gekennzeichnet. Der Grund für dieses „Versteckspiel“ war, daß die Ehrlichkeit hinsichtlich des wahren Subventionszweckes zu einer Anwendung der strengen Regeln des Montanvertrages (Art. 4 c EGKSV) geführt hätte; man wollte die Steinkohlesubventionen jedoch nach den Vorschriften des EG-Vertrages auf seine Europarechtmäßigkeit überprüft sehen.[717]

Die Subventionierung des heimischen Bergbaus wäre eine gute Möglichkeit für die Rechnungshöfe gewesen zunächst auf die fehlende Transparenz staatlicher Förderung in diesem Bereich hinzuweisen und entsprechende Nachbesserungen einzufordern. Zum einen handelt es sich bei der Förderung der deutschen Steinkohle um ein ganzes Maßnahmenbündel. Dadurch ist es nur schwer überschaubar, wie die Wirkungen dieser Maßnahmen insgesamt sind. Zum anderen - was viel bedeutungsvoller ist - hätten die Rechnungshöfe darauf hinweisen sollen, daß die Förderung der deutschen Steinkohle mit öffentlichen Geldern ein nicht erforderliches Mittel zur Sicherung der deutschen Energieversorgung ist. Dieses Ziel hätte sich auch mit weniger einschneidenden Mitteln als mit Subventionierungen, etwa mit dem günstigeren Einkauf von Rohstoffen auf dem Weltmarkt, erreichen können. Die mangelnde Ehrlichkeit des Subventionsgebers führt nunmehr zu einem überaus schmerzlichen Anpassungsprozeß für die betroffenen Regionen.

---

[716] BVerfGE 91, 186, 203
[717] Vgl. *Haverkate*, (Fn. 13), S. 395

b) Kernenergie

Mangelnde Transparenz begegnet uns auch bei der staatlichen Förderung der Kernenergie. Das dürfte wesentliche Ursache dafür sein, daß die Nutzung der Kernenergie kaum unter dem Gesichtspunkt der Belastung der öffentlichen Haushalte diskutiert worden ist.[718] Nur vereinzelt, wenn es um die Kosten für Planung und Erstellung konkreter Anlagen oder um die Kosten gigantischer Polizeieinsätze zum Schutz von Atommülltransporten geht, fällt die Sprache auf den finanziellen Aspekt der Kernenergie.

Die Subventionen für die Kernenergie sind in verschiedenen Titeln des Wirtschafts- und des Forschungsministeriums des Bundes und in verschiedenen Etatansätzen in den Landeshaushalten enthalten. In den Subventionsberichten der Bundesregierung sind die veranschlagten und verausgabten Mittel nicht zu finden. Der Öffentlichkeit sind sie im Überblick nie vorgelegt worden. Nach eigenen Angaben hat das Ministerium für Wissenschaft, Forschung und Technologie die Forschung für die Entwicklung der Kernenergie in den letzten Jahren mit 40 Milliarden DM subventioniert.[719] Der größte Teil davon ging in die Entwicklung des Leichtwasserreaktors, der ausschließlich der Stromerzeugung dient. Heute werden jährlich an allgemeinen Maßnahmen - nukleare Energieforschung, Förderung des Rückbaus, Strahlenschutz und Kernfusionsforschung - weit über 1 Milliarde DM verausgabt.[720] Es gibt keine verbindlichen Entscheidungen darüber, mit welcher Zielsetzung und mit welchem finanziellen Aufwand sich die öffentlichen Kassen an den Kosten der Kernenergiegewinnung beteiligen sollen. Hinter dieser Undurchsichtigkeit mag System stecken. Fast 88 % der öffentlichen Elektrizitätsversorgung werden heute aus Uran (35,6 %), Braunkohle (27,0 %) oder Steinkohle (24,9 %) gewonnen.[721] Alle diese Energiequellen sind umweltbelastend, weil sie entweder Kohlendioxid oder Radioaktivität freisetzen. Besonders teuer sind jedoch noch immer die Produktionskosten für die regenerativen Energien wie Wind- und Solarstrom. So kostet aus Solarstrom gewonnene Elektrizität heute 165 Pfennig pro Kilowattstunde, aus Windenergie gewonnene kostet 17 Pfennig pro Kilowattstunde, die aus Kernkraft gewonnene Elektrizität kostet dagegen nur 11,5 Pfennig pro Kilowattstunde.[722] Damit sind nur die regenerativen Energien teurer als der Strom aus Kernkraftwerken. Zwar wird die alternative Energiegewinnung inzwischen durch den Bund verstärkt gefördert, doch ist dieser Bereich auch lange vernachlässigt worden. Behindert wird der verstärkte Einsatz der natürlichen Energieträger auch dadurch, daß die Stromnetzbetreiber die Durchleitungsgebühren für den aus regenerativen Energiequellen gewonnenen Strom besonders hoch ansetzen. Sie verlangen für eine Kilowattstunde Solarenergie 16,34 DM,

---

[718] *Haverkate*, (Fn. 13), S. 396

[719] BERLINER ZEITUNG, 16. September 1998, Nr. 216, Atom-Dossier, S. V

[720] *Haverkate*, (Fn. 13), S. 397 unter Hinweis auf das Bundesministerium für Forschung und Technologie

[721] BERLINER ZEITUNG, 16. September 1998, Nr. 216, Atom-Dossier, S. IV

[722] BERLINER ZEITUNG, 16. September 1998, Nr. 216, Atom-Dossier, S. IV

bei Atomstrom aber nur 6,68 Pfennig.[723] Es ist überflüssig zu erwähnen, daß die Stromnetze meist im Eigentum der Kraftwerksbetreiber stehen.

Insgesamt stellt sich die Frage, ob die Kosten der Kernenergieförderung in einem angemessenen Verhältnis zur Wertschöpfung steht. Wenn dem nicht so ist, dann ist zweifelhaft, ob diese Form der Energiegewinnung nach Kostengesichtspunkten überhaupt zu rechtfertigen ist. Solange der Gesamtaufwand der staatlichen Fördermittel aber verschleiert bleibt, läßt sich diese Förderpolitik nicht unter Kostengesichtspunkten, sondern nur wegen ihrer fehlenden Transparenz angreifen.

Die staatliche Förderung der Kernenergie ist ein Beispiel für Subventionen, die in ihrer Höhe weitgehend verborgen bleiben. Die Rechnungshöfe haben aber die Möglichkeiten, solche Dunkelbereiche zu erforschen. Die Subventionsgeber sind ihnen gegenüber auskunftspflichtig. Aufgrund dieser Auskünfte lassen sich Übersichten erstellen, die die einzelnen Maßnahmebündel in ihrer Gesamtheit anschaulich machen. Die Rechnungshöfe sollten daher auch verstärkt dazu übergehen, solche Subventionsmaßnahmen zu erforschen, die nicht offen zu Tage liegen.

4. Folgerungen

Das Defizit der Erfolgskontrolltätigkeit der Rechnungshöfe sowohl auf europäischer als auch auf Bundes- und Länderebene besteht zum Teil darin, daß sie, wenn sie überhaupt Erfolgskontrollen durchführen, diese auf Einzelmaßnahmen beschränken. Die Lektüre der Berichte der Rechnungshöfe läßt den Gesamtüberblick vermissen. Aufgeführt werden im allgemeinen nur Bruchstücke, die den Blick auf das Umfassende nicht eröffnen. Nur vereinzelt finden sich mehr oder minder vage gehaltene Hinweise auf das Erfordernis grundlegender Reformen. So stellt der Bundesrechnungshof in seinen Bemerkungen 1997 beispielsweise fest, daß eine grundlegende Reform der Gemeinschaftsaufgabe der Hochschulbauförderung angestrebt werden sollte. Sie verursache einen erheblichen administrativen Aufwand, erschwere die Zuordnung eindeutiger Verantwortlichkeiten, fördere Verteilungs- und Subventionswettläufe zwischen den Ländern und entspreche nicht dem Subsidiaritätsprinzip.[724]

Wünschenswert wäre bei der Prüfung insgesamt folgende Vorgehensweise: Wenn die Rechnungshöfe die einzelnen Subventionsmaßnahmen, die in ihre Kontrollzuständigkeit fallen, einer Erfolgskontrolle unterziehen, dann sollten sie die einzelne Maßnahme in den Zusammenhang des gesamten Förderkonzeptes stellen. Dadurch erübrigt sich das Eingehen auf Einzelheiten. Wenn etwa feststeht, daß die deutsche Steinkohle zur nationalen Energieversorgung nicht notwendig ist, dann läßt sich auch die Kokskohlebeihilfe nicht rechtfertigen. Diese Subventionsmaßnahme mag zwar einzelne Bergbauunternehmen in die Lage versetzen, langfristige Lieferverträge mit der Stahlindustrie abzuschließen, zur heimischen Energieversorgung sind solche Verträge aber nicht notwendig. Damit erübrigt sich die Prüfung, ob die Kokskohlebeihilfe

[723] BERLINER ZEITUNG, 16. September 1998, Nr. 216, Atom-Dossier, S. IV
[724] BT-Drucks. 13/8550, S. 176

tatsächlich zum Abschluß von Lieferverträgen beiträgt. Die Anpassungsgelder, die den Bergleuten im Zuge der strukturellen Veränderungen im Bergbau gezahlt werden, um den Anpassungsprozeß im Steinkohlebergbau durch eine soziale Flankierung zu erleichtern, können dagegen durchaus gerechtfertigt sein.

Beispiel „Förderung des sozialen Wohnungsbaus":

Der Bund beteiligt sich mit Finanzhilfen in Form von Darlehen und Zuschüssen an den Wohnungsbauförderungsprogrammen der Länder. Rechtsgrundlagen dafür sind Art. 104 a Abs. 4 GG, der Bundeshaushaltsplan, die jährlich abzuschließende Verwaltungsvereinbarung sowie das Zweite Wohnungsbaugesetz (II. WoBauG). Durch diese Maßnahmen soll der soziale Wohnungsbau gefördert werden mit dem Ziel, Haushalten mit geringem Einkommen und Marktzugangsproblemen zu angemessenem und preisgünstigem Wohnraum zu verhelfen. Der Wohnungsmangel soll beseitigt und Wohnraum geschaffen werden, der „nach Größe, Ausstattung und Miete oder Belastung für die breiten Schichten des Volkes bestimmt und geeignet" ist (§ 1 Abs. 1 und 2 II. WoBauG). Gemäß § 31 II. WoBauG haben die für das Wohnungs- und Siedlungswesen zuständigen obersten Landesbehörden den Bundesminister für Raumordnung, Bauwesen und Städtebau über die bewilligten und ausgezahlten Mittel für den Wohnungsbau sowie über die Zahl der geförderten Wohnungen und die Art ihrer Förderung zu unterrichten. Im Jahr 1995 wurden mit den durch Bund und Ländern bereitgestellten Mitteln in den alten Bundesländern der Bau von rund 92.000 Wohnungen, in den neuen Bundesländern von rund 51.500 Wohnungen gefördert.[725] Diese Zahlen belegen, daß der soziale Wohnungsbau sicherlich eine wichtige Säule der Wohnungspolitik ist. Fraglich ist aber, ob diese Form der Förderung zielgerichtet ist. Ziel der Fördermaßnahme ist die Schaffung von Wohnraum für einkommensschwächere Haushalte und nicht die Schaffung von Wohnraum schlechthin.

Die Bezugsberechtigung der Wohnungssuchenden knüpft an das Einkommen zum Zeitpunkt des Wohnungsbezuges an. Die Wohnungsberechtigung entfällt mit steigendem Einkommen jedoch nicht automatisch. Mieter, deren Einkommen bei Bezug der Wohnung zwar innerhalb der Einkommensgrenzen des sozialen Wohnungsbaus gemäß § 25 II. WoBauG lagen, diese Grenzen aber später überschreiten, erhalten daher ungerechtfertigte Mietvorteile. Der Anteil solcher „Fehlbeleger" lag im Jahre 1995 bei 40 %.[726] Die Fehlbelegungsabgabe soll hier Entschärfung bringen.[727] Dieses Instrument weist jedoch eine Reihe von Problemen auf: So werden ungerechtfertigte Subventionsvorteile nur unvollständig abgeschöpft, und die Regelungen in den Ländern sind sehr unterschiedlich, etwa was die Einkommensschwelle anbelangt, ab der die Abgabe erhoben wird.

Das zentrale Problem der sozialen Wohraumförderung ist jedoch nicht die einheitliche Gestaltung der Fehlbelegungsabgabe. Allein schon der Umstand, daß die Fehlbelegungsabgabe erhoben wird, ist Zeichen für die teilweise Zielverfehlung des gesamten Programms. Das eigentliche Problem ist von viel grundsätzlicherer Natur.

---

[725] BT-Drucks. 13/8420, S. 132 f.
[726] BT-Drucks. 13/8420, S. 42
[727] Vgl. oben Teil C, II

Die soziale Wohnungsbauförderung „für die breiten Schichten des Volkes" ist bereits insgesamt illusionär. Denn die Geförderten bezahlen diese Förderung im Grunde selbst. Es „bleibt nur die nüchterne Einsicht, daß Leistungen für die Mehrheit des Volkes von eben dieser Mehrheit bezahlt werden müssen. Eine solche Umverteilung von der rechten in die linke Tasche des Bürgers ist kaum sinnvoll zu nennen - nicht nur deshalb, weil bei dieser Art Transaktionen über den staatlichen Haushalt allzuviele Reibungsverluste entstehen".[728] Eine solche Umverteilung ist aber nicht nur wenig sinnvoll, sondern sie ist gar unwirksam zur Erreichung des angestrebten Zweckes. Unwirksam ist sie deshalb, weil sie zu Lasten der wirklich Bedürftigen geht, die kaum eine Chance haben, eine Wohnung zu bekommen. Der für die breiten Schichten des Volkes bestimmte Wohnungsbau führt damit zu einem unsozialen Ergebnis. Die Fehlbelegungsabgabe ist gegenüber diesem Resultat eine zu vernachlässigende Facette des sozialen Wohnungsbaus.

Wenn die Rechnungshöfe nun bemängeln würden, daß das System der Fehlbelegungsabgabe von den Ländern unterschiedlich gehandhabt wird - das Saarland etwa erhebt überhaupt keine Fehlbelegungsabgabe -, und der öffentlichen Hand dadurch immense finanzielle Verluste entstehen, so ist diese Feststellung zwar wichtig, geht aber am Kern der Sache vorbei.

IX. Intensivierung der Erfolgskontrolle durch die Rechnungshöfe

1. Vorbemerkung

Es wurde gezeigt, daß Erfolgskontrollen notwendige Instrumente sind, um die staatliche Mittelvergabe einer rationalen Kontrolle zu unterziehen. Angesichts des die öffentlichen Kassen beherrschenden Engpasses ist es unentbehrlich, Umfang und Intensität der Kontrolle des staatlichen Ausgabenverhaltens zu erweitern. Ziel der Kontrolle muß es sein, diffuse Zielfestlegungen, administrative Mittelverschwendung, obsolet gewordene Leistungen oder Programme und den „Subventionsdschungel" in stärkerem als bisher geschehenem Maße in das Bewußtsein von Volk, Regierung und Parlament zu bringen. Dies kann geschehen durch eine Ausweitung und Aufwertung der Kontrolltätigkeit der Rechnungshöfe. Diese sind wegen ihrer Unabhängigkeit und ihrer Sachkunde in besonderem Maße für eine Erfolgskontrolle von Subventionen geeignet. Tatsächlich aber sind die Rechnungshöfe ganz überwiegend mit der Durchführung von Erfolgskontrollen vorsichtig und zurückhaltend. Nur vereinzelt finden sich bei den Kontrolleinrichtungen selbst Stimmen, die diesen Zustand bedauern und ändern wollen. Zu diesen gehören etwa der Vizepräsident des rheinland-pfälzischen Rechnungshofes, Herr Günter Kahlberg und der Präsident des brandenburgischen Rechnungshofes, Herr Dr. Horst Maschler. Letzterer hat bei der Vorlage des Jahresberichtes des Rechnungshofes des Landes Brandenburg im Mai 1997 Mut bewiesen, indem er Regierung und Parlament zur Einstellung bestimmter Förderungsprojekte aufforderte, weil deren Erfolg nicht nachgewiesen werden konnte.

[728] *Haverkate*, (Fn. 13), S. 401

Dafür ist er von der brandenburgischen Staatskanzlei eines falschen Amtsverständnisses bezichtigt worden.[729] Im Gegenzug hat er zu verstehen gegeben, daß der Landesrechnungshof auch weiterhin Aussagen machen werde, die den Haushalt in seiner Gesamtheit oder in bezug auf Einzelmaßnahmen betreffen. Auf die Mehrheit der Rechnungshöfe scheint das Vorgehen des Rechnungshofes in Potsdam jedoch eher abschreckend als ermutigend zu wirken.

Woran liegt es, daß Erfolgskontrollen gerne gefordert, aber nur selten exerziert werden? In Bezug auf die Rechnungshöfe wird befürchtet, sie würden ihre Unabhängigkeit verlieren und in parteipolitisches Fahrwasser geraten, wenn sie sich mit der Durchführung von Kontrollen zu weit „aus dem Fenster lehnten". Dieser Einwand impliziert, bei Erfolgskontrollen handele es sich um politische Instrumente und nicht um ökonomisch-technische und rechtliche Methoden. Erfolgskontrollen sind keine Waffen zur Veränderung bestehender Machtverhältnisse, sondern sie dienen der Verbesserung des finanzpolitischen Willensbildungsprozesses. Die Rechnungshöfe können, indem sie diesen Zusammenhang deutlich machen, einen entscheidenden Teil zur Akzeptanz von Erfolgskontrollen leisten.

2. Reform der Subventionsvergabe

Die Zurückhaltung der Rechnungshöfe bei der Subventionskontrolle hat ihren Grund nicht nur in der Befürchtung, politisiert zu werden, sondern auch in der rein praktischen Schwierigkeit unklarer Zielformulierungen von Subventionsmaßnahmen. Der Bundesrechnungshof hat daher empfohlen, Subventionen so zu planen,

> „daß die Ausgangslage analysiert, hieraus abgeleitet der Handlungsbedarf begründet und dabei realistische Alternativen einbezogen werden. Die Ziele, Prioritäten und Instrumente der Förderung sollten präzise dargestellt und mögliche Zielkonflikte aufgezeigt werden. Die einzelnen Maßnahmen und Alternativen sollten, soweit möglich, unter Berücksichtigung geeigneter Vergleichsmaßstäbe und auf der Grundlage verfügbarer Marktdaten bewertet werden. Kriterien und Verfahren für Erfolgskontrollen sollten vor Beginn der Maßnahmen festgelegt werden.
>
> Die Fortsetzungsentscheidung über Förderprogramme sollte an die Vorlage von Erfolgskontrollergebnissen gebunden werden; Subventionen sollten regelmäßig befristet werden".[730]

Mit der Erfüllung dieser Forderungen wäre das Gebot der Zweckdeutlichkeit[731] im Bereich des Subventionswesens erfüllt. Den Rechnungshöfen wären Kriterien an die Hand gegeben, mit denen sie den Erfolg, die Wirksamkeit einer Fördermaßnahme messen könnten. Da die Erfüllung dieser Forderungen hingegen auf sich

---

[729] Vgl. oben Teil B, VI, Fn. 244; vgl. auch *Peter Jochen Winters*, Auf die Zukunft gerichtete Finanzkontrolle, in: FRANKFURTER ALLGEMEINE ZEITUNG, 25. Juni 1997, Nr. 144, S. 12

[730] BT-Drucks. 13/5700, S. 49

[731] Vgl. oben Teil C, IV, 3

warten lassen wird, gilt es Wege zu finden, die Subventionskontrolle auch ohne klare Zielformulierungen zu intensivieren.

3. Intensivierung für die Empfänger der Prüfungsergebnisse

Eine nur quantitative Verstärkung der Prüfungstätigkeit wäre wenig hilfreich. Entscheidender ist es, die Probleme leistender Staatstätigkeit griffig aufzuarbeiten und die Erfolgskontrolle als notwendigen Prüfungstyp zu etablieren. Die Rechnungshöfe gewinnen durch ihre Kontrollen Informationen. Diese Informationen sind aber wirkungslos, wenn sie nicht vermittelt werden. Informationsadressaten sind die geprüften Stellen, die Regierungen, die Parlamente und die Öffentlichkeit. Eine Intensivierung der Kontrolltätigkeit der Rechnungshöfe muß sich im Nutzen für die Empfänger der gewonnenen Informationen niederschlagen.[732] Das läßt sich erreichen durch gegenwartsnahe und zukunftsorientierte gezielte Informations- und durch sachkundige Beratungstätigkeit bei anstehenden Entscheidungen. Der Staat wird immer mehr gefordert, sowohl bei der nationalen Für- und Vorsorge der sozialen Ausgestaltung der Gesellschaft, als auch bei internationalen Hilfsprogrammen. Bei diesen Tätigkeiten braucht der Staat aber Know-how und damit Beratung. Aufgabe dieser Beratung ist es, bei Entscheidungen Sachkompetenz einzubringen, um Zusammenhänge eines Sachgebietes mit anderen Sachgebieten aufzuzeigen, die lang- und kurzfristigen Wirkungen einer Entscheidung zu diskutieren und mit Hilfe von Ziel- und Mittelanalysen alternative Wege aufzuzeigen.[733] Insbesondere die Parlamente sehen in der Beratungstätigkeit geradezu die Hauptaufgabe der Rechnungshöfe.[734] Wegen der herausragenden Bedeutung der Rechnungshöfe und wegen des ihnen zugewachsenen Informationsstandes können sie auch die Kontrolltätigkeit anderer Beratungsgremien kompetent organisieren.[735] Die Reichweite der Kontrolle könnte dadurch ausgedehnt werden, daß die Rechnungshöfe in dazu geeigneten Fällen auf eine abschließende Bewertung von Sachverhalten verzichten.[736] Die bewußte Beschränkung der Informationsvermittlung auf Fakten und das griffige Aufzeigen von Problemfeldern, ohne dabei eine eigene abschließende Stellungnahme vorzunehmen, würde Aufwand sparen, der für eine Intensivierung der Prüftätigkeit an anderer Stelle eingesetzt werden könnte. Da die Rechnungshöfe nach § 89 Abs. 2 BHO/LHO Prüfungen beschränken und nach § 94 Abs. 1 BHO/LHO die Art der Prüfungen frei bestimmen können, ist nicht anzunehmen, die Rechnungshöfe dürften nur berichten, wenn sie sich ihrer Sache ganz sicher sind.

---

[732] *Ernst Heuer*, Wie kann die Rechnungshofkontrolle intensiviert werden?, in: Hans Herbert von Arnim (Hrsg.), Finanzkontrolle im Wandel, Berlin 1989, S. 111 ff., 112

[733] Vgl. *Siegfried Hauser*, Aufgabenstellung und rechtliche Rahmenbedingungen der Finanzkontrolle des Europäischen Rechnungshofes, in: Bernhard Friedmann (Hrsg.), Der Europäische Rechnungshof und die Wirtschafts- und Finanzhilfen der EU für Mittel- und Osteuropa, Luxemburg / Köln 1994, S. 33 ff., 36

[734] Siehe Beschlußempfehlung und Bericht des Haushaltsausschusses zum Entwurf des Gesetzes über den Bundesrechnungshof, BT-Drucks. 10/3510, S. 4.

[735] *Hauser*, (Fn. 733), S. 45

[736] *Heuer*, (Fn. 732), S. 114

Das Lebenselement eines funktionierenden demokratischen Staates besteht aus einer freien öffentlichen Meinungsbildung und der Öffentlichkeit staatlichen Handelns. Auf dem Repräsentationsprinzip aufgebaute Regierungssysteme bedürfen zu ihrer dauerhaften Funktionsfähigkeit der ständigen Rückkopplung mit dem Volk als Souverän des Staates. „Ohne Öffentlichkeit der maßgebenden Entscheidungsprozesse ist eine solche notwendige Wechselwirkung zwischen Volksvertretung und öffentlicher Meinung der Wählerinnen und Wähler nicht denkbar, wird die inhaltlich-politische Zurechnung repräsentativer Entscheidungen zum Volk schwierig und kann staatliche Machtausübung durch den diese letztlich legitimierenden Souverän schwerlich stattfinden".[737] Politische Verantwortlichkeit der Regierenden und der Verwaltung ist erst durch Publizität und Transparenz staatlichen Handelns herstellbar. Diese Transparenz können die Rechnungshöfe liefern. Stellen die Rechnungshöfe fest, daß Subventionen sich ökonomisch nicht rechtfertigen lassen, weil sie unwirksame Mittel zur Zielerreichung und deshalb rechtswidrig sind, dann sollen sie diese Feststellungen veröffentlichen. Dabei müssen die geprüften Subventionen nach Art und Umfang konkret-individuell bezeichnet werden.[738] Die Objektivität und die Unabhängigkeit der von den Rechnungshöfen getroffenen Prüfungsfeststellungen können einen rationalisierenden Effekt auf den Prozeß der politischen Willensbildung haben, indem sie zu einer Versachlichung der politischen Diskussion beitragen.[739] Konkret bedeutet dies, daß durch die Veröffentlichung unwirksamer Subventionsmaßnahmen die politische Willensbildung so beeinflußt werden kann, daß der Abbau überholter Subventionen erleichtert und die Einführung ungerechtfertigter Subventionen erschwert wird. Dadurch werden die politischen Teilhabemöglichkeiten für die Bürger und Bürgerinnen verstärkt, wodurch - angenehmer Nebeneffekt - deren Politikverdrossenheit gemindert wird. Die Sensibilisierung der Öffentlichkeit kann sich wiederum positiv auf die Arbeit der Rechnungshöfe auswirken: In dem Maße, in dem es zu einer Politisierung des Themas „Erfolgskontrolle von Subventionen" kommt, werden die Rechnungshöfe ermutigt, ihre Kompetenzen auszuschöpfen.

„Ist das Volk, von dem alle Staatsgewalt abgeleitet und demgegenüber ihre Ausübung zu verantworten ist, letztlich der Adressat der Kontrollberichte und ist der Rechnungshof insoweit Treuhänder des Volkes, so muß er auch die Befugnis haben, die Kontrollberichte dem Volk zur Beurteilung vorzulegen".[740] Davon gehen die Rechnungshöfe auch aus, wenn sie ihre Prüfungsergebnisse jährlich auf einer Pressekonferenz vorstellen. Von dieser Möglichkeit kann der Bundesrechnungshof verstärkt Gebrauch machen, denn das in Art. 114 Abs. 2 Satz 2 GG festgeschriebene

[737] *Albert von Mutius*, Finanzkontrolle und Öffentlichkeit, in: Heinz Günter Zavelberg (Hrsg.), Die Kontrolle der Staatsfinanzen, Festschrift zur 275. Wiederkehr der Errichtung der Preußischen General-Rechen-Kammer, Berlin 1989, S. 305 ff., 312 f.

[738] Vgl. oben Teil C, IV, 4; VII, 7 d

[739] *von Arnim*, (Fn. 202), S. 413 f.

[740] *von Arnim*, (Fn. 202), S. 314

Jährlichkeitsprinzip gibt nur einen zeitlichen Mindeststandard vor. Die Rechnungshöfe veröffentlichen ihre Prüfungsergebnisse zudem auch im Internet.[741]

4. Interne Maßnahmen, insbesondere Personalplanung

Bei der Erfolgskontrolle handelt es sich um einen vergleichsweise neuen Prüfungstyp, mit dessen Umgang die Rechnungshöfe noch wenig Erfahrung haben. Zusätzlich läßt sich feststellen, daß der Personalbestand mit der Zunahme der Prüfungsaufgaben in Inhalt und Umfang nicht Schritt halten kann. Unter diesen Umständen ist eine gute Personalwirtschaft der Rechnungshöfe um so wichtiger. Erfolgskontrollen sind anspruchsvolle Prüfungen. Die Beantwortung der Frage, ob Subventionen zur Zielerreichung geeignet, erforderlich und verhältnismäßig im engeren Sinne sind, erfordert die Fähigkeit, die Wirkungen von Subventionen auf makroökonomischer Ebene abschätzen zu können. Das Messen der Wirkung einer Subventionsmaßnahme auf das Verhalten der Empfänger und des sich aus der Summe dieser einzelnen Verhaltensänderungen ergebenden Erfolges verlangt die Fähigkeit, größere Zusammenhänge zu erkennen und kritisch zu hinterfragen, neue Fragenkreise schnell zu erfassen und aufzuarbeiten.[742] Die Rechnungshöfe sind zwar sachkundige Institutionen, sie können aber nicht für alle Fragen einer hochkomplexen Verwaltungs- und Wirtschaftswelt eigenen Sachverstand parat haben. Daher bietet sich bei der Durchführung von Erfolgskontrollen der verstärkte Einsatz von externen Sachverständigen an. In Frage kommen Hochschulen, hochschulfreie Forschungsinstitute und Beratungsgesellschaften der gewerblichen Wirtschaft.[743]

Externe Sachverständige werden von den Rechnungshöfen allerdings nur selten herangezogen. Der Bundesrechnungshof zieht externe Sachverständige zur Durchführung von Erfolgskontrollen nur in Einzelfällen hinzu. Der Rechnungshof der Freien und Hansestadt Hamburg hat einen Naturwissenschaftler angestellt, um - etwa im Umweltbereich - anspruchsvolle Erfolgskontrollen durchführen zu können. Dagegen zieht man etwa in Rheinland-Pfalz und Nordrhein-Westfalen überhaupt keine externen Sachverständige hinzu. Der Verzicht auf deren Hilfe wird vor allem damit begründet, daß private Unternehmensberater und andere Sachverständige mit den Eigenheiten der öffentlichen Verwaltung nicht genügend vertraut seien, so daß deren Einarbeitung und Steuerung zuviel Aufwand erfordere. In der Tat kann man davon ausgehen, daß der Einsatz von Sachverständigen nicht ohne weiteres zu einer Ausweitung der Prüfungskapazität führen wird,[744] da er nur sinnvoll ist, wenn entsprechend qualifizierte Mitarbeiter der Rechnungshöfe die Prüfungsaufgaben für die Sachverständigen formulieren, deren Tätigkeit überwachend begleiten, und die gewonnenen Ergebnisse gemeinsam festgelegt werden. Der Sachverständige muß Gehilfe des

---

[741] Eine Zusammenfassung der jeweils aktuellen Bemerkungen des Bundesrechnungshofes können auf dessen Website unter http://www.bundesrechnungshof.de und die Jahresberichte der jeweils letzten vier Jahre des Europäischen Rechnungshofes unter http://www.eca.eu.int abgerufen werden.

[742] *Dorn*, (Fn. 264, I), S. 296

[743] *Dorn*, (Fn. 264, II), S. 33

[744] *Heuer*, (Fn. 732), S. 124

Rechnungshofes bleiben und die eigenverantwortliche Steuerung und Bewertung durch den Rechnungshof gewährleistet sein. Diesem Steuerungsaufwand steht die Erkenntnis gegenüber, daß die Einarbeitung der Rechnungshofmitarbeiter in qualitativ anspruchsvolle Prüfungsfelder ohne beratende Mitwirkung von externen Spezialisten immer unwirtschaftlicher werden wird.[745] Zu angemessenen Ergebnissen wird man daher nur durch eine Vertretbarkeitsprüfung im Einzelfall kommen. Bei dieser Prüfung ist auch der finanzielle Aufwand für Sachverständige, vor allem bei gewerblichen Beratungsunternehmen, zu berücksichtigen.

Insgesamt aber sollten die Rechnungshöfe im Rahmen ihrer finanziellen Möglichkeiten bei qualitativ anspruchsvollen Bereichen verstärkt Sachverständige einsetzen. Bei der Durchführung von Erfolgskontrollen auf eine tiefergehende sachliche Prüfung zu verzichten und bloße, von der Verwaltung festgelegte Verfahrensschritte abzuhaken, ist keine angemessene Lösung. Eine Prüfung kann ein solches Spezialwissen verlangen, wie es die Rechnungshöfe kaum erwerben, auf dem laufenden halten und in ihrem Personal marktangemessen bezahlen können.[746] Grundsätzlich ist die verstärkte Einbindung von Sachverständigen für die Wirtschaftlichkeit und Qualität der Prüfungsverfahren daher unabdingbar.

In Zeiten sich ständig weiterentwickelnder Verwaltungsaufgaben sind Aus- und Fortbildung ebenfalls unentbehrliche Bestandteile einer sinnvollen Personalplanung. Dazu bedarf es folgender Maßnahmen:[747] Für Prüfer und Prüfungsgebietsleiter sollte ein Wissens-Anforderungsprofil erstellt werden. Der Ausbildungsplan sollte ermittelt und die nötigen Fortbildungsveranstaltungen im Jahresarbeitsplan so eingeplant werden, daß der Besuch dieser Veranstaltungen hinreichend sichergestellt ist. Der Rechnungshof der Freien und Hansestadt Hamburg etwa betreibt zum Thema Erfolgskontrolle eigene Fortbildung und hat auch mit den anderen deutschen Rechnungshöfen Veranstaltungen zu diesem Thema durchgeführt. Auch die Angehörigen des Bundesrechnungshofes werden je nach Bedarf auch hinsichtlich der Durchführung von Erfolgskontrollen (z.B. bei der Bundesakademie für öffentliche Verwaltung) besonders geschult.

X. Aktuelle Entwicklungen in der EU

In seiner Rede anläßlich der Vorstellung des Jahresberichts zum Haushaltsjahr 1999 vor dem Europäischen Parlament in Straßburg am 15. November 2000 begrüßte der Präsident des Europäischen Rechnungshofes, Herr Jan O. Karlsson, die von der Kommission angekündigten Reformprogramme.[748] Das Jahr 1999 war für die Haushaltsführung innerhalb der EU ein bedeutendes und ereignisreiches Jahr. Eine Vertrauenskrise gegenüber der Leitungsbene der Kommisson führte zu deren Rücktritt.

---

[745] *Heuer*, (Fn. 732), S. 125

[746] *Heuer*, (Fn. 732), S. 125

[747] Vgl. *Dorn*, (Fn. 264, II), S. 34

[748] Die Rede kann in deutscher Sprache unter http://www.eca.eu.int/DE/press_room.htm abgerufen werden.

Die neue Kommission nahm im September 1999 ihre Arbeit auf und leitete ein Reformprogramm ein. Dieses Programm umfaßt drei miteinander verknüpfte Themen: Reform der Art und Weise, wie politische Prioritäten festgelegt und Ressourcen zugewiesen werden, umfangreiche Änderungen im Bereich der Personalpolitik und eine grundlegende Überarbeitung der Haushaltsführung und der Finanzkontrolle.

Viele der erheblichen Schwachstellen, die mit Hilfe des Reformprogramms behoben werden sollen, betreffen Sachverhalte, die der Europäische Rechnungshof in seinen Berichten im Laufe der Jahre wiederholt beanstandet hat: die Unzulänglichkeit der von der EU eingegangenen Vertragsverhältnisse, grundlegende strukturelle Mängel im Bereich der internen Kontrolle, die die Verantwortung der Anweisungsbefugten schmälern und den anhaltenden Ressourcenmangel bei der Abwicklung einiger Programme.

Ein weiterer Bestandteil der Reform, der sich weitgehend mit einer der Prioritäten des Europäischen Rechnungshofes deckt, betrifft den erhöhten Stellenwert der Erfolgskontrolle, die in ein System der Ressourcenverteilung nach Maßgabe vorgegebener Prioritäten und klar definierter, meßbarer Ziele eingebunden werden soll. In seiner Stellungnahme Nr. 4/97[749] sprach der Europäische Rechnungshof unter anderem Empfehlungen zur Verantwortung des Anweisungsbefugten, zur Einführung eines unabhängigen Prüfers und zur Notwendigkeit der Darstellung der Rechnungsabschlüsse nach internationalen Grundsätzen aus. Zahlreiche dieser Empfehlungen nahm die Kommission auf, wie etwa die der Einführung eines unabhängigen Prüfers: Die derzeitige HO[750] sieht vor, daß der Finanzkontrolleur sowohl eine vorherige Prüfung einzelner Vorgänge (der vorherige „Sichtvermerk") als auch eine nachträgliche Bewertung der Systeme vorzunehmen hat (das „Audit", vgl. Art. 24 Abs. 5 Satz 2 HO). Diese Doppelaufgabe birgt die Gefahr eines Interessenkonflikts und erlaubt weder eine optimale, gleichwertige Erfüllung noch eine starke Spezialisierung jeder einzelnen Funktion. Daher hat die Kommission in einem gesonderten Verfahren die Trennung dieser Aufgaben und die Schaffung eines unabhängigen Prüfers vorgeschlagen, der mit dem Audit der Systeme zur internen Kontrolle betraut werden soll.[751] Der Europäische Rechnungshof begrüßte die Priorität, die die Kommission der Reform unter anderem in der notwendigen Änderung von Art. 24 HO eingeräumt hat.

Das zentrale Regelwerk der Reform ist der von der Kommission vorgelegte Vorschlag für eine „Verordnung (EG, EGKS, EAG) des Rates zur Regelung der

---

[749] ABl. EG 1998 C 57

[750] Haushaltsordnung vom 21. Dezember 1977 für den Gesamthaushaltsplan der Europäischen Gemeinschaften, ABl. EG 1977 L 356/02; zuletzt geändert durch die Verordnung (EG, EGKS, Euratom) Nr. 2673/1999 (ABl. EG 1999 L 326)

[751] Vgl. Vorschlag der Kommission für eine „Verordnung des Rates zur Änderung der Haushaltsordnung betreffend die Trennung zwischen interner Auditkunktion und ex-ante-Finanzkontrolle (Art. 24 Absatz 5 der Haushaltsordnung)" vom 30. Mai 2000. Dieser Vorschlag kann in seiner deutschen Fassung unter http://www.europa.eu.int/eur-lex/de/com/dat/2000/de_500PC0341.html abgerufen werden.

Haushaltsordnung für den Gesamthaushaltsplan der Europäischen Gemeinschaften" vom 17. Oktober 2000 (im folgenden Text entweder „V-HO" oder „Vorschlag" genannt).[752] Die drei formalen Aspekte des Vorschlags sind (1) die Vereinfachung der Haushaltsordnung, (2) die Verbesserung der Darstellung und die größere Klarheit ihres Wortlauts und (3) mehr Kohärenz zwischen der Haushaltsordnung und den anderen finanzrechtlichen Vorschriften.

Art. 25 Abs. 1 V-HO bestimmt, daß die Haushaltsmittel nach dem Grundsatz des effizienten Finanzmanagements, d.h. sparsam, wirtschaftlich und wirksam, zu verwenden sind. Nach Art. 25 Abs. 2 V-HO sind Ziele festzulegen, die anhand quantifizierbarer Indikatoren überprüfbar sind; die Realisierung der Ziele ist zu überwachen. Nach Art. 25 Abs. 3 V-HO haben die Organe für eine regelmäßige Bewertung der Maßnahmen zu sorgen. Generell sollen die Programme in ihrem gesamten Verlauf intensiver bewertet werden. Diese Berwertung soll nicht nur vor Progammanlauf, sondern auch während der Durchführung und nach Abschluß des Programms stattfinden. Voraussetzung hierfür ist, daß sich genau berechnen läßt, was eine Tätigkeit kostet und was mit ihr bezweckt wird. Dieser Anspruch entspricht weitgehend der Forderung des Europäischen Rechnungshofes, die er in seinem Jahresbericht zum Haushaltsjahr 1998 aufgestellt hatte: Der Erfolg der Tätigkeit sollte daran gemessen werden, inwieweit die politischen Vorgaben mit möglichst geringen Kosten verwirklicht werden. Eine derartige Neuausrichtung der Kultur und Praxis der Finanzverwaltung sollte im Mittelpunkt des Reformprozesses in diesem Bereich stehen.[753]

Um sicherzustellen, daß die internen Kontrollsysteme effizient funktionieren, ernennt nach Art. 80 V-HO jedes Organ einen Internen Prüfer, der das betreffende Organ bei der Risikokontrolle unterstützt, indem er unabhängige Stellungnahmen zur Qualität der Verwaltungs- und Kontrollsysteme und Empfehlungen zur Verbesserung der Bedingungen für die Abwicklung der Vorgänge sowie zur Förderung einer wirtschaftlichen Verwendung der dem Organ zur Verfügung stehenden Mittel abgibt. Ihm obliegt es nach Art. 81 Abs. 1 V-HO, (1) die Angemessenheit und Wirksamkeit der internen Verwaltungsysteme sowie der Leistung der Dienststellen bei der Durchführung der Politiken, Programme und Maßnahmen unter Berücksichtigung der damit verbundenen Risiken zu beurteilen, und (2) die Angemessenheit und Wirksamkeit der Systeme zu beurteilen, die auf alle Haushaltsvollzugsvorgänge Anwendung finden.

Die allgemeine Vorschrift des Art. 25 V-HO erfährt im Hinblick auf Finanzhilfen in Art. 101-114 V-HO eine besondere Regelung. Die derzeitige HO enthält keine besonderen Bestimmungen für die Gewährung von Finanzhilfen. Auf diesem Gebiet hat somit eine Entwicklung stattgefunden, ohne daß ein verbindliches Regelwerk erarbeitet worden wäre. Art. 101 Abs. 1 V-HO definiert die Finanzhilfe als direkten Beitrag der Gemeinschaften zur einer Maßnahme oder einer Stelle, deren Ziel es ist, eine Politik der Union oder die Verwirklichung eines Ziels von allgemeinem

---

[752] Dieser Vorschlag kann unter http://www.europa.eu.int/eur-lex/de/com/dat/2000/de_500PC0461.html abgerufen werden.

[753] ABl. EG 1999 C 349/5

europäischen Interesse zu fördern; diese Definition erfaßt auch die Finanzbeiträge, schließt jedoch Personalausgaben der Gemeinschaftsorgane, Darlehen und Beteiligungen sowie Beschaffungsaufträge aus. Art. 102 Abs. 1 V-HO bekräftigt die Grundsätze der Transparenz und der Gleichbehandlung. Zur Beachtung dieser Grundsätze fordert Art. 103 Abs. 1 Satz 1 V-HO, daß die Finanzhilfen „Gegenstand eines jährlichen Programms [sind], mit Angabe ihrer Rechtsgrundlage, der angestrebten Ziele und der erwarteten Ergebnisse". Weiter bekräftigt Art. 102 Abs. 1 V-HO das Kumulierungsverbot, das Rückwirkungsverbot und das Prinzip der Kofinanzierung. Art. 108 Abs. 2 V-HO schreibt für den Ausschluß von der Gewährung dieselben Prinzipien fest, wie für die Auftragsvergabe, d.h. insbesondere Betrug oder Interessenkonflikt. Schließlich - zusätzlich zur Kontrolle der Finanzhilfeempfänger durch den Europäischen Rechnungshof [754] - schreibt Art. 114 V-HO die Einführung einer Bewertung der jeweiligen Programme durch jedes einzelne Organ vor, indem er bestimmt, daß jedes Finanzhilfeprogramm bewertet wird, „um festzustellen, inwieweit die Ergebnisse den angestrebten Zielen entsprechen". Das ist die Forderung nach der Durchführung von Erfolgskontrollen, die in der bisher geltenden HO bei Finanzhilfen nicht geregelt war.

Durch die Darstellung der Zuweisung von Finanz- und Verwaltungsmitteln nach Zweckbestimmung („Aktivity Based Budgeting"; im Deutschen etwa: aktivitätsbezogene Budgetierung, aktivitätsbezogener Haushaltsplan)[755] wiederum soll die Kommission in die Lage versetzt werden, ihre Prioritätensetzung nach Maßgabe der verfügbaren finanziellen und administrativen Ressourcen zu verbessern. Es sollen Situationen verhindert werden, in denen relativ kleine Programme einen unverhältnismäßig hohen Aufwand verursachen. Diese Darstellung des Haushalts nach politischen Bereichen und Tätigkeiten würde bedeuten, daß in der neuen Haushaltsordnung nicht mehr wie bisher von der Unterscheidung zwischen Teil A und Teil B des Haushaltsplanes ausgegangen wird. Diese neue Haushaltsstruktur würde eine Darstellung der Gesamtkosten der Politik und eine transparentere Information über die jedem Politikberich zugewiesenen Mittel ermöglichen. In der neuen Haushaltsstruktur würden die Titel den politischen Sachgebieten entsprechen. Mit diesem System könnten die Verwaltungsressourcen angemessen bewirtschaftet und den einzelnen Sachgebieten zugeordnet werden.

Der Europäische Rechnungshof begrüßte diese Reformvorschläge und ermutigte die Kommission zu deren möglichst raschen Umsetzung. Die Neufassung der HO ist jedoch ein zeitaufwendiger Prozeß. Erfahrungswerte lassen darauf schließen, daß zwischen dem Zeitpunkt der Unterbreitung des Vorschlags und seiner Annahme

---

754 Nach Art. 125 Abs. 1 V-HO stellt der Europäische Rechnungshof die Rechtmäßigkeit und Ordnungsmäßigkeit der Einnahmen und Ausgaben im Hinblick auf die Verträge, den Haushaltsplan, die Haushaltsordnung und alle in Umsetzung der Verträge erlassenen Vorschriften fest und überzeugt sich von der Effizienz des Finanzmanagements. Nach Art. 127 Abs. 4 V-HO erstreckt sich diese Prüfung der Rechtmäßigkeit und Ordnungsmäßigkeit auch auf die Verwendung der Gemeinschaftsmittel durch Einrichtungen außerhalb der Organe, die diese Mittel in Form von Finanzhilfen erhalten.

755 Vgl. Absatz A. 2 c des 3. Abschnitts der Begründung des Vorschlags.

im Rat voraussichtlich bis zu zwei Jahre verstreichen werden. Dies ist der Grund, weshalb die Kommission den bereits erwähnten Vorschlag für die „Verordnung des Rates zur Änderung der Haushaltsordnung betreffend die Trennung zwischen interner Auditkunktion und ex-ante-Finanzkontrolle (Art. 24 Absatz 5 der Haushaltsordnung)" vom 30. Mai 2000 vorgezogen hat. Sie wollte bereits für den Übergangszeitraum bis zur Verabschiedung der neuen HO für eine Trennung sorgen zwischen der internen Auditfunktion, die der Finanzkontrolleur gemäß Art. 24 Abs. 5 Satz 2 HO ausübt, und seiner traditionellen ex-ante-Kontrollfunktion. Erst nach Umsetzung des gesamten Reformprogramms, erst wenn die Strukturen und Verfahren eingerichtet sind und funktionieren, wird sich beurteilen lassen, ob die angestrebten Verbesserungen im Bereich der Haushaltsführung erreicht werden können. Verbesserungen im Bereich der Haushaltsführung seitens der Kommission ist jedoch nur ein Teil dessen, was zur Verbesserung der Gesamtverwaltung der Gemeinschaftsmittel notwendig ist. Im Bereich der Gemeinsamen Agrarpolitik und der Strukturfonds sind es schließlich die Mitgliedstaaten, die für die tägliche Verwaltung des Großteils der Mittel aus dem Gemeinschaftshaushalt verantwortlich sind. Bei den von der EU finanzierten oder mitfinanzierten Maßnahmen muß die Kommission ihren Druck auf die Mitgliedstaaten im Hinblick auf deren Durchführung von Finanzkontrollen verstärken. Dies geschieht bislang in nicht ausreichendem Maße. Die Umsetzung des Verwaltungs- und Kontrollsystems für Agrarausgaben und des Systems zur Finanzkontrolle durch die Mitgliedstaaten bei von den Strukturfonds kofinanzierten Maßnahmen geht nur langsam voran.[756]

[756] Vgl. Ziffern 0.10, 2.41, 3.69-3.74 und 3.78 der vorläufigen Ausgabe des Jahresberichtes des Europäischen Rechnungshofes zum Haushaltsjahr 1999, welche in der Sitzung des Rechnungshofes vom 11. und 12. Oktober 2000 verabschiedet wurde und in deutscher Sprache unter http://www.eca.eu.int/DE/RA/1999/ra99.htm veröffentlicht ist.

Resümee und Ausblick

Die unabhängige, sachlich orientierte und qualifizierte Arbeit der Rechnungshöfe gewinnt in einer Zeit ständig steigender Staatsausgaben immer größere Bedeutung. Dies gilt gerade auch für die Durchführung von Erfolgskontrollen. Dieser Prüfungstyp vermag eine Effektivitätsverbesserung staatlichen Handelns zu erwirken, indem er anhand des Verhältnismäßigkeitsgebotes staatliche Maßnahmen auf ihre Wirksamkeit hin überprüft. Unwirksame Maßnahmen sind rechtswidrig und deshalb umzugestalten oder ganz einzustellen. Das Verhältnismäßigkeitsgebot als Prüfungsmaßstab stärkt das Bewußtsein, daß die subventionierende Staatstätigkeit auch eine freiheitsgefährdende sein kann. Dabei gibt es auch eingriffslose Freiheitsbeeinträchtigungen. Durch eine Reduzierung obsolet gewordener Leistungen und Programme kann die Effizienz staatswirtschaftlichen Handelns gesteigert werden. Es gibt keine Institution, die für die Vornahme von Erfolgskontrollen staatlicher Programme besser geeignet ist, als die Rechnungshöfe. Dabei sollen diese sich nicht von dem allgemein gehaltenen Argument beeindrucken lassen, sie würden politisiert werden und ihre Stellung und ihr Ansehen als fachlich entscheidende, objektive Einrichtung verlieren. Die Erfolgskontrolle ist keine politische Waffe, sondern eine wissenschaftliche Prüfungsmethode.

Durch die verstärkte Überprüfung staatlicher (Subventions-) Maßnahmen und die Veröffentlichung der gewonnenen Erkenntnisse kann ein politischer Sensibilisierungseffekt eintreten, der die politischen Teilhabemöglichkeiten für die Bürger und Bürgerinnen verbessert. In Zeiten ständig steigender Steuer- und Abgabenbelastung wird die Öffentlichkeit als Adressat der Rechnungshoftätigkeit immer wichtiger. Sie wird geradezu zum Verbündeten der Rechnungshöfe gegenüber Parlament und Exekutive im Kampf um die Verwertung und Verwendung der durch die Kontrollorgane gewonnenen Prüfungsergebnisse. Eine aufklärende Berichterstattung schafft Vertrauen und kann einer Politikverdrossenheit der Öffentlichkeit entgegenwirken. Für die Sicherung der staatsbürgerlichen Freiheiten ist es notwendig, die parlamentarische Entlastung als Kernstück der demokratischen Staatskontrolle zu beleben. Dazu können die Rechnungshöfe angesichts der Bedeutung ihrer Kontrolltätigkeit beitragen. Wenn sie staatliche Fördermaßnahmen bislang nicht umfassend unter die Lupe genommen haben, so liegt dies nicht daran, daß sie zu einer Erfolgskontrolle von Subventionen rechtlich etwa nicht befugt seien. Die Rechnungshöfe haben die Kompetenz. Sie müssen sie nur ausschöpfen. Als Ermutigung hierzu mag die Gewißheit dienen, daß der Einzelne durch die Transparenz staatlichen Handelns in den Prozeß der politischen Willensbildung integriert wird und dadurch die Stellung erfährt, die ihm nach der Konzeption der Demokratie zukommt. Nur wer über verfehlte Maßnahmen informiert ist, kann sich mit dem Stimmzettel wehren. Durch ihre Tätigkeit und die Veröffentlichung ihrer Prüfungsergebnisse leisten die Rechnungshöfe somit einen wichtigen Beitrag zum Erhalt der repräsentativen Demokratie. Eine Steigerung der Transparenz des Haushaltsgeschehens und der Publizität der Prüfungsergebnisse trägt mittelbar auch dazu bei, die Attraktivität der parlamentarischen Kontrollfunktion auch für den einzelnen Parlamentarier zu erhöhen. Die Neigung der Abgeordneten, das parlamentarische Entlastungsverfahren nicht nur als Routineverfahren zur retrospektiven Aufklärung zu sehen, sondern vielmehr als Instrument zur politischen und wirtschaftlichen Zukunftsgestaltung zu begreifen, könnte dadurch gestärkt werden. Darauf kommt es letztlich an; denn die Kontrollergebnisse der Rechnungshöfe bedürfen der politischen Umsetzung.

Literaturverzeichnis

Bernhard Bank,
Über die Eigenständigkeit des Rechnungshofes zwischen Parlament und Regierung, DÖV 1962, S. 526 ff.

Adolf Baumbach / Wolfgang Hefermehl,
Wettbewerbsrecht, 19. Auflage, München 1996

Gerd Dieter Belemann,
Rechtsschutzprobleme im Bereich der Finanzkontrolle, DÖV 1990, S. 58 ff.

Erhard Blankenburg,
Über die Unwirksamkeit von Gesetzen, Archiv für Rechts- und Sozialphilosophie, 63 (1977), S. 44 ff.

Hans Blasius,
Recht und Finanzkontrolle in den Gestaltungsräumen von Politik und Verwaltung, DÖV 1988, S. 819 ff.

Hans Blasius / Horst Kühne,
Stärken und Schwächen des Rechnungshofes, DÖV 1991, S. 393 ff.

Albert Bleckmann,
Ordnungsrahmen für das Recht der Subventionen, in: Verhandlungen des 55. Deutschen Juristentages, Band I, Gutachten D

Willi Blümel,
Verwaltungszuständigkeit, in: Josef Isensee / Paul Kirchhof (Hrsg.), Handbuch des Staatsrechts der Bundesrepublik Deutschland, Band IV, Heidelberg 1990, § 101

Gerold Blümle,
Probleme der Förderung agrarpolitischer Maßnahmen in den früheren Planwirtschaften Mittel- und Osteuropas, in: Bernhard Friedmann (Hrsg.), Der Europäische Rechnungshof und die Wirtschafts- und Finanzhilfen der EU für Mittel- und Osteuropa, Luxemburg / Köln 1994, S. 213 ff.

Ernst-Wolfgang Böckenförde,
Die verfassungsgebende Gewalt des Volkes - ein Grenzbegriff des Verfassungsrechts, Frankfurt a.M. 1986

Ernst-Wolfgang Böckenförde / Rolf Grawert,
Sonderverordnungen zur Regelung besonderer Gewaltverhältnisse, AöR 95 (1970), S. 1 ff.

Hans-Josef Brink,
Organisationstheoretische Überlegungen zur Prüfungstätigkeit, dargestellt am Beispiel des Bundesrechnungshofes, in: Bernhard Friedmann (Hrsg.), Der Europäische Rechnungshof und die Wirtschafts- und Finanzhilfen der EU für Mittel- und Osteuropa, Luxemburg / Köln 1994, S. 77 ff.

Winfried Brohm,
Zur Einführung: Strukturprobleme der planenden Verwaltung, JuS 1977, S. 500 ff.

ders.
Sachverständige und Politik, in: Festschrift für Ernst Forsthoff, München 1972, S. 35 ff.

Werner Brück / Horst A. Kühne,
Die Neuregelung der Finanzkontrolle der Europäischen Gemeinschaften, DÖV 1977, S. 23 ff.

Martin-Peter Büch,
Zur Bestimmung der Grundsätze der Wirtschaftlichkeit und der Sparsamkeit im öffentlichen Haushalt der Bundesrepublik Deutschland, Köln / Berlin / Bonn / München 1976

Hans Peter Bull,
Die Staatsaufgaben nach dem Grundgesetz, 2. Auflage, Kronberg / Ts. 1977

Thomas Darnstädt,
Ganz, ganz Schneller Brüter, in: Der Spiegel 13/1997, 24. März 1997, S. 54 ff.

Christoph Degenhart,
Kontrolle der Verwaltung durch Rechnungshöfe, VVDStRL 55 (1996), S. 190 ff.

Hans Ulrich Derlien,
Organisatorische Aspekte der Programmevaluation, Verwaltung und Fortbildung 1978, S. 51 ff.

Udo Di Fabio,
Information als hoheitliches Gestaltungsmittel, JuS 1997, S. 1 ff.

Alfred Dickersbach,
Die Entwicklung des Subventionsrechts seit 1984, NVwZ 1993, S. 846 ff.

Rudolf Dieckmann,
Auf dem Weg zu neuen Ufern? Zum Stand der Erfolgskontroll-Untersuchungen beim Hamburger Rechnungshof, VOP 1993, S. 63 ff.

ders.
Auf dem Weg zu neuen Ufern? Zum Stand der Erfolgskontrolluntersuchungen bei Rechnungshöfen, in: Gunther Engelhardt / Harald Schulze / Werner Thieme (Hrsg.), Stellung und Funktion der Rechnungshöfe im Wandel?, Baden-Baden 1993, S. 43 ff.

ders.
Schwierigkeiten bei der Erfolgskontrolle staatlicher Planung, DÖV 1980, S. 737 ff.

Nils Diederich / Georg Cadel / Heidrun Dettmar / Ingeborg Haag,
Die diskreten Kontrolleure, Opladen 1990

Hans Dommach,
in: Ernst Heuer (Hrsg.), Kommentar zum Haushaltsrecht, Loseblattsammlung, Neuwied, Stand: März 1996

Hermann A. Dommach,
Der Funktionsverlust des Reichsrechnungshofes (RRH) in den Vorkriegsjahren, in: Theo Pirker (Hrsg.), Rechnungshöfe als Gegenstand zeitgeschichtlicher Forschung, Berlin 1987, S. 35 ff.

ders.
Zur Gründungsgeschichte des Bundesrechnungshofes (BRH), in: Theo Pirker (Hrsg.), Rechnungshöfe als Gegenstand zeitgeschichtlicher Forschung, Berlin 1987, S. 77 ff.

Heinz Dorn,
Personalplanung in Rechnungshöfen (I), VOP 1983, S. 295 ff.;
Personalplanung in Rechnungshöfen (II), VOP 1984, S. 32 ff.

Johann Eekhoff,
Ansatzpunkte für die Beurteilung öffentlicher Maßnahmen - Erfolgskontrolle von Strukturprogrammen, in: Peter Eichhorn / Gert von Kortzfleisch (Hrsg.), Erfolgskontrolle bei der Verausgabung öffentlicher Mittel, Baden-Baden 1986, S. 59 ff.

Dirk Ehlers,
Die Kontrolle von Subventionen, DVBl. 1993, S. 861 ff.

ders.
Verwaltung und Verwaltungsrecht im demokratischen und sozialen Rechtsstaat, in: Hans-Uwe Erichsen (Hrsg.), Allgemeines Verwaltungsrecht, 10. Auflage, Berlin / New York 1995, § 1

Peter Eichhorn,
Verwaltungshandeln und Verwaltungskosten, in: Peter Eichhorn / Peter Friedrich (Hrsg.), Möglichkeiten zur Verbesserung der Wirtschaftlichkeit in der Verwaltung, Baden-Baden 1979, S. 11 ff.

Peter Eickenboom / Ernst Heuer,
Das neue Bundesrechnungshofgesetz, DÖV 1985, S. 997 ff.

Karl Stefan Eisermann,
Gemeinschaftsrechtliche Beihilfenkontrolle bei staatlich unterstützten Forschungs- und Entwicklungsvorhaben, EuZW 1996, S. 683 ff.

Hans-Uwe Erichsen,
Das Verwaltungshandeln, in: Hans-Uwe Erichsen (Hrsg.), Allgemeines Verwaltungsrecht, 10. Auflage, Berlin / New York 1995, § 12

Ulrich Everling,
Steht Deutschland noch zur Rechtsgemeinschaft?, in: Frankfurter Allgemeine Zeitung, 3. September 1996, Nr. 205, S. 11

Thomas Falkenkötter,
Der Streit um die sächsischen VW-Beihilfen - Anlaß für grundsätzliche Klärung?, NJW 1996, S. 2689 ff.

Herbert Fischer-Menshausen,
in: Ingo von Münch / Philip Kunig (Hrsg.), Grundgesetz - Kommentar, Band 3, 3. Auflage, München 1996, Art. 114 GG

Dierk Fittschen,
Durchsetzung der Prüfungsrechte der Rechnungshöfe, VerwArch 83 (1992), S. 165 ff.

Thomas Fleiner,
Norm und Wirklichkeit, Zeitschrift für Schweizerisches Recht, Band II, 1974, S. 279 ff.

Klaus-Peter Fox / Gerhard Zeitel,
Subventionsabbau, DÖV 1984, S. 865 ff.

Karl Alois Frick,
Einkommenssteuerliche Steuervergünstigungen und Beihilfeverbot nach dem EG-Vertrag, Sinzheim 1994

Bernhard Friedmann,
Organisation und Koordination von Prüfungsmethoden des Europäischen Rechnungshofes, in: Bernhard Friedmann (Hrsg.), Der Europäische Rechnungshof und die Wirtschafts- und Finanzhilfen der EU für Mittel- und Osteuropa, Luxemburg / Köln 1994, S. 47 ff.

ders.
Probleme der Förderung agrarpolitischer Maßnahmen in den früheren Planwirtschaften Mittel- und Osteuropas, in: Bernhard Friedmann (Hrsg.), Der Europäische Rechnungshof und die Wirtschafts- und Finanzhilfen der EU für Mittel- und Osteuropa, Luxemburg / Köln 1994, S. 191 ff.

Manfred Froch / Christoph Gusy,
Das Übermaßverbot als Maßstab staatlicher Subventionsvergabe?, VerwArch 81 (1990), S. 512 ff.

Ludwig Fröhler / Joachim Kormann,
Haushaltsaufsicht über die Handwerkskammern - eine erweiterte Rechtsaufsicht?, Handwerksrechtsinstitut München e.V. (Hrsg.), 1983

Gérard Gäfgen,
Theorie der wirtschaftlichen Entscheidung. Untersuchungen zur Logik und Bedeutung des rationalen Handelns, 3. Auflage, Tübingen 1974

Rudolf Geiger,
EG-Vertrag, Kommentar zu dem Vertrag zur Gründung der Europäischen Gemeinschaft, 2. Auflage, München 1995

Andreas Greifeld,
Der Rechnungshof als Wirtschaftlichkeitsprüfer, München 1981

Klaus Grupp,
Die Stellung der Rechnungshöfe in der Bundesrepublik Deutschland, Berlin 1972

ders.
Die „Grundsätze der Wirtschaftlichkeit und Sparsamkeit“ im Haushaltsrecht, JZ 1982, S. 231 ff.

ders.
Steuerung des Verwaltungshandelns durch Wirtschaftlichkeitskontrolle?, DÖV 1983, S. 661 ff.

Christoph Gusy,
Subventionsrecht (Teil 2), JA 1991, S. 327 ff.

Franz Haaser,
Die Rechnungshöfe und ihre Beziehungen zu Exekutive und Legislative, DÖH 1 (1954), S. 115 ff.

Siegfried Hauser,
Aufgabenstellung und rechtliche Rahmenbedingungen der Finanzkontrolle des Europäischen Rechnungshofes, in: Bernhard Friedmann (Hrsg.), Der Europäische Rechnungshof und die Wirtschafts- und Finanzhilfen der EU für Mittel- und Osteuropa, Luxemburg / Köln 1994, S. 33 ff.

Görg Haverkate,
Subventionsrecht, in: Reiner Schmidt (Hrsg.), Öffentliches Wirtschaftsrecht, Band 1, Berlin u.a. 1995, S. 334 ff.

ders.
Rechtsfragen des Leistungsstaates, Tübingen 1983

ders.
Prüfungsfreie Räume. Welche Türen in der öffentlichen Verwaltung bleiben dem Rechnungshof verschlossen?, in: Heinz Günter Zavelberg (Hrsg.), Die Kontrolle der Staatsfinanzen, Festschrift zur 275. Wiederkehr der Errichtung der Preußischen General-Rechen-Kammer, Berlin 1989, S. 197 ff.

ders.
Der Schutz subjektiv-öffentlicher Rechte in der Rechnungsprüfung, AöR 107 (1982), S. 539 ff.

Kurt Heinig,
Das Budget, Band 1, Die Budgetkontrolle, Tübingen 1949, S. 40 ff.

Roman Herzog,
in: Theodor Maunz / Günter Dürig / Roman Herzog (Hrsg.), Grundgesetz, Loseblattkommentar, München, Stand: Oktober 1996, Art. 20 GG, Abschn. II

Konrad Hesse,
Grundzüge des Verfassungsrechts der Bundesrepublik Deutschland, 20. Auflage, Heidelberg 1995

ders.
Die verfassungsrechtliche Stellung der Parteien im modernen Staat, VVDStRL 17 (1959), S. 11 ff.

Ernst Heuer,
in: Ernst Heuer (Hrsg.), Kommentar zum Haushaltsrecht, Loseblattsammlung, Neuwied, Stand: März 1996

ders.
Befugnisse des Rechnungshofes bei der Feststellung des Sachverhaltes, DVBl. 1991, S. 982 ff.

ders.
Privatwirtschaftliche Wege und Modelle zu einem modernen (anderen?) Staat, DÖV 1995, S. 85 ff.

ders.
Wie kann die Rechnungshofkontrolle intensiviert werden?, in: Hans Herbert von Arnim (Hrsg.), Finanzkontrolle im Wandel, Berlin 1989, S. 111 ff.

Ullrich Hockenbrink,
Zur Befugnis der Rechnungshöfe im Prüfungsverfahren Verwaltungsakte zu erlassen, DÖV 1991, S. 241 ff.

Peter-Michael Huber,
Konkurrenzschutz im Verwaltungsrecht, Tübingen 1991

Hans Peter Ipsen,
Subventionen, in: Josef Isensee / Paul Kirchhof (Hrsg.), Handbuch des Staatsrechts der Bundesrepublik Deutschland, Band IV, Heidelberg 1990, § 92

ders.
Europäisches Gemeinschaftsrecht, Tübingen 1972

Wolfgang Jakob,
Einkommenssteuer, 2. Auflage, München 1996

Peter Jakobs-Woltering,
Rechnungshöfe, die Spezialisten der Erfolgskontrolle?, RiA 1994, S. 280 ff.

Thomas Jestadt,
Das Rückzahlungsrisiko bei „formell rechtswidrigen" Beihilfen, EuZW 1993, S. 49 ff.

Gerhard Joos,
Subventionsrecht - eine Bestandsaufnahme, RiA 1987, S. 73 ff.

Helmut Kahrenke,
Zur Abgrenzung der Begriffe Prüfung und Beratung, DVBl. 1975, S. 611 ff.

Dieter Keller,
Prüfungsaufträge und Unabhängigkeit der Rechnungshöfe, DÖV 1979, S. 705 ff.

Paul Kirchhof,
Empfiehlt es sich, das Einkommenssteuerrecht zur Beseitigung von Ungleichbehandlungen und zur Vereinfachung neu zu ordnen?, in: Verhandlungen des 57. Deutschen Juristentages 1988, Band I, Gutachten F

Gunter Kisker,
Staatshaushalt, in: Josef Isensee / Paul Kirchhof (Hrsg.), Handbuch des Staatsrechts der Bundesrepublik Deutschland, Band IV, Heidelberg 1990, § 89

ders.
Sicherung von „Wirtschaftlichkeit und Sparsamkeit" durch den Rechnungshof, NJW 1983, S. 2167 ff.

ders.
Organe als Inhaber subjektiver Rechte - BVerwGE 45, 207, JuS 1975, S. 704 ff.

Helmut Klages,
Überlasteter Staat, verdrossene Bürger?, Zu den Dissonanzen der Wohlfahrtsgesellschaft, Frankfurt a.M. 1981

Friedrich Klein,
Die institutionelle Verfassungsgarantie der Rechnungsprüfung, in: Bundesrechnungshof (Hrsg.), 250 Jahre Rechnungsprüfung, Frankfurt a.M. 1964, S. 133 ff.

Franz Knöpfle,
Kontrolle autonomer Einrichtungen (Universitäten, Rundfunkanstalten, Fraktionen, Kommunen), in: Hans Herbert von Arnim (Hrsg.), Finanzkontrolle im Wandel, Berlin 1989, S. 259 ff.

Klaus König,
Zur Evaluation staatlicher Programme, in: Peter Eichhorn / Gert von Kortzfleisch (Hrsg.), Erfolgskontrolle bei der Verausgabung öffentlicher Mittel, Baden-Baden 1986, S. 19 ff.

Juliane Kokott,
Nationales Subventionsrecht im Schatten der EG, DVBl. 1993, S. 1235 ff.

Ferdinand Kopp,
Rechtsschutz des Bürgers gegen Inhalt und Verbreitung von Prüfungsberichten eines Rechnungshofes, JuS 1981, S. 419 ff.

Ferdinand Kopp / Wolf-Rüdiger Schenke,
Verwaltungsgerichtsordnung, 11. Auflage, München 1998

Hans Clausen Korff,
Haushaltspolitik, Stuttgart / Berlin / Köln / Mainz 1975

Erwin Krämer,
Die Abgrenzung des haushaltsrechtlichen Zuwendungsbegriffs und ihre Bedeutung, DÖV 1990, S. 546 ff.

Walter Krebs,
Die rechtliche Stellung der Rechnungshöfe und der Vorbehalt des § 40 Abs. 1 VwGO zugunsten der verfassungsrechtlichen Streitigkeit, VerwArch 71 (1980), S. 77 ff.

ders.
Kontrolle in staatlichen Entscheidungsprozessen, Heidelberg 1984

ders.
Rechtmäßigkeit und Wirtschaftlichkeit als Kontrollmaßstäbe des Rechnungshofes, in: Hans Herbert von Arnim (Hrsg.), Finanzkontrolle im Wandel, Berlin 1989, S. 65 ff.

Martin Kriele,
Das demokratische Prinzip im Grundgesetz, VVDStRL 29 (1971), S. 46 ff.

Klaus Lange,
Die Prüfung staatlicher Zuwendungen durch den Bundesrechnungshof, in: Heinz Günter Zavelberg (Hrsg.), Die Kontrolle der Staatsfinanzen, Festschrift zur 275. Wiederkehr der Errichtung der Preußischen General-Rechen-Kammer, Berlin 1989, S. 279 ff.

Karl Larenz / Claus-Wilhelm Canaris,
Methodenlehre der Rechtswissenschaft, 3. Auflage, Berlin u.a. 1995

Franz Lehner,
Grenzen des Regierens, Königstein / Taunus 1979

Walter Leisner,
Staatliche Rechnungsprüfung Privater, Berlin 1990

Theodor Lenckner,
in: Adolf Schönke / Horst Schröder (Hrsg.), Strafgesetzbuch - Kommentar, 25. Auflage, München 1997

Niklas Luhmann,
Kann die Verwaltung wirtschaftlich handeln?, VerwArch 51 (1960), S. 97 ff.

ders.
Die Organisationsmittel des Wohlfahrtsstaates und ihre Grenzen, in: Heiner Geißler (Hrsg.), Verwaltete Bürger - Gesellschaft in Fesseln, Berlin 1978, S. 112 ff.

Siegfried Magiera,
in: Eberhard Grabitz / Meinhard Hilf (Hrsg.), Kommentar zur Europäischen Union, Loseblattsammlung, München, Stand: Oktober 1997

ders.
Finanzkontrolle in der Europäischen Gemeinschaft, in: Hans Herbert von Arnim (Hrsg.), Finanzkontrolle im Wandel, Berlin 1989, S. 221 ff.

ders.
Rückforderung gemeinschaftsrechtswidriger staatlicher Beihilfen, in: Jürgen F. Baur, Peter-Christian Müller-Graff, Manfred Zuleeg (Hrsg.), Europarecht - Energierecht - Wirtschaftsrecht, Festschrift für Bodo Börner, Köln / Berlin / Bonn / München 1992, S. 213 ff.

Herbert Mandelartz,
Das Zusammenwirken von Parlament und Regierung beim Haushaltsvollzug, Frankfurt a.M. / Bern / Cirencester U.K. 1980, S. 90 ff.

Günter Mann,
Unabhängige Kontrolleure?, ZParl 1981, S. 353 ff.

Theodor Maunz,
in: Theodor Maunz / Günter Dürig / Roman Herzog (Hrsg.), Grundgesetz, Loseblattkommentar, München, Stand: Oktober 1996, Art. 114 GG

Sonia Mazey / Jeremy Richardson,
Interests, in: Laura Cram / Desmond Dinan / Neill Nugent (Hrsg.), Developments in the European Union, New York 1999

Udo Müller,
Die institutionelle Unabhängigkeit der Rechnungshöfe, DVBl. 1994, S. 1276 ff.

Peter-Christian Müller-Graff,
Die Erscheinungsformen der Leistungssubventionstatbestände aus wirtschaftsrechtlicher Sicht, ZHR 152 (1988), S. 403 ff.

Reinhard Mußgnug,
Der Staatshaushalt als Gesetz, Göttingen 1976

ders.
Zustandekommen des Grundgesetzes und Entstehen der Bundesrepublik Deutschland, in: Josef Isensee / Paul Kirchhof (Hrsg.), Handbuch des Staatsrechts der Bundesrepublik Deutschland, Band I, Heidelberg 1987, § 6

Thomas Oppermann,
Europarecht, München 1991

Fritz Ossenbühl,
Verwaltungsvorschriften und Grundgesetz, Bad Homburg v.d.H. / Berlin / Zürich 1968

ders.
Rundfunkfreiheit und Rechnungsprüfung, Frankfurt a.M. 1984

ders.
Rechtsquellen und Rechtsbindungen der Verwaltung, in: Hans-Uwe Erichsen (Hrsg.), Allgemeines Verwaltungsrecht, 10. Auflage, Berlin / New York 1995, § 10

Eckhard Pache,
Rechtsfragen der Aufhebung gemeinschaftsrechtswidriger nationaler Beihilfebescheide, NVwZ 1994, S. 318 ff.

Hans-Jürgen Papier,
Rechtsformen der Subventionierung und deren Bedeutung für die Rückabwicklung, ZHR 152 (1988), S. 493 ff.

Ernst-Ulrich Petersmann,
Thesen zur Wirtschaftsverfassung der EG, EuZW 1993, S. 593 ff.

Erwin-Adolf Piduch,
Bundeshaushaltsrecht, Loseblattsammlung, Stuttgart / Berlin / Köln, Stand: Januar 1996

Bodo Pieroth / Bernhard Schlink,
Grundrechte, Staatsrecht II, 16. Auflage, Heidelberg 2000

Der Präsident des Bundesrechnungshofes als Bundesbeauftragter für die Wirtschaftlichkeit in der Verwaltung (Hrsg.),
Erfolgskontrolle finanzwirksamer Maßnahmen in der öffentlichen Verwaltung, in: Schriftenreihe des Bundesbeauftragten für Wirtschaftlichkeit in der Verwaltung, Band 2, Stuttgart / Berlin / Köln 1989

Die Präsidentin des Bundesrechnungshofes als Bundesbeauftragte für die Wirtschaftlichkeit in der Verwaltung (Hrsg.),
Erfolgskontrolle finanzwirksamer Maßnahmen in der öffentlichen Verwaltung, in: Schriftenreihe der Bundesbeauftragten für Wirtschaftlichkeit in der Verwaltung, Band 2, Stuttgart / Berlin / Köln, 2. Auflage 1998

Norman Price,
The Court of Auditors of the European Communities, Yearbook of European Law 2 (1982), S. 239 ff.

Otto Rudolf Pulch,
Kontrolle und/oder Beratung: Chancen und Probleme der Leistungssteigerung eines Rechnungshofes, in: Heinrich Mäding (Hrsg.), Haushaltsplanung - Haushaltsvollzug - Haushaltskontrolle, Baden-Baden 1987, S. 230 ff.

Konrad Redeker,
Wissenschaftsfreiheit und Rechnungsprüfung, DÖV 1986, S. 946 ff.

Konrad Redeker / Hans-Joachim von Oertzen,
Verwaltungsgerichtsordnung: Kommentar, 12. Auflage, Stuttgart / Berlin / Köln 1997

Kurt Reding,
Die Effizienz staatlicher Aktivitäten, Baden-Baden 1981

Hans Reger,
Bemerkungen zur Finanzkontrolle. Theorie, allgemeine Sach- und Rechtsfragen, Reform, VerwArch 66 (1975), S. 195 ff.; 319 ff.

Hannes Rehm,
Wirtschaftlichkeit und Sparsamkeit im öffentlichen Sektor, Die Verwaltung 13 (1980), S. 77 ff.

Herbert Rischer,
Finanzkontrolle staatlichen Handelns, Heidelberg 1995

Fritz Rittner,
Öffentliches Auftragswesen und Privatrecht, ZHR 152 (1988), S. 318 ff.

Bert Rürup,
Die Programmfunktion des Haushaltsplanes, Berlin 1971

ders.
Erfolgskontrollen im Dienst der Budgetrationalität, VOP 1990, S. 238 ff.

Bert Rürup / Gisela Färber,
Kontrollorientierte Ansätze einer Budgetreform, Die Verwaltung 18 (1985), S. 173 ff.

Otto Rundel,
Das Personal des Rechnungshofes - Voraussetzungen für seine Wirksamkeit, in: Hans Herbert von Arnim (Hrsg.), Finanzkontrolle im Wandel, Berlin 1989, S. 151 ff.

Erich Sandl,
Kontrolle durch den Rechnungshof - Entwicklung, Stand, in: Heinrich Mäding (Hrsg.), Haushaltsplanung - Haushaltsvollzug - Haushaltskontrolle, Baden-Baden 1987, S. 207 ff.

Thilo Sarrazin,
Der Stellenwert des Wirtschaftlichkeitsprinzips in Staat und Verwaltung, VOP 1992, S. 141 ff.

Hans Schäfer,
Wer kontrolliert unsere Steuergelder? Finanzprüfung durch den Bundesrechnungshof, Stuttgart 1977

Ulrich Scheuner,
Verantwortung und Kontrolle in der demokratischen Verfassungsordnung, in: Festschrift für Gebhard Müller, Tübingen 1970, S. 398 ff.
ders.
Die Funktion der Grundrechte im Sozialstaat, DÖV 1971, S. 505 ff.

Klaus-Peter Schmid,
Im deutschen Interesse, in: Die Zeit, 13. September 1996, Nr. 38, S. 24

Hans-Peter Schneider,
Entscheidungsdefizite der Parlamente, AöR 105 (1980), S. 4 ff.

Friedrich Schoch,
Der Gleichheitssatz, DVBl. 1988, S. 863 ff.

Rupert Scholz,
Parlamantarischer Untersuchungsausschuß und Steuergeheimnis, AöR 105 (1980), S. 564 ff.

Meinhard Schröder,
Subventionen als staatliches Handlungsmittel, ZHR 152 (1988), S. 391 ff.

Helmuth Schulze-Fielitz,
Kontrolle der Verwaltung durch Rechnungshöfe, VVDStRL 55 (1996), S. 230 ff.

Gunnar Folke Schuppert,
Die Steuerung des Verwaltungshandelns durch Haushaltsrecht und Haushaltskontrolle, VVDStRL 42 (1984), S. 216 ff.

ders.
Die Einheit der Verwaltung als Rechtsproblem, DÖV 1987, S. 757 ff.

Michael Schweitzer / Waldemar Hummer,
Europarecht, 5. Auflage, Neuwied / Kriftel / Berlin 1996

Martin Seidel,
Subventionshoheit und Finanzierungslast in der Europäischen Wirtschaftsgemeinschaft, Festschrift für Karl Carstens, Band 1, Köln / Berlin / Bonn / München 1984, S. 273 ff.

Peter Selmer,
Zur Intensivierung der Wirtschaftlichkeitskontrolle durch die Rechnungshöfe: Rechtliche Bemerkungen unter Einbeziehung der Finanzkontrolle öffentlich-rechtlicher Rundfunkanstalten, in: Gunther Engelhardt / Harald Schulze / Werner Thieme (Hrsg.), Stellung und Funktion der Rechnungshöfe im Wandel, Baden-Baden 1993, S. 67 ff.

Horst Siebert,
Odysseus am Mast der Ökonomie, in: Frankfurter Allgemeine Zeitung, 19. April 1997, Nr. 91, S. 17

Wolfgang Sigg,
Die Stellung der Rechnungshöfe im politischen System der Bundesrepublik Deutschland, Berlin 1982

Adinda Sinnaeve,
Die neue Verfahrensverordnung in Beihilfesachen, EuZW 1999, 270 ff.

Rudolf Steinberg,
Faktoren bürokratischer Macht, Die Verwaltung 11 (1978), S. 309 ff.

Ernst Steindorff,
Rückabwicklung unzulässiger Beihilfen nach Gemeinschaftsrecht, ZHR 152 (1988), S. 474 ff.

Klaus Stern,
Das Staatsrecht der Bundesrepublik Deutschland, Band I, 2. Auflage, München 1984

ders.
Das Staatsrecht der Bundesrepublik Deutschland, Band II, München 1980

ders.
Bundesrechnungshof und Finanzkontrolle aus verfassungsrechtlicher Sicht, DÖV 1990, S. 261 ff.

ders.
Die staatsrechtliche Stellung des Bundesrechnungshofes und seine Bedeutung im System der Finanzkontrolle, in: Heinz Günter Zavelberg (Hrsg.), Die Kontrolle der Staatsfinanzen, Festschrift zur 275. Wiederkehr der Errichtung der Preußischen General-Rechen-Kammer, Berlin 1989, S. 11 ff.

Rolf Stober,
Wirtschaftsverwaltungsrecht, 9. Auflage, Stuttgart / Berlin / Köln 1994

Burkhard Tiemann,
Zur gemeinsamen Rechnungsprüfung der obersten Finanzkontrollbehörden im bundesstaatlichen, inter- und supranationalen Bereich, DÖH 11 (1970), S. 218 ff.

Susanne Tiemann,
Die staatsrechtliche Stellung der Finanzkontrolle des Bundes, Berlin 1974

Klaus Tipke / Joachim Lang,
Steuerrecht, 14. Auflage, Köln 1994

Jens-Hermann Treuner,
Der Bundesbeauftragte für die Wirtschaftlichkeit in der Verwaltung, DVBl. 1992, S. 421 ff.

Dimitris Triantafyllou,
Zur Europäisierung des Vertrauensschutzes (insbesondere § 48 VwVfG) - am Beispiel der Rückforderung staatlicher Beihilfen, NVwZ 1993, S. 436 ff.

Klaus Vogel,
Verfassungsrechtliche Grenzen der öffentlichen Finanzkontrolle, DVBl. 1970, S. 193 ff.

ders.
Begrenzung von Subventionen durch ihren Zweck, in: Festschrift für Hans Peter Ipsen, Tübingen 1977

Klaus Vogel / Paul Kirchhof,
in: Bonner Kommentar zum Grundgesetz, Zweitbearbeitung 1973, Art. 114 GG

Harald Volkmar,
Methoden der Finanzkontrolle, in: Der Präsident des Landesrechnungshofes Nordrhein-Westfalen (Hrsg.), 40 Jahre Landesrechnungshof Nordrhein-Westfalen 1948-1988, Düsseldorf 1988, S. 71 ff.

Hans Herbert von Arnim,
Grundprobleme der Finanzkontrolle, DVBl. 1983, S. 664 ff.

ders.
Wirtschaftlichkeit als Rechtsprinzip, Berlin 1988

ders.
Finanzkontrolle in der Demokratie. Einordnung der Rechnungshofkontrolle in das politisch-administrative System der Bundesrepublik Deutschland, in: Hans Herbert von Arnim (Hrsg.), Finanzkontrolle im Wandel, Berlin 1989, S. 39 ff.

ders.
Subventionen. Von den Schwierigkeiten der Subventionskontrolle, in: Speyerer Arbeitshefte, Nr. 70, 1986 = FinArch 44 (1986), S. 81 ff.

ders.
Staatslehre der Bundesrepublik Deutschland, München 1984

ders.
Finanzzuständigkeit, in: Josef Isensee / Paul Kirchhof (Hrsg.), Handbuch des Staatsrechts der Bundesrepublik Deutschland, Band IV, Heidelberg 1990, § 103

Sieghardt von Köckritz / Günter Ermisch / Norbert Dittrich / Christel Lamm,
Bundeshaushaltsordnung - Kommentar, Loseblattsammlung, München, Stand: Juni 1997

Albert von Mutius,
Die Beteiligten im Verwaltungsprozeß, Jura 1988, S. 469 ff.

ders.
Finanzkontrolle und Öffentlichkeit, in: Heinz Günter Zavelberg (Hrsg.), Die Kontrolle der Staatsfinanzen, Festschrift zur 275. Wiederkehr der Errichtung der Preußischen General-Rechen-Kammer, Berlin 1989, S. 305 ff.

Friedrich von Pfuhlstein,
Der Weg von der preußischen Generalrechenkammer zum Bundesrechnungshof, in: Bundesrechnungshof (Hrsg.), 250 Jahre Rechnungsprüfung, Frankfurt a.M. 1964, S. 1 ff.

ders.
Über die Institution des Bundesbeauftragten für Wirtschaftlichkeit in der Verwaltung, in: Verfassung, Verwaltung, Finanzkontrolle, Festschrift für Hans Schäfer, Köln u.a. 1975, S. 375 ff.

Gabriela von Wallenberg,
in: Eberhard Grabitz / Meinhard Hilf (Hrsg.), Kommentar zur Europäischen Union, Loseblattsammlung, München, Stand: Oktober 1997

Max Weber,
Parlament und Regierung im neugeordneten Deutschland, Mai 1918, in: Johannes Winckelmann (Hrsg.), Gesammelte politische Schriften, 5. Auflage, Tübingen 1988, S. 306 ff.

Werner Weber,
Zur Frage der Rechnungsprüfung der juristischen Personen des öffentlichen Rechts, DÖH 1 (1954), S. 27 ff.

Rainer Weinert,
Wie ein „Veilchen im Verborgenen" - Der Rechnungshof des Deutschen Reiches im Zweiten Weltkrieg, in: Theo Pirker (Hrsg.), Rechnunghöfe als Gegenstand zeitgeschichtlicher Forschung, Berlin 1987, S. 51 ff.

Gerhard Weisser,
Überrechnungshof?, DÖH 6 (1960-61), S. 65 ff.

Rudolf Wendt,
Der Gleichheitssatz, NVwZ 1988, S. 778 ff.

Fritz-Harald Wenig,
in: Hans von der Groeben / Jochen Thiesing / Claus-Dieter Ehlermann (Hrsg.), Kommentar zum EWG-Vertrag, 4. Auflage, Baden-Baden 1991

Peter Jochen Winters,
Auf die Zukunft gerichtete Finanzkontrolle, in: Frankfurter Allgemeine Zeitung, 25. Juni 1997, Nr. 144, S. 12

Bernd Wintrich,
Rechtspflicht zu Erfolgskontrollen bei der Vergabe staatlicher Mittel, NVwZ 1988, S. 895 ff.

Walter Wittmann,
Öffentliche Finanzen, Einführung in die Finanzwissenschaft, Reinbeck 1978

Heinz Günter Zavelberg,
Von der Rechnungsprüfung zur Finanzkontrolle, in: Hans Herbert von Arnim (Hrsg.), Finanzkontrolle im Wandel, Berlin 1989, S. 17 ff.

ders.
Staatliche Rechnungsprüfung und Erfolgskontrolle - Möglichkeiten und Grenzen, in: Peter Eichhorn / Gert von Kortzfleisch (Hrsg.), Erfolgskontrolle bei der Verausgabung öffentlicher Mittel, Baden-Baden 1986, S. 103 ff.

Peter Haller

Rechnungshöfe in Industrie- und Entwicklungsländern

Ein Vergleich

Frankfurt/M., Berlin, Bern, Bruxelles, New York, Wien, 2000. XVIII, 296 S.
Europäische Hochschulschriften: Reihe 5, Volks- und Betriebswirtschaft.
Bd. 2573
ISBN 3-631-35754-0 br. DM 98.–*

Vor dem Hintergrund stagnierender oder sinkender Ausgaben für Entwicklungshilfe gewinnt die staatliche Finanzkontrolle in Entwicklungsländern zunehmend an Bedeutung. Diese Arbeit vergleicht die rechtliche, politische und betriebswirtschaftliche Situation von Rechnungshöfen in zwei europäischen und zwei afrikanischen Ländern, um so typische Problembereiche der Finanzkontrolle in Entwicklungsländern zu identifizieren und alternative Ansätze zu entwickeln.

Aus dem Inhalt: Finanzkontrolle in Entwicklungsländern durch Rechnungshöfe – Vergleich der Situation von Rechnungshöfen in vier Ländern – Typische Problembereiche und alternative Ansätze staatlicher Finanzkontrolle in Entwicklungsländern

Kolibri 360 GmbH
Ferdinand-Jühlke-Straße 7
99095 Erfurt, Deutschland
produktsicherheit@kolibri360.de

Druck:
CPI Druckdienstleistungen GmbH
im Auftrag der
Kolibri 360 GmbH
Ferdinand-Jühlke-Str. 7
99095 Erfurt